現代語訳

正法眼蔵

1

玉城康四郎

大蔵出版

はしがき

一　『眼蔵』の学習

『正法眼蔵』全訳の第一巻を刊行するに当って、少々思う所を述べてみたい。

若年より『眼蔵』に交わってから数えてみると、長い歳月であった。初めは文章の入りにくい点に戸惑っていたが、ようやく馴れるにつれ、道元の禅定《ぜんじょう》と思索に没入するようになった。仏教全般の領域にも眼を向けていたから、道元を通して、仏道の考え方、禅定の筋道について学び得たことは、測り知れないものがあった。ほとんど五十代までは、身心ともに『眼蔵』に没入し、ひたすら学び、ひたすら身につけることに専念していたと思う。

六十近くなってから、次第に仏教全般からの視点が強くなり、それにつれて『眼蔵』を客観的に、批判的に眺めるようになった。ことにブッダの禅定を行じ始めてから、それと道元の打坐《たざ》とが微妙に異なっているのに気づき、その打坐はきわめて禅宗的であることを意識するようになった。もとよりその理解は、打坐に関わる道元の思索を通じてのことである。

道元の打坐とブッダの禅定とが、どう違うのか、また、どういう点が重なり合うのか、この同異の問題は、仏道の基本にかかわるものであり、大きくいえば、原始経典から大乗経典を貫ぬく基幹線を身に熟しつつ、理解を深めていくのであるから、簡単に記述し得るものではない。しかしながら、このようにして『眼蔵』にある程度の距離を置き、第三者としての視点をも雑《まじ》えるようになってから、かえって他者に秀でた『眼蔵』の特徴が際立って眼に映るようになったことも否むことはできない。

私も七十代の後半にさしかかったので、長年にわたって熏化と護念を蒙ってきた『眼蔵』に対して、私なりの一応のピリオッドを打つため、まず「仏道者道元の死闘――『私』の苦闘――」（『松ヶ岡文庫研究年報』第五号一九九一、第六号一九九二）なる一文を草した。一九九〇年の夏、途中で間隔をおくことができず、全力を尽して一気に脱稿した。ために疲労困憊《こんぱい》し、翌年ついに四ヶ月あまりの入院を余儀なくされた。病院を出て、やや生気をとり戻したので、一九九二年の後半、「道元における仏とは何か」の一論を脱稿し、『正法眼蔵』上下二巻（大蔵出版、〈仏典講座㊲〉一九九三）の巻頭に添えて出版し、これをもって、長期にわたる『眼蔵』の学習に終止符を打ったのである。

二　一つの決意

しかしながら、どういう風の吹きまわしか、私にはさっぱり分らない。ごく最近のことである。不図、まったく不図、きわめて単純な精神が、無意識の底から、むくむくと盛りあがってきて、『眼蔵』のこれまでの未訳の諸巻を訳し終えてみようという決意が生れてきたことである。どうしてそういう意志がおこってきたのか、いくら案じめぐらしても、思い当ることがない。折角ここまで訳してきたのに、未訳を残すのは口惜しいという、かすかに功利的な心理が働いているのはたしかである。また、これほどまでに恩恵を受けた道元に対して、このままでは申し訳ないという心残りも多少はある。しかし、すでに老齢に達し、あといくばくもない時間のなかで、他に果すべきはるかに重要な仕事が積っているのに、古人の文をいまさら訳すのは、無駄な時間の浪費ではないかという、強い抗心がおこってくるのはどうしようもなかった。そのためにも『眼蔵』の学習に終止符を打ったのであった。しかし、そうした状況をも凌駕して、この決意が生れてきたのである。

この頃、思いがけないことが時折起る。未知の人が、仏道について突然コンタクトしてくることがある。そして、まるで以前から旧知の人のように、心がほどけて通じ合う。その一瞬にわれながらおどろく。出会いは、それで消えてしまうこともあるし、つづくこともあるが、こうした意外なことがどうしておこるのかは不可解である。それが、この決意とかかわっているのかどうかは、もとより分らない。

三　諸仏祖の行持

ところが、未訳の諸巻にとりかかってしばらく経つうちに、私の実感は次第に一変してきた。それは、時間の浪費どころか、いままで心に描いたこともない、まったく別の恩恵を受け始めていることに気づいてきたのである。それはまた、ふたたび意表外のことであった。その一部をここに綴ってみよう。

たとえば『行持』巻である。これは、『眼蔵』のなかでは最大の長篇で、上下二巻に分れている。その巻頭が有名な一句に始まっていることは、よく知られている。

「仏祖の大道、かならず無上の行持あり。道環して断絶せず、発心・修行・菩提・涅槃、しばらくの間隙あらず、行持道環なり」

（仏祖の大道には、かならず、究極なる行の持続がある。それは、めぐりめぐって、絶えることがない。菩提心をおこし、修行し、悟りを開き、涅槃に入る、そのあいだに寸分のすきまもない。行は持続し、ひとえにめぐって続いていくのみである。）

しかしながら、この巻の内容は、ただ諸仏祖の行状を具体的に記したものに外ならない。上巻では、釈迦牟尼仏、摩訶迦葉《まかかしよう》をはじめ、雪峰義存に至るまで二十三名、下巻では、菩提達摩にはじまり、最後は天童如浄に終って十一名、併せて三十四名、ただし再出が二名あるから、実際は三十二名である。このなかには、非常に詳しく行状を記したものもあるが、二、三行で簡単に終っているものもある。

私は訳しつづけていくうちに、巻頭に挙げた一文のただならぬ意味が、私なりに次第に通じてくると同時に、これまで気づかなかったいろいろなことが新たに思い出され、私の抱いていた禅宗に対する見解について、反省を促し、訂正を迫られることも出てくる。実は、ここに登場する三十二名の一人一人が、それぞれ驚くべき行持であり、肺腑を衝いてやまぬのであるが、ここでは、いくつかの例を簡単に挙げてみよう。

たとえば、平常心是道、即心是仏などの句で有名な馬祖道一《ばそどういつ》、あるいは曹洞宗の開祖である洞山良价《とうざんりようかい》は、いずれも坐禅弁道すること二十年という。また、洞山の師である雲巌曇晟《うんがんどんじよう》は、四十年、脇を席につけず、とある。二十年、四十年というが、ひたすら弁道にいそしむということは、並大抵のことではない。

また、長慶慧稜《ちょうけいえりょう》も同様である。この人は、青原行思《せいげんぎょうし》の法系である雪峰義存《せっぽうぎそん》に嗣法している。雪峰義存には、その外弟子として、雲門宗の開祖である雲門文偃《うんもんぶんえん》や、謝三郎の名で知られる玄沙師備《げんしゃしび》などがいた。その長慶慧稜は、雪峰や玄沙に参ずること、ほとんど三十年、そのあいだ坐蒲二十枚を坐り破った。そして、あるとき夏の簾《すだれ》を巻きあげた刹那に、忽然大悟したという。

また、潙仰《いぎょう》宗の開祖は潙山霊祐《いざんれいゆう》である。この人は百丈懐海から法を受けると、大潙山に登って草庵を結び、鳥や獣を仲間とし、橡《とち》や栗の実を食べ、風雪をいとわず行じつづけること四十年、やがて天下のすぐれた修行者たちが集まってきたという。

趙州従諗《じょうしゅうじゅうしん》は、趙州無字の公案で有名である。今日でも禅の初心者は、まず無字の公案を拈提《ねんてい》するほどである。その趙州は、六十一歳で出家し、南泉普願《なんせんふがん》の道を学ぶこと二十年、八十になって初めて化導し、それからさらに四十年つづいた。これもまたよく知られている話しである。

また、臨済宗の開祖、臨済義玄《りんざいぎげん》について道元は、『眼蔵』の各所できびしく批判している。それにも拘らず、「行持」巻ではまったく様子が違う。道元によれば、世間ではすぐれた禅僧として臨済・徳山だという。しかし徳山（徳山宣鑑）がどうして臨済と肩を並べることができようか。臨済は、近代の禅者のなかで抜群中の抜群の人で、ことにその行持は群を抜いている。それについて自分は、どれだけ思い廻らそうと努めても、とうてい思い及ぶことはできない、とまで道元はいう。

臨済についての道元の度重なる批判と、「行持」巻のこの発言とは、一見不思議な矛盾のようにみえる。しかし私には、矛盾とは見えず、この発言は当然のことのように思われる。なぜそうか、と問われても、急に説明することはできないが、「行持」巻全体を見て、私には自然にそう思われてくる。これについては、後にまとめて触れてみよう。

以上のように、中国の禅僧たちの行状を、道元の叙述を通してみてくると、わが国の禅僧とは、まるで桁《けた》が違っているように思われるが、いかがであろうか。坐禅弁道すること、二十年、三十年、四十年と、一口にいうが、ただひたすら終日、長期にわたって坐りとおした人が、果してわが国にいたであろうか。私は大戦前から、何人もの老師について参禅した。そのなかには、命がけで修行した人たちもいた。しかし、どうもスケールが違っているように思われてならない。

道元でさえも、その行持については、自分の思いも及ばないとまでいっている。「嗣書」巻を見ると、道元は在宋のとき、あちこちに旅していろいろな禅僧に遇っている。二十代の研ぎ澄まされた感覚で、さまざまな経験を十分に吸収したことは間違いない。その経験が下地になって、「行持」巻が描かれていることも確かであろう。その道元にしてかくのごとくである。

しかしながら、次に述べる二人の禅者は、もはや私の眼にも、わが国ではとうてい考えることのできない行状であると思わないわけにはいかない。

四　二人の代表者

その一人は、長慶大安（七九三―八八三）である。この人は、『眼蔵』「家常」巻にも登場する。閩《びん》城

（福建省）の人で、姓は陳氏。黄檗山で律を学んだが、仏道における究極の道理が分らず、諸方を歴して道をたずねようと思い、まず洪州《こうしゅう》（江西省南昌県）に向った。ところが、途中で一人の老人に遭い、「お前は南昌に行くがよい、かならず得る所があろう」といわれ、ついに百丈山懐海禅師の許にきた。そのときの二人の問答を『伝灯録』(1)によってみてみよう。

長慶「私は仏を知りたいと思います。仏を知るとはどういうことでしょうか」

百丈「それは、牛に乗って牛を求めるようなものだ」

長慶「では、仏を知り終ったらどうなるでしょうか」

百丈「牛に乗って家に帰るようなものだ」

長慶「どうもよく分りません。これから、どういう心構えでいたらいいでしょうか」

百丈「牛が勝手に田畑を侵《おか》さないように、牛飼いが杖をもって牛を見張っているようにしたらよい」

長慶は、この教を深く頷《うなず》いて、それ以後はもはや求めることはなかった。やがて長慶は、百丈の許を辞して、潭州（湖南省）大潙山霊祐禅師をたずねた。その潙山にとどまって、田を耕すなどして禅師を助けていたが、やがて禅師は亡くなる。すると、僧たちは長慶にここにとどまるよう願い、かれはそれに応じた。あるとき、長慶は堂に上って説法した。

「あなた方はこぞって、いったい私に何を求めようというのか。もし作仏《さぶつ》を求めているというなら、実はあなた自身が仏なのに、その仏をかついで、傍の家に仏を求めて走りまわっている。たとえていえば、渇している鹿がかげろうの水をおっかけているようなもの、いつまでたっても満足は得られない。
もしあなた方が作仏を欲するなら、ただひたすらもろもろの顚倒《てんどう》(2)・攀縁《はんえん》(3)・妄想・悪覚の垢、およぴ衆生を浄める心が消滅すること、そのままが正覚の仏だ。その外にどこにもたずねることはない」

そして長慶自身はどうしたか。これからがその行動の面白いところである。かれはそのまま潙山に居つづけること三十年、潙山霊裕の教は学ばず、飯を食って厠《かわや》に行くだけである。ただそのあいだ、一頭の水牛を養っていた（水牛とは自己自身）。牛が道からそれて草に入ると、鼻づらをとって引きもどし、人の田畑を侵すと、鞭《むち》をあてて馴らした。そうしているうちに、だんだんかわゆくなり、人の言葉が分るようになり、今では終日、悠々と眼の前にいて、追っぱらっても逃げなくなってしまった、という。(4)

この記述を見て、私はただ啞然《あぜん》と、語を失うばかりでなく、成るほど然りと、心から共感しないわけにはいかない。同じ所に居坐ること三十年、ただ一つのことに集中して余念がない。伝記は、「ついに無価《むか》の大宝を得て(5)、眼から光を放って山河大地を照らし、耳からも光を放って一切の音声が聞える」と付加しているが、宜《むべ》なるかなという外はない。わが国では想像もできないことであろう。

もう一人の例を考えてみたい。すなわち大梅法常（七五二―八二九）である。この人は襄陽（湖北省）の出身で、荊州（湖北省）玉泉寺で律を学び、多くの経論に通じたが、それに飽き足らず、鍾陵（江西省）開元寺に馬祖道一（七〇九―七八九）をたずねた。『祖堂集』によると、次のような問答が試みられている。(6)

大梅「仏とはどういうものでしょうか」
馬祖「お前の心がそれだ」(即汝心是)
大梅「どうしたらそれを持ち続けられるでしょうか」
馬祖「お前、よく護持せよ」
大梅「先生(法師)とはどういうものでしょうか」
馬祖「それも、お前の心がそれだ」
大梅「祖師西来意[7]とはどういうことでしょうか」
馬祖「お前の心がそれだ」
大梅「祖師(達摩)には、西来の意はなかったのでしょうか」
馬祖「お前はただ自分の心を、あれこれとり上げているだけだ。法として備わらないものは、なにひとつないのだ」
大梅は、言下にその深い意味を領いた、という。
この問答が、後の『伝灯録』では簡単に、次のようになっている。[8]

　大梅「仏とはどういうものでしょうか」
　馬祖「心がそのまま仏だ」(即心是仏)

大梅はすなわち大悟した、という。

ともあれ、大梅は直ちに寧波《ねいは》府(浙江省)鄞県《ぎんけん》にある山中に隠れた。山上に大梅樹ある所から大梅山といわれ、それが大梅法常の法名となっている。後に貞元一二年(七九六)、大梅四十五歳である。

注目すべきは、大梅は山中に隠れたまま四十年間、ついに山を出なかったことである。
馬祖道一の会下にいた塩官斉安（―八四二）は、かつて大梅と同じ仲間であった。不図したことから大梅が山中に隠棲していることを知り、かれを山から招き入れようとした。大梅はそれをことわり、さらに山奥へ入ったという。
馬祖もまた、僧をつかわして大梅をたずねさせている。
僧「あなたは、どういうわけで山中に隠れたのですか」
大梅「馬祖和尚の即心是仏を聞いて隠れたのだ」
僧「和尚は、今は即心是仏ではありません。非心非仏といっています」
大梅「この和尚、人を惑乱するにもほどがある。非心非仏はどうでもよい。私はただ即心是仏だ」
僧は馬祖の許に帰って、このことを告げた。馬祖は、それを聞いて、「大梅は熟した」と感嘆したという。

五　自然なる法爾

「行持」巻を通じて、これまで述べてきたような中国の禅僧を見て、私は、今まで抱いてきた禅宗に対する見解を訂正しなければならないと思っている。それはどういうことかというと、ようやく歴史的に明らかになってきた四祖の道信の禅を調べて、禅宗の基本の特徴が道信に確立されたと思っていた。それは、道信が『文殊般若』の一行三昧を継承したとき、その一行三昧は、如来を軸として開発されているのに、道信の継承したそれは、如来が無視されて、開発された解脱の境地が強調されている。如来を軸とした一行三昧の『文殊般若』は、いうまでもなく原始経典のブッダの念仏 buddhā《ブッダー》-nussati《ヌッサティ》 あるいは如来住 tathāgata-vihāra《タターガタ・ヴィハーラ》 につながっているのであり、それに対して、ひたすら解脱の在り方に注目した道信の仏道が、中国禅宗の出発点になっていると、私は理解したのである。その後、次第に中国禅の特徴を表わしてきた、慧能、神秀、南岳、青原、馬祖、百丈など、それぞれ解脱の様相を主張してきたことは明らかである。

一方、私は、戦前から戦後にかけて、禅の諸老師について坐禅を修してきた。その諸老師はみな、命をこめて行じ抜いてきた、きわめてすぐれた方ばかりであった。古川堯道《ふるかわぎょうどう》、棲悟宝岳《せいごほうがく》、白水敬山《しろうずけいざん》、安谷白雲《やすたにはくうん》の諸師である。しかしながら、提唱を聴き、入室参禅して受ける印象は、まさしく禅の特徴を裏書きするものであった。解脱を目指す見性、並びに見性後の修行が主となり、そこにどうしても如来が顕わになってこないのである。さらにいえば、如来の大悲が感得されてこないのである。

しかるにいま、道元から中国禅の実状をうかがってみると、わが国では及びもつかない、桁違《けたちが》いの行持が見えてくる。三十年、四十年、ただ一処にとどまって、ただ一つのことに専念する、悠々長遠の修行、あるいは招請を受けると、それを斥《しりぞ》けて、さらに山中へ入りこむ、懐のふかい大自然など、とうていわが国ではおこり得ないことである。

そもそも、仏道者を包含する仏道の原態は、しばしば語ってきたごとく、「ダンマ・如来が業熟体《ごうじゅくたい》（個体的と同時に共同体的、共同体的と同時に個体的）に顕わになり、滲透し、通徹しつづける」ことであり、無始以来、尽未来際、永遠に息《や》むことなき動態である。そうした只中にあって、三十年、四十年、ただ一つのことに専注すれば、否でも応でも、ダンマ・如来はその人格体に顕わにならざるを得ないであろう。まさしく自然なる法爾《ほうに》である。

すでに述べたように、長慶大安は大潙山に居ること三十年、一頭の牛を養いこなして、ついに眼からも耳からも光を放った、といい、大梅法常は、山中に隠れて三十年、ただひたすら即心是仏を行じ、即心のまま仏が顕わになり得ている。あるいは、六十一歳で出家し、八十で法を得、一二〇歳まで説きつづけた趙州従諗《じょうしゅうじゅうしん》、あるいは、雪峰や玄沙に参じ、疑滞を疑滞とすること三十年、ついに忽然大悟した長慶慧稜、その他、さまざまな諸祖の行持が眼に浮ぶ。たとい厚薄深浅の度は違っていても、ダンマ・如来がそれぞれの人格体に通徹したことは疑うことができないであろう。しかし、もしそうであれば、私の師事した諸老師も、つづまる所同じではないかと、反問されるかもしれないが、それについて何とも私は判断することができない。中国とわが国で、行持の在り方が余りにも違うので、直ちに従来の見解を変える気持にはなれないでいる。

六　最大の恩恵

さて、最後に、「行持」巻を訳して、最大の恩恵を受けたことについて記して見よう。初めにも挙げたように、道元はその巻頭に、

「仏祖の大道、かならず無上の行持あり。道環して断絶せず、……しばらくの間隙あらず、行持道環なり」

という。

この「しばらくの間隙あらず、行持道環なり」ということが、まさしく仏道の原型たる「ダンマ・如来は業熟体に顕わになり、滲透し、通徹して息《や》むことなき」原動態の表われであることは明らかである。そして道元は、この行持道環を次のように展開していく。

この行持の功徳は、自をも保持し、他をも保持する。その意味は、自己の行持が、そのまま十方世界に満ちて功徳を及ぼすと同時に、諸仏の行持によって自己の行持が実現し、自己の行持によって諸仏の行持が実現し、互いにめぐりめぐり、道環して断絶することがない。しかも、この道環の行持によって、初めて日月星辰があり、大地虚空があり、したがって、国土世間があり、衆生世間があり、さらに、地・水・火・風の四要素があり、色・受・想・行・識の五蘊《うん》がある。過去・現在・未来の諸仏の行持によって、過去・現在・未来の諸仏の行持が成就する。かかる行持の真ッ只中に包まれて、自己の現在の行持が実現する。それなればこそ、もっとも大事なことは、今日只今の一日の行持に専注することであり、それこそ諸仏の種子であり、諸仏の行持である、というのである。

そして、これに続いて、三十二名の仏祖の行持が具体的な事実として記述されていく。それぞれの行状を審細に読んでいくと、このような行持道環が、しみじみと波打って私の全人格体にはっきりと印刻されていく思いがする。

かつてインド仏教には、器世間（国土世間）、衆生世間の概念が生れていた。そして中国仏教では、『華厳経』を通じて、衆生世間・国土世間・智正覚世間の三種世間が説かれている。智正覚世間とは、如来そのものが世間ということである。そして『華厳経』には簡潔に、宇宙生成の過程が説かれているが、それはまさしく、如来・国土・衆生がひとかたまりとなって展開していくことを象徴しているに外ならない。その原型が、「ダンマ・如来は業熟体を包徹して息むことなき」原動態であることはいうまでもない。

こうした理念の世界が、「行持」巻を一語一語訳しつづけていくことによって、理念ではなく、活力となって、惻々《そくそく》として身に迫り、身に滲みこんでくる。われをとりまくものは、共同体であり、環境であり、国土世界である。国土は、単なる物象ではなく、仏祖の行ずる力に充足しており、わがからだは、その国土につながっている。それゆえに、このからだはつねに、からだをとりまく国土の道《どう》力《りき》に滲みこまれ、培われ、同時にからだの行持は、国土に満ちわたる諸仏祖と相呼応する。道元が晩年、大地に包まれる親しみを強調していたことが偲ばれる。

私はこれまで、主として禅定と思索にかかわる難解な諸巻に注目しながら、『眼蔵』を批判的に考察してきた。その結果は、『眼蔵』学習の打止めとなった先述の二論文である。それは、今において見てもそのとおりだと思う。しかしながら、伝統的にも重要視されている「古鏡」「仏性」「行仏威儀」などの諸巻と、そのあとに続く「夢中説夢」「画餅」「空華」「葛藤」などの諸巻との、まさしくその中間に、最大長篇の「行持」が書き記されていることに、道元仏道の奥行きの深くかつ大きいことを、改めて思い慕わずにはおれない。それは、一語一語丁寧に訳しつづけることによって、印象ぶかく気づかせられてくるのである。

ここには、ただ一例として「行持」巻をとり上げたのであるが、その外、未訳の巻にとりかかって新たな感銘を受けたものはいくつもある。たとえば、「洗浄」では、大小便の洗浄にかかわる、こまかい一一のふるまい、そして、それこそが仏道の基本である、という。あるいは、「袈裟功徳」の袈裟は、実際に身に着ける衣服である。その衣服は、少欲知足にもとづく十二頭陀行《ずだぎょう》(9)の一つである。その袈裟を身にまとうことによって、このからだは無量の功徳を受ける。それについて綿々と語っているが、それに続く「伝衣」もまた、ほとんど同じ内容で、ことこまかに袈裟の功徳を記している。

異色なのは「仏祖」である。ここにはただ五十七人の仏祖の名が並記されているだけである。もしただ『眼蔵』の思想を研究しようとすれば、この巻はただ一瞥するだけで見過してしまうであろう。しかし改めて、その名をいちいち書き記してくると、その感銘はまた別である。まず、毘婆尸《びばし》仏に始まる過去七仏が記され、つづいて釈迦牟尼仏から伝承されるインドの諸仏祖が並び、さらに菩提達摩を初祖として、中国の諸仏祖がつづき、最後は如浄に終っている。正法の真髄が、仏祖から仏祖へと、じきじきに面授して伝わり、ついに如浄に至っているが、その記された嗣書を、道元は、宝慶《ほうきょう》元年(一二二五)、二十六歳の夏安居《げあんご》のとき、如浄和尚に随侍して礼拝頂戴したのである。このとき道元は、

「この仏祖を礼拝頂戴すること究尽《ぐうじん》せり、唯仏与仏なり」

と記しているが、脈々として伝わる唯仏与仏のその血脈を、全人格体をもって感得したことであろうと思われる。

このように諸巻について述べていけば限りがないが、ここに挙げた巻には、禅定・思索とは直接にはまったく関係がない。しかしながら、禅定・思索によって、艱難辛苦、刻苦勉励しながら仏道を綴っていく、その背景には、道元のからだにじかに脈打ってくる、はるか広大なる宇宙共同体、法共同体からのいのちそのもののぬくもりに、想いを潜めないわけにはいかない。

すべては、刹那々々に縁起しながら動いていく。国際関係も、国内の現状も、そして私の体も心も、私自身も、あらゆるものと絡まり合いながら、一瞬もとどまらず、動転してやむことがない。しかしながら、その縁起とは何か。それは、重重無尽の、単なる果てしなき相依相関ということではない。この無量無辺の絡まり合いは、いのちに貫かれ、いのちに滲みわたっている。それが縁起の実態である。いま、ここに、生きつつある私の身心は、いのちに充足されているのである。私は、『眼蔵』を訳しつづけながら、改めてその実態に驚覚せずにはおれない。

最後になったが、『眼蔵』の全訳にかかるに当り、大蔵出版の武本武憲氏のことを記しておかねばならない。氏は、原文・訳文・注の振り分け、割付けを引き受けたばかりではなく、旧稿ならびに新訳の文について、細大もらさず目を通し、詳細にわたって忠言をつけてくれた。そのために訂正した箇所も少なくない。しかも、時宜に応じて激励し、催促し、ときには懇談に時の移るのを忘れた。氏に出会うことがなかったら、この訳業はとうてい果し得なかったであろう。もとより内容はすべて私の責任であるが、そうした意味において、本書は氏との合作といってよい。武本氏に深く感謝の意を表したい。

平成五年七月一日

玉城康四郎

(1)『景徳伝灯録』巻九、大正五一・二六七中。
(2) 顚倒とは、見解がさかさまになっていること。
(3) 攀縁とは、心が外境に引きまわされること。
(4) 前掲書『景徳伝灯録』二六七下、『五灯会元』巻四、卍続二乙・一一・一・六二右下。
(5) 無価の大宝とは、ねぶみのできない宝もの。
(6)『祖堂集』巻一五、八五頁。
(7) 祖師西来意とは、達摩がインドから中国へ来た目的、いいかえれば、仏道の奥義、禅の真髄。
(8)『景徳伝灯録』巻七、大正五一・二五四下。
(9) 頭陀は、サンスリット語 dhūta《ドゥータ》 の音写、はらい除く、ふるい落すの意、つまり、煩悩の垢をふるい落すこと。衣食住についての欲を捨てて修行にはげむ。十二の項目があるから十二頭陀行という。

凡例

一、本文は、収録した各巻を九十五巻本の年代順に配して、初めに解説を付し、以下パラグラフごとに、原文・訳文・語注の順になっている。

一、《解説》は、各巻の要旨を述べ、その巻の理解の資としたものである。

一、原文は、衛藤即応校註『正法眼蔵』(岩波文庫)を底本にし、大久保道舟編『道元禅師全集』上巻(筑摩書房)、岸沢惟安『正法眼蔵全講』(大法輪閣)、河村孝道校註『道元禅師全集』㈠㈡(春秋社)を随時参考にした。ふりがな(ルビ)は主として伝統的な読みに従い、また漢文の部分は、〔 〕内に訓読文を添えた。

一、原文は、新漢字、旧かなとし、ルビは新かなとした。

一、簡単な訳注は( )で訳文中に挿入し、原注は〔 〕内に、原文・原語を添える時は〈 〉で区別した。

一、必要と思われる語には、補注として*を付し、各節末にまとめた。

〔補注の略記例〕『景徳伝灯録』巻二四(大正五一・四〇〇上)は「『大正新脩大蔵経』五一巻四〇〇頁上段」を、(卍二・二三・二・八〇左上)は「『卍続蔵経』第二編第二三套第二冊八〇頁左上」等を示す。

なお、『全講』=岸沢惟安『正法眼蔵全講』、『註解全書』=『正法眼蔵註解全書』。

正法眼蔵㈠　目　次

はしがき

現代語訳 正法眼蔵 ㈠

〔一〕 弁道話（べんどうわ）

《解説》 この巻は、九十五巻本の最初にかかげられている。奥書によれば、「寛喜三年（一二三一）中秋の日」とあるから、道元の三十二歳のときである。ただ、これについては、もっと後に記されたという説もある。七十五巻本には、この巻は収録されていない。しかし、ここには道元仏教の基本的な立場や考え方が述べられているので、九十五巻本にしたがって最初にかかげる次第である。

この巻を述べる道元の意図はつぎの点にあると思われる。道元は、苦心の末、宋の如浄《にょじょう》のもとで大悟し、帰国してきた。かれには真実の仏法を会得したという確証と満足感があった。しかし、わが国の仏教伝来およびその展開の跡をふりかえってみると、すべて教説の立場にとらわれ、仏法の会得という点では欠けていたことが知られる。道元のこのような反省は、『随聞記』のなかで、わが国の諸大師はすべて瓦礫《がりやく》であった、と述懐していることからも分かる。もしこのまま放置しておけば、ようやくの思いで会得してきた仏法は永久に失われる。そこで、自分が大宋国で見聞してきたこと、またすぐれた師匠に教わったことなどを記しとどめて、真面目な求道者《ぐどうしや》に提供したいというのである。

ところで、この巻の構成は二つの部分に分かれる。第一は仏法の基本的立場であり、第二は十八番問答である。この二つの部分は通じ合っているから、実際には分離できないのであるが、かりにいえば、第一の基本的立場は、もっとも重要であり、したがってきわめて高度であるから、後廻しにして、第二の十八番問答から考えてみよう。

この問答を貫いているものは、いうまでもなく坐禅弁道（坐禅によって仏道を弁《わきま》える）が唯一の仏法の正門であることを強調している点である（とくに一・二番）。それはなぜかというと、坐禅は、諸仏の自《じ》受用三昧《じゆゆうざんまい》に安坐すること（三番。これが第一の基本的立場）であり、しかも、歴史的事実として（道元はそう確信している）、究極の仏法が釈尊から迦葉《かしよう》に伝えられ、その事実を目撃した天人の証人がいるからである（五番）。しかし受け伝えという点からいうならば、真言宗は、即心即仏として毘盧《びる》遮那《しやな》仏《ぶつ》から金剛薩埵《こんごうさつた》へ伝えられているではないか、という疑問が生ずるが、問題は教法の優劣ではなく、修行の真偽であり、どうしても坐禅によって体得しなければならない（四番）。しかも、坐は行・住・坐・臥のなかで安楽であり、したがって坐禅は安楽の法門であるといわれる（六番）。

さて、仏法についての誤った見解が、主なものとして二つ紹介されている。その一は、修行と悟りとを分けて考える立場である。道元は、修行のうえの悟りであり、悟りのうえの修行であって、両者は分けられないという（七番）。これは、第一の基本的立場につながっている。その二は、いわゆる先尼《せんに》外《げ》道《どう》の見解である。これによると、体は生滅変遷するが心は常住不変であり、それに気づくのが悟りであるという。道元はもとよりこれを斥《しりぞ》ける。かれは、『起信論』の見解を用いて、身心一如《いちにょ》、生死即涅槃《しょうじそくねはん》を強調してやまない（十番）。生涯をきびしい修行に埋没せしめた道元は、ただひたすら、このような第一天を触破しつづけた。人間のどうにも救いようのない暗《やみ》の根源は、道元にとって問われることはなかった。

そのほか、坐禅に専念するものは当然ながら戒律を守るべきこと（十一番）、天台や真言の行法をさしおいてひたすら坐禅にはげむこと（十二番）、坐禅の修行には、男女・貴賤・在家出家の別はないこと（十三・十四番）、さらに正法・像法・末法の歴史観も通用しないこと（十五番）、その他がかかげられている。

そしてわが国の従来の仏教をふりかえって、時節がまだ到来しなかったこと（八番）、仏法を会得したものがなかったこと（九番）、ことに日本人は、インド・中国の人に比べて、智慧が劣り、野蛮で未開発であるが、しかし如来の正法《しょうぼう》は、不思議な功徳力をそなえているから、信じて修行すれば利鈍を分かたず会得することができる、と強調している（十八番）。

さて、第一の基本的立場であるが、これは右の十八番問答を貫いていることはいうまでもない。この立場は、もはや論議ではなく、みずから坐禅して会得することである。会得しなければ、道元の説くことは、すべて砂上の楼閣、観念の幻影に終わってしまうであろう。ことに最初の部分、および「宗門の正伝」（本文三二頁）を、再三にわたって熟読玩味し、次第に確信を増し、そしてついに会得することが大切である。

その要旨をいえば、みずから坐禅して仏の自受用三昧に身心を挙げてあずかることである。坐禅はけっして自分の力で坐るのではない。仏印《ぶつちん》に保持されること、いいかえれば、坐禅における自分の全体が、仏によって裏うちされることである。これが、道元のいわゆる正伝の仏法である。「宗門の正伝」には、その過程が詳細に述べられている。このような境地にまで達することは、凡人には不可能であろうが、しかし道元の述べようとする仏の自受用三昧の本質を、それぞれの機根に応じて会得することは、かならず可能であろう。

それは、みずからの坐禅のなかで、自己の全体が限りなきいのちによって扉が開かれ、通じられていることを、みずから実感し体感し、感知することである。坐禅のなかのそのような感知が、道元のいわゆる証《さと》りであり、坐禅していることが修である。感知と坐禅とは別でないように、修と証とは二つではない。七番問答にかかげられている有名な「修証一等」、あるいは、「修の証なれば証にきわなく、証の修なれば修にはじめなし」ということも、みずからの会得のなかで、自然にうなずかれてくるであろう。

弁道話

諸仏如来、ともに妙法を単伝して、阿耨菩提《あのくぼだい》を証《しょう》するに、最上無為の妙術あり。これただ、ほとけ仏《ほとけ》にさづけてよこしまなることなきは、すなはち自《じ》受用三昧《じゅゆうざんまい》その標準なり。この三昧に遊化《ゆけ》するに、端坐参禅を正門《しょうもん》とせり。

この法は、人人《にんにん》の分上《ぶんじょう》にゆたかにそなはれりといへども、いまだ修《しゅ》せざるにはあらはれず、証せざるにはうることなし。はなてばてにみてり、一多《いった》のきはならんや、かたればくちにみつ、縦横きはまりなし。諸仏のつねにこのなかに住持たる、各各《かくかく》の方面に知覚をのこさず、群生《ぐんじょう》のとこしなへにこのなかに使用する、各各の知覚に方面あらはれず。

いまをしふる功夫弁道《くふうべんどう》は、証上に万法《まんぽう》をあらしめ、出路に一如《いちにょ》を行ずるなり。その超関脱落《ちょうかんだつらく》のとき、この節目《せつもく》にかかはらんや。

〔訳〕諸仏・如来がいずれもすぐれた仏法を伝えて、究極の悟りを実証する場合に、もっともすぐれた方法がある。それは自《じ》受用三昧《じゅゆうざんまい》*が標準となるものであって、仏から仏へ伝わるところの純粋なものである。この三昧に遊ぶには、端坐参禅（正しい姿勢で坐って禅に参ずること）がその正しい入口である。

この三昧は、もともと人びとのうえにゆたかにそなわっているのであるが、修行しなければ表に現われないし、実証してみなければ自分の身につかない。

さて、三昧を実証して手を開いてみると、世界のありとあらゆるものが手のなかに充ち満ちている。とても一とか多とかいう境地ではない。また、三昧の世界を語ろうとすれば、その内容が口に充ち満ちてくる。たて・よこ・十文字、きわまるところがない。

諸仏は、つねにこの三昧のなかに安住していて、それぞれの方面に知覚のあとをとどめない。衆《しゅ》生《じょう》もまた、永久にこの三昧のなかで活動しており、ただ知覚するばかりで、それに対応する方面は現われてこない。

今ここに教えるところの坐禅の道は、悟りのうえにありとあらゆるものが現われることであり、またその悟りをも越えて、全身一丸となってひたすら坐禅を行ずることである。さらにそうしたことをも超越して、全体脱落のときは、このような、悟りとか、全身一丸とか、ひたすら坐禅とかいうことにもかかわろうか。そうしたことさえも抜け出ている。

《自受用三昧》 仏が悟りの境地を自由自在に楽しむところの三昧。三昧（samādhi の音訳）とは、身心を統一して専念すること。

予、発心求法《ほっしんぐほう》よりこのかた、わが朝《ちょう》の遍方《へんぼう》に知識をとぶらひき。ちなみに建仁《けんにん》の全公をみる。あひしたがふ霜華《そうけ》、すみやかに九廻《くかい》をへたり。いささか臨済の家風をきく。全公は祖師西《さい》和尚の上足《じょうそく》として、ひとり無上の仏法を正伝せり、あへて余輩のならぶべきにあらず。

予、かさねて大宋国におもむき、知識を両浙《りょうせつ》にとぶらひ、家風を五門にきく。つひに大白峰《だいはくほう》の浄《じょう》禅師に参じて、一生参学の大事ここにをはりぬ。それよりのち、大宋紹定《じょうてい》のはじめ、本郷《ほんきょう》にかへりし、すなはち弘法救生《ぐほうぐしょう》をおもひとせり、なほ重担《じゅうたん》をかたにおけるがごとし。

しかあるに、弘通《ぐづう》のこころを放下《ほうげ》せん、激揚のときをまつゆゑに、しばらく雲遊萍寄《うんゆうひょうき》して、まさに先哲の風《ふう》をきこえんとす。ただし、おのづから名利《みょうり》にかかはらず、道念をさきとせん真実の参学あらんか、いたづらに邪師にまどはされて、みだりに正解《しょうげ》をおほひ、むなしく自狂にゑうて、ひさしく迷郷《めいきょう》にしづまん。なにによりてか般若《はんにゃ》の正種を長じ、得道の時をえん。貧道はいま雲遊萍寄をこととすれば、いづれの山川をかとぶらはん。これをあはれむゆゑに、まのあたり大宋国にして禅林の風規《ふうき》を見《けん》聞《もん》し、知識の玄旨《げんし》を稟持《ぼんじ》せしを、しるしあつめて、参学閑道の人にのこして、仏家《ぶっけ》の正法をしらしめんとす。これ真訣《しんけつ》ならんかも。

〔訳〕わたしは、菩提心《ぼだいしん》（悟りに至ろうとする心）をおこして仏法を求めはじめてから、わが国のあちこちで師をたずね歩いた。そのあいだに建仁寺の明全《みょうぜん》和尚にまみえ、和尚にしたがって九年の月日をかさねた。そのために、多少なりとも臨済宗の家風に親しむことができたと思う。明全和尚は栄西《ようさい》禅師のすぐれた弟子であり、ただひとり、究極の仏法をただしく伝えている。とても他のものの及ぶところではない。

わたしは、さらに進んで大宋国におもむき、浙東《せっとう》・浙西の地方に師をおとずれ、法眼《ほうげん》・潙仰《いぎょう》・曹洞・雲門・臨済の禅の五宗をたずねた。そしてついに、天童山の如浄《にょじょう》禅師に参じて、仏道の究極目的を達成したのである。

それから、宋の紹定《じょうてい》（一二二八―一二三三）年間のはじめに、わが国に帰ってきて、ひたすら仏法を弘《ひろ》め、人びとを救うことを念願とした。それは、あたかも重荷をかついでいるような思いであった。しかし今や、その心を捨ててしまおう。そして仏法の興るときを待ちたい。しばらく雲水となって山河をわたり歩き、先人の風格を伝えようと思う。

ただ、参学者のなかに、名誉・利欲にとらわれず、もっぱら仏道を念ずる真実の行者がいるとしたら、これらの人びとがいたずらに邪師にまどわされて、正しい理解をくらまされ、むなしくひとりよがりに満足して、永く迷いの世界に沈むことになるであろう。このような場合に、いったい何によって、仏道の智慧の正しい種をそだてて、仏道を体得する時節を得るであろうか。

わたしは、いま雲水の生活にしたがっているから、わたしをたずねようと思っても、どこの山や川をおとずれることができよう。こうした人びとをあわれに思うから、わたしが大宋国で親しく見聞した禅林の風格や規則、また仏道者の大事な主旨を受け伝えてきたことを、ここに記し集めて、仏道を学ぼうとする人に残して、仏家の正法を知らせようと思う。これこそ真実の奥義であろうか。

いはく、大師釈尊、霊山会上《りょうぜんえじょう》にして法を迦葉《かしょう》につけ、祖祖正伝して菩提達磨《ぼだいだるま》尊者にいたる。尊者、みづから神丹《しんたん》国におもむき、法を慧可《えか》大師につけき。これ東地の仏東伝来のはじめなり。かくのごとく単伝して、おのづから六祖大鑑禅師にいたる。このとき、真実の仏法まさに東漢に流《る》演《えん》して、節目《せつもく》にかかはらぬむねあらはれき。ときに六祖に二位の神足《じんそく》ありき、南嶽の懐譲《えじょう》と青原の行《ぎょう》思《し》となり。ともに仏印《ぶっちん》を伝持して、おなじく人天《にんでん》の導師なり。その二派の流通《るづう》するに、よく五門ひらけたり。いはゆる、法眼《ほうげん》宗・潙仰《いぎょう》宗・曹洞《そうとう》宗・雲門宗・臨済宗なり。見在《げんざい》大宋には臨済宗のみ天下にあまねし。五家《け》ことなれども、ただ一仏心印《いちぶっしんいん》なり。

大宋国も、後漢よりこのかた、教籍《きょうじゃく》あとをたれて一天にしけりといへども、雌雄《しゆう》いまださだめざりき。祖師西来ののち、直《じき》に葛藤《かっとう》の根源をきり、純一の仏法ひろまれり。わがくにも又しかあらんことをこひねがふべし。

いはく、仏法を住持せし諸祖ならびに諸仏、ともに自受用三昧に端坐依行《えぎょう》するを、その開悟のまさしきみちとせり。西天東地、さとりをえし人、その風《ふう》にしたがへり。これ、師資《しし》ひそかに妙術を正伝し、真訣を稟持《ぼんじ》せしによりてなり。

〔訳〕真実の奥義についてはつぎのようにいわれている。釈尊が、霊鷲山《りょうじゅせん》の法会《ほうえ》で仏法を迦葉《かしょう》にさずけてから、仏祖から仏祖へとつぎつぎに伝わって菩提達摩《ぼだいだるま》にいたっている。達摩尊者は中国にきて仏法を慧可《えか》大師に伝えた。これが中国伝来のはじまりである。

このように伝えて六祖慧能《えのう》大鑑禅師にいたっている。このとき、真実の仏法が中国に伝わり、形にとらわれない本来の主旨が現われたのである。

ときに六祖慧能に、南嶽懐譲《なんがくえじょう》と青原行思《せいげんぎょうし》という二人のすぐれた弟子がいた。いずれも仏によって証明されたものを身につけて、人間界・天上界の指導者となった。この二派が伝わっていくうちに、禅の五宗が開けたのである。いわゆる法眼宗・潙仰宗・曹洞宗・雲門宗・臨済宗である。現在、大宋国では臨済宗だけが国に弘まっている。五宗の区別はあるが、その要《かなめ》は、ただ一仏心印（唯一絶対の仏心によって確証されること）である。

中国では後漢時代より仏教の典籍が伝わって一国に弘まったが、どの教えがすぐれているかはさだかでなかった。達摩大師が中国にきて、さまざまな教えのもつれを断ち切ったために、純一の仏教が伝わったのである。わが国でもぜひこのようにありたいものである。

また、真実の奥義としてつぎのようにいわれている。仏法をただしく伝えてきたもろもろの仏祖は、ともに自受用三昧に端坐して行ずることを、開悟《かいご》の正道としている。インドでも中国でも、悟りを得た人はみなこのならわしに従っている。これは、師から弟子へと自受用三昧のすぐれた方法を正伝して、真実の奥義を持ちこたえてきたからである。

宗門の正伝にいはく、この単伝正直《しょうじき》の仏法は、最上のなかに最上なり。参見知識のはじめより、さらに焼香・礼拝・念仏・修懺《しゅさん》・看経《かんきん》をもちゐず、ただし打坐《たざ》して身心脱落することをえよ。

もし人、一時なりといふとも、三業《ごう》に仏印を標《ひょう》し、三昧に端坐するとき、遍法界みな仏印となり、尽《じん》虚空ことごとくさとりとなる。ゆゑに、諸仏如来をしては本地の法楽をまし、覚道の荘厳《しょうごん》をあらたにす。および十方法界《ほっかい》・三途《ず》六道の群類、みなともに一時に身心明浄《しんじんみょうじょう》にして、大解脱地を証し、本来面目現ずるとき、諸法みな正覚を証会《しょうえ》し、万物ともに仏身を使用して、すみやかに証会の辺際を一超して、覚樹王《かくじゅおう》に端坐し、一時に無等等《むとうどう》の大法輪を転じ、究竟無為《くきょうむい》の深般若《じんはんにゃ》を開演す。

これらの等正覚、さらにかへりてしたしくあひ冥資《めいし》するみちかよふがゆゑに、この坐禅人、確爾《かくじ》として身心脱落し、従来雑穢《ぞうえ》の知見思量を截断《せつだん》して、天真の仏法に証会《しょうえ》し、あまねく微塵際《みじんさい》そこばくの諸仏如来の道場ごとに、仏事を助発《じょはつ》し、ひろく仏向上《ぶっこうじょう》の機にかうぶらしめて、よく仏向上の法を激揚す。このとき、十方法界の土地《どち》・草木・牆壁《しょうへき》・瓦礫《がりゃく》みな仏事をなすをもて、そのおこすところの風水の利益《りやく》にあづかるともがら、みな甚妙不可思議の仏化《ぶっけ》に冥資《めいし》せられて、ちかきさとりをあらはす。この水火を受用するたぐひ、みな本証の仏化を周旋するゆゑに、これらのたぐひと共住《ぐじゅう》して同語するもの、またことごとくあひたがひに無窮の仏徳そなはり、展転広作《てんでんこうさ》して、無尽、無間断《むけんだん》、不可思議、不可称量の仏法を、遍法界の内外《ないげ》に流通するものなり。しかあれども、このもろもろの当人の知覚に昏《こん》せざらしむることは、静中《じょうちゅう》の無造作にして、直証《じきしょう》なるをもてなり。もし凡流《ぼんる》のおもひのごとく、修証を両段にあらせば、おのおのあひ覚知すべきなり。もし覚知にまじはるは、証則にあらず、証則には迷情およばざるがゆゑに。

〔訳〕宗門の正伝につぎのようにいわれている。このひたすら伝えてきた正しい仏法は、最上のなかの最上である。師匠に参禅する最初から、焼香・礼拝《らいはい》・念仏・修懺《しゅさん》（懺悔すること）・看経《かんきん》（経典を読むこと）を必要とせず、ただ坐禅して身心脱落*すべきである。

　たといひとときであっても坐禅して、身《しん》・口《く》・意《い》のすべての働きを仏に打ちまかせて仏によって裏うちされ、自受用三昧に端坐するとき、全世界がみな仏の印《しるし》づけとなり、虚空全体がことごとく悟りとなる。そのために、諸仏如来はいよいよ根本の仏法を享受し、仏道の悟りが一段と荘厳《しょうごん》（かざること）される。これに対して、十方世界（東西南北と四隅と上下を合わせて十方）の三途六道（三途は地獄・餓鬼・畜生、六道はそれに修羅・人間・天上を加える）に沈んでいる衆生は、みな同時に身も心も明らかで浄らかとなり、解脱《げだつ》の大地を実証する。さらに、本来の自己の真実があらわになるとき、あらゆる存在は仏の悟りを会得し、万物はいずれも仏身を使用して活動し、仏法を会得するという境地をもただちにとびこえて、菩提樹のもとに端坐し、同時に比類のない大説法を行ない、形を越えた究極の深い智慧を説き示すのである。

　こうした万物の悟りが、さらにわが身にかえってきて、たがいに深々と通じ合うものであるから、ついにはこの坐禅の人は、たしかに身心脱落する。そして、これまでの知見や分別のもたもたをことごとく切断して、天真そのままの仏法に冥合し、無数に多くの諸仏如来の道場ごとに、仏の活動をたすけ、かくして仏の境地をも越えていく衆生の機に対して、仏の境地をも越えていく法を発揚するのである。

このとき十方世界は、土地・草木・牆壁《しょうへき》（垣と壁）・瓦礫《がりゃく》（瓦と小石）にいたるまで、ことごとく仏のはたらきをなすから、吹く風、流れる水の恩恵にあずかるわれわれは、いともすぐれた不可思議の仏のはたらきに深々と育てられて、やがて親しい悟りを現わすのである。このようにして水・火を用いる人びとは、本来実証している（悟っている）仏の教化にあずかるのであるから、これらの人びとと、共に生活して互いに語り合うものもまた、窮まりのない仏徳がそなわり、つぎからつぎに広くはたらいて、尽きることもなく、断絶することもない不可思議・不可称の仏法を、全世界の内にも外にも流通させているのである。

しかしながら、こうしたもろもろのことが、坐禅している当人の知覚に入ってこないのは、何のこだわりもなく坐禅していて、じかに実証しているからである。もし世間一般の考えのように、修行と悟りとを二つに分けるならば、それぞれ別のものとして知覚するはずである。もし知覚に入ってくるようならば、それは証則（実証の法則）とはいえない。証則は、世間一般の凡情の及ばないものであるから。

《身心脱落》　如浄のもとで道元自身が体得したことで、身も心も全体がすっぽりと抜け落ちるという体験。

又、心・境ともに静中の証入悟出《こしゅつ》あれども、自受用の境界《きょうがい》なるをもて、一塵《じん》をうごかさず、一相をやぶらず、広大の仏事、甚深微妙《じんじんみみょう》の仏化《ぶっけ》をなす。この化道《けどう》のおよぶところの草木・土地、ともに大光明をはなち、深《じん》妙法をとくこと、きはまるときなし。草木・牆壁はよく凡聖含霊《がんれい》のために宣揚し、凡聖含霊はかへって草木・牆壁のために演暢《えんちょう》す。自覚・覚他の境界、もとより証相をそなへてかけたることなく、証則おこなはれておこたるときなからしむ。

ここをもて、わづかに一人《いちにん》一時の坐禅なりといへども、諸法とあひ冥《めい》し、諸時とまどかに通ずるがゆゑに、無尽法界のなかに、去来現《こらいげん》に、常恒《じょうこう》の仏化道事をなすなり。彼彼《ひひ》ともに一等の同修《どうしゅ》なり、同証なり。ただ坐上の修のみにあらず、空《くう》をうちてひびきをなすこと、撞《しょう》の前後に妙声《みょうしょう》綿綿《めんめん》たるものなり。このきはのみにかぎらんや、百頭《はくとう》みな本面目《ほんめんもく》に本修行をそなへて、はかりはかるべきにあらず。しるべし、たとひ十方無量恒河沙数《ごうがしゃしゅ》の諸仏、ともにちからをはげまして、仏智慧をもて、一人《いちにん》坐禅の功徳《くどく》をはかり、しりきはめんとすといふとも、あへてほとりをうることあらじ。

〔訳〕また、坐禅のなかで、心も環境も悟りに入ったり、悟りから出たりすることはあっても、ともに仏の自受用三昧の境界であるから、その点からいえば、一塵《じん》も動かさず、一相も破らずに、広大な仏のはたらき、また、甚深微妙《じんじんみみょう》（はなはだ深くすぐれている）の仏の教化をなすのである。このような教化の及ぶところの草木や土地は、いずれも大光明を放って、窮まることもなく深妙の法を説いている。草木や牆壁《しょうへき》は、よく凡夫・聖者などの衆生のために説法し、また凡夫・聖者などの衆生は、逆に草木や牆壁のために説法する。みずから悟り、また他をして悟らしめる自受用三昧の境界は、本来、実証のすがたをそなえて、微塵も欠けていることなく、証則はそのまま行なわれて休むひまがない。

こういうわけであるから、たとい一人一時の坐禅であっても、万物と冥合《めいごう》し、すべての時とまどかに通じ合うから、尽きることのない真理の世界のなかで、過去・現在・未来にわたって、変わることのない仏の働きをなすのである。だれが坐禅をしても、それは同じ修行であり、同じ悟りである。また、坐禅のうえの修行だけではない。いついかなる場合でも、空《くう》を打ってひびくところの妙《たえ》なる音声《おんじょう》が打つ人の前後に綿々として流れわたるものがあるであろう。

しかしどうしてこれだけのことに限られようか。百人は百人ながら、本来の面目に本来の修行をそなえているさまは、量り知れないものがある。

よく知るべきである、たとい十方無数の諸仏が、いずれも力をはげまし、それぞれの智慧をもって、一人の坐禅の功徳をきわめつくそうとしても、とうてい極めつくすことはできないであろう。


いまこの坐禅の功徳、高大なることをききをはりぬ。おろかならん人、うたがふていはん、仏法におほくの門あり、なにをもてかひとへに坐禅をすすむるや。

しめしていはく、これ仏法の正門《しょうもん》なるをもてなり。

とふていはく、なんぞひとり正門とする。

しめしていはく、大師釈尊、まさしく得道の妙術を正伝し、又、三世《さんぜ》の如来、ともに坐禅より得道せり。このゆゑに、正門なることをあひつたへたるなり。しかのみにあらず、西天東地の諸祖、みな坐禅より得道せるなり。ゆゑにいま正門を人天《にんでん》にしめす。

〔訳〕以上が、宗門の正伝にいわれていることである。これによって坐禅の功徳がいかに高大であるかが了解された。(以下、問答の形にととのえて、正しい仏法の意味を明らかにしてみよう)

㈠、問い。あるいは、おろかな人は、これを疑うていうであろう、「仏法には多くの入口がある。それなのに、どういうわけで、ひたすら坐禅だけをすすめるのか」と。

答え。坐禅こそ仏法の正門だからである。

㈡、問い。どういうわけで坐禅だけを正門とするのか。

答え。大師釈尊は、仏道を体得するすぐれた方法、すなわち坐禅を正伝し、三世(過去・現在・未来)の如来もまた、同様に坐禅から仏道を得ている。それゆえに、坐禅が正門であることを伝えているのである。そればかりでなく、インドや中国の諸祖たちも、みな坐禅から仏道を得ている。そこでいま、坐禅が正門であることを、人間界・天上界に示すのである。

とふていはく、あるひは如来の妙術を正伝し、または祖師のあとをたづぬるによらん、まことに凡慮のおよぶにあらず。しかはあれども、読経・念仏は、おのづからさとりの因縁となりぬべし。ただむなしく坐してなすところなからん、なにによりてかさとりをうるたよりとならん。

しめしていはく、なんぢいま諸仏の三昧《さんまい》、無上の大法を、むなしく坐してなすところなしとおもはん、これを大乗を謗《ぼう》する人とす。まどひのいとふかき、大海のなかにゐながら水なしといはんがごとし。すでにかたじけなく、諸仏自受用三昧に安坐せり。これ広大の功徳をなすにあらずや。あはれむべし、まなこいまだひらけず、こころなほゑひにあることを。
おほよそ諸仏の境界《きょうがい》は不可思議なり、心識のおよぶべきにあらず、いはんや不信劣智のしることをえんや。ただ正信の大機のみ、よくいることをうるなり。不信の人は、たとひをしふともうくべきことかたし。霊山《りょうぜん》になほ退亦佳《たいやくけ》矣《い》のたぐひあり。おほよそ心に正信おこらば、修行し、参学すべし。しかあらずば、しばらくやむべし。むかしより法のうるほひなきことをうらみよ。

又、読経・念仏等のつとめにうるところの功徳を、なんぢしるやいなや。ただしたをうごかし、こゑをあぐるを仏事功徳とおもへる、いとはかなし。仏法に擬《ぎ》するにうたたとほく、いよいよはるかなり。又、経書をひらくことは、ほとけ頓漸修行《とんぜんしゅぎょう》の儀則ををしへおけるを、あきらめしり、教のごとく修行すれば、かならず証をとらしめんとなり。いたづらに思量念度《しりょうねんたく》をつひやして、菩提をうる功徳に擬せんとにはあらぬなり。おろかに千万誦《じゅ》の口業《くごう》をしきりにして、仏道にいたらんとするは、なほこれながえをきたにして、越《えつ》にむかはんとおもはんがごとし。又、円孔《えんく》に方木《ほうもく》をいれんとせんとおなじ。文をみながら修《しゅ》するみちにくらき、それ医方《いほう》をみる人の合薬をわすれん、なにの益かあらん。口声《くしょう》をひまなくせる、春の田のかへるの、昼夜になくがごとし、つひに又益なし。いはんやふかく名利《みょうり》にまどはさるるやから、これらのことをすてがたし。それ利貪《りとん》のこころはなはだふかきゆゑに。むかしすでにありき、いまのよになからんや。もともあはれむべし。

ただまさにしるべし、七仏の妙法は、得道明心の宗匠《しゅうしょう》に、契心証会《かいしんしょうえ》の学人《がくにん》あひしたがふて正伝すれば、的旨《てきし》あらはれて稟持《ぼんじ》せらるるなり、文字習学の法師《ほっし》のしりおよぶべきにあらず。しかあればすなはち、この疑迷《ぎめい》をやめて、正師のをしへにより、坐禅弁道して諸仏の自受用三昧を証得すべし。

〔訳〕㈢、問い。それは、如来のすぐれた方法を正伝し、または祖師たちの修行の跡を尋ねた結果によるのであろう。とうてい凡慮の及ぶところではない。これに対して、読経や念仏は、おのずから悟りへの手がかりとなるのではあるまいか。凡人は、ただむなしく坐るだけで、何も得るところはないであろう。どうして悟りを得る手だてとなるであろうか。

答え。おまえは今、諸仏の三昧であるこのうえもなくすぐれた大法を、ただむなしく坐って何も得るところがないと思っている。これこそ大乗を誹謗《ひぼう》する人である。それは、あたかも大海のなかにいながら水がないというようなもので、まことに迷いの深いものである。

坐禅をすれば、すでにかたじけなくも、諸仏の自受用三昧に安らかに坐しているのである。これこそ広大な功徳《くどく》ではないか。あわれむべきである、眼がまだ開けず、心がなお酔っているとは。

およそ諸仏の境界は不可思議というほかはない。とうてい思慮の及ぶべきところではない。まして、信心のない、智慧の劣っているものが、どうして知ることができよう。ただ、正しい信心を持ち得る素質の人だけが、諸仏の境界に入ることができる。信心のない人は、たとい教えてもうなずくことはむずかしい。たとえば、霊鷲山《りようじゆせん》における『法華経』の説法の場合も、理解できなくて退席するものがあったが、釈尊は「退くのもよかろう」といわれたほどである。

およそ心に正しい信心がおこったならば、修行し参学すべきである。そうでなければ、しばらく止めたほうがよい。そして、前世から仏法のめぐみがなかったことを後悔するがよい。

また、読経や念仏などの勤行《ごんぎよう》によって得るところの功徳を、おまえは知っているか、どうか。ただ、舌を動かし、声を出すのを仏事の功徳と思っているなら、まことになさけないことである。これを本来の仏法に比べてみると、仏法からはいよいよ遠く、ますますへだたっている。

また、経典を読むことは、仏が人びとの機根に応じて、ただちに悟るしかたや、道順を追うて進むしかたを教えられたのを、それによって明らかに知り、その教えのとおりに修行すれば、かならず悟りに到達するというためのものである。ただいたずらに思慮分別をたくましくして、それによって悟りを得る功徳になぞらえようとしたものではない。

おろかにも、しきりに口を動かして仏道に到ろうとつとめるのは、あたかも、車のながえを北に向けて、南の越の国に向かおうと思うようなものである。また、円い孔《あな》に四角な木をはめこもうとするのと同じである。経文を読みながら修行する道が分からないのは、医術を学ぶものが薬の調合を忘れるようなもので、何の得るところがあろう。休むひまもなく口に称えるのは、春の田の蛙が昼も夜も鳴くようなものである。つづまるところ、何の益もない。まして、名誉や利益にふかくまどわされているやからは、こうしたことが捨てがたいのである。それは、利欲や貪欲のこころがはなはだ深いためである。昔もすでにこうしたやからはいたのであり、今日もいないはずはあるまい。まことにあわれむべきである。

よくよく知るべきである、過去七仏*のすぐれた仏法は、仏心に契《かの》うて実証し会得した学人が、得道して心を明らかにしたすぐれた師匠に、つきしたがって正伝すれば、仏法の本旨が現われて保持されるものである。文字ばかりを学習している法師が、とうてい及びもつかないところである。そういう次第であるから、このような疑いや迷いを止めて、正しい師の教えにしたがい、坐禅弁道して、諸仏の自受用三昧を実証し会得すべきである。

《過去七仏》 Vipassin（毘婆尸）・Sikhin（尸棄）・Vessabhū（毘舎婆）・Kakusandha（拘楼孫）・Konāgamana（拘那含）・Kassapa（迦葉）・Sakyamuni（釈迦牟尼）。

とふていはく、いまわが朝《ちよう》につたはれるところの法華宗・華厳教、ともに大乗の究竟《くきよう》なり。いはんや真言宗のごときは、毘盧遮那《びるしやな》如来《によらい》したしく金剛薩埵《こんごうさつた》につたへて、師資《しし》みだりならず。その談ずるむね、即心是仏《ぜぶつ》、是心作仏《さぶつ》といふて、多劫《たこう》の修行をふることなく、一座に五仏の正覚をとなふ、仏法の極妙《ごくみよう》といふべし。しかあるに、いまいふところの修行、なにのすぐれたることあれば、かれらをさしおきて、ひとへにこれをすすむるや。

しめしていはく、しるべし、仏家《ぶつけ》には、教《きよう》の殊劣《しゆれつ》を対論することなく、法の浅深をえらばず、ただし修行の真偽をしるべし。草華山水《そうけさんすい》にひかれて仏道に流入《るにゆう》することありき、土《ど》石沙礫《せきしやりやく》をにぎりて仏印《ぶつちん》を稟持《ぼんじ》することあり。いはんや広大の文字は万象《ばんぞう》にあまりてなほゆたかなり、転大法輪又《また》一塵《じん》にをさまれり。しかあればすなはち、即心即仏のことば、なほこれ水中の月なり。即坐成仏のむね、さらに又かがみのうちのかげなり。ことばのたくみにかかはるべからず。いま直証菩提《じきしようぼだい》の修行をすすむるに、仏祖単伝の妙道をしめして、真実の道人《どうにん》とならしめんとなり。

又、仏法を伝授することは、かならず証契《しようかい》の人をその宗師《しゆうし》とすべし。文字をかぞふる学者をもてその導師とするにたらず、一盲の衆盲《しゆもう》をひかんがごとし。いまこの仏祖正伝の門下には、みな得道証契の哲匠をうやまひて、仏法を住持せしむ。かるがゆゑに、冥陽《めいよう》の神道《しんとう》もきたり帰依し、証果の羅漢もきたり問法するに、おのおの心地を開明《かいめい》する手をさづけずといふことなし。余門にいまだきかざるところなり。ただ仏弟子は仏法をならふべし。
又しるべし、われらはもとより無上菩提かけたるにあらず。とこしなへに受用すといへども、承当《じょうとう》することをえざるゆゑに、みだりに知見《ちけん》をおこすことをならひとして、これを物とおもふによりて、大道いたづらに蹉過《しゃか》す。この知見によりて、空華《くうげ》まちまちなり。あるひは十二輪転《りんでん》・二十五有《う》の境界とおもひ、三乗五乗・有仏無仏の見、つくることなし。この知見をならふて、仏法修行の正道とおもふべからず。しかあるを、いまはまさしく仏印《ぶつちん》によりて万事を放下《ほうげ》し、一向に坐禅するとき、迷悟情量のほとりをこえて、凡聖《ぼんしょう》のみちにかかはらず、すみやかに格外に逍遥《しょうよう》し、大菩提を受用するなり。かの文字の筌罤《せんてい》にかかはるものの、かたをならぶるにおよばんや。

〔訳〕㈣、問い。現在わが国に伝わるところの法華宗・華厳宗は、ともに大乗仏教の究極の教えである。まして真言宗のごときは、毘盧遮那仏《びるしゃなぶつ》*がしたしく金剛薩埵《こんごうさった》に伝えたもので、師から弟子へのうけつぎが身勝手になされたものではない。その教えるところの宗旨も、即心是仏《そくしんぜぶつ》（心のままが仏）・是心《ぜしん》作仏《さぶつ》（この心が仏となる）といって、長期にわたる修行を要することもなく、一時の坐のうちに、毘盧遮那仏を中心とする五仏のさとりを得ると教えている。これまさしく仏法の極妙《ごくみょう》というべきである。しかるに、今いうところの坐禅の修行は、どういう点がすぐれているから、これらの諸宗をさしおいて、ただそれだけをすすめるのであるか。

答え。よく知るべきである、仏教者は、教えの優劣を議論するのではなく、また法の浅深をえらぶのでもなく、ただ修行の真偽をわきまえるべきである。草花や山水にひかれて仏道に入ることもあり、土や石、砂や小石をにぎって、仏の三昧を感得することもある。まして広大な文字は、万象にかきつらねられていて、なおゆたかに余っている。仏の大説法は一塵のなかにおさまっている。そういうわけであるから、即心即仏という言葉だけであれば、それは水中に映じた月にすぎない。また、即坐成仏の主旨も、鏡のなかの影にほかならない。そうした言葉の技巧にこだわってはならない。今ここで、ただちに悟りを実証していく修行をすすめるのは、仏祖から仏祖へと伝わった妙道を示して、真実の仏道者になってもらうためである。

また、仏法を伝授していく場合には、悟りも実証して悟りに契《かな》った人をその師匠とすべきである。文字にこだわる学者は、指導者とするには足らない。それは、あたかも一人の盲人が多くの盲人を導くようにおろかなことである。今この仏祖正伝の門下では、仏道を得て悟りに契った、すぐれた師匠をうやまって、仏法を保持してきたのである。そういうわけで、冥界やこの世の霊的なものもやって来て帰依《きえ》し、また悟りを得た阿羅漢も訪れて問法するのであるが、それぞれ自分の心の大地を開明する手だてを授けて止まないのである。こうしたことは、他の宗門ではまだ聞いたことのないところである。仏弟子は、ただひたすら仏法を習うべきである。

また、よく知るべきである。われわれはもともと、無上の悟りを十分にそなえている。その悟りを永久に享受しているのではあるが、まだうなずくことができないために、むやみに知的見解を起こすくせがついて、しかもそれを実在的なものと思うから、仏法の大道をむなしく踏みあやまるのである。このような知的見解によって、空華《くうげ》（妄想妄見）は人によってさまざまである。あるいは、十二因縁*によって輪廻《りんね》すると思い、あるいは、三界・二十五有*の迷いの世界があると思い、また、声聞・縁覚・菩薩の三乗や、これに人・天を加えて五乗を主張し、あるいはまた、仏は有るとか無いとかいった意見など、尽きることがない。こうした知的見解に親しんで、これを仏法修行の正道であると、ゆめゆめ思ってはならない。

これに対して、今はまさしく仏印《ぶっちん》（仏に裏うちされること）によって万事を投げすて、ただひたすら坐禅するとき、迷いや悟りの思慮分別の境界をとびこえて、凡人・聖者の区別にはかかわらず、ただちにそうした相対界の埒外《らちがい》に悠々自適して、絶対の悟りを享受するのである。たんに手段にすぎない文字のせんさくにこだわっているものが、どうして肩をならべることができよう。

《毘盧遮那仏》 光（vairocana）の仏の意味で、華厳宗・真言宗の本尊。

《十二因縁》 現実生存の世界を、無明・行・識・名色・六入・触・受・愛・取・有・生・老死の連鎖関係によって説明した原始経典の教え。

《三界・二十五有》 欲界（欲望の世界）・色界（形態の世界）・無色界（形態もない世界）の迷いの三界のそれぞれに、さらに世界を配分して二十五となしたもの。

とふていはく、三学のなかに定学《じょうがく》あり、六度のなかに禅度《ぜんど》あり。ともにこれ一切の菩薩の、初心よりまなぶところ、利鈍をわかず修行す。いまの坐禅も、そのひとつなるべし。なにによりてか、このなかに如来の正法あつめたりといふや。

しめしていはく、いまこの如来一大事の正法眼蔵無上の大法を、禅宗となづくるゆゑに、この問《もん》きたれり。

しるべし、この禅宗の号は、神丹《しんたん》以東におこれり、竺乾《じくけん》にはきかず。はじめ達磨大師、嵩山《すうざん》の少林寺にして九年面壁のあひだ、道俗いまだ仏正法をしらず、坐禅を宗とする婆羅門《ばらもん》となづけき。のち代代の諸祖、みなつねに坐禅をもはらす。これをみるおろかなる俗家《ぞくけ》は、実をしらず、ひたたけて坐禅宗といひき。いまのよには、坐のことばを簡《かん》して、ただ禅宗といふなり。そのこころ、諸祖の広語《こうご》にあきらかなり。六度および三学の禅定にならつていふべきにあらず。

この仏法の相伝の嫡意《てきい》なること、一代にかくれなし。如来むかし霊山会上《りようぜんえじよう》にして、正法眼蔵涅槃《ねはん》妙心無上の大法をもて、ひとり迦葉《かしよう》尊者にのみ付法せし儀式は、現在して上界にある天衆、まのあたりみしもの存せり、うたがふべきにたらず。おほよそ仏法は、かの天衆とこしなへに護持するものなり、その功いまだふりず。

まさにしるべし、これは仏法の全道なり、ならべていふべきものなし。

〔訳〕㈤、問い。戒・定・慧の三学のなかの一つとして定学《じようがく》（禅定の学習《ぜんじよう》）があり、六波羅蜜《ろつぱらみつ》（布施《ふせ》・持戒《じかい》・忍辱《にんにく》・精進《しようじん》・禅定・智慧《ちえ》）のなかの一つとして禅定波羅蜜がある。三学も六波羅蜜も、すべての菩薩が、仏道に志したときから学ぶものであり、利鈍の区別なく誰でも修行すべきものである。今いう坐禅もその一つであろう。しかるに、どういうわけで、坐禅のなかに如来の正法《しようぼう》が集中しているというのか。

答え。今この如来一大事の正法眼蔵である無上の大法を、わざとせばめて禅宗と名づけるから、このような疑問が起こってくるのである。

よく知るがよい、この禅宗という名称は、中国以東に起こったのである。インドでは聞いたことがない。はじめ達摩大師は、嵩山《すうざん》の少林寺で、九年間、壁に向かって坐禅を行じている間は、出家者も在俗者もまだ仏の正法を知らず、これを、坐禅を宗旨とする婆羅門《ばらもん》と名づけていた。その後、代々の諸祖がいずれも坐禅に専念している。これを見たおろかな在俗者たちが、実情を知らずに、漫然と坐禅宗と称した。今日では「坐」を省略して、ただ禅宗というのである。その様子は、祖師たちの説いた言葉のなかに明らかに示されている。六波羅蜜や三学のなかの禅定にならって称すべきではない。

この仏法が正しく伝えられたことは、釈尊一代にかくれもないことである。如来がむかし霊鷲山《りょうじゅせん》の法会《ほうえ》で、正法眼蔵涅槃妙心《しょうぼうげんぞうねはんみょうしん》（正しい仏法の眼たる究極真実の心）である無上の大法を、ただ迦葉《かしょう》尊者のみにさずけた儀式は、現に天上界にいる天人で、これを眼のあたりに見たものが今もなお生きている。けっして疑うべきではない。およそ仏法は、かの天人たちが永久に護持するものである。そのいさおはまだすたれていない。

まさに知るべきである、これこそ仏法の全体である。他と並列的に論ずべきものではない。

とふていはく、仏家《ぶっけ》なにによりてか四儀《しぎ》のなかに、ただし坐にのみおほせて禅定をすすめて証入をいふや。

しめしていはく、むかしよりの諸仏、あひつぎて修行し証入せるみち、きはめしりがたし。ゆゑをたづねば、ただ仏家のもちゐるところをゆゑとしるべし。このほかにたづぬべからず。ただし、祖師ほめていはく、坐禅はすなはち安楽の法門なり。はかりしりぬ、四儀のなかに安楽なるゆゑか。いはんや一仏二仏の修行のみちにあらず、諸仏諸祖にみなこのみちあり。

〔訳〕㈥、問い。どういうわけで仏教では、行《ぎょう》・住《じゅう》・坐《ざ》・臥《が》の四つの在り方のなかで、ただ坐だけを重んじて禅定をすすめ、それによって悟ることを主張するのか。

答え。諸仏はむかしから、つぎつぎに修行して悟りを開いたのであるが、その方法は、とうていいちいち知りつくすことはむずかしい。その理由を尋ねると、ただ仏道者がその方法を用いたからであると知るべきである。そのほかに理由を尋ねてはならない。ただ、祖師はほめていうに、「坐禅はすなわち安楽の法門である」と。その点から推測されることは、行・住・坐・臥のなかで坐がもっとも安楽であるためであろうか。まして坐禅は、一仏や二仏が修行した道ではない。もろもろの仏祖にみな坐禅の道が存在するのである。

とふていはく、この坐禅の行《ぎょう》は、いまだ仏法を証会《しょうえ》せざらんものは、坐禅弁道してその証をとるべし。すでに仏正法をあきらめえん人は、坐禅なにのまつところかあらん。

しめしていはく、癡人《ちにん》のまへにゆめをとかず、山子《さんす》の手には舟棹《しゅうとう》をあたへがたしといへども、さらに訓《おしえ》をたるべし。

それ修証はひとつにあらずとおもへる、すなはち外道《げどう》の見なり。仏法には、修証これ一等なり。いまも証上の修《しゅ》なるゆゑに、初心の弁道すなはち本証の全体なり。かるがゆゑに、修行の用心をさづくるにも、修のほかに証《しよう》をまつおもひなかれとをしふ。直指《じきし》の本証なるがゆゑなるべし。すでに修の証なれば、証にきはなく、証の修なれば、修にはじめなし。ここをもて、釈迦如来・迦葉《かしよう》尊者、ともに証上の修に受用せられ、達磨大師・大鑑《だいかん》高祖、おなじく証上の修に引転《いんでん》せらる。仏法住持のあと、みなかくのごとし。

すでに証をはなれぬ修あり、われらさいはひに一分《いちぶん》の妙修《みようしゆ》を単伝せる初心の弁道、すなはち一分《いちぶん》の本証を無為《むい》の地にうるなり。しるべし、修をはなれぬ証を染汚《ぜんな》せざらしめんがために、仏祖しきりに修行のゆるくすべからざるとをしふ。妙修を放下《ほうげ》すれば本証手《て》の中《うち》にみてり、本証を出身すれば妙修通身におこなはる。

又まのあたり大宋国にしてみしかば、諸方の禅院みな坐禅堂をかまへて、五百六百、および一二千僧を安《あん》じて、日夜に坐禅をすすめき。その席主とせる伝仏心印の宗師に、仏法の大意をとぶらひしかば、修証の両段にあらぬむねをきこえき。

このゆゑに、門下の参学のみにあらず、求法《ぐほう》の高流《こうる》、仏法のなかに真実をねがはん人、初心後心《しよしんこしん》をえらばず、凡人聖人《ぼんにんしようにん》を論ぜず、仏祖のをしへにより、宗匠の道《みち》をおふて、坐禅弁道すべしとすすむ。きかずや祖師のいはく、修証はすなはちなきにあらず、染汚《ぜんな》することはえじ。又いはく、道をみるもの、道を修すと。しるべし、得道のなかに修行すべしといふことを。

〔訳〕㈦、問い。この坐禅の修行は、まだ仏法を会得していないものは、坐禅弁道（坐禅して仏道をきわめる）してその悟りを得るべきである。しかし、すでに仏の正法を明らかにし得た人は、坐禅に何を期待するところがあろうか。

答え。馬鹿ものに向かって夢を話しても理解などできず、山ぐらしの者に舟の棹《さお》をにぎらせても使いみちが分からない、といわれているが、まあともかく教えを述べてみよう。

そもそも、修証《しゅしょう》（修行と悟り）は一つでないと思っているのは、すなわち外道《げどう》（仏道以外の教え）の見解である。仏法では修証は一つである。いま修行しているのも、実は悟りのうえの修行であるから、初心者の弁道がそのまま本来の悟りの全体である。そういうわけで、修行の際の心がまえを教える場合にも、修行のほかに悟りを期待する気持ちがあってはならないと指示するのである。それは、修行のままが本来の悟りをじかに示しているからである。また悟りといっても、修行のうえの悟りであるから、悟りには果てしがなく、修行といっても、悟りのうえの修行であるから、修行には始まりがない。

こういうわけで、釈迦如来や迦葉尊者は、いずれも悟りのうえの修行に養われ、達摩大師や大鑑高祖（六祖慧能）も、同じように悟りのうえの修行に引きまわされている。仏法を保持してきた仏祖たちは、みなこのようなありさまである。

かくして、すでに悟りを離れない修行があるわけである。わたしどもは幸いに、初心者の弁道として妙《たえ》なる修行の一部分を伝えており、それはすなわち、本来の悟りの一部分でもあるが、それをまったく形を越えた世界のなかで獲得しているのである。

よく知るべきである、修行を離れない悟りを汚さないために、修行はきびしくしなければならないと、仏祖はしきりに教えている。この妙なる修行を手放してみると、本来の悟りが掌中にみちみちている。本来の悟りを抜け出てみると、妙なる修行は全身を貫いて行なわれるのである。

また、大宋国で親しく見聞したのであるが、あちこちの禅院では、みな坐禅堂を設け、五百人、六百人、あるいは千人、二千人の修行僧をかかえて、日夜、坐禅にはげんでいた。その禅院の指導者であり、仏心の確証を伝えている師匠に、仏法の主意をたずねてみたところ、それは修行と悟りと区分されるものではないという旨をうけたまわった。

そういうわけで、たんにこの門の修行者だけではなく、仏法を求めるすぐれた人びと、あるいは仏法のなかに真実を探求する人びとは、初心者・経験者の区別なく、また凡人・聖人を論ぜず、仏祖の教えにしたがい、師匠の道にもとづいて坐禅弁道すべきであると、すすめている。

つぎのようにいわれているではないか。祖師がいうに、「修行と悟りとは無いわけではない。しかしこれを汚してはならない」*と。

またいうに、「道を見るものこそ道を修行することができる」*と。

よく知るがよい、仏道を会得しているなかで修行すべきであるということを。


《祖師がいうに……》 六祖慧能の問いに対する南嶽懐譲の答え。『景徳伝灯録』巻五（大正五一・二四〇下）。

《またいうに……》 司空山本浄禅師の語。『景徳伝灯録』（大正五一・二四三上）。


とふていはく、わが朝《ちょう》の先代に教《きょう》をひろめし諸師、ともにこれ入唐伝法《にっとうでんぼう》せしとき、なんぞこのむねをさしおきて、ただ教をのみつたへし。

しめしていはく、むかしの人師《にんし》この法をつたへざりしことは、時節のいまだいたらざりしゆゑなり。

とふていはく、かの上代の師、この法を会得《えとく》せりや。

しめしていはく、会《え》せば通じてん。


〔訳〕(八)、問い。むかしわが国で、教えを弘めた諸師たちは、いずれも入唐してわが国に仏法を伝えたのであるが、どういうわけでこうした主旨をさしおいて、ただ教えだけを伝えたのであるか。

答え。むかしの諸師たちがこの法を伝えなかったのは、時節がまだ到来しなかったためである。
(九)、問い。むかしのこうした諸師たちは、この法を会得していたであろうか。
答え。会得しておれば、世に弘《ひろ》まったであろう。

とふていはく、あるがいはく、生死《しょうじ》をなげくことなかれ、生死を出離するにいとすみやかなるみちあり。いはゆる心性《しんしょう》の常住なることわりをしるなり。そのむねたらく、この身体は、すでに生《しょう》あれば、かならず滅にうつされゆくことありとも、この心性はあへて滅することなし。よく生滅にうつされぬ心性わが身にあることをしりぬれば、これを本来の性《しょう》とするがゆゑに、身はこれかりのすがたなり、死此《しし》生彼《しょうひ》さだまりなし。心はこれ常住なり、去来《こらい》現在かはるべからず。かくのごとくしるを、生死をはなれたりとはいふなり。このむねをしるものは、従来の生死ながくたえて、この身をはるとき性海《しょうかい》にいる。性海に朝宗《ちょうそう》するとき、諸仏如来のごとく、妙徳まさにそなはる。いまはたとひしるといへども、前世の妄業《もうごう》になされたる身体なるがゆゑに、諸聖とひとしからず。いまだこのむねをしらざるものは、ひさしく生死にめぐるべし。しかあればすなはち、ただいそぎて心性の常住なるむねを了知すべし。いたづらに閑坐《かんざ》して一生をすぐさん、なにのまつところかあらん。かくのごとくいふむね、これはまことに諸仏諸祖の道にかなへりやいかん。

〔訳〕 (十)、問い。ある人はつぎのようにいっている。

「この生死《しょうじ》の迷いの世界をなげくことはない。この迷いの世界を脱出するのに、すぐにできる方法がある。それは、心の本性が常住不変であるという道理を知ることである。その主旨というのは、この身体は生まれたからには必ず死滅するということはあっても、心の本性はけっして滅することはないということである。けっして生ずることも滅することもない心の本性が自分の身体にあることを知ってみれば、これこそ本来の性なのであるから、身体はかりのすがたであり、この世に死んであの世に生まれるというぐあいに定着することがない。これに対して、心は常住不変であり、過去・現在・未来にわたって変化のあろうはずがない。このように知ることが生死を離れたというのである。この主旨を了解するものは、これまでの迷いの生死が永久に消滅して、この身がおわるとき、心は本性の大海に入る。本性の大海に入るとき、諸仏如来のようなすぐれた徳性がおのずからそなわるのである。今はたといこの道理を了解することができても、このからだは前世からの宿業によって成り立っているから、とうてい聖者たちと同じというわけにはいかない。まだこうした主旨を知らないものは、永久に迷いの生死を輪廻《りんね》するであろう。そういうわけであるから、すみやかに心の本性の常住不変であることを了解すべきである。ただいたずらに安閑として坐禅して一生をすごしても、何を期待することができよう」

このように主張する立場は、仏祖たちの道にほんとうにかなっているであろうか、どうであろうか。

しめしていはく、いまいふところの見《けん》、またく仏法にあらず、先尼外道《せんにげどう》が見なり。いはく、かの外道の見は、わが身うちにひとつの霊知あり、かの知、すなはち縁にあふところに、よく好悪《こうお》をわきまへ、是非をわきまふ、痛痒《つうよう》をしり、苦楽をしる、みなかの霊知のちからなり。しかあるに、かの霊性《れいしょう》は、この身の滅するとき、もぬけてかしこにうまるるゆゑに、ここに滅すとみゆれども、かしこの生《しょう》あれば、ながく滅せずして常住なりといふなり。かの外道が見、かくのごとし。しかあるを、この見をならふて仏法とせん、瓦礫《がりやく》をにぎりて金宝《こんぼう》とおもはんよりもなほおろかなり。癡迷《ちめい》のはづべき、たとふるにものなし。大唐国の慧忠《えちゅう》国師、ふかくいましめたり。いま心常相滅の邪見を計《け》して、諸仏の妙法にひとしめ、生死の本因をおこして、生死をはなれたりとおもはん、おろかなるにあらずや、もともあはれむべし。ただこれ外道の邪見なりとしれ、みみにふるべからず。

ことやむことをえず、いまなほあはれみをたれて、なんぢが邪見をすくはん。しるべし、仏法には、もとより身心一如《しんじんいちにょ》にして、性相不二《しょうそうふに》なりと談ずる、西天東地おなじくしれるところ、あへてたがふべからず。いはんや常住を談ずる門には、万法みな常住なり、身と心とをわくことなし。寂滅を談ずる門には、諸法みな寂滅なり、性と相とをわくことなし。しかあるを、なんぞ身滅心常といはん、正理《しょうり》にそむかざらんや。しかのみならず、生死はすなはち涅槃《ねはん》なりと覚了すべし、いまだ生死のほかに涅槃を談ずることなし。いはんや心は身をはなれて常住なりと領解《りょうげ》するをもて、生死をはなれたる仏智に妄計《もうけ》すといふとも、この領解知覚の心は、すなはちなほ生滅して、またく常住ならず。これ、はかなきにあらずや。

嘗観《しょうかん》すべし、身心一如のむねは、仏法のつねの談ずるところなり。しかあるに、なんぞこの身の生滅せんとき、心ひとり身をはなれて生滅せざらん。もし一如なるときあり、一如ならぬときあらば、仏説おのづから虚妄《こもう》になりぬべし。又、生死はのぞくべき法ぞとおもへるは、仏法をいとふつみとなる、つつしまざらんや。

しるべし、仏法に心性大総相《しんしょうだいそうそう》の法門といふは、一大法界《ほっかい》をこめて、性相をわかず、生滅をいふことなし。菩提涅《ね》槃《はん》におよぶまで、心性にあらざるなし。一切諸法・万象森羅《ばんぞうしんら》、ともにただこれ一心にして、こめずかねざることなし。このもろもろの法門、みな平等一心なり、あへて異違《いい》なしと談ずる、これすなはち仏家《ぶっけ》の心性をしれる様子なり。

しかあるを、この一法に身と心とを分別し、生死と涅槃とをわくことあらんや。すでに仏子《ぶっし》なり、外道の見をかたる狂人のしたのひびきを、みみにふるることなかれ。

〔訳〕答え。このような見解は、まったく仏法ではない。先尼《せんに》外《げ》道《どう》*の見解である。それによると、つぎのようにいわれている。

「自分の身のなかに一つの霊妙な知性がある。この知性が何かの機縁に出会うと、好き嫌いを区別し、よしあしを弁別し、痛痒を感じ、苦楽を味わう。こうしたことはみな霊妙な知性の力である。ところで、この霊妙な知性は、この身が死滅するとき、そこから抜け出て、つぎの世に生まれるから、ここでは死滅するように見えるが、つぎの世では生を享《う》けるから、永久に消滅することはなく、常住不変である」

以上が先尼外道の見解である。

しかし、このような見解を仏法と見なすことは、あたかも瓦や小石をつかんで金の宝と思うよりも、なお愚かなことである。その無智や迷いの恥ずべきことは、なにものにも譬《たと》えようがない。大唐国の慧忠国師は、* この点を深くいましめている。いま、心は常住不変で、すがたが消滅するという誤った見解を、諸仏のすぐれた法と同じであるとなし、生死・迷いの根本原因を引き起こしておきながら、生死を離脱したと思うのは、まことにおろかなことではないか。もっともあわれむべきである。これはただ、外道の誤った見解であると知れ。けっして耳に触れてはならない。

しかしこうなっては仕方がない。さらにあわれみをかけて、おまえの誤った見解を救おう。よく知るがよい、仏法ではもとより身と心とは一つであり、本体と現象も二つではないと説くのは、インドでも中国でも知れわたっているところであり、けっしてこれにそむいてはならない。まして常住不変を説く場合には、あらゆる存在がすべて常住であり、身と心とを区別することはない。また、寂滅《じゃくめつ》（万事滅して平安なこと、涅槃の別名）をいうときは、あらゆるものがすべて寂滅であり、本体と現象とを分けることはない。それなのに、どうして身は消滅して心は常住などというのであろうか。正しい道理にそむくではないか。

それればかりではない。生死はそのまま涅槃であると自覚すべきである。いまだかつて、生死のほかに涅槃があるなどと説いたことはない。まして心は身とは別に常住であるなどと了解することが、生死の迷いを離れた仏の智慧であるといってみたところで、そのように了解し知覚している心そのものが、なお生滅しているのであって、まったく常住ではない。まことにはかないではないか。

よくよく観察すべきである、身と心とは一つであるという主旨は、仏法がかねがね説いているところである。しかるにどうしたことであるか、この身が生滅するときに、心だけが身を離れて生滅しないというのは。もし、身と心は一つであるときもあり、一つでないときもあるというならば、仏説はおのずから虚妄《こもう》の説になるであろう。また、生死は迷いであるから除かねばならぬと思うのは、生死そのままが涅槃であることを忘れた考え方で、仏法そのものを厭《いと》う罪過となる。よくよくつつしむべきである。

よく知るがよい、仏法には心性大総相の法門*ということが示されている。それは、全世界をくるめて、本体・現象を分けず、生滅を論ぜず、しかも菩提（悟り）・涅槃にいたるまで、その一切を含めたもので、一つとして心性（心そのもの）でないものはないというのである。ありとあらゆるもの、存在するもののことごとくが、ただこれ一心であって、このなかに包括されないものはない。そのすべてが、みな平等であり一心であって、けっしてこれにたがうことはないと説く。これがすなわち、仏教者が心性を理解している真相である。

しかるに、このような唯一の真実界について、どうして身と心とを区別し、生死と涅槃とを対立させてよいだろうか。すでにわれわれは仏の子である。外道の見解をかたる狂人の舌のひびきに耳をかしてはならない。

《先尼外道》 先尼（パーリ seniya, サンスクリット śrenika）は外道（仏教以外の教え）の一人。『涅槃経』（大正一二・五九四上）。

《慧忠国師は》 『景徳伝灯録』巻二八（大正五一・四三七下）に、先尼外道の見解を紹介している。慧忠は、南陽慧忠。六祖慧能の法嗣。弟子に代宗・粛宗の両帝もある。

《心性大総相の法門》 『大乗起信論』に、「心真如とは一法界にして大総相法門の体」とある。心真如は心生滅に対する語で、言語・思慮を越えた全体界に注目したもの。

とふていはく、この坐禅をもはらせん人、かならず戒律を厳浄《ごんじょう》すべしや。

しめしていはく、持戒梵行《じかいぼんぎょう》は、すなはち禅門の規矩《きく》なり、仏祖の家風なり。いまだ戒をうけず、又戒をやぶれるもの、その分《ぶん》なきにあらず。

とふていはく、この坐禅をつとめん人、さらに真言止観《しかん》の行《ぎょう》をかね修せん、さまたげあるべからずや。

しめしていはく、在唐のとき、宗師《しゅうし》に真訣《しんけつ》をききしちなみに、西天東地の古今に、仏印を正伝せし諸祖、いづれもいまだしかのごときの行をかね修すときかずといひき。まことに、一事をこととせざれば、一智に達することなし。

とふていはく、この行は、在俗の男女《なんにょ》もつとむべしや、ひとり出家人のみ修するか。

しめしていはく、祖師のいはく、仏法を会《え》すること、男女貴賤をえらぶべからずときこゆ。

〔訳〕㈩、問い。坐禅に専念する人は、かならず戒律をきびしく守るべきであるか。

答え。戒律を守り、行いを浄めることは、禅門のきまりであり、仏祖のならわしである。しかし、まだ戒を受けないもの、あるいは受けて後、戒を破ったものも、坐禅に専念すれば、分相応の功徳がないわけではない。

㈪、問い。この坐禅にはげむ人が、そのうえに真言の行や天台の止観を兼ねて修行することは、差し支えないであろうか。

答え。わたしが唐に滞在していたとき、すぐれた師匠にそのことの要訣をたずねたところ、「昔から今日までのインドや中国で、仏印《ぶつちん》（仏に裏うちされること）を正しく伝えた祖師たちは、まだこのような行《ぎょう》を兼ねて修行したということを聞いたことがない」といわれた。まことに一事に専念するのでなければ、その智慧に到達することはできない。

㈫、問い。この坐禅の行は、在家の男女も勤めるべきであるか。それとも出家者だけが修行するのか。

答え。祖師がいわれるに、「仏法を会得するについては、男や女、身分の貴い・賤しいという区別をしてはならない」と教えておられる。

とふていはく、出家人は、諸縁すみやかにはなれて、坐禅弁道にさはりなし。在俗の繁務は、いかにしてか一向に修行して無為の仏道にかなはん。

しめしていはく、おほよそ、仏祖あはれみのあまり、広大の慈門をひらきおけり。これ一切衆生を証入《しょうにゅう》せしめんがためなり、人天《にんでん》たれかいらざらんものや。ここをもて、むかしいまをたづぬるに、その証これおほし。しばらく代宗《だいそう》・順宗の、帝位にして万機いとしげかりし、坐禅弁道して仏祖の大道を会通《えづう》す。李相国《りしょうこく》・防相国、ともに輔佐《ほさ》の臣位にはんべりて、一天の股肱《ここう》たりし、坐禅弁道して仏祖の大道に証入す。ただこれ、こころざしのありなしによるべし、身の在家出家にはかかはらじ。又ふかくことの殊劣《しゅれつ》をわきまふる人、おのづから信ずることあり。いはんや世務《せむ》は仏法をさゆとおもへるものは、ただ世中に仏法なしとのみしりて、仏中に世法なきことをいまだしらざるなり。ちかごろ大宋に、馮相公《ひょうしょうこう》といふありき。祖道に長ぜりし大官なり。のちに詩をつくりて、みづからをいふにいはく、

公事之余喜二坐禅一、少三曽将レ脇到レ牀眠一。雖三然現出二宰官相一、長老之名四海伝。

〔公事の余《ひま》に坐禅を喜《この》む、曽て脇を将《も》て牀に到って眠ること少《まれ》なり。然《しか》も現に宰官の相に出づと雖も、長老の名は四海に伝ふ。〕

これは、官務にひまなかりし身なれども、仏道にこころざしふかければ得道せるなり。他をもてわれをかへりみ、むかしをもていまをかがみるべし。

大宋国には、いまのよの国王大臣・士俗男女、ともに心を祖道にとどめずといふことなし。武門・文家《ぶんけ》、いづれも参禅学道をこころざせり。こころざすもの、かならず心地を開明《かいめい》することおほし。これ世務の仏法をさまたげざる、おのづからしられたり。

国家に真実の仏法弘通《ぐづう》すれば、諸仏諸天ひまなく衛護《えいご》するがゆゑに、王化太平なり。聖化太平なれば、仏法そのちからをうるものなり。

又、釈尊の在世には、逆人邪見《ぎやくにん》みちをえき。祖師の会下《えか》には、猟者《りようしや》・樵翁《しようおう》さとりをひらく。いはんやそのほかの人をや。ただ正師の教道をたづぬべし。

〔訳〕㈣、問い。出家者の場合には、さまざまな俗縁をただちに離れて、坐禅弁道するのにさまたげはない。しかし、在家者の場合は、世俗の多忙な務めにさまたげられ、そのために、ひたすら修行して究極の仏道に合致するということが、どうしたらあり得ようか。

答え。およそ仏祖は、衆生を慈愛するあまり、広大な慈悲門を開いておかれた。これは、いっさいの衆生を悟りの世界に引き入れるためである。人間界のものや天上界のものも、その世界に入らないものがあろうか。そういう点から古今をたずねてみると、それに関する例証は実に多い。

たとえば、唐の代宗帝（七六二―七六九在位）や順宗帝（八〇五在位）は、帝位にあって、その政務繁忙のなかで坐禅弁道し、仏祖の大道に通ずることができた。また、李相国《りしようこく》（相国は宰相のこと）や防相国は、帝王を輔佐《ほさ》する臣下として、天子の手足となって働いたが、同じく坐禅弁道して、仏祖の大道に悟入することができた。これはひとえに、その志の有無によるのであって、その身が在家であるか、出家であるかにはかかわらない。また、物事の優劣をふかく考える人は、おのずから坐禅弁道の道を信ずるようになるものである。まして、世俗の務めは仏法をさまたげると思っているものは、ただ世俗のなかには仏法はないとだけ知って、仏法のなかでは世俗として区別すべきものがないということを、まだ知らないのである。

近年、大宋国に馮《ひよう》という大臣がいた。仏祖の道に秀でていた高官である。のちに詩を作って、自

分のことを歌っていうに、

公事之余喜坐禅、　（公務の余暇には坐禅を楽しみ、
少曽将脇到牀眠、　眠るにも床に入ることはまれで、
雖然現出宰官相、　大臣のすがたはしておれど、
長老之名四海伝。*　長老の名は天下にひびいている）

と。

この人は国務のために余暇のない身分であったが、仏道に深い志を持っていたので、道を得たのである。他人によってわが身をふりかえり、むかしをもって今日を考えてみるべきである。大宋国では、現在の国王・大臣・官吏・庶民・男女、いずれも仏祖の道に心を向けないというものはない。武人も文人もみな参禅学道を志している。志すものはかならず心の本地を開くことが多い。これによってみても、世俗の務めは仏法をさまたげないということが、おのずから知られよう。真実の仏法が国家に弘まれば、諸仏・諸天は絶えまなく護るから、王の徳化がゆきとどいて天下は太平である。聖者の徳化が及んで天下太平であれば、仏法は力を得ることとなる。

また釈尊の在世のときは、逆罪を犯したものや誤った見解を持ったものが、釈尊の徳化によって道を得ることができた。祖師の門下では、狩人《かりうど》も樵《きこり》*も悟りを開いている。まして、その他の人びとが悟りを開かないことがあろうか。大切なことは、ただ正しい師匠の教えをたずねることである。

《公事之余喜坐禅、……》『五灯会元』巻二〇（卍続・二乙・十一・四・三九二左上）。

《狩人も樵も》 かつて石鞏は狩人、慧能は樵だった。

とふていはく、この行は、いま末代悪世にも、修行せば証をうべしや。
しめしていはく、教家に名相《みようそう》をこととせるに、なほ大乗実教には、正像末法をわくことなし、修すればみな得道すといふ。いはんやこの単伝の正法には、入法《につぽう》出身、おなじく自家の財珍《ざいちん》を受用するなり。証の得否は、修せんものおのづからしらんこと、用水の人の冷煖《れいだん》をみづからわきまふるがごとし。

〔訳〕(十五)、問い。この坐禅行は、現在のような末代悪世においても、修行すれば悟りが得られようか。
答え。教説を主とする宗派では、教えの名目や意味をとり立てて論ずるが、大乗の真実の教えでは、正法・像法《ぞうぼう》・末法《まつぽう》*のような区別を主張することはない。修行すれば、みな道を得ると教えている。まして、仏祖から仏祖へと伝わったこの正法では、法に入るのも、またそこから超出するのも、自分のなかにある真理の宝を使用するだけである。したがって、悟りを得ているか否かは、修行しているものがおのずから知ることであり、たとえていえば、水を使う人が冷たいか暖かいかを自分で感じ分けるようなものである。

《正法・像法・末法》 釈尊の滅後、教・行・証の行なわれる時代を正法時、教・行の行なわれる時代を像法時、教のみ行なわれる時代を末法時という。正・像の年限は、それぞれ五百年説と千年説とあり、末法時は一万年。

とふていはく、あるがいはく、仏法には、即心是仏《そくしんぜぶつ》のむねを了達しぬるがごときは、くちに経典を誦《じゆ》せず、身に仏道を行ぜざれども、あへて仏法にかけたるところなし。ただ仏法はもとより自己にありとしる、これを得道の全円とす。このほかさらに他人にむかひてもとむべきにあらず。いはんや坐禅弁道をわづらはしくせんや。

しめしていはく、このことば、もともはかなし。もしなんぢがいふごとくならば、こころあらんもの、たれかこのむねをしへんに、しることなからん。しるべし、仏法はまさに自他の見をやめて学するなり。もし自己即仏としるをもて得道とせば、釈尊むかし化道《けどう》にわづらはじ。しばらく古徳の妙則をもてこれを証すべし。

〔訳〕㈥、問い。ある人はつぎのようにいっている。

「仏法には即心是仏（心そのままが仏）という教えがあって、その主旨をよくよく体得してみると、口には経典を読まず、身には仏道を行《ぎよう》じなくとも、少しも仏法に不足なところはない。ただ仏法は本来、自己にあると知る、これこそ道を得ることの完全円満なものである。このほかに他人に向かって求むべきではない。まして、坐禅弁道のような面倒なことをする必要があろうか」

答え。このような主張は、もっともなさけない。もしおまえのいうとおりであるならば、心を持てるものに、この主旨を教えれば、だれとて理解することはないであろう。よく知るがよい。仏法はまさしく自他の対立観をなくして学ぶのである。もし、自己がそのまま仏であると知ることが、道を得たことになるならば、釈尊はむかし、衆生を教化するのに苦労されることはなかったであろう。ともあれ、古い高僧の公案によって証拠だててみよう。

むかし、則公監院《そくこうかんにん》といふ僧、法眼《ほうげん》禅師の会中《えちゅう》にありしに、法眼禅師とふていはく、則監寺《そくかんす》、なんぢわが会《え》にありていくばくのときぞ。則公がいはく、われ師の会にはんべりて、すでに三年をへたり。禅師のいはく、なんぢはこれ後生《ごしょう》なり、なんぞつねにわれに仏法をとはざる。則公がいはく、それがし、和尚をあざむくべからず。かつて青峰《せいほう》禅師のところにありしとき、仏法におきて安楽のところを了達せり。禅師のいはく、なんぢいかなることばによりてか、いることをえし。則公がいはく、それがし、かつて青峰にとひき、いかなるかこれ学人《がくにん》の自己なる。青峰のいはく、丙丁《びょうじょう》童子《どうじ》来求《らいぐ》火《か》。法眼のいはく、よきことばなり。ただし、おそらくはなんぢ会《え》せざらんことを。則公がいはく、丙丁は火に属す。火をもてさらに火をもとむ、自己をもて自己をもとむるにたりと会せり。禅師のいはく、まことにしりぬ、なんぢ会せざりけり。仏法もしかくのごとくならば、けふまでにつたはれじ。

ここに則公、燥悶《そうもん》してすなはちたちぬ。中路《ちゅうろ》にいたりておもひき、禅師はこれ天下の善知識、又五百人の大導師なり、わが非をいさむる、さだめて長処《ちょうしょ》あらん。禅師のみもとにかへりて、懺悔《さんげ》礼謝《らいしゃ》してとふていはく、いかなるかこれ学人の自己なる。禅師のいはく、丙丁童子来求火と。則公、このことばのしたに、おほきに仏法をさとりき。

あきらかにしりぬ、自己即仏の領解《りょうげ》をもて、仏法をしれりといふにはあらずといふことを。もし自己即仏の領解を仏法とせば、禅師さきのことばをもてみちびかじ、又しかのごとくいましむべからず。ただまさに、はじめ善知識をみんより、修行の儀則を咨問《しもん》して、一向に坐禅弁道して、一知《いっち》半解《はんげ》を心にとどむることなかれ。仏法の妙術、それむなしからじ。

〔訳〕むかし則公《そっこう》監院《かんにん》*という僧が、法眼文益《ほうげんもんえき》（八八五—九五八）禅師の門下であったとき、禅師はつぎのように問うた。*

法眼「則監寺《そっかんす》よ、おまえはわたしのところへ来て何年になるか」

則公「わたしは師の門下になって、すでに三年経《た》ちました」

法眼「おまえは後輩であるのに、どうしてかねがねわたしに仏法を問わないのか」

則公「わたしは和尚をだますことはできません。実をいえば、以前にわたしが青峰禅師のところにいましたとき、仏法における安楽の境地に通達することができました」

法眼「おまえはどういう言葉によって、その境地に入ることができたか」

則公「わたしは以前に青峰禅師に問うたことがあります、『仏道を学ぶものの自己とはどういうものでしょうか』と。すると青峰禅師がいわれるに、『丙丁*（ひのえ・ひのと）童子来たって火を求む』（燈火をつかさどる子供が火をとりにやってきた）」

法眼「それはいい言葉だ。しかし、おそらくおまえは理解していないであろう」

則公「丙丁とは火のことです。したがって、火をもってさらに火を求める、いわば、自己をもってさらに自己を求めるに似ていると理解しております」

法眼「なるほど、おまえの理解していないことがよく分かった。仏法がおまえのいうとおりであるとすれば、今日まで法は伝わらなかったであろう」

そこで則公はむっとして、ただちにそこを立ち去った。しかし中途まできて、思った。

「禅師は天下の高僧であり、また、五百人をおさめるすぐれた指導者である。わたしのあやまりを忠告してくれたことについて、さだめし聞くべき点があろう」

そこで則公は禅師のもとへ帰って、非礼を懺悔し、礼拝して問うていうに、

則公「仏道を学ぶものの自己とはどういうものでしょうか」

法眼「丙丁童子来たって火を求む」

則公は、この言葉を聞くや、おおいに仏法を悟るところがあった。

ここで明らかになったであろう、自己がそのまま仏であるという理解では、仏法を知ったことにはならないということが。もし自己がそのまま仏であるという理解が仏法であるとすれば、法眼禅師は先に挙げたような言葉では導かなかったであろうし、またそのようには教えなかったであろう。まさしく大事なことは、善き指導者にはじめてまみえてから、修行のやりかたをよくたずね、ただひたすら坐禅弁道することである。けっしてかけらの知識を心にとどめてはならない。そうすれば仏法の霊妙なはたらきは、むなしく終わることはないであろう。

《則公監院》 金陵の報恩院玄則禅師、滑州衛南の人。

《禅師はつぎのように問うた》 以下の問答は、『宏智禅師広録』巻一（大正四八・三上）、『景徳伝灯録』巻二五（大正五一・四一三中）、『碧巌録』巻一・第七則（大正四八・一四七中）。『景徳伝灯録』巻一七（大正五一・三四一下）では、玄則（則公）は「丙丁童子来って火を求む」の語を白兆志円から聞き、のちに

法眼によって理解した、となっている。

《丙丁》 ひのえ・ひのと。五行のなかの火の意味。

とふていはく、乾唐《けんとう》の古今をきくに、あるひはたけのこゑをききて道をさとり、あるひははなのいろをみてこころをあきらむるものあり。いはんや釈迦大師は、明星《みようじよう》をみしとき道を証し、阿難尊者は、刹竿《せつかん》のたふれしところに法をあきらめしのみならず、六代よりのち、五家《け》のあひだに、一言半句のしたに心地をあきらむるものおほし。かれらかならずしも、かつて坐禅弁道せるもののみならんや。

しめしていはく、古今に見色明心《けんしきみようしん》し、聞声悟道《もんしようごどう》せし当人、ともに弁道に擬議量《ぎぎりよう》なく、直下《じきげ》に第二人なきことをしるべし。

〔訳〕 (七)、問い。インドや中国の古今の物語のなかには、たとえば中国では、香厳《きようげん》*のように小石が竹にあたった音を聞いて道を悟り、また、霊雲*のように桃の花を見て心を明らかにしたものもいた。ましてインドでは、釈迦大師があけの明星を見たときに大悟し、その弟子の阿難尊者は、寺の標識である門前の刹竿《せつかん》を倒したときに法を明らかにした。*それればかりではない。六祖慧能よりあと、禅門の五家が分かれるあいだに、一言半句で心の本地を明らかにしたものが多い。こうした人びとは、かならずしも坐禅弁道だけを行じたものとは限らないであろう。

答え。むかしから今日まで、あるいは物の色を見て心を覚り、あるいは音声を聞いて道を悟った人びとがいるが、その当人は、坐禅弁道においていささかの分別・思量を起こすこともなく、したがって色や音声とただちに一体であったことを知るべきである。

《香厳》　香厳智閑。潙山霊祐の弟子。この話は、『景徳伝灯録』巻一一（大正五一・二八四上）にある。

《霊雲》　霊雲志勤禅師。潙山霊祐の法嗣。ここの話は、『景徳伝灯録』巻一一（大正五一・二八五上）にある。

《阿難尊者は……》『禅林類聚』巻一五（卍続二・二三・一九〇右上―下）。

とふていはく、西天《さいてん》および神丹国《しんたんこく》は、人もとより質直《しつじき》なり。中華のしからしむるによりて、仏法を教化するに、いとはやく会入《えにゅう》す。我朝《わがちょう》は、むかしより人に仁智すくなくして、正種《しょうしゅ》つもりがたし。番《ばん》夷《い》のしからしむる、うらみざらんや。又このくにの出家人は、大国の在家人にもおとれり。挙世《きょせい》おろかにして、心量狭少なり。ふかく有為《うい》の功を執して、事相の善をこのむ。かくのごとくのやから、たとひ坐禅すといふとも、たちまちに仏法を証得せんや。

しめしていはく、いふがごとし。わがくにの人、いまだ仁智あまねからず、人また迂曲《うきょく》なり。たとひ正直《しょうじき》の法をしめすとも、甘露かへりて毒となりぬべし。名利《みょうり》にはおもむきやすく、惑執《わくしゅう》とらけがたし。しかはあれども、仏法に証入すること、かならずしも人天《にんでん》の世智をもて出世の舟航《しゅうこう》とするにはあらず。仏在世にも、てまりによりて四果を証し、袈裟《けさ》をかけて大道をあきらめし、ともに愚暗のやから、癡狂《ちきょう》の畜類なり。ただし、正信《しょうしん》のたすくるところ、まどひをはなるるみちあり。また、癡老《ちろう》の比《び》丘《く》黙坐せしをみて、設斎《せっさい》の信女《しんにょ》さとりをひらきし、これ智によらず、文によらず、ことばをまたず、かたりをまたず、ただしこれ正信にたすけられたり。

　また釈教の三千界にひろまること、わづかに二千余年の前後なり。刹土《せつど》のしなじななる、かならずしも仁智のくににあらず。人またかならずしも利智聡明のみあらんや。しかあれども、如来の正法、もとより不思議の大功徳力をそなへて、ときいたればその刹土にひろまる。人まさに正信修行すれば、利鈍をわかず、ひとしく得道するなり。わが朝は、仁智のくににあらず、人に知解《ちげ》おろかなりとして、仏法を会《え》すべからずとおもふことなかれ。いはんや人みな般若《はんにゃ》の正種ゆたかなり。ただ承当《じょうとう》することまれに、受用することいまだしきならし。


〔訳〕㈥、問い。インドや中国では、人間はもともと質朴であり正直である。また、中国は世界の中心であるということによって、人びとを仏法で教化する場合に、すみやかにそれを会得することができる。それにひきかえ、わが国はむかしから、仁愛や智慧が少なく、したがって仏法の正しい種がつきにくい。これは未開の地のしからしめるところで、いかにも残念である。また、わが国の出家者は、大国の在家者にも劣っている。世を挙げておろかもので、心の度量もいかにも狭い。形に現われた功《いさお》に執着し、目に見える善を好む。このようなやからは、たとい坐禅しても、果たしてただちに仏法を会得することができるであろうか。

　答え。あなたのいうとおりである。わが国の人には、まだ仁愛や智慧が行きわたっていない。人の性質もおろかで曲がっている。たとい真実の正しい法を示しても、天の飲料である甘露《かんろ》がかえって毒となるようなものであろう。名や利欲に走りやすく、惑いや執着はとけにくい。

しかしながら、仏法に悟入することについては、人間界・天上界の世間的な智慧をもって、必ずしも出世間の仏の世界を航行できるものではない。仏の在世時代にもつぎのような話がある。たとえば、ひとりの老比丘《びく》が四果*を得たいと思い、若い比丘にだまされて、てまりで頭をたたかれるたびに一果ずつ得て、ついに最後の阿羅漢果に至ったという。*あるいは、ある芸妓がたわむれに袈裟をつけたのが縁で、迦葉《かしょう》仏のときに比丘尼《びくに》となり、釈迦牟尼仏のときに阿羅漢果を得ることができた。*いずれもおろかで、道理に暗いやからであり、無智で気違いじみた畜生のたぐいである。ただ正しい信心にたすけられて、惑いを離れる道を開いたのである。

あるいはまた、無智の老比丘が黙坐しているのを見て、供養をささげた信心深い婦人が悟りを開いたこともある。*これも、智性や文字や言葉や説法によったのではない。これも正しい信心にたすけられたのである。

釈尊の教えが世界に弘まったのも、前後わずかに二千年あまりである。その国情もさまざまで、必ずしも仁愛や智慧のゆたかな国とは限らない。人もまた、必ずしも智慧にすぐれ、聡明のものばかりであるとはいえない。しかしながら、如来の正法は、元来、不思議な大功徳力をそなえていて、時節が到来すれば、その国土に弘まるようになるし、また、正しく信じて修行すれば、すぐれた性質の人であろうと愚鈍のものであろうと、同じように道を得ることができる。わが国は、仁愛や智慧の国ではないし、人の理解力も劣っているからといって、仏法を会得することができないと思ってはならない。まして、人にはみな般若《はんにゃ》（智慧）の種子がゆたかにそなわっている。ただ問題は、それをうなずく人が少なく、また活用することが不十分ということであろう。

《四果》 修行の段階で、預流《よる》・一来《いちらい》・不還《ふげん》・阿羅漢《あらかん》の四果をいう。
《阿羅漢果に至った……》『雑宝蔵経』巻九（大正四、四九四上―中）。
《阿羅漢果を得る……》『大智度』巻一三（大正二五・一六一上―中）。『眼蔵』「袈裟功徳」巻（文庫上・一八一）。
《婦人が悟りを開いた……》『雑宝蔵経』巻九（大正四・四九四下）。

さきの問答往来し、賓主相交《ひんじゆそうこう》することとみだりがはし。いくばくか、はなきそらにはなをなさしむる。しかあれども、このくに、坐禅弁道におきて、いまだその宗旨つたはれず。しらんとこころざさんもの、かなしむべし。このゆゑに、いささか異域の見聞《けんもん》をあつめ、明師《みようし》の真訣《しんけつ》をしるしとどめて、参学のねがはんにきこえんとす。このほか、叢林《そうりん》の規範および寺院の格式、いましめすにいとまあらず、又草草《そうそう》にすべからず。

おほよそ我朝《わがちよう》は、竜海の以東にところして、雲煙はるかなれども、欽明《きんめい》・用明の前後より、秋方《しゆうほう》の仏法東漸する、これすなはち人のさいはひなり。しかあるを、名相事縁《みようそうじえん》しげくみだれて、修行のところにわづらふ。いまは破衣綴盂《はえとつう》を生涯として、青巌白石《せいがんはくせき》のほとりに茅《ちがや》をむすんで、端坐修練《しゆれん》するに、仏向上の事《じ》たちまちにあらはれて、一生参学の大事すみやかに究竟《くぎよう》するものなり。これすなはち龍牙《りゆうげ》の誡勅《かいちよく》なり、鶏足《けいそく》の遺風なり。その坐禅の儀則《ぎそく》は、すぎぬる嘉禄《かろく》のころ撰集《せんじゆ》せし普勧坐禅儀《ふかんざぜんぎ》に依行《えぎよう》すべし。

それ仏法を国中に弘通《ぐつう》すること、王勅をまつべしといへども、ふたたび霊山《りようぜん》の遺嘱《いしよく》をおもへば、いま百万億刹《せつ》に現出せる王公相将《しょうしょう》、みなともにかたじけなく仏勅をうけて、夙生《しゅくしょう》に仏法を護持する素《そ》懐《かい》をわすれず、生来《しょうらい》せるものなり。その化《け》をしくさかひ、いづれのところか仏国土《ぶっこくど》にあらざらん。このゆゑに、仏祖の道を流通せん、かならずしもところをえらび、縁をまつべきにあらず。ただ、けふをはじめとおもはんや。

しかあればすなはち、これをあつめて、仏法をねがはん哲匠《てっしょう》、あはせて道をとぶらひ雲遊萍寄《うんゆうひょうき》せん参学の真流《しんる》にのこす。ときに、

寛喜辛卯中秋日　　　　入宋伝法沙門道元記

正法眼蔵弁道話

〔訳〕以上、繁雑にわたったが、問答往復し、問う側になったり、答える側に立ったりしてきた。それによって多少は、花のない空に花を咲かせるという趣きにもなったであろう。しかしながら、わが国では、坐禅弁道の大切な主旨がまだ伝わっていない。したがって、その主旨を知ろうと志すものにとっては悲しむべきことである。そこで、いささかでも外国で見聞したことを書きあつめ、また、すぐれた師匠が教えてくれた真実の要訣を記しとどめて、仏道の参学を志そうとする人びとに答えようと思う。そのほか、禅の道場のきまりや寺院のおきてなどがあるが、ここに示す暇がない。また急いで記すべきものでもない。

およそ、わが国はインドの東に位して、雲煙はるかに隔たっているけれども、欽明帝（五四一—

五七一在位）・用明帝（五八六―五八七在位）の前後から、西方の仏法が東漸してわが国に伝わってきた。これはまことに、この国の人にとってさいわいである。しかし、教理や儀式などが繁雑に入りみだれていて、人びとは修行のかなめにとまどっている。今や、破れ衣や粗末な食器を生涯の友とし、山奥に草庵をむすんで端坐修行すれば、仏をも超趣していく境地がたちまち現われて、生涯の根本課題である究極の目的がたちどころに達成されるのである。これは龍牙《りゅうげ》和尚*の教えであり、迦葉尊者の遺風である。坐禅のきまりについては、去る嘉禄年間（一二二五―一二二七）に著わした『普勧坐禅儀』にもとづくべきである。

仏法を国中に弘めるには、国王の勅令を待つべきではあるが、霊鷲山における釈尊の説法をかさねて想い起こしてみると、現在おおくの国土に現われている国王・諸侯・大臣・武将などは、いずれもつつしんで仏の勅命をうけ、宿世から仏法を護ろうとする平素の願いを忘れずに、この世に生まれてきたものばかりである。そうしてみると、その統治の及ぶところは、ことごとく仏国土でないところはないであろう。それゆえに、仏祖の道を弘めるには、かならずしも、場所をえり好みしたり、機縁を待ったりする必要はない。ただ、今日をその始まりと思えばよいではないか。

そういう次第で、ここに記し集めて、仏法を願うすぐれた人びと、および道を求めて雲や浮き草のようにさまよう真実の修行者たちに書きのこすのである。

ときに、寛喜三年（一二三一）中秋の日　　入宋の伝法沙門、道元記す

正法眼蔵弁道話

《龍牙和尚》 龍牙居遁（八三五―九二三）。洞山良价の法嗣。湖南省の竜牙山に住す。『景徳伝灯録』巻一七（大正五一・三三七中―八上）に伝記がある。

〔二〕 摩訶般若波羅蜜（まかはんにゃはらみつ）

《解説》 この巻の主題は、摩訶般若波羅蜜《まかはんにゃはらみつ》である。摩訶は mahā《マハー》 の音訳で、大の意味であり、尊称として付されている。般若波羅蜜は、般若波羅蜜多ともいい、prajñāpāramitā《プラジュニャーパーラミター》 の音訳で、「智慧の完成」という意味である。しかしこのように意訳すると、経典の中では、仏道上の実践力が消え失せるから、音訳にとどめている。

ところで般若波羅蜜多は、解脱の原点における「ダンマが顕《あら》わになる」という、そのダンマと照応する境位にある。ダンマが形なきいのちそのものであり、ブッダは生涯を尽して、みずからダンマにもとづいて生きとおし、弟子たちにも、それを会得させようと努めてきたが、そのダンマが『般若経』では般若波羅蜜多となったのである。つまりダンマと同様に、般若波羅蜜多もまた、形なきいのちそのものであり、実践的力を有するものである。この点から、この巻の終りになって、仏世尊に事《つか》えまつるように般若波羅蜜多に供養《くよう》し、敬礼《きょうらい》すべきであると結んでいる。原始経典でブッダはダンマを如来と呼んだように、般若波羅蜜多もまたまさしく仏そのものであるという。道元は、『般若経』に準じながら、ブッダの仏道をそのまま受け継いでいるということができよう。

さて、この巻の説示は道元三十四歳である。公式に記した説示の最初であり、説法の第一声である。その主題が般若波羅蜜多であるということは、その後に展開する道元仏道の主軸をなしていることを想わせる。したがってこの巻には、やがて繰りひろげられていくきわめて多角的な仏道のすべての芽生えが包まれているように思われる。

たとえば、観自在菩薩（実は仏道者としての自己自身）が般若波羅蜜多を行ずるとき、全人格体が空となって、般若がさまざまな働きとなって実現する。すなわち、色受想行識の五蘊《うん》、あるいは六根、六境、六識、あるいは四諦や六波羅蜜、あるいは地水火風空識の世界の諸要素、さらにまた、行住坐臥の日常生活の一齣《こま》々にまで及び、あるいは一転して、仏のさまざまな教、つまり、五分法身や四果、独覚や菩薩の悟り、仏法僧の三法、ついには妙法を転じて衆生を救うに至るまで、ことごとく般若の働きとなって実現する。

その般若の行の、具体的なすがたは合掌礼拝である。般若はすなわち仏であり、仏はすなわち般若であって、あたかも仏を礼拝するが如くに般若を礼拝する。そうすると、行者の全人格体は空に貫かれて目覚め、先に挙げたような、般若の無数の働きとなって実現するのである。これはちょうど、ブッダの原始経典において、ダンマによる目覚めの一味 eka-rasa《エーカ・ラサ》がさまざまな無数の教を貫いているように、ここでは般若の一行三昧が、その無数の働きとなって現われ出ているということができる。その般若行の軸となるものが合掌礼拝であるという点に、われわれはよくよく留意すべきである。つまり、仏道の基本線である初・中・終三地の道程からいえば、「自己から如来へ」と「如来から自己へ」の二つの路線の交錯しているものと見られよう。

道元は、この巻の中で、先師如浄の一つの詩を掲げている。いわゆる風鈴の頌《じゅ》である。

渾身、口に似て虚空に掛り、
東西南北の風を問わず、
一等、他のために般若を談ず、
滴丁東了《てきていとうりよう》、滴丁東《てきていとう》。

『宝慶記《ほうきょうき》』の伝える所によれば、道元は如浄の教を受けて、感涙にむせんだことが二回記されている。一度は、感応道交について語られた際であり、そしてもう一度はこの詩を聞いたときである。そのとき道元は師に向って、

「何の幸ありてか、今見聞することを得て、歓喜踊躍《かんぎゆやく》し、感涙衣を湿おし、昼夜叩頭《こうとう》して頂戴す。然る所以は、端直にして而も曲調あればなり」

と述べている。

いったい道元は、この詩についてどういう心象を得たのであろうか。思うにこれは、風鈴に譬えた般若の働きを示しているといえる。からだ全体が口となって虚空にかかり、東西南北どこから風が吹いてこようと、ちりんちりんと鳴りわたっている。作者は、その般若の響きにただ聞きほれているのみである。般若はそのままダンマ・如来である。したがってここには、「ダンマ・如来から自己へ」の路線がくっきりと浮び上ってくる。

道元自身も、この巻ではその詩につづいて、『般若経』の「あたかも仏を供養し、敬礼するごとく、般若波羅蜜多を供養し、敬礼すべきである」という一文を引いている。その点に思いを致

してみれば、かれもまた、仏道の出発点において、「ダンマ・如来から自己へ」の路線を明らかに自覚していたことが知られる。それは、次の「現成公案」巻の「自己をわするるといふは、万法に証せらるるなり」の一句と相呼応しているということができよう。この路線が、かれの生涯の果てまで続く長い『眼蔵』の展開のなかで、どのような変容を辿るかという課題が重要な着眼点となってくる。

摩訶般若波羅蜜

観自在菩薩の行深般若波羅蜜多時《ぎょうじんはんにゃはらみったじ》は、渾身《こんじん》の照見五蘊皆空《しょうけんごうんかいくう》なり。五蘊《ごうん》は色《しき》・受《じゅ》・想《そう》・行《ぎょう》・識《しき》なり、五枚の般若《はんにゃ》なり。照見これ般若なり。この宗旨の開演現成《げんじょう》するにいはく、色即是空《しきそくぜくう》なり、空即是色《くうそくぜしき》なり。色是《しきぜ》色《しき》なり、空即空《くうそくくう》なり。百草なり、万象《ばんぞう》なり。般若波羅蜜十二枚、これ十二入《にゅう》なり。また十八枚の般若あり、眼《げん》・耳《に》・鼻《び》・舌《ぜつ》・身《しん》・意《い》、色《しき》・声《しょう》・香《こう》・味《み》・触《そく》・法《ほう》、および眼・耳・鼻・舌・身・意識等なり。また四枚の般若あり、苦《く》・集《しゅう》・滅《めつ》・道《どう》なり。また六枚の般若あり、布施・浄戒・安忍・精進・静慮《じょうりょ》・般若なり。また一枚の般若波羅蜜、而今《にこん》現成《げんじょう》せり、阿耨多羅三藐三菩提《あのくたらさんみゃくさんぼだい》なり。また般若波羅蜜三枚あり、過去・現在・未来なり。また般若六枚あり、地・水・火・風・空・識なり。また四枚の般若、よのつねにおこなはる、行・住・坐・臥なり。

〔訳〕観自在菩薩が、甚深《じんじん》なる般若波羅蜜多《はんにゃはらみた》*を行ぜられたとき、全人格体はことごとく空であることを照見せられた。全人格体、すなわち五蘊とは、色《しき》・受《じゅ》・想《そう》・行《ぎょう》・識《しき》である。*この五つのそれぞれが般若《はんにゃ》（人生を生きとおす智慧）の働きとなる。すなわち般若とは、人生を照らして見る働きである。その趣旨を事実上表わしてみると、いわゆる色即是空、空即是色となる。色とは形あるものであり、空とは、その形あるものは結局むなしいということである。ありとあらゆるものがそうなっている。

般若波羅蜜には十二の名目がある。すなわち、六根（六つの感官）と六境（六つの対象）である。また、十八の般若もある。その内訳をいえば、眼《げん》・耳《に》・鼻《び》・舌《ぜつ》・身《しん》・意《い》の六根、色《しき》・声《しょう》・香《こう》・味《み》・触《そく》・法《ほう》の六境、併せて十二であり、さらに眼識・耳識・鼻識・舌識・身識・意識の六識を加えると十八である。

あるいはまた、四種の般若がある。すなわち苦・集・滅・道の四諦《したい》である。あるいは六種の般若がある。布施《ふせ》・持戒《じかい》・忍辱《にんにく》・精進《しょうじん》・禅定《ぜんじょう》・智慧の、いわゆる六波羅蜜《ろっぱらみつ》である。また、ただ一つの般若波羅蜜で、いま現に成就している。すなわち究極の悟り（阿耨多羅三藐三菩提《あのくたらさんみゃくさんぼだい》*）である。また三種の般若波羅蜜がある。過去・現在・未来がそれである。また六種の般若がある。すなわち地・水・火・風・空・識*である。また四種の般若がある。それは、日常生活の行・住・坐・臥*である。

《般若波羅蜜多》 般若波羅蜜ともいい、サンスクリット語 prajñāpāramitā の音訳であり、その意味は、「智慧の完成」である。しかしながら、このように訳してしまうと、『般若経』の中の般若波羅蜜多が理解できなくなる。般若波羅蜜多は、原始経典のダンマと同様に実践の当体であり、したがってこのように音訳されている。

《色・受・想・行・識》 色は形あるもの、受は感受、想は表象、行は善悪などに対する心作用、識は意識の主体。

《阿耨多羅三藐三菩提》 anuttara-samyak-saṃbodhi の音訳で、無上正等覚、無上正遍智などと訳される。

《地・水・火・風・空・識》 このうち、地水火風は、天体を構成する四つの要素、空は虚空、識は意識。すなわち世界全体を構成している六つの要素。

《行・住・坐・臥》 行は歩く、住はとどまる、坐は坐る、臥は臥す。これによって日常の動作のすべてを尽す。

釈迦牟尼如来会中有二一苾蒭一。竊作二是念一、我応レ敬二礼甚深般若波羅蜜多一。此中雖レ無二諸法生滅一、而有二戒蘊・定蘊・慧蘊・解脱蘊・解脱知見蘊施設可得一、亦有二預流果・一来果・不還果・阿羅漢果施設可得一、亦有二独覚菩提施設可得一、亦有二無上正等菩提施設可得一、亦有二仏法僧宝施設可得一、亦有下転二妙法輪一度二有情類一施設可得上。仏知二其念一、告二苾蒭一言、如レ是如レ是、甚深般若波羅蜜、微妙難レ測。

〔釈迦牟尼如来の会中に一苾蒭《びっしゅ》有り。竊《ひそ》かに是の念を作《な》す、我れ応《まさ》に甚深《じんじん》般若波羅蜜多を敬礼すべし。此の中に諸法の生滅無しと雖も、而《しか》も戒蘊《かいうん》・定《じょう》蘊・慧《え》蘊・解脱蘊・解脱知見蘊の施《せ》設《せっ》可《か》得《とく》有り。亦た預流果《よるか》・一来《いちらい》果・不還《ふげん》果・阿羅漢果の施設可得有り。亦た独覚・菩提の施設可得有り、亦た無上正等菩提の施設可得有り。亦た仏・法・僧宝の施設可得有り、亦た妙法輪を転じて、有情の類を度する施設可得有り。仏、其の念を知りて、苾蒭《びっしゅ》に告げて言く、是《かく》の如し、是の如し。甚深般若波羅蜜は微妙にして測り難し。〕

〔訳〕釈迦牟尼如来《しゃかむににょらい》の法座のなかに、ひとりの比丘《びく》（苾蒭）*がいて、ひそかに念《おも》いを凝《こ》らしていた。

「私は甚深なる般若波羅蜜多に敬礼《きょうらい》しようと思う。そのなかには存在の生滅はないけれども、戒・定・慧・解脱・解脱知見*のそれぞれの教が得られる。また、預流《よる》・一来《いちらい》・不還《ふげん》・阿羅漢《あらかん》のそれぞれの果*が得られる。また、独覚の悟りや菩薩の悟り*も示されている。また、究極の悟りの教もあり、また、仏・法・僧の三宝*の教も説かれている。あるいはまた、妙法を説いて衆生を救うてだてもある」と。

仏は、このように念《おも》いを凝《こ》らしているのを知りたもうて、比丘にいわれた。

「そのとおり、そのとおり。甚深《じんじん》なる般若波羅蜜多は、まことにすぐれていて、測りがたいものである*」と。

《苾蒭》 サンスクリット語 bhikṣu の音訳で、比丘《びく》ともいう。出家得度して具足戒《ぐそくかい》（二二七戒、あるいは二五〇戒）を受けた男子の修行者。

《戒・定・慧・解脱・解脱知見》 戒は生活を律する規則、定は禅定、慧は智慧、解脱は悟り、解脱知見は悟りによって得られる見識。これを併せて五分法身《ごぶんほっしん》という。

《預流……それぞれの果》 預流果は、全人格体がダンマの流れに入ってしまった悟りの境地。これがもっとも大事で、そのあとは、修行によって次第に向上していくプロセス。すなわち一来果は、この世で悟りを開き、次に天上に生れ、再びこの世に還って涅槃に入ること。不還果は、もはやこの世に還ることのない悟りの境地。阿羅漢果は、悟りの到達し得る最高の境地。

《独覚・菩薩の覚り》 独覚は縁覚ともいい、十二因縁によって解脱する無師独悟のこと。声聞《しょうもん》（苦集滅道の四諦の教によって悟りを開く）とともに小乗といわれ、智慧・慈悲の悟りを目指す大乗の菩薩に対する。

《仏・法・僧の三宝》 念仏・念法・念僧、あるいは帰依仏・帰依法・帰依僧といわれ、全仏教を通貫する仏道者の基本態度。

《「……測りがたいものである」》 『大般若波羅蜜多経』巻二九一、大正六四八〇中。

而今《にこん》の一苾芻《びっしゅ》の竊作是念《せっさぜねん》は、諸法を敬礼《きょうらい》するところに、雖無生滅《すいむしょうめつ》の般若、これ敬礼《きょうらい》なり。この正当《しょうとう》敬礼時《きょうらいじ》、ちなみに施設《せせつ》可得《かとく》の般若現成せり。いはゆる戒定慧、乃至度有情類等なり。これを無といふ。無の施設、かくのごとく可得なり。これ甚深微妙難測《じんじんみみょうなんしき》の般若波羅蜜なり。

天帝釈問二具寿善現一言、大徳、若菩薩摩訶薩、欲レ学二甚深般若波羅蜜多一、当二如何学一。善現答言、憍尸迦、若菩薩摩訶薩、欲レ学二甚深般若波羅蜜多一、当下如二虚空一学上。

〔天帝釈《てんたいしゃく》、具寿善現に問うて言《いわ》く、大徳、若《も》し菩薩摩訶薩、甚深の般若波羅蜜多を学ばんと欲せば、当《まさ》に如何《いか》んが学ぶべき。善現答えて言く、憍尸迦《きょうしか》、若し菩薩摩訶薩、甚深の般若波羅蜜多を学ばんと欲せば、当《まさ》に虚空の如く学ぶべし〕

しかあれば、学般若これ虚空なり、虚空は学般若なり。

〔訳〕この比丘が、いま現に念を凝《こ》らしていることが、すなわち般若波羅蜜多を敬礼していることであり、いいかえれば、さまざまな仏の教が身についていることである。さらにいいかえれば、存在の生滅を超えた般若が体得されていることであり、それはただ敬礼ということに実現している。まさしくその敬礼の時に、すでにさまざまな教が体得されるという般若が成就している。すなわち、先の経典に説かれている戒・定・慧・解脱・解脱知見を始め、妙法を説いて衆生を救う教に至るまで、すべての教がことごとく成就しているのである。教が成就しているということは、教の言葉や形に捕われないから、これを無という。その無が体得されているのであって、それこそ、そのままが般若波羅蜜であり、あまりにも深く、かつすぐれていて、とうてい思い測ることはできない。

帝釈天《たいしゃくてん》*が、長老（具寿）*須菩提《しゅぼだい》*に問うていった。

「大徳よ、もし菩薩大士が、甚深なる般若波羅蜜多を学ぼうと思うならば、どのように学ぶべきでしょうか」

須菩提が答えていった。

「憍尸迦《きょうしか》*よ、もし菩薩大士が甚深なる般若波羅蜜多を学ぼうと思うならば、虚空の如く学ぶべきである」*

こういうわけで、般若を学ぶということは、すなわち虚空ということであり、虚空がそのまま般若を学ぶということである。

《帝釈天》 天帝釈ともいい、もともとインド神話のインドラ Indra 神に由来する。後に仏教にとり入れられて帝釈天となり、守護神となる。サンスクリット語で、Śakra devānām indra《シャクラ・デーヴァーナーム・インドラ》といい、釈提桓因《しゃくだいかんいん》と音訳する。須弥山《しゅみせん》 Sumeru《スメール》 頂上の忉利天《とうりてん》の善見城に住し、四天王を配下とする。

《具寿》 āyuṣmat（長寿の）の訳。具寿、長老、長者、大徳、尊者などの訳あり。
《須菩提》 Subhūti の音訳、意訳して善現という。十大弟子の一人で、解空第一といわれる。
《憍尸迦》 Kauśika《カウシカ》 帝釈天のもとの名。
《「……の如く学ぶべきである」》 『大般若波羅蜜多経』巻二九一、大正六・四八〇中―下。

天帝釈復白レ仏言、世尊、若善男子善女人等、於二此所説甚深般若波羅蜜多一、受持読誦、如レ理思惟、為レ他演説、我当三云何而為二守護一。唯願世尊、垂レ哀示教。爾時具寿善現、謂二天帝釈一言、憍尸迦、汝見レ有三法可二守護一不。天帝釈言、不也。大徳、我不レ見レ有三法是可二守護一。善現言、憍尸迦、若善男子善女人等、住下如二所説一甚深般若波羅蜜多上、即為守護。若善男子善女人等、住下如二所説一甚深般若波羅蜜多上、常不二遠離一。当レ知、一切人非人等、伺二求其便一、欲レ為二損害一、終不レ能レ得。憍尸迦、若欲レ守乙護住下如二所説一甚深般若波羅蜜多上、諸菩薩甲者、無レ異三為欲レ守二護虚空一。

〔天帝釈、復《ま》た仏に白《もう》して言《いわ》く、世尊、若し善男子・善女人等、此の所説の甚深般若波羅蜜多に於て、受持読誦し、理の如く思惟し、他の為に演説せんに、我れ当《まさ》に云何《いか》にしてか守護することを為すべき。唯だ願わくは、世尊、哀《あわれ》みを垂れて示教したまえ。爾《そ》の時に具寿善現、天帝釈に謂《い》って言《いわ》く、憍尸迦《きょうしか》、汝、法の守護すべき有りと見るや不《いな》や。天帝釈言く、不《いな》なり。大徳、我れ法の是れ守護すべき有るを見ず。善現言く、憍尸迦、若し善男子・善女人等、所説の如き甚深般若波羅蜜多に住すれば、即ち為《こ》れ守護なり。若し善男子・善女人等、所説の如き甚深般若波羅蜜多に住すれば、常に遠離《おんり》せず。当《まさ》に知るべし、一切の人《にん》・非人《ひにん》等、其の便を伺求《しぐ》して損害を為《な》さんと欲するも、終《つい》に得ること能わじ。憍尸迦、若し、所説の如き甚深般若波羅蜜多に住する諸の菩薩を守護せんと欲する者は、為《これ》、虚空を守護せんと欲するに異なることなし。」

しるべし、受持・読誦・如理思惟、すなはち守護般若なり。欲守護は受持・読誦等なり。


〔訳〕帝釈天が、仏に申していった。

「世尊よ、もし善男子や善女人たちが、仏の説きたもう甚深なる般若波羅蜜多を受持し、読誦し、そのとおりに思惟し、また他のために説こうと思う場合に、いったい私は、どのようにして般若波羅蜜多を守護したらよろしいのでありましょうか。どうぞ世尊よ、哀れみを垂れたもうてお教え下さい」

そのとき、長老須菩提は、帝釈天に向っていった。

「憍尸迦《きょうしか》よ、汝は法の守護すべきものがあると思っているのか」

帝釈天がいった。

「そうではありません。大徳よ、私には法の守護すべきものがあるとは思われません」

須菩提がいった。

「憍尸迦よ、もし善男子や善女人たちが、仏の説きたもう甚深なる般若波羅蜜多に住するならば、それこそが守護なのである。もし善男子や善女人たちが、仏の説きたもう甚深なる般若波羅蜜多に住するならば、つねにそこから遠く離れることはない。

よく知るがよい。もし誰かがさがし求めて損じ害しようとしても、とうてい果すことはできないであろう。憍尸迦よ、もし仏の説きたもう甚深なる般若波羅蜜多に住している菩薩たちを守護しようと思うならば、それは虚空を守護するようなものである」*よく知るべきである。受持し、読誦し、そのとおりに思惟することが、とりもなおさず般若を守護していることである。守護しようと思うことが、そのまま受持し、読誦することなのである。

《「……守護するようなものである」》『大般若波羅蜜多経』巻二九一、大正・四八〇下。

先師古仏云、渾身似レ口掛二虚空一、不レ問二東西南北風一、一等為レ他談二般若一、滴丁東了滴丁東。

〔先師古仏云く、渾身《こんじん》、口に似て虚空に掛り、東西南北の風を問わず、一等に他の為に般若を談ず、滴丁東了滴《てきていとうりょうてき》丁東《ていとう》。〕

これ仏祖嫡嫡《てきてき》の談般若なり、渾身《こんじん》般若なり、渾他般若なり、渾自般若なり、渾東西南北般若なり。

釈迦牟尼仏言、舎利子、是諸有情、於二此般若波羅蜜多一、応レ如二仏住一。供二養礼三敬思四惟般若波羅蜜多一、応レ如四供二養礼三敬仏薄伽梵一。所以者何。般若波羅蜜多、不レ異二仏薄伽梵一、仏薄伽梵、不レ異二般若波羅蜜多一。般若波羅蜜多、即是仏薄伽梵、仏薄伽梵、即是般若波羅蜜多。何以故。舎利子、一切如来応正等覚、皆由二般若波羅蜜多一得二出現一故。舎利子、一切菩薩摩訶薩・独覚・阿羅漢・不還・一来・預流等、皆由二般若波羅蜜多一得二出現一故。舎利子、一切世間十善業道・四静慮・四無色定・五神通、皆由二般若波羅蜜多一得二出現一故。

〔釈迦牟尼仏言く、舎利子*、是の諸《もろもろ》の有情、此の般若波羅蜜多に於て、応《まさ》に仏の住するが如くすべし。般若波羅蜜多を供養し礼敬《らいきょう》し思惟すること、応に仏薄伽梵《ぶつばぎゃぼん》*を供養し礼敬するが如くすべし。所以《ゆえ》は何《いかん》。般若波羅蜜多は仏薄伽梵に異ならず、仏薄伽梵は般若波羅蜜多に異ならず。般若波羅蜜多は、即ち是れ仏薄伽梵なり、仏薄伽梵は、即ち是れ般若波羅蜜多なり。何を以ての故に。舎利子、一切如来応正等覚《おうしょうとうがく》は、皆な般若波羅蜜多に由りて出現することを得るが故に。舎利子、一切の菩薩摩訶薩・独覚・阿羅漢・不還《ふげん》・一来・預流《よる》等は、皆な般若波羅蜜多に由りて出現することを得るが故に。舎利子、一切世間の十善業道《ごうどう》・四静慮《じょうりょ》・四無色定《むしきじょう》・五神通は、皆な般若波羅蜜多に由りて出現することを得るが故なり。」

〔訳〕先師である古仏如浄に次の詩がある。

「からだ全体、口に似て虚空にかかり、
東西南北、いずれより吹いてこようとかまわない。
ただひたすら、他のために般若を語るのみ。
ちりんちりん、ちりんちりん」

これは、仏祖から仏祖へと伝わってきた般若の説法である。からだ全体の般若であり、他者を挙げての般若であり、自己を挙げての般若であり、東西南北ことごとく般若である。

釈迦牟尼仏がいわれた。

「舎利弗《しゃりほつ》よ、もろもろの衆生は、この般若波羅蜜多に対しては、あたかも仏のましますようにすべきである。般若波羅蜜多を供養《くよう》し、敬礼《きょうらい》し、思惟すること、あたかも仏世尊を供養し、敬礼するようにすべきである。どういうわけかというと、般若波羅蜜多は仏世尊と異ならず、仏世尊は般若波羅蜜多と異ならない。般若波羅蜜多はそのまま仏世尊であり、仏世尊はそのまま般若波羅蜜多である。なぜであるか。舎利弗よ、すべての如来・阿羅漢・正等覚者*は、ことごとく般若波羅蜜多によって生れ出ることができるからである。舎利弗よ、すべての菩薩大士・独覚・阿羅漢・不還・一来・預流などは、すべて般若波羅蜜多によって生れ出ることができるからである。舎利弗よ、すべて世間の十善業道*も、四静慮《しじょうりょ》*も、四無色定*も、五神通*も、みな般若波羅蜜多によって生れ出ることができるからである*」

《舎利子》 Sāriputra《シャーリプトラ》、舎利弗のこと。

《薄伽梵》 bhagavat《バガヴァット》の音訳で、世尊の意味。

《如来・阿羅漢・正等覚者》 tathāgata-arhat-samyaksaṃbuddha は、原始経典より大乗経典にかけて用いられており、永遠の如来を表わす。阿羅漢は応とも応供《おうぐ》ともいい、それゆえ原文では、如来・応・正等覚となっている。

《十善業道》 不殺生・不偸盗・不邪淫・不妄語・不両舌・不悪口・不綺語・不貪欲・不瞋恚・不邪見の十善を実践すること。

《四静慮》 四禅ともいい、初禅・二禅・三禅・四禅という禅定の深まっていく四段階。

《四無色定》 四禅につづくもので、空無辺処・識無辺処・無所有処・非想非非想処の四つの禅定。

《五神通》 神足通《じんそくつう》・天眼《てんげん》通・天耳《てんに》通・他心通・宿命《しゅくみょう》通で、これに漏尽《ろじん》通を加えると六神通となる。

《「……生れ出ることができるからである」》 『大般若波羅蜜多経』巻一七二、大正五・九二五上。

しかあればすなはち、仏薄伽梵《ぶつばぎゃぼん》は般若波羅蜜多なり、般若波羅蜜多は是《ぜ》諸法なり。この諸法は空相なり、不生不滅なり、不垢《ふく》不浄、不増不滅なり。この般若波羅蜜多の現成せるは、仏薄伽梵の現成せるなり。問取すべし、参取すべし。供養礼敬する、これ仏薄伽梵に奉覲承事《ぶごんしょうじ》するなり、奉覲承事の仏薄伽梵なり。

正法眼蔵摩訶般若波羅蜜
爾時天福元年夏安居日、在二観音導利院一示衆。
寛元二年甲辰春三月廿一日、侍二越宇吉峰精舎侍司一書二写之一、懐奘。

〔訳〕こういう次第であるから、仏世尊はそのまま般若波羅蜜多である。また般若波羅蜜多は諸法である。諸法はすなはち空《くう》のすがたであり、不生不滅であり、不垢不浄、不増不滅である。*この般若波羅蜜多の成就していることが、そのまま仏世尊のお出ましになっていることである。よくよく問いただすべきであり、学びとるべきである。般若波羅蜜多を供養し、敬礼する、そのことが、仏世尊に見《まみ》えて事《つか》えまつることであり、見えて事えまつる仏世尊のことである。

正法眼蔵摩訶般若波羅蜜
そのとき、天福元年（一二三三）、夏安居《げあんこ》の日、観音導利院において衆に示す。
寛元二年（一二四四）甲辰《きのえたつ》、越前の吉峰精舎の侍者寮において書写す。懐奘

《……不増不減である》 この箇所は、『般若心経』のいわゆる「色即是空……不生不滅、不垢不浄、不増不減」として示されている。

〔三〕 現成公案（げんじょうこうあん）

《解説》「現成公案《げんじょうこうあん》」が昔から、『正法眼蔵』のなかでもっとも尊重され、よく読まれてきたことは、知られるとおりである。現成公案とは、一口にいえば、真理の実現とでもいえようか。しかも公案（官庁の公文書）であるから、真理の原型、あるいはその在り方がどのように現われねばならぬか、を述べたものである。

もしかりに理論と実践とに分けてみるとすれば、さきの「弁道話」は端坐参禅を強調したものとして、道元仏教の実践的方面の中心主題を扱ったものであり、「現成公案」は、同じ道元仏教の理論的世界観の大綱を示したものといえよう。『眼蔵』のいちいちの巻には端坐参禅をとくに取り上げていないが、いかなる巻においても、端坐参禅は当然の大前提として留意しておかねばならない。それを前提としたうえで、「現成公案」は、『眼蔵』全体の世界観の基盤をなしているとみることができる。

その基盤の構成をわたしなりに辿《たど》ってみよう。

まず、全存在の根源（それはいうまでもなく自己の存在の根源でもあるが）、その究極は絶対無とでもいえようか。まったくなにもない、あるいは、なにものにもかかわらない。ここには、迷いも悟りもなく、諸仏も衆生もない。「万法ともにわれにあらざる時節」である。そのまったくなにものもないところから、仏法があらわれ出る。そこに諸仏もあり、衆生もあり、悟りも迷いも出てくる。花は惜しまれながら散り、草は嫌がられながら茂る。そこにはじめて、生死解脱という人生の根本課題が生まれる。悟るということが究極の目標であり、人類の悲願である。

では、悟りとはどういうことか。道元は、悟りの在るべき原型あるいは範型を示している。それは、「万法すすみて自己を修証すること」であり、あるいは「自己をわするるといふは、万法に証せらるること」である。真理は、全宇宙の側から自分に顕現するのである。そのとき自己は忘れ果てられている。このことは、「弁道話」の、仏の自受用三昧にみずからを投ずる、あるいは仏印《ぶっちん》、すなわち仏によって裏うちされることと呼応するであろう。悟りのこのような範型は、もっとも重要な主題として留意さるべきものである。

そのような悟りの在り方は、水に月のやどる譬《たと》えで説明される。月という真理がわが心の水にぽっかりと浮かんでいる、それが悟りの実景であるという。月もぬれず、水もやぶれずというおもむきである。同じように、悟りの月は心の水をさまたげない。どんな心の水のなかにも、草の露にも、一滴の水にも、悟りの光は映じている。

ところで、悟れば全存在が分かるかというに、そうではない。眼のとどくところが見えるだけである。たとえば、海のなかへ出てみると、あたりが円く見えるが、実際には海は円くも四角もない。また、眼のとどかない海の性質がどれだけあるか分からない。同様に、悟りの眼にはうつるだけしかうなずけない。気づかない世界や、その世界の様相がどれだけあるか知れないのである。この点は、悟りの在り方としてきわめて重要であり、もしこれを踏みあやまって、悟りの時点に安住すると、とんでもない見当ちがいを起こすことになる。

さて、先には悟りの在り方が、水にうつる月の光に譬えられた。水はなんの分別もせずに月はおのずからにして水にやどる、という在り方への着眼である。そこからさらに進んで、魚が水のなかを泳ぎ、鳥が空をとぶことにも譬えられる。水・空は、魚・鳥にとって、行けども行けども果てしがなく、また、いまだかつて離れたことがなく、もし水・空を離るれば、魚・鳥はたちどころに死ぬ。このような視点に立てば、水・空は、魚・鳥のまさしく生命であるといえよう。あるいは水・空を行く魚・鳥そのものが生命であるともいえる。これと同じように、われわれもまた、その悟りの世界を一歩も離れていない。その悟りの世界とは、あたかも魚・鳥の離れ得ない水・空についてのように思案してみるべきである。

そのような悟りの世界とは、「大にあらず小にあらず、自にあらず他にあらず、さきよりあるにあらず、いま現ずるにあらず」と道元はいう。それは、一歩も己れを離れないがゆえにこそ、大とも小とも、なんとも影像のえがきようのないものである。そしてただ、「かくのごとくあるなり」と結ぶのである。「かくのごとくあるなり」というのは、「空華」巻の自然成《じねんじょう》ということであろう。思想のよりどころは系統を異にするが、親鸞の自然法爾《じねんほうに》にも基本的に通ずるものがあろう。わたしは、道元仏教のこのような根本特徴に眼を凝らしていくにつれ、その個性的な道元をも越える、ひろびろとした普遍の道に心のはばたきを覚えずにはいられない。

現成公案

諸法の仏法なる時節、すなはち迷悟あり、修行あり、生《しょう》あり死あり、諸仏あり衆生《しゅじょう》あり。

万法《まんぼう》ともにわれにあらざる時節、まどひなくさとりなく、諸仏なく衆生なく、生なく滅なし。

仏道もとより豊倹《ほうけん》より跳出《ちょうしゅつ》せるゆゑに、生滅あり、迷悟あり、生仏あり。しかもかくのごとくなりといへども、華《はな》は愛惜《あいじゃく》にちり、草は棄嫌《きけん》におふるのみなり。

自己をはこびて万法を修証《しゅしょう》するを迷《まよい》とす、万法すすみて自己を修証するはさとりなり。迷を大悟するは諸仏なり、悟に大迷なるは衆生なり。さらに悟上に得悟する漢あり、迷中又迷《ゆうめい》の漢あり。

諸仏のまさしく諸仏なるときは、自己は諸仏なりと覚知することをもちゐず。しかあれども証仏なり、仏を証しもてゆく。

身心を挙《こ》して色《しき》を見取し、身心を挙して声《しょう》を聴取するに、したしく会取《えしゅ》すれども、かがみに影をやどすがごとくにあらず、水と月とのごとくにあらず、一方を証するときは一方はくらし。


〔訳〕ありとあらゆるものが仏法であるとみるときには、迷いもあれば悟りもあり、修行もあり、生もあり、死もあり、諸仏もあり、衆生もある。

しかし、ありとあらゆるものが我とともに無くなったときには、まどいも悟りもなく、諸仏も衆生もなく、生も滅もない。いっさいは絶対無である。

仏道はもとより、このような有無の境界をとび抜けているのであるから、事実は事実のとおり、生滅もあり、迷悟もあり、衆生も仏もある。しかしそれはそうでありながら、花が散ればまことに惜しいし、草が茂れば実にいやなものである。

自己が主体となって、環境世界を実証するのが迷いである。逆に、環境世界が深まって、そのなかで自己が実証されるのが悟りである。迷を大悟するのが諸仏であり、悟りのなかにありながら迷っているのが衆生である。さらに、悟ったうえにも悟り抜いていく人もあり、迷いのなかに迷いを重ねていく人もある。

諸仏がまさしく諸仏なるときは、自己は諸仏であるという意識はない。しかしながらさとっていく仏である。だから仏をさとっていくのである。

身心をかたむけて色に見入り、身心をかたむけて声に聞きほれるときに、自分ではよく会得しているのであるが、しかしそれは、鏡に影がやどり、また水に月がうつるようにはいかない。一方を実証するときは、ただ一方だけであって、他方は見えない。

仏道をならふといふは、自己をならふ也。自己をならふといふは、自己をわするるなり。自己をわするるといふは、万法に証せらるるなり。万法に証せらるるといふは、自己の身心および他己の身心をして脱落せしむるなり。悟迹《ごしやく》の休歇《きゆうかつ》なるあり、休歇なる悟迹を長長出《ちようちようしゆつ》ならしむ。

人はじめて法をもとむるとき、はるかに法の辺際を離却《りきやく》せり。法すでにおのれに正伝《しようでん》するとき、すみやかに本分人《ほんぶんにん》なり。

〔訳〕仏道を習うということは、自己を習うことである。自己を習うということは、自己を忘れることである。自己を忘れるということは、環境世界に実証されることである。環境世界に実証されるということは、自己の身心も他己の身心も、脱落し果てることである。そこには悟りの痕跡もとどめない。しかも、痕跡もない悟りが、そこからも限りなく抜け出ていくのである。

人がはじめて法を求めるとき、実はかえって法のありかを離れている。法が自分に正しく伝わったとき、たちまち本来の人となる。

人、舟にのりてゆくに、目をめぐらして岸を見れば、きしのうつるとあやまる。目をしたしく舟につくれば、ふねのすすむをしるがごとく、身心を乱想して万法を弁肯《べんこう》するには、自心自性は常住なるかとあやまる。もし行李《あんり》をしたしくして箇裏《こり》に帰すれば、万法のわれにあらぬ道理あきらけし。

たき木はは ひとなる、さらにかへりてたき木となるべきにあらず。しかあるを、灰はのち薪《たきぎ》はさきと見取《けんしゅ》すべからず。しるべし、薪は薪の法位に住して、さきありのちあり、前後ありといへども、前後際断せり。灰は灰の法位にありて、のちありさきあり。かのたき木、はひとなりぬるのち、さらに薪とならざるがごとく、人のしぬるのち、さらに生《しょう》とならず。しかあるを、生の死になるといはざるは、仏法のさだまれるならひなり、このゆゑに不生といふ。死の生にならざる、法輪のさだまれる仏転《ぶってん》なり、このゆゑに不滅といふ。生も一時のくらゐなり、死も一時のくらゐなり。たとへば冬と春とのごとし。冬の春となるとおもはず、春の夏となるといはぬなり。

人の悟をうる、水に月のやどるがごとし、月ぬれず、水やぶれず。ひろくおほきなるひかりにてあれど、尺寸《しゃくすん》の水にやどり、全月《ぜんげつ》も弥天《みてん》も、くさの露にもやどり、一滴の水にもやどる。さとりの人をやぶらざること、月の水をうがたざるがごとし。人のさとりを罣礙《けいげ》せざること、滴露《てきろ》の天月《てんげつ》を罣礙せざるがごとし。ふかきことはたかき分量なるべし。時節の長短は、大水小水《だいすいしょうすい》を撿点《けんてん》し、天月の広狭を弁取《べんしゅ》すべし。

〔訳〕たとえば、人が舟に乗って進む場合に、岸の方へ眼をやると、あたかも岸が動いているように見える。しかし眼を舟の方へ向けると、舟の進んでいることが分かる。それと同じように、身心が乱れたままで周囲を見廻してみると、わが心、わが本性は、不変のものであるかと思い誤る。しかし、日常の行動に即して本来の自分に帰ってみると、ありとあらゆるものが無我であるという道理が、明白となる。

薪《たきぎ》が燃えつきると灰となる。灰はふたたび薪にかえることはできない。それだからといって、薪は先で灰は後であると見てはならない。よく知るがよい、薪は薪の在り方として先があり後がある。前後はあっても、前後の跡かたは断ち切れている。灰もまた灰の在り方として後があり先がある。しかしかの薪は、灰となった後は、さらに薪とはならない。

それと同じように、人が死んだのちには、ふたたび生にかえることはできない。しかし、生が死になるといわないのが、仏法の定まったならわしである。それゆえに不生という。また死が生にならないのも、仏説のさだめである。それゆえに不滅という。生も一時のありかたであり、死も一時のありかたである。たとえば、冬は冬、春は春である。冬が春になり、春が夏になるとはいわない。

人が悟りを得るのは、たとえていえば、水に月がやどるようなものである。月もぬれず、水もやぶれない。悟りも月も、広く大きな光ではあるが、小さな器の水にもやどる。月全体も大空も、草の露にもかげをおとし、一滴の水にもうつる。悟りが人をやぶらないことは、月が水をうがたないようなものである。人が悟りをさまたげないことは、一滴の露が天空の月をそのままやどすようなものである。しかし水が深ければ天空の月も高い。人によって修行の時節の長短がある。したがって、それぞれの自覚において、水が大きいか小さいか、天空の月は広いか狭いかを、よくよく調べ弁《わきま》えるべきである。

身心に法いまだ参飽《さんぽう》せざるには、法すでにたれりとおぼゆ。法もし身心に充足すれば、ひとかたはたらずとおぼゆるなり。たとへば船にのりて、山なき海中にいでて四方をみるに、ただまろにのみみゆ、さらにことなる相《そう》みゆることなし。しかあれど、この大海、まろなるにあらず、方なるにあらず、のこれる海徳、つくすべからざるなり。宮殿のごとし、瓔珞《ようらく》のごとし。ただわがまなこのおよぶところ、しばらくまろにみゆるのみなり。かれがごとく、万法もまたしかあり。塵中格外《じんちゅうかくがい》、おほく様子《ようす》を帯《たい》せりといへども、参学眼力《がんりき》のおよぶばかりを、見取会取《えしゅ》するなり。万法の家風をきかんには、方円とみゆるよりほかに、のこりの海徳山徳おほくきはまりなく、よもの世界あることをしるべし。かたはらのみかくのごとくあるにあらず、直下《じきげ》も一滴もしかあるとしるべし。

〔訳〕法が身心にゆきわたっていないときは、法はすでに充ち足りていると思う。法が身心に満ちた場合には、どこか一方足りないように思われる。たとえば舟にのって、島も見えない海のなかに出て四方を見廻すと、ただ円く見えるだけである。どこにもちがった景色は見えない。しかし実際は、大海が円いというのではない。また四角なのでもない。眼に見えない海の性質というものはとても尽くすことはできない。一水四見といって、同じ水でも、人間にとっては水に見えるが、魚には宮殿であり、天人には瓔珞《ようらく》（玉の首かざり）であり、餓鬼には濃血である。海の場合も、ただ眼の届くかぎりが、しばらく円く見えるだけである。

一事が万事で、その他のこともすべてそうである。世間のことについても、出世間（世を超える）のことについても、さまざまな様相を帯びているが、参禅して眼力の及ぶだけを見るのであり、会得するのである。あらゆるものの在り方を学ぶには、円い四角いと見えるほかに、海や山の性質は限りがなく、さまざまな世界のあることを知るべきである。自分の身の廻りのことだけではない、足下も一滴の水もそうであると知らねばならぬ。

うをの水をゆくに、ゆけども水のきはなく、鳥そらをとぶに、とぶといへどもそらのきはなし。しかあれども、うをとり、いまだむかしよりみづそらをはなれず。只用大《ようだい》のときは使大《しだい》なり。要小《ようしよう》のときは使小《ししよう》なり。かくのごとくして、頭頭《ずず》に辺際をつくさずといふことなく、処処《しよしよ》に踏翻《とうほん》せずといふことなしといへども、鳥もしそらをいづれば、たちまちに死す、魚もし水をいづれば、たちまちに死す。以水為命《いすいいみよう》しりぬべし、以空為命しりぬべし。以鳥為命あり、以魚為命あり。以命為鳥なるべし、以命為魚なるべし。このほかさらに進歩あるべし。修証あり、その寿者命者《じゆしやみようしや》あることかくのごとし。

しかあるを、水をきはめ、そらをきはめてのち、水そらをゆかんと擬する鳥魚あらんは、水にもそらにも、みちをうべからず、ところをうべからず。このところをうれば、この行李《あんり》したがひて現成公《げんじょうこう》案《あん》す。このみちをうれば、この行李したがひて現成公案なり。このみち、このところ、大にあらず小にあらず、自にあらず他にあらず、さきよりあるにあらず、いま現ずるにあらざるがゆゑに、かくのごとくあるなり。しかあるがごとく、人もし仏道を修証するに、得一法通一法《とくいっぽうつういっぽう》なり、遇一行修一行《ぐういちぎょうしゅいちぎょう》なり。これにところあり、みち通達《つうだつ》せるによりて、しらるるきはのしるからざるは、このしることの仏法の究尽《ぐうじん》と同生《どうしょう》し同参するゆゑに、しかあるなり。

得処《とくしょ》かならず自己の知見となりて、慮知《りょち》にしられんずるとならふことなかれ。証究《しょうきゅう》すみやかに現成すといへども、密有《みつう》かならずしも現成にあらず、見成《げんじょう》これ何必《かひつ》なり。

〔訳〕魚が水を行くとき、いくら泳いでも水に果てしがなく、鳥が空をとぶとき、いくらとんでも空に限りがない。しかしながら、魚も鳥も、いまだかつて水や空を離れたことがない。働きが大きいときは、使い方も大きいし、働きが小さいときは、使い方も小さい。

このようにして、そのときそのときに究極を尽くしており、その所その所に徹底しているのであって、もし鳥が空を離れるとたちまちに死んでしまうし、魚が水を出ればたちまちに命はない。したがって、水がそのまま命であり、空がそのまま命であることが知られよう。さらにいえば、鳥が命であり、魚が命である。また命が鳥であり、命が魚であろう。このほか、さらに進んでさまざまないい方があろう。修行しつつ実証（悟り）があり、またその人の寿命があるということも、このようなことである。

それにもかかわらず、水を究《きわ》め、空を究めてのちに、水や空を行こうとする鳥・魚があるとしたら、水にも空にも、道を得ることも所を得ることもできない。そうではなく、この所を得れば、また、その道を得れば、この日常現実がそのまま永遠の真実となる。この道、この所というのは、大でもなく、小でもなく、自分でもなく、他のものでもなく、初めよりあるのでもなく、いま現われるのでもないから、まさにこのようにあるのである。

これと同じように、人が仏道を修行し実証する場合には、一法を得れば一法に通じ、一行に遇《あ》えば一行を修するのである。ここに所が得られ、道は通達しているのであるから、それは対象としては知り得ない。なぜかというと、この知るということが、仏法を究めることと一体であるから、そのようになっているのである。

修行によって体得したことが、かならず自分の見解となって、それが分別で把《とら》えられると思ってはならない。たとい悟りの究極はたちまち実現しても、内密の存在が、かならずしも実現しているわけではない。その実現は、かならずしも決まってはいないのである。

麻《ま》谷山宝徹《よくさんほうてつ》禅師、あふぎをつかふ。ちなみに、僧きたりてとふ、「風性《ふうしょう》常住、無処不周《むしょふしゅう》なり、なにをもてかさらに和尚《おしょう》あふぎをつかふ。」師いはく、「なんぢただ風性常住をしれりとも、いまだところとしていたらずといふことなき道理をしらず」と。僧いはく、「いかならんかこれ無処不周底《むしょふしゅうてい》の道理。」ときに師、あふぎをつかふのみなり。僧、礼拝す。

仏法の証験、正伝の活路、それかくのごとし。常住なればあふぎをつかふべからず、つかはぬをりもかぜをきくべきといふは、常住をもしらず、風性をもしらぬなり。風性は常住なるがゆゑに、仏家《ぶつけ》の風は大地の黄金《おうごん》なるを現成せしめ、長河《ちょうが》の蘇酪《そらく》を参熟《さんじゅく》せり。

正法眼蔵現成公案

これは、天福元年中秋のころ、かきて鎮西《ちんぜい》の俗弟子楊《よう》光秀にあたふ。

〔訳〕麻《ま》谷山《よくさん》の宝徹《ほうてつ》禅師*が扇を使っていたが、そのとき、僧がやってきて尋ねた。

僧「風性《ふうしょう》は常住で、あまねくゆきわたらない所はありません。どういうわけで和尚は扇を使われるのですか」

禅師「おまえは、風性の常住なることは知っているが、あまねくゆきわたらない所はないという道理が分かっていない」

僧「では、あまねくゆきわたらない所はない道理とは、どういうことですか」

そのとき、禅師は扇を使うだけであった。僧は礼拝した。

仏法における実証のしるし、釈尊から正しく伝わってきた活路は、まさにこのようなものである。風性は常住であるから扇を使う必要はない、また扇を使わないときも風は吹くであろうというのは、常住も知らず、風性も知らぬものである。風性は常住であるから、仏者の家風は、大地をして黄金の仏土たらしめ、長河の水を蘇酪《そらく》というすぐれた飲みものとするのである。

正法眼蔵現成公案

これは、天福元年（一二三三）中秋のころ書いて、鎮西の俗弟子楊光秀に与えたものである。

《宝徹禅師》　麻谷宝徹は馬祖道一の法嗣。この物語は、『聯灯会要』巻四（卍続・二乙・九・三・二五二左上）。

〔四〕 一顆明珠（いっかみょうじゅ）

《解説》 この巻は、道元の三十九歳、四月十八日の説法である。観音導利院での説法でいえば、「摩訶般若波羅蜜《まかはんにゃ》」巻につづいて第二回である。「弁道話」「現成公案」「摩訶般若」が、いずれも三十四歳。この巻は、それから五年の歳月を経ている。「摩訶般若」は、ほとんど『般若経』や『如浄語録』の引用である。「現成公案」はもっとも基本的な巻であるが、仏教観の概括的な構成が示されている。「弁道話」は、端坐参禅の重要性によって貫かれており、坐中の世界の内容的な動きが示されている。これらの巻から五年をへだたった「一顆明珠《いっかみょうじゅ》」は、二つの点において、『正法眼蔵』のなかで画期的な意味を持っていると思う。

二つの点というのは、たがいに関係し合っていることであるが、その第一点は、これが三十九歳の説法であり、ようやく盛んになろうとする独自の思索の、そのさきがけをなすものといえよう。かれの思索の最盛時は四十歳代の前半であり、この巻はあたかもその開幕に相当する。

第二点は、第一点と深くかかわり合っていると思うが、かれの存在の根源にあるもっとも明確な世界、それはまったく形を越えたいのちそのものと思われ、それがはじめて思索の基盤としての言葉を持ったということである。

このもっとも明確な世界の体験は、いうまでもなく如浄のもとにおける身心脱落であった。二十六歳のときである。それは体験そのものであって、身心脱落というほかはなかった。そこには世界観的な意味の、いかなる言葉も付着してはおらぬ。その後ときを経るにつれ、あたためられ、そだてられて、次第にそうした意味の言葉へのつながりを模索してきたと思われる。「弁道話」では、自受用三昧、一仏心印、証則などとなり、「摩訶般若」では般若となり、「現成公案」では、この道、この所などといわれている。これらの言葉は、もっと明確な根源を表示するものではあるが、しかしそれにとどまっていて、まだ思索の基盤にはならなかった。

それがこの巻では、一顆明珠という言葉を得て、それを基として独自の思索をはじめたのである。この語の起りは、知られるように玄沙《げんしゃ》師備のものである。またそれが明確な根源とつながっているのも、玄沙にかかわる。それというのは、玄沙が石に足をぶっつけて痛みにたえかねたとき、忽然として存在の転換がかれを襲うた。「終不敢誑於人」(もうだまされません)というのである。だまされようのない明確なものが、かれの存在の根源となってしまった。だからこそ玄沙は、諸方の師をたずねようとして旅立ったのに、くびすをかえして雪峰山に帰ってきたのである。もうその必要がなくなったからである。この明確な根源が、後年の玄沙には一顆明珠という語にまで形成されている。

しかし実は、玄沙のこのような過程の、その本質的な意味が、そのまま道元のものとなったのである。玄沙における、明確な体験から言葉への形成過程に、道元はそのまま共感し、その言葉(一顆明珠)にもとづいてみずからの思索をおこしたのが、この巻の特徴といえるであろう。

以上の二つの点において、「一顆明珠」は画期的な意味を持つと思われる。」

一顆明珠

娑婆《しやば》世界大宋国、福州玄沙山院宗一《げんしやさんいんしゆういち》大師、法諱《ほうき》師備、俗姓者《へ》謝《しや》なり。在家のそのかみ釣魚《ちようぎよ》を愛し、舟を南台江《なんだいこう》にうかべて、もろもろのつり人にならひけり。不釣自上《ふちようじじよう》の金鱗《きんりん》を不待《ふたい》にもありけん。唐《とう》の咸通《かんつう》のはじめ、たちまちに出塵《しゆつじん》をねがふ。舟をすてて山にいる、そのとし三十歳になりけり。浮世《うきよ》のあやふきをさとり、仏道の高貴をしりぬ。つひに雪峰山《せつぽうざん》にのぼりて、真覚《しんがく》大師に参じて、昼夜に弁道す。あるとき、あまねく諸方を参徹《さんてつ》せんために、嚢《のう》をたづさへて出嶺《しゆつれい》するちなみに、脚指《きやくし》を石に築著《ちくじやく》して、流血し痛楚《つうそ》するに、忽然《こつねん》として猛省《みようせい》していはく、是《ぜ》身《しん》非《ひ》有《う》、痛自《つうじ》何《が》来《ちい》〔是の身有《う》に非ず、痛み何《いず》れよりか来たる〕。すなはち雪峰にかへる。

〔訳〕大宋国の福州（福建省・閩県）、玄沙山の宗一大師は、法名を師備といい、俗姓を謝といった。在家であったころは、魚釣りを好み、舟を南台江に浮かべて、多くの釣り人と変りはなかった。この人は、釣らないでも自から上ってくる黄金の魚、すなわち仏道を、待つまでもなく本来もっていたのであろうか。* 唐の咸通（八六〇―八七四）のはじめに、にわかに出家を願い、舟を捨てて山にはいった。ときに三十歳であった。浮世のはかないことを悟り、仏道の高貴なることを知ったのである。

ついに雪峰山にのぼり、真覚大師*のもとで、昼も夜も、修行に専念した。

あるとき、ひろく諸方の禅師をたずねて、修行を徹底しようと思い、旅装をととのえて山を出立した。そのおり、足の指を石に打ち当てて血を流し、激しく痛んだが、そこでかれは忽然と気がつき、きびしく自省していうに、

「この身は実在ではないのに、いったい痛みはどこから来るのか」と。

ただちに、雪峰山に帰った。


《宋一大師は……》 この物語は、『聯灯会要』巻二三（卍続二乙・九・三・四〇九左下）、『景徳伝灯録』巻一八（大正五一・三四三下―四上）。後者によれば、玄沙が釣舟をすてて最初に投じたのは芙蓉霊訓とある。

《真覚大師》 雪峰義存は徳山宣鑑の法嗣。弟子に玄沙師備のほかに雲門宗の開祖雲門文偃などがいる。


雪峰とふ、「那箇是備頭陀〔那箇《なこ》か是れ備頭陀《びずだ》〕。」玄沙いはく、「終不敢誑於人〔終《つい》に敢て人を誑《たぶら》かさず〕。」このことばを、雪峰ことに愛していはく、「たれかこのことばをもたざらん、たれかこのことばを道《どう》得《とく》せん。」雪峰さらにとふ、「備頭陀なんぞ偏参《へんざん》せざる。」師いはく、「達磨不来東土、二祖不往西天〔達磨、東土《とうど》に来らず、二祖、西天《さいてん》に往かず〕」といふに、雪峰ことにほめき。

ひごろはつりする人にてあれば、もろもろの経書ゆめにもかつていまだ見ざりけれども、こころざしのあさからぬをさきとすれば、かたへにこゆる志気《しいき》あらはれけり。雪峰も衆のなかにすぐれたりとおもひて、門下の角立《かくりゅう》なりとほめき。ころもはぬのをもちゐ、ひとつをかへざりければ、ももつづり

につづれりけり。はだへには紙衣《しえ》をもちゐけり、艾草《がいそう》をもきけり。雪峰に参ずるほかは、自余の知識をとぶらはざりけり。しかあれども、まさに師の法を嗣《し》するちから弁取《べんしゅ》せりき。


〔訳〕 雪峰「頭陀行《ずだぎょう》*のおまえとは、なにものか」

　玄沙「もうわたしはだまされません*」

雪峰はこの言葉をことのほか喜んで、

「この言葉を持たないものがあろうか。しかし、たれがこれをいい得ようか」

雪峰はかさねて問うた。

「頭陀行のおまえは、なぜ諸方をたずねないのか」

　玄沙「達磨《だるま》は東土（中国）には来ませんでした。二祖慧可《えか》は西天（インド）には行きませんでした」


と答えると、雪峰はまた特別にほめたたえた。

　玄沙は、日頃は釣りをしていたから、経典などは夢にも読まなかったけれども、仏道への志を第一としたので、同輩にたちまさる志気があらわれたのである。雪峰も、多くの修行僧のなかでことにすぐれていると思い、門下の傑出者であるとほめた。衣は布を用い、一枚の衣だけであったので、つぎはぎだらけになってしまった。下着には紙衣を用い、よもぎの葉も着た。雪峰から指導を受けるほかは、他の禅師をたずねることはなかったが、ついに師の仏法をうけつぐ力量をそなえたのである。

《頭陀行》　最小限の衣食住に満足していく行。とくに乞食行。頭陀は、パーリ、サンスクリットで dhūta。
《「もうわたしはだまされません」》　「終不敢誑於人」。この人を他人と解釈する向きがあるが、人《にん》を主体そのものと解しておく。諸方をたずねようと思ったが、もうだまされぬ、という意。

つひにみちをえてのち、人にしめすにいはく、尽十方世界、是一箇明珠。ときに、

僧問、「承、和尚有レ言、尽十方世界、是一顆明珠。学人如何会得。」師曰、「尽十方世界、是一顆明珠、用レ会作レ麼。」師、来日却問二其僧一、「尽十方世界、是一顆明珠、汝作麼生会。」僧曰、「尽十方世界、是一顆明珠、用レ会作レ麼。」師曰、「知、汝向二黒山鬼窟裏一作二活計一。」

〔僧問う、「承る、和尚言えること有り、尽十方世界、是れ一顆の明珠と。学人如何《いかん》が会得せん」。師曰く、「尽十方世界、是れ一顆の明珠、会《え》を用いて麼《な》にか作《せ》ん」。師、来日却《かえ》って其の僧に問う、「尽十方世界、是れ一顆の明珠、汝作麼生《そもさん》か会す」。僧曰く、「尽十方世界、是れ一顆の明珠、会を用いて麼《な》にか作《せ》ん」。師曰く、「知りぬ、汝、黒山鬼窟裏《こくさんきくつり》に向って活計《かっけい》を作《な》すことを」〕

〔訳〕　ついに道を得てのち、人に教えるのに、
「尽十方《じんじっぽう》世界*（十方を包む全世界）はこれ一箇の明珠《あかるいたま》である」といった。
あるとき、一人の僧が問うた。
僧「和尚は、尽十方世界はこれ一箇の明珠である、と教えられたと承りましたが、修行者は、どのように会得したらいいでしょうか」

師「尽十方世界はこれ一箇の明珠である。会得してどうなるものか」
玄沙は、翌日逆にその僧にたずねた。
師「尽十方世界はこれ一箇の明珠である。おまえはどのように会得しているか」
僧「尽十方世界はこれ一箇の明珠です。会得してどうなりましょう」
師「分かった。おまえは真っ黒な山の鬼の住む洞窟《どうくつ》に向かって生計《くらし》を立てている*」

《「尽十方世界……」》 尽十方世界は四方・八方・十方を尽くす全世界。以下の問答は『景徳伝灯録』巻一八（大正五一・三四六下）。
《「……生計を立てている」》 たんに口真似だ、何も分かっていない、といいながら、そっくりそのままが尽十方世界一顆の明珠という意。

いま道取する尽十方世界、是一顆明珠、はじめて玄沙にあり。その宗旨は、尽十方世界は、広大にあらず、微小《みしょう》にあらず、方円にあらず、中正にあらず、活鱍鱍《かっぱつぱつ》にあらず、露廻廻《ろけいけい》にあらず。さらに生《しょう》死去来《じこらい》にあらざるゆゑに生死去来なり。恁麼《いんも》のゆゑに、昔日曽此去《せきじつそうしこ》にして而今従此来《にこんじゅうしらい》なり。究弁《きゅうべん》するに、たれか片片《へんぺん》なりと見徹《けんてつ》するあらん、たれか兀兀《ごつごつ》なりと検挙《けんこ》するあらん。
尽十方といふは、逐物為己《ちくもついこ》、逐己為物《ちくこいもつ》の未休《みきゅう》なり。情生《じょうしょう》智隔《ちかく》を隔《かく》と道取する、これ回頭《かいず》換面《かんめん》なり、展事《てんじ》投機《とうき》なり、逐己為物《ちくこいもつ》のゆゑに、未休なる尽十方なり。機先の道理なるゆゑに、機要《きよう》の管得《かんとく》にあまれることあり。

是一顆珠《いっかじゅ》は、いまだ名にあらざれども道得なり。これを名に認じきたることあり。一顆珠は直須万《じきしゅまん》年《ねん》なり、亙古《ごうこ》未了なるに亙今《ごうこん》到来なり。身今《しんこん》あり、心今《しんこん》ありといへども、明珠《みょうじゅ》なり。彼此《ひし》の草木《そうもく》にあらず、乾坤《けんこん》の山河《せんが》にあらず、明珠なり。

学人如何会得。この道取は、たとひ僧の弄業識《ろうごっしき》に相似せりとも、大用現前是大軌則なり。すすみて一尺水一尺波を突兀《とっこつ》ならしむべし。いはゆる一丈珠一丈明なり。

いはゆるの道得を道取するに、玄沙の道《どう》は、尽十方世界、是一顆明珠、用会作麼《ゆうえそも》なり。この道取は、仏《ぶつ》は仏に嗣《し》し、祖は祖に嗣す、玄沙は玄沙に嗣する道得なり。嗣せざらんと廻避《かいひ》せんに、廻避のところなかるべきにあらざれども、しばらく灼然《しゃくねん》廻避するも、道取生《どうしゅしょう》あるは現前の蓋時節《がいじせつ》なり。

〔訳〕いまここに問われている「尽十方世界これ一箇の明珠」は、玄沙がはじめて吐いた言葉である。

その本旨はこうである。

尽十方世界は、広大でもなく、微小でもなく、四角も円《まる》くもなく、中正（かたよらぬこと）でもなく、魚のように生々とはねているのでもなく、むき出しに綺麗さっぱりとなっているのでもない。

さらに、生死去来《しょうじこらい》*ではないから、かえって生死去来そのままである。

そういう次第であるから、「昔日《むかし》は此処《ここ》から去った」のであり、「而今《いま》は此処《ここ》から来る」のである。

よく見究めてみるに、だれがひらひらと飛ぶようなものと見とおすものがあろうか。また、だれが山のように動かないものとしらべ上げるものがあろうか。

尽十方というのは、「物を逐《お》うて己となし、己を逐うて物となす」休みなき活動である。「情感が生ずると智慧が隔たる」として、質問した僧に対して、「隔たったぞ」と喝破《かっぱ》した禅匠があったが、これも、頭をめぐらすと顔もそちらへ向くだけのことである。僧が、情と智を分別して智の隔たりを展《の》べると、師匠が「隔たったぞ」と機に投じたまでのことである。「己を逐うて物となす」のであるから、休みなき活動のままが、すなわち尽十方である。それは、自分のはたらき以前の道理であるから、いかにうまく差配しようとしても手にあまるのである。

「これ一箇の珠《たま》」というのは、名前ではないが、よくいい得ている。したがって名前として確認してきたこともある。一箇の珠は、一瞬がそのまま万年である。昔にさかのぼっても究めきれないのに、すでに今に到来している。からだのままが今であり、心のままが今であるが、やはり明珠である。あれこれの草木ではなく、天地の山河でもなく、明珠というほかはない。

「修行者は、どのように会得したらいいでしょうか」。僧がこういったのは、たとい僧の分別のように見えても、そこに明珠の大きなはたらきが現われているのであり、これこそ大法則である。さらに進んで、一尺の水は一尺の波を突き上ぐべきである。一丈の珠には一丈の明るさがある。

右にいい得たことを味わってみるに、玄沙の言葉は、「尽十方世界はこれ一箇の明珠である。会得してどうなるものか」であった。この発言は、仏は仏に継ぎ、祖師は祖師に継ぎ、玄沙は玄沙に継ぐというごとき言葉である。継ぐまいと避けてみても、避け得ないわけではないが、ともかく断固として避けてみても、明珠は躍り出て、現前の刹那《せつな》をおおいつくしている。

《生死去来》 生まれたり、死んだり、去ったり、来たり、の人間世界の実情。

玄沙、来日問二其僧一、尽十方世界、是一顆明珠、汝作麼生会。

これは道取す、昨日《さくじつ》説定法《せつじょうほう》なる、今日《こんにち》二枚をかりて出気《すいき》す。今日説不定法なり、推倒《すいとう》昨日点頭笑《てんとうしょう》〔昨日を推倒し、点頭して笑う〕なり。

僧曰《ク》、尽十方世界、是一顆明珠、用会《ゆうえ》作麼《そも》。

いふべし、騎賊馬逐賊《ちくぞく》〔賊馬に騎《の》って賊を逐《お》う〕なり。古仏為《い》汝《にょ》説《せつ》するには、異類中行《いるいちゅうぎょう》なり。しばらく回光返照《えこうへんしょう》すべし、幾箇枚の用会作麼かある。試道《しどう》するには、乳餅《にゅうびょう》七枚、菜餅《さいびょう》五枚なりといへども、湘之南潭之北《しょうのみなみたんのきた》の教行《きょうぎょう》なり。

玄沙曰、知、汝向二黒山鬼窟裏一作二活計一。


〔訳〕 玄沙は、翌日その僧に問うた。

「尽十方世界はこれ一箇の明珠である。おまえはどのように会得しているか」

玄沙はよくいい得たものである。昨日は、

「尽十方世界はこれ一箇の明珠である。会得してどうなるものか」

と確定的に説いた。しかるに今日は、僧の問いの言葉をとり上げて、二枚の舌で発言している。今日は、いわば不確定的に説いている。昨日の発言を逆転して、うなずいて笑っているのである。

僧がいうに、「尽十方世界はこれ一箇の明珠です。会得してどうなりましょう」と。

これは、賊の馬にのって賊を逐《お》うようなものである。古仏が相手のために説くには、さまざまな種類の人びとのなかへ入っていくのである。ときには、光をめぐらして反省してみるもよい、「会得してどうなりましょう」というが、いったいどれだけのいいかたがあるのか、と。試みにいえば、砂糖餅七枚ということもあろうし、草餅五枚*ということもあろうが、また、湘水の南、潭水《たんすい》の北というように、どこにでも黄金の教えや行が説かれるのである。*

玄沙がいうに、「分かった、おまえは真っ黒な山の鬼の住む洞窟に向かって生計《くらし》を立てている」と。

《……草餅五枚》『如浄和尚語録』に「斎時、三枚乳餅、七枚菜餅」（大正四八・一二二五上）とある。「聞解」（『註解全書』一・一二七三）参照。

《黄金の教えや行が説かれる……》『景徳伝灯録』巻五に「湘之南、潭之北、中に黄金有りて一国に充つ」（大正五一・二四五上）とある。

しるべし、日面月面《にちめんがちめん》は往古《おうこ》よりいまだ不換《ふかん》なり。日面は日面とともに共出《ぐうしゅつ》す、月面は月面とともに共出するゆゑに、若六月道正是時、不可道我姓熱也〔若し六月は正《まさ》に是れ時なりと道《い》わば、我が姓《しょう》は熱なりと道う可からず〕なり。しかあればすなはち、この明珠の有如無始《うにょむし》は無端なり、尽十方世界一顆明珠なり。両顆三顆といはず、全身これ一隻《せき》の正法眼《しょうぼうげん》なり。全身これ真実体なり、全身これ一句なり、全身これ光明なり、全身これ全身なり。全身のとき、全身の罣礙《けいげ》なし、円陀陀地《えんだだち》なり、転轆轆《てんろくろく》なり。

明珠の功徳かくのごとく見成《げんじょう》なるゆゑに、いまの見色聞声《けんしきもんしょう》の観音・弥勒《みろく》あり、現身説法の古仏・新仏あり。正当恁麼時《しょうとういんもじ》、あるひは虚空にかかり、衣裏《えり》にかかる、あるひは頷下《がんか》にをさめ、髻中《けちゅう》にをさむる、みな尽十方世界一顆明珠なり。

ころものうらにかかるを様子《ようす》とせり、おもてにかけんと道取することなかれ。髻中領下《けちゆうがんか》にかかれるを様子とせり、髻表領表《けひようがんぴよう》に弄《ろう》せんと擬《ぎ》することなかれ。酔酒の時節にたまをあたふる親友あり、親友にはかならずたまをあたふべし。たまをかけらるる時節、かならず酔酒するなり。既是恁麼《きぜいんも》は、尽十方界にてある一顆明珠なり。

しかあればすなはち、転不転のおもてをかへゆくににたれども、すなはち明珠《みようじゆ》なり。まさにたまはかくありけるとしる、すなはちこれ明珠なり。明珠はかくのごときこゆる声色《しようしき》あり。既得恁麼《きとくいんも》なるには、われは明珠にはあらじとたどらるるは、たまにはあらじとうたがはざるべきなり。たどりうたがひ取舎《しゆしや》する作無作《さむさ》も、ただしばらく小量の見なり。さらに小量に相似ならしむるのみなり。

〔訳〕よく知るがよい、太陽は太陽、月は月で、むかしから変わらない。太陽は太陽とともに出る、月は月とともに出る。それゆえに、もし陰暦六月の暑いときに、「自分の本性はまさにこのときだ」といったからとて、「その姓（本性）が熱だ」ということにはならない。*真っ黒な山の鬼の住む洞窟に向かって生計《くらし》を立てているからとて、明珠を離れていることにはならない。

こういうわけであるから、この明珠は有始とも無始ともいっても、どうにもとりつきようがない。尽十方世界は、すなわち一箇の明珠である。二箇でも三箇でもない。全身、ただこれ一つの正法《しようぼう》の眼である。全身これ真実体である。全身これ一句である。全身これ光明である。全身これ全身である。全身まる出しのとき、全身に一点のさわりもない。まんまるで、どこにも角がなく、ころころと転《ころ》がっていく。

明珠の性能は、このように完全に実現しているから、今も色を見、声を聞くところに、観音が現われ、弥勒《みろく》が現われる。*身を現わして説法する古仏もあり、新仏もある。まさしくこの時、あるいは虚空にかかり、*着物の裏に縫いつけられ、*あるいは驪竜《りりゅう》（黒竜）の頷《あご》の下におさめ、*転輪聖王《てんりんじょうおう》の髻《もとどり》のなかにおさめられる。*これはみな、尽十方世界すなわち一箇の明珠である。

着物の裏に縫いつけられているのが、その在り方である。それを着物の表に出そうとしてはいけない。同じように、髻のなかや、頷の下にかかっているのが、その在り方である。それを髻や頷の表に出そうと分別してはいけない。無明（無智）の酒に酔っているときは、珠を与えてくれる親友がある。親友にはかならず珠を与えよ。珠を着物の裏に縫いつけられるときに、かならず無明の酒に酔っているときである。すでにこのとおりであるから、すべて、尽十方界である一箇の明珠である。

そういう次第で、珠は転がったり、とまったり、様子を変えていくようであるけれども、そのまま明珠である。まさに珠は、このようなものであったかと知る、すなわちそれこそ明珠である。明珠とは、このように現われてくる声であり、色である。

すでにこのとおりであるから、自分は明珠ではあるまいと思い迷うのは、それこそ珠であるから、珠ではあるまいなどと疑ってはならない。思い迷い、疑い、取ったり捨てたりする動作も、ただしばらくの小さな料簡である。さらにいえば、明珠が小さな料簡に似て現われたにすぎない。

《「その姓が熱だ」……》 李翺《りこう》が姓を問うたとき、薬山は「正に是れ時」と答えた。李はその意が分からず、院主に尋ねたところ、「今は寒中だから薬山の姓は韓《かん》だろう」といった。この話を聞いた薬山は「もし時節が夏であれば、自分の姓は熱だということになるではないか」といったという故事（『五灯会元』巻五〈卍続二乙・十一・一・八三左上〉）。

《観音が現われ、弥勒が現われる》 観音も弥勒も大乗の菩薩。観音（Avalokiteśvara）は、つねに衆生の悩みを聞いて救いの手をさしのべる菩薩。弥勒（Maitreya）は、五十六億七千万年の後に成仏する釈尊につぐ菩薩。

《あるいは虚空にかかり》『菩薩瓔珞経』に「無価の宝珠は虚空に懸る」という。「渉曲続貂」（『註解全書』一・三〇七）による。

《着物の裏に縫いつけられ》『法華経』「五百弟子品」（大正九・二九上）にある衣裏宝珠の譬え。一人の貧人が富裕な友と酒をのみ、酔って寝ているうちに、その友は所用で旅に出ることとなり、貧しい友人のためにその着物の裏に宝珠を縫いつけた。貧人は目が覚めても、そのことを知らずに貧乏を続けたが、やがて友と再会して宝珠のことを知らされる。富裕の友は釈尊、宝珠は仏性に譬えられる。

《驪竜の頷の下に……》『荘子』「列禦寇」第三十二篇に、驪竜の頷下にある千金の珠のことが述べられている。「夫千金之珠、必在二九重之淵一。而驪竜頷下」。

《転輪聖王の髻の……》『法華経』「安楽行品」（大正九・三八下）にある、転輪聖王の髻中の明珠。転輪聖王は Cakravarti-rāja、インドにおける大王の理想像。宝輪を転じて世界を降伏せしめるから、かくいう。

愛せざらんや、明珠かくのごとくの彩光《さいこう》きはまりなきなり。彩彩光光の片片条条は、尽十方界の功徳なり、たれかこれを攙奪《ざんだつ》せん。行市《こうし》に塼《かわら》をなぐる人あらず。六道の因果に不落有落《うらく》をわづらふことなかれ。不昧《ふまい》本来の頭正尾正《ずしんびしん》なる、明珠は面目《めんもく》なり、明珠は眼睛《がんぜい》なり。

しかあれども、われもなんぢも、いかなるかこれ明珠、いかなるかこれ明珠にあらざるとしらざる、百思《ひゃくし》百不思は、明明《めいめい》の草料《そうりょう》をむすびきたれども、玄沙の法道によりて、明珠なりける身心の様子をもききしりあきらめつれば、心《しん》これわたくしにあらず、起滅をたれとしてか、明珠なり明珠にあらざると取舎《しゅしゃ》にわづらはん。たとひたどりわづらふも、明珠にあらぬにあらず。明珠にあらぬがありて、おこさせける行にも念にもにてはあらざれば、ただまさに黒山鬼窟《こくせんきくつ》の進歩退歩、これ一顆明珠なるのみなり。

正法眼蔵一顆明珠

爾時嘉禎四年四月十八日、在二雍州宇治県観音導利興聖宝林寺一示衆。

〔訳〕なんと、われわれは明珠を愛せずにはいられないではないか。明珠は、このように色とりどりの光が輝いて窮まりない。色とりどり、光のひとすじひとすじが、尽十方界の性能である。だれがこれを奪い去ることができようか。たとえば市場で、貴い玉だけを取って、無価値な瓦を投げすてるような差別をする人はいない。六道*の因果に落ちるとか落ちないとか、思いわずらうな。徹頭徹尾、くらまされない本来の真実、それが明珠の面目であり、明珠の目の玉である。

そうではあるが、わたしもおまえも、なにが明珠であり、なにが明珠でないかを知らずに、さまざまに思いめぐらし、明らかに分別の草を結んできた。けれども、今ここに、玄沙の「尽十方世界、これ一箇の明珠である」という法語によって、実は明珠であったこの身心の様子も聞き知り、明らかにすることができた。そうしてみると、心はもはや私ではない。生じたり滅したりしているこの実情を、これは明珠である、これは明珠でないと、取ったり捨てたりすることに思いわずらうことがあろうか。なにもわずらう要はない。

たとい思い迷うとも、それは明珠でないのではない。また、明珠でないなにかがあって、それが起こさせる働きでも想いでもない。ただまさしく、真っ黒な山の鬼の住む洞窟のなかで、進んだり退いたりしている、それこそ一箇の明珠である。

正法眼蔵一顆明珠

そのとき、嘉禎《かてい》四年（一二三八）四月十八日、京都・宇治、観音導利興聖宝林寺で僧衆に示す。

《六道》地獄・餓鬼・畜生・修羅・人間・天上の迷いの世界。

〔五〕 重雲堂式（じゅううんどうしき）

《解説》 雲堂というのは、雲水が集まって修行する所で、僧堂のことである。雲水の数が増えてくると、僧堂に入り切れなくなり、また別に僧堂が建てられることになる。それを重雲堂《じゅううんどう》と名づけている。前の僧堂を前堂といい、重雲堂を後堂という。この巻は、その重雲堂の規則を二十一箇条にわたって記したものである。

ところで、道元にとって修行の道場がいつごろできたものか、ふりかえってみよう。安貞元年（一二二七）、中国より帰国した道元は、やがて京の建仁寺に来て三年すごし、寛喜二年（一二三〇）の頃、極楽寺の別院である深草の安養院に閑居している。その頃から道元を慕って僧俗のものが集まってきたようである。そこで、深草の極楽寺の旧趾に寺院建立の発願があり、天福元年（一二三三）の春落成した。それが観音導利、興聖《こうしょう》宝林寺である。もともと仏殿はあったが、法堂、僧堂がなかった。それがこのとき建てられたのであろう。

文暦元年（一二三四）には、懐奘《えじょう》が入門している。道元三十五歳、懐奘三十七歳のときである。二年後の嘉禎二年（一二三六）、冬安居の初めに興聖寺において法座が開かれ、その十二月の除夜、懐奘ははじめて首座《しゅそ》（僧の中で首位に坐るもの）に当てられて、秉払《ひんぽつ》の役をつとめている。秉払とは、住持に代って衆のために説法することである。さらに、その翌年、嘉禎三年（一二三七）には、出家授戒の作法が成立している。このようにして、興聖寺は、修行道場としての面目が次第に整ってきて、僧俗のものが大勢集まってきたのであろう。そのために、一つの僧堂だけでは収容しきれなくなり、重雲堂が建てられたものと思われる。

この重雲堂は、僧俗混在であるか、あるいは在俗のものだけであるか、分らないが、規則のなかには、たとえば「酒に酔って堂内に入ってはならない」というのがあり、在俗のものに対してであることは明らかである。『私記』も『退却一字参』（『註解全書』巻一）も、それを認めている。在家のものも、出家者と同様に修行に専念することを眼目としている。

さて、この重雲堂式のもっとも大事な点は、最初の二箇条に記されている。その一つは、名利《みょうり》の心を投げすてて、菩提心をおこしたものだけが、堂内に入ることを許されるというのである。菩提心はまさしく仏道の根幹である。日本に初めて正式の禅道場が開かれたのであり、それこそ菩提心を根幹とした道場たるべきであるという、道元のひたすらな念願がここにうかがい知られる。

二つには、堂内のものは僧俗ともに、互いに和合して仏道を行ずべきことを記している。やがてはすべて仏祖となるべき人々であり、したがって、仏道を軸としたこの共同体は、世俗における父母の恩よりもさらに深いものであることを強調している。ここに道場における共同体のあるべきすがたが記されている。

それ以下の各条は、堂内における細々《こまごま》とした配慮である。たとえば、勝手に堂外に出歩いてはならないとか、堂内では経典や禅書も読んではならないとか、音をたてて鼻をかんだり、唾《つば》をはいたりしてはいけないとか、等々である。すべて、いちいちの行動のきまりである。しかしながら、これら条々の背景には、ただ一途に行道に専念せよという要請が秘められている。そして二十一箇条の最後の条が、その願いとなって現われている。すなわち「一生やすらかに、ただひたすら坐禅弁道に勉めようと願うべきである」という。

道元三十四歳のとき「現成公案」巻が作られ、三十九歳で「一顆明珠《いっかみょうじゅ》」巻が示されるまで、約五年間、『眼蔵』級の論述はなかった。むしろ、その間には、『学道用心集』や『随聞記』など、一般の道を求める人にも分りやすいようなものが現われ、また、『典座教訓《てんぞ》』のように、僧堂における食事係りのいましめを説いたものや、先に述べたように、出家授戒の作法が示されている。四十歳のこの「重雲堂式」巻も、道元のそうした活動面の一端であるといえよう。

重雲堂式

一、道心ありて名利をなげすてんひと、いるべし、いたづらに、まことなからんもの、いるべからず。あやまりていれりとも、かんがへていだすべし。しるべし、道心ひそかにおこれば、名利たちどころに解脱《げだつ》するものなり。おほよそ大千界のなかに、正嫡《しょうてき》の付属まれなり。わがくに、むかしよりいまこれを本源とせん。のちをあはれみて、いまをおもくすべし。

一、堂中の衆は、乳水のごとくに和合して、たがひに道業を一興すべし。いまは、しばらく賓主《ひんじゅ》なりとも、のちには、ながく仏祖なるべし。しかあればすなはち、おのおのともにあひがたきにあひて、おこなひがたきをおこなふ、まことのおもひをわするることなかれ。これを仏祖の身心といふ、かならず仏となり祖となる。すでに家をはなれ、里をはなれ、雲をたのみ、水をたのむ。身をたすけ、道をたすけむこと、この衆の恩は父母にもすぐるべし。父母はしばらく生死のなかの親なり、この衆はながく仏道のともにてあるべし。

一、ありきを、このむべからず。たとひ切要《せつよう》には一月に一度をゆるす。むかしのひと、とほき山にすみ、はるかなるはやしに、おこなふし。人事まれなるのみにあらず、万縁《ばんえん》ともにすつ、韜光晦跡《とうこうかいせき》せしこころをならふべし。いまはこれ頭然《ずねん》をはらふときなり。このときをもて、いたづらに世縁にめぐらさむ、なげかざらめや、なげかざらめやは。無常たのみがたし、しらず露命いかなるみちのくさにかおちむ、まことにあはれむべし。

一、堂のうちにて、たとひ禅冊《ぜんさつ》なりとも文字をみるべからず。堂にしては、究理弁道すべし。明窓下《みょうそうか》にむかふては、古教照心すべし。寸陰すつることなかれ、専一に功夫すべし。

一、おほよそ、よるも、ひるも、さらむところをば、堂主にしらすべし。ほしいままに、あそぶことなかれ。衆《しゅ》の規矩《きく》にかかはるべし。しらず今生《こんじょう》のをはりにてあるらむ、閑遊《かんゆう》のなかにいのちををはん、さだめてのちにくやしからん。

一、他人の非に手かくべからず。にくむこころにて、ひとの非をみるべからず。不㆑見㆓他非我是㆒自然上敬下恭〔他の非と我が是《ぜ》とを見ざれば、自然《じねん》に上敬い、下恭《つつし》む〕の、むかしのことばあり。またひとの非をならふべからず、わが徳を修すべし。ほとけも非を制することあれども、にくめとにはあらず。

一、大小の事、かならず堂主にふれておこなふべし。堂主にふれずして、ことをおこなはんひとは、堂をいだすべし。賓主の礼みだれば、正偏《しょうへん》あきらめがたし。

一、堂のうち、ならびにその近辺にて、こゑをたかくし、かしらをつどへて、ものいふべからず。堂主これを制すべし。

一、堂のうちにて行道《ぎょうどう》すべからず。

一、堂のうちにて珠数《ずず》もつべからず。手をたれて、いでいり、すべからず。

一、堂のうちにて念誦看経《ねんじゅかんきん》すべからず。檀那《だんな》の一会《いちえ》の看経《かんきん》を請《しょう》せんはゆるす。

一、堂のうちにて、はなたかくかみ、つばきたかくはくべからず。道業のいまだ通達せざることをかなしむべし。光陰《こういん》のひそかにうつり、行道の、いのちをうばふことを、をしむべし。おのづから少水のうをのこころあらむ。

一、堂の衆、あやおりものを、きるべからず。かみ、ぬのなどを、きるべし。むかしより道をあきらめしひと、みなかくのごとし。

一、さけにゑひて、堂中にいるべからず。わすれてあやまらんは、礼拝懺悔《らいはいさんげ》すべし。またさけをとりいるべからず。にらぎのかして堂中にいるべからず。

一、いさかひせんものは、二人ともに下寮《げりょう》すべし。みづから道業《どうごう》をさまたぐるのみにあらず、他人をもさまたぐるゆゑに。いさかはんをみて制せざらんものも、おなじく、とがあるべし。

一、堂中のをしへにかかはらざらんは、諸人おなじこころにて擯出《ひんしゅつ》すべし。をかしとおなじこころにあらんは、とがあるべし。

一、僧俗を堂内にまねきて、衆を起動すべからず。近辺にても、賓客《ひんきゃく》とものいふこゑ、たかくすべからず。ことさら修練自称して、供養をむさぼることなかれ。ひさしく参学のこころざしあらむか、あながちに巡礼のあらむはいるべし。そのときも、かならず堂主にふるべし。

一、坐禅は僧堂のごとくにすべし。朝参暮請《ぼしょう》いささかもおこたることなかれ。

一、斎粥《さいしゅく》のとき、鉢盂《はつう》の具足《ぐそく》を地におとさんひとは、叢林《そうりん》の式によりて罰油《ばつゆ》あるべし。

一、おほよそ仏祖の制誡《せいかい》をば、あながちにまほるべし。叢林の清規《しんぎ》は、ほねにも銘すべし、心にも銘すべし。

一、一生安穏にして弁道無為にあらむと、ねがふべし。

以前《まえ》の数条は、古仏の身心なり、うやまひ、したがふべし。

暦仁二年己亥《つちのとい》四月二十五日、観音導利興聖護国寺開闢沙門道元示ス

観音導利興聖護国寺重雲堂式　終

〔訳〕

一　菩提心があって、名利《みょうり》を投げ捨てた人だけが、この堂に入るべきである。仏道を求めるまことの心のないものは、いたずらに入ってはならない。そうしたものが誤って入ったときは、よ

くしらべて追放すべきである。

よく知るがよい。菩提心ひそかにおこれば、名利の心からたちどころに解放されるものである。いったい、この地上の世界において、仏祖から正しく付託されたものは、きわめて稀である。わが国では昔からこうしたことはないので、いまここに、この作法を源としよう。後世のものをあわれに思うゆえに、いまこの作法を重んずるのである。

一　僧堂の中では、人々は互いに乳と水のように和合して、仏道の営みに精を出すべきである。いましばらくは、雲水と住持（賓主）*の区別はあっても、やがて後には、末長く仏祖となるべき人々である。それゆえに、おのおの、互いに遇《あ》いがたきに遇い、行じがたきに行じているのであるから、道を求めるまことの心を忘れてはならない。このまことの思いこそ、仏祖の身心というのである。堂中の人々は、やがてはかならず、仏となり、祖となるのである。

堂中の人々は、すでに家を離れ、里を離れ、かくして雲水となって、雲をたのみ、水をたのみ、互いに身をたすけ、道をたすけている。この相互の恩は、父母の恩にもすぐれていよう。父母は、生死流転のなかのしばらくの親にすぎない。それに比べて、堂中の人々は、永久に仏道の友なのである。

一　門外に出歩くことを好んではならない。どうしても必要なときは、一月に一度だけは外出を許す。

昔の人は、遠い山に住み、遥かな林のなかで修行した。そこでは、世間のことは稀なだけではなく、あらゆる縁《えにし》を捨てたのである。このように、己《おのれ》をかくし跡をくらました昔の人の心に習うべきである。

今は、頭についた火を払うように、行道に専念すべきときである。こうした大事なときに、いたずらに世間のことに心が向くようでは、なげかわしいではないか、まことになげかわしいことではないか。

すべては無常であり、たのみがたい。露のようにはかないこの命は、どのような路の草に沈むのか、知れたものではない。まことにあわれむべきである。

一　僧堂のなかでは、たとい禅書であっても、文字を見てはならない。堂中では、ひとえに道理を究明し、弁道功夫《くふう》すべきである。明り窓の下では、古教に己の心を照らしてみるがよい。一寸の光陰もおろそかにしてはならない。ただひたすら功夫せよ。

一　およそ出かけるときは、夜も昼も、その行く先を堂主《どうしゅ》*に知らせておくがよい。多勢の人の規則にかかわることであるから、勝手に出歩いてはならない。もしかすれば、その外出が今生《こんじょう》の終りになるかもしれない。遊び歩いているうちに、命が終ることもあろう。知らせずに外出して、もしそうなれば、かならず悔いを後に残すことになろう。

一　他人の悪事に手をかけてはならない。また、人をにくむ心でその欠点を見てはならない。昔のことばに、
「他人の非と自分の是《ぜ》を見なければ、自然に上は敬《うやま》い、下は恭《つつ》しむようになる」*

といわれている。

また、人の悪事にならってはならない。むしろ自分の徳をはげむべきである。仏も人の非を制

することはあっても、人をにくめというのではない。

一　大小のことは、すべて堂主に報告してから行なうべきである。堂主に知らせずに事を行なえば、その人を堂から出すべきである。堂主と雲水の間の礼儀が乱れると、主客の区別がつきにくくなる。

一　堂のうちや、その近くでは、大声で話したり、みなが集まって語り合ったりしてはならない。そういうときは、堂主は制止するがよい。

一　堂のなかでは経行《きんひん》*してはならない。

一　堂内では珠数《じゅず》を持ってはならない。また、手を垂れて出入してはならない（かならず、叉《しゃ》手当胸《しゅとうきょう》*すべきである）。

一　堂内では、念誦《ねんじゅ》や看経《かんきん》*をしてはならない。ただし、施主に請《こ》われて行なう法会《ほうえ》の看経は許される。

一　堂内で、音をたてて鼻をかんだり、声高に唾《つば》をはいたりしてはいけない。そうした行為は、仏道修行がまだ身に熟していない証拠であると悲しむべきである。歳月は用捨《ようしゃ》なく過ぎて、そのために仏道修行のいのちが奪われることを惜しむべきである。わずかな水のなかの魚の心が*、おのずから知られるではないか。

一　堂内の人々は、絹の着物をきてはならない。紙衣《かみぬの》や木綿などを着るがよい。昔から仏道を明らかにした人は、みなそうであった。

一　酒に酔って堂内に入ってはならない。それを忘れて、誤って入ったときは、聖僧*に礼拝し懺悔すべきである。また、酒を堂内に持ちこんではならない。あるいは、韮《にら》や葱《ねぎ》を臭《にお》わして堂内に入ってはならない。

一　争うものは、二人とも寮を出て、他の寮に移るべきである。自分の仏道修行をさまたげるだけではなく、他の人をもさまたげるからである。また、争いを見て制止しないものもまた、同じ罰を受けることになる。

一　堂内の規則を守らないものに対しては、堂内のものすべてがひとつ心になって、そのものを追放すべきである。それを犯し*たのと同じ心を持つものも、罪があることになる。

一　出家者や在俗の人を堂内に招き入れて、堂中の人々をおどろかしてはならない。また、堂の近くで客人と声高に話してはならない。あるいは、自分の修行をいいたてて、供養をむさぼるようなことをしてはならない。

久しく参学の志のある人で、堂内を礼拝しながら巡りたいと、強いて願い出ているものがあれば、堂内に入れてよい。そのときも、かならず堂主の許しを受けるべきである。

一　坐禅は、僧堂*（前堂）と同じように行ずべきである。朝に参禅し、暮に師の教を請うなど、いささかも怠ってはならない。

一　斎粥《さいしゅく》*のとき、鉢（鉢盂）*についている道具をあやまって地におとした人は、叢林《そうりん》*の規則によって、罰油《ばつゆ》*を受けねばならない。

一　およそ仏祖の定められたいましめは、何としても守らねばならない。叢林の規則は、骨にも心にも銘記すべきである。

一　一生やすらかに、ただひたすら坐禅弁道に勉めようと願うべきである。

以上、二十一箇条は古仏の身心である。これを敬《うやま》い、これに従うべきである。

暦仁二年（一二三九）四月二十五日、観音導利興聖護国寺、開闢沙門道元示す。

観音導利興聖護国寺、重雲堂式終る。

《**賓主**》賓は雲水、主は禅院の頭、住持のこと。

《**堂主**》維那《いの》のこと、僧堂内の一切をつかさどる役。

《**「……恭しむようになる」**》白楊法順のことば「他の非と我が是を見ざれば、自然に上敬い下恭しむ。仏法時時に現前し、煩悩塵塵に解脱す」（『続伝灯録』巻二九、大正五一、六六九下）。白楊法順（未詳）は、臨済宗楊岐派、仏眼清遠に嗣法。

《**経行**》坐禅の合間に、両手を組み胸に当てて歩くこと。堂内ではなく、堂外で行なうこと。

《**叉手当胸**》両手を組んで胸に当てること。

《**念誦や看経**》念誦は、声をたてて経を読むこと、看経は、声をたてずに経を読むこと。

《**わずかな水のなかの魚の心**》『出曜経』に、歳月の無常迅速についてうたった仏の詩がある。「是《こ》の日已《すで》に過ぎれば、命則ち随って減《げん》ず。少水の魚の如く。斯《こ》れ何の楽しみかあらん」（『出曜経』巻二、大正四・六一六中）。

《**聖僧**》堂内の中央に安置された仏像。

《**犯し**》『聞解』には「をかし」を「呵呵」と解し、「人の教に拘らざるを見て笑う心」とあるが、その見解を批判する『全講』巻二、四五四頁に従った。

《**僧堂**》この重雲堂（後堂）に対して前堂のこと。

《**斎粥**》斎は、おとき、昼食、粥は、かゆ、朝食。

《**鉢盂**》鉢、すなわち応量器（飯を盛る椀）のこと。

《**叢林**》僧衆が集まって修行する道場。禅林、旃檀林《せんだんりん》ともいう。

《**罰油**》罰として、一日一夜仏前に灯明をささげる油の銭を出すこと。

〔六〕　即心是仏（そくしんぜぶつ）

《解説》　この巻は、さきの「一顆明珠《いっかみょうじゅ》」から一年たった、四十歳の五月二十五日の説法である。場所は同じく深草の興聖寺である。それよりちょうど一月まえの四月二十五日に、「重雲堂式」が示されている。そこでは二十一箇条にわたって、僧堂のきまりが教えられている。名利を捨てて道心を持つものだけが入るべきことに始まって、堂内では声を高くしたり、念誦《ねんじゅ》・看経《かんきん》したりしてはならぬことなど、こまかにいましめられている。このように、僧堂のしきたりが整い、道元の説法がこれ以後、頻度を増すようになったことから見て、この時点から、道元の宗教活動が次第に軌道に乗り、落ち着いた心境で説法に専注しているさまが思いやられる。

さて、即心是仏《そくしんぜぶつ》であるが、これは心のままが仏であるという常識的な理解からはまったく離れていることに注意せねばならぬ。そのさい戒めの対象となるのは、先尼外道《せんにげどう》の見解である。これについては、すでに「弁道話」でも詳しく紹介されており、この巻でも長々と述べられているところからみると、そのころの道元の脳裏に、この見解がいかに問題として去来していたかが知られよう。それは、一口にいえば、からだは滅びても心のはたらきの主体は常住不変であるという立場である。

道元は、徹底的にこのような見解をしりぞけて、即心是仏を明らかにしていく。この主題には少なくとも三つのポイントが含まれている。

第一は、即心是仏は仏祖のことごとくが保持して今日まで正伝してきたということである。いわば仏祖のいのちである。そのいのちというのは釈迦牟尼仏になるということ、それがすなわち即心是仏であるという。これだけからみても、即心是仏がいかにたいへんな問題であるかが推量される。

第二に、ではそれはなにか。道元は、即・心・是・仏の一つ一つに全力投球して、それを究め来たり、究め去っていく。したがって、即心是仏は、時には心即仏是でもあり、仏即是心でもあり、即心仏是でもあり、是仏心即でもある。かくして正伝《しょうでん》し来たった心とは、とりもなおさず一切法であり、山河大地・日月星辰《せいしん》それきりである。あるいは生死去来《しょうじこらい》そのものであり、迷いもなく悟りもない。いいかえれば、即心是仏とは、見るものもなき、見られるものもなき、今日ただいまの全世界である、ということになる。

第三に、即心是仏とは、発心《ほっしん》・修行・菩提・涅槃《ねはん》の諸仏なりということである。発心し修行し、そして悟って涅槃する、ということでなければ、即心是仏ではない。このことは、第二の即心即仏を究め来たり究め去るということに、すでに含まれているともいえようが、しかしとくにとり立てて注意を要する点であろう。

この巻の説法の展開を見ると、「一顆明珠」につづいて、ようやく道元の個性的な思索が現われ始めていることが知られる。また、すでにこのときに、道元は、臨済義玄や徳山宣鑑などを高く評価していないことも注目せられる。

即心是仏

仏仏祖祖、いまだまぬかれず保任《ほうにん》しきたれるは、即心是仏《そくしんぜぶつ》のみなり。しかあるを、西天《さいてん》には即心是仏なし、震旦《しんたん》にはじめてきけり。学者おほくあやまるによりて、将錯《しょうしゃく》就錯《じゅしゃく》せず。将錯就錯せざるゆゑに、おほく外道《げどう》に零落《れいらく》す。

いはゆる即心の話《わ》をききて、癡人《ちにん》おもはくは、衆生の慮知念覚の未発菩提心《みほつぼだいしん》なるを、すなはち仏とすとおもへり。これはかつて正師《しょうし》にあはざるによりてなり。

〔訳〕仏という仏、祖という祖が、ことごとく護持してきたのは、即心是仏ということだけである。しかるに、インドには即心是仏の教えはなく、中国ではじめて現われたと考えるなど、学者は多く誤っている。そのために、純一無雑になれない。純一無雑になれないから、多く外道に落ちてしまう。

無智のものが、この即心是仏の語を聞いて、まだ菩提心の発《おこ》らない思慮知覚のところを、そのまま仏である、と考えている。これは、まだ正しい師匠にまみえないためである。

外道のたぐひとなるといふは、西天竺国《さいてんじくこく》に外道あり、先尼《せんに》となづく。かれが見処のいはくは、大道はわれらがいまの身にあり、そのていたらくは、たやすくしりぬべし。いはゆる、苦楽をわきまへ、冷煖《れいだん》を自知し、痛癢《つうよう》を了知す。万物にさへられず、諸境にかかはれず。物は去来《こらい》し、境《きょう》は生滅すれども、霊知《れいち》はつねにありて不変なり。この霊知ひろく周遍せり、凡聖含霊《ぼんしょうがんれい》の隔異《きゃくい》なし。そのなかに、しばらく妄法《もうぼう》の空華《くうげ》ありといへども、一念相応の智慧あらはれぬれば、物も亡《ぼう》じ境も滅しぬれば、霊知本性《ほんしょう》ひとり了了として鎮常《ちんじょう》なり。たとひ身相は破れぬれども、霊知はやぶれずしていづるなり。たとへば人舎《にんしゃ》の、失火にやくるに、舎主いでてさるがごとし。昭昭霊霊《しょうしょうりょうりょう》としてある、これを覚者・知者の性《しょう》といふ。これをほとけともいひ、さとりとも称す。自他おなじく具足し、迷悟ともに通達せり。万法・諸境ともかくもあれ、霊知は境とともならず、物とおなじからず、歴劫《りゃくこう》に常住なり。いま現在せる諸境も、霊知の所在によらば、真実といひぬべし。本性より縁起せるゆゑには実法なり。たとひしかありとも、霊知のごとくに常住ならず、存没《ぞんもつ》するがゆゑに。明暗にかかはれず、霊知するがゆゑに、これを霊知といふ。また真我と称し、覚元といひ、本性と称し、本体と称す。かくのごとくの本性をさとるを、常住にかへりぬるといひ、帰真《きしん》の大士といふ。これよりのちは、さらに生死に流転せず、不生不滅の性海《しょうかい》に証入するなり。このほかは真実にあらず。この性《しょう》あらはさざるほど、三界・六道は競起《きょうき》するといふなり。これすなはち先尼外道が見なり。

〔訳〕インドには、先尼《せんに》と名づける外道がいる。その見解はこうである。

「大道は、われわれの現在のからだにある。というのはたいへん分かりやすい。苦楽をわきまえており、冷暖を自から知っており、痛痒《つうよう》を経験しているのが、それである。それはすなわち霊知（霊妙な智慧）であって、いかなる物にもさまたげられず、どんな環境にもかかわらない。物は去来し、環境は生滅しても、霊知はつねに存在して、不変である。それはあまねく行きわたっており、凡夫も聖者も、心を有するものであれば、分け隔てはない。ときには、しばし妄念・妄想が起こっても、やがて一念とともに智慧が現われてくると、物も亡くなり、環境も消滅して、霊知の本性だけが、明らかに独存している。たとい身体はやぶれても、霊知はやぶれずに身体を出て行く。たとえば、家は火で焼けても、その家主は家を出て行くがごとくである。それだけが明らかに霊妙な働きをしており、覚者・知者の本性である、といわれる。これを仏とも悟りともいう。自他同じようにそなえており、迷悟ともに貫いている。万物や環境はどうであれ、霊知は、環境や物とはちがって、とこしえに変わることがない。いま現にある環境も、霊知にもとづけば、真実といってさしつかえない。それは本性に由来しているから、実在の法である。しかし、そうはいうものの、霊知のようには常住ではない。というのは、生滅するからである。それとは反対に、霊知は明暗に関係なく、霊妙にはたらくから、これを霊知というのである。また、それを真《しん》我《が》とも、覚元《かくげん》（知覚の根元）とも、また、本性や本体とも名づける。このような本性を悟るを常住不変に帰ったといい、また帰真《きしん》の大士《だいし》ともいう。それ以後は、さらに迷の世界に流転することもなく、不生不滅の法性の大海に証入《しょうにゅう》するのである。そのほかに真実はない。この本性が顕《あら》わにならない限りは、三界六道の迷いの世界が競合して現われるのである」以上がすなわち先尼外道の見解である。

大唐国大証国師慧忠和尚問レ僧、従二何方一来。僧曰、南方来。師曰、南方有二何知識一。僧曰、知識頗多。師曰、如何示レ人。僧曰、彼方知識、直下示二学人即心是仏一。仏是覚義、汝今悉具二見聞覚知之性一。此性善能揚眉瞬目、去来運用。偏二於身中一、挃レ頭頭知、挃レ脚脚知、故名二正遍知一。離レ此之外、更無二別仏一。此身即有二生滅一、心性無始以来未二曽生滅一。身生滅者、如二竜換レ骨、似三蛇脱レ皮人出二故宅一。即身是無常、其性常也。南方所説、大約如レ此。師曰、若然者、与二彼先尼外道一、無レ有二差別一。彼云、我此身中有二一神性一、此性能知二痛癢一、身壊之時、神則出去。如下舎被レ焼舎主出去上。舎即無常、舎主常矣。審二如レ此者一、邪正莫レ弁、孰為レ是乎。吾比二遊方一、多見二此色一。近尤盛矣。聚二却三五百衆一、目視二雲漢一云、是南方宗旨。把二他壇経一改換、添二糅鄙譚一、削二除聖意一、惑二乱後徒一、豈成二言教一。苦哉、吾宗喪矣。若以二見聞覚知一、是為二仏性一者、浄名不レ応レ云下法離二見聞覚知一、若行二見聞覚知一、是則見聞覚知非中求レ法也。

〔大唐国大証国師慧忠《えちゅう》和尚、僧に問う、何《いず》れの方よりか来る。僧曰く、南方より来れり。師曰く、南方に何《いか》なる知識か有る。僧曰く、知識頗《すこぶ》る多し。師曰く、如何《いかん》が人に示す。僧曰く、彼の方の知識、直下《じきげ》に学人に即心是仏と示す。仏は是れ覚の義なり、汝今、悉く見聞覚知《けんもんかくち》の性《しょう》を具せり。此の性は善能《よ》く揚眉瞬目《ようびしゅんもく》し、去来運用《こらいうんよう》し、身中に偏《あまね》く、頭に挃《ふ》るれば頭知り、脚に挃《ふ》るれば脚知る、故に正遍知《しょうへんち》と名づく。此れを離れての外に、更に別の仏無し。此の身は即ち生滅有るも、心性は無始より以来《このかた》、未だ曽て生滅せず。身の生滅するは、竜の骨を換うるが如く、蛇の皮を脱し、人の故宅を出づるに似たり。即ち身は是れ無常にして、其の性は常なり。南方の所説、大約此《かく》の如し。師曰く、若し然らば、彼《か》の先尼外道と差別有ること無し。彼云く、我が此の身中に一の神性有り、此の性、能く痛癢《つうよう》を知る。身《しん》、壊《え》するの時、神《しん》は則ち出で去る。舎の焼かるれば、舎主出で去るが如し。舎は即ち無常なり、舎主は常なりと。此《かく》の如き者を審《しん》するに、邪正弁ずることなし、孰《いず》れか是《ぜ》とせんや。吾れ遊方《ゆうほう》の比《ころ》ほい、多く此の色《しき》を見る。近ごろ尤《もっと》も盛んなり。三五百の衆を聚却《あつめ》て、目に雲漢《うんかん》を視《み》て云く、是れ南方の宗旨なり、と。他《か》の壇経を把《と》りて改換し、鄙譚《ひたん》を添糅《てんじゅう》して、聖意《しょうい》を削除し、後徒を惑乱す、豈言教《あにごんきょう》と成らんや。苦なる哉、吾が宗喪《ほろ》びぬ。若し見聞覚知を以て是れを仏性と為さば、浄名《じょうみょう》は応《まさ》に、法は見聞覚知を離る、若し見聞覚知を行ぜば、是れ則ち見聞覚知にして、法を求むるには非ず、と云うべからず。」

〔訳〕唐の大証国師慧忠和尚（―七七五）が僧に問うた。*

師「どちらのほうから来たか」

僧「南の方から来ました」

師「南の方にはどんな先生がいるか」

僧「多くの先生がおられます」

師「どんなことを教えているか」

僧「あちらの先生は、まっさきに学人に即心是《そくしんぜ》仏《ぶつ》と示されます。『仏とは覚《かく》の意味であり、おまえたちはみな見聞《けんもん》・覚知の性をそなえている。この性は、眉をあげたり、まばたいたり、行ったり来たりして活動し、身中に遍満しており、頭にふれると頭が知り、足にふれると足が知る。そのゆえに正遍知《しょうへんち》*と名づける。これを離れてほかに別の仏はない。この身は生滅しても、心性は無始以来、生滅したことはない。身が生滅するのは、あたかも竜が骨を換えるがごとくであり、また、蛇が皮をぬぎ、人が古い宅を出るのに似ている。即ち、身は無常であるが、性は常住である』と。南の方で教えられることは、およそこのようなものであります」

師「もしそうだとすれば、かの先尼《せんに》外道《げどう》と異なることはない。外道はいう、『わがこの身中に一つの神性（霊妙な本性）がある。この神性は、よく痛いかゆいを知覚する。身がこわれるとき、この神性は出て行く。あたかも、家が焼かれると家主が出ていくようなものである。家は無常であるが、家主は常住である』と。

このような説をしらべてみるに、邪正をわきまえていないということができる。どうしてこれを認めることができよう。わたしが諸方に遊学したころ、そうした風潮があったが、このごろはきわめて盛んである。三百、五百の人びとをあつめ、そらうそぶいていうに、これこそ南の方の宗旨である。と。かの六祖壇経*をとりあげて、これを改変し、卑俗な話をおりまぜて、六祖大師の真意をけずりとり、後進のものを惑乱している。どうして仏祖の教えとすることができようか。悲痛なるかな、わが宗はほろびてしまった。もし見聞・覚知が仏性であるとするならば、維摩居《ゆいまこ》士《じ》がつぎのようにいうはずがない。『法は見聞・覚知を離れている。もし見聞・覚知を経験すれば、それは見聞・覚知であって、法を求めるものではない*』と」

《慧忠和尚……》　南陽慧忠は六祖慧能の法嗣。弟子に代宗・粛宗の両帝もある。以下の問答は『景徳伝灯録』巻二八（大正五一・四三七下―八上）。

《正遍知》　正等覚ともいう。サンスクリットで samyaksaṃbuddha（悟れるもの）。

《六祖壇経》　六祖慧能の語録として元《げん》の宗宝が編集したもの。『法宝壇経』ともいう。

《「法は見聞・覚知を……」》『維摩経』（大正一四・五四六上）。引用に多少の相違あり。

大証国師は曹渓古《そうけいこ》仏《ぶつ》の上足《じょうそく》なり、天上・人間の大善知識なり。国師のしめす宗旨をあきらめて、参学の亀鑑とすべし。先尼外道が見処としりて、したがふことなかれ。

近代、大宋国に諸山の主人とあるやから、国師のごとくなるはあるべからず。むかしより国師にひとしかるべき知識、いまだかつて出世せず。しかあるに、世人あやまりておもはく、臨済・徳山も国師にひとしかるべし、と。かくのごとくのやからのみおほし。あはれむべし、明眼《みょうげん》の師なきことを。

いはゆる仏祖の保任する即心是仏は、外道・二乗のゆめにもみるところにあらず。唯仏祖《ゆいぶつそ》与《よ》仏祖《ぶつそ》のみ即心是仏しきたり、究尽《ぐうじん》しきたる、聞著《もんじゃく》あり、行取《ぎょうしゅ》あり、証著あり。仏《ぶつ》、百草《ひゃくそう》を拈却《ねんきゃく》しきたり、打失《たしつ》しきたる。しかあれども、丈六《じょうろく》の金身《こんじん》に説似《せつじ》せず。即《そく》、公案あり、見成《げんじょう》を相待《そうたい》せず、敗壊《はいえ》を廻避《かいひ》せず。是《ぜ》、三界あり、退出にあらず、唯心にあらず。心《しん》、牆壁《しょうへき》あり、いまだ泥水《でいすい》せず、いまだ造作《ぞうさ》せず。あるひは即心是仏を参究し、心即仏是を参究し、仏即是心を参究し、即心仏是を参究し、是仏心即を参究す。

かくのごとくの参究、まさしく即心是仏、これを挙《こ》して即心是仏に正伝《しょうでん》するなり。かくのごとく正伝して今日にいたれり。

〔訳〕大証国師南陽慧忠は、六祖古仏のすぐれた弟子である。天上界や人間界の偉大な師匠である。国師の示す宗旨をよくわきまえて、参学の手本とするがよい。このような説は、先尼外道の見解と知って、従ってはならない。

近ごろ、大宋国では、諸山の主人となっているやからには、国師のようにすぐれたものはいない。昔より国師に比べられる出家者はかつて現われたことがない。しかるに世人は誤って、臨済義玄や徳山宣鑑は国師に匹敵するであろう、と思っている。臨済や徳山のようなやからのみが多い。明眼の師匠のないことは、まことにあわれむべきである。

いわゆる仏祖の護持している即心是仏は、外道や二乗（声聞・縁覚）の夢にも見ないところである。ただ仏祖と仏祖だけが、即心是仏を体得し究めつくしてきたところの、聞と行と証とを有している。こころみに、仏・即・是・心に分解してみると、こうなる。

仏。仏は万事に専念してきたし、また万事を打ち捨ててきた。しかしながら、一丈六尺の黄金の仏身には似ても似つかぬ。

即。即なる公案である。公案の現成を待つのでもなく、敗れ去るのも回避しない。

是。すなわち三界である。退くのでも出るのでもない。ただ三界であって、唯心ではない。

心。すなわち牆《しょう》・壁《へき》である。それは、泥をこね水を混ぜたのではない、造ったものでもない。

あるいは即心是仏、あるいは心即仏是、あるいは仏即是心、あるいは即心仏是、あるいは是仏心即と、さまざまに参究する。

このような参究こそ、まさしく即心是仏である。その全体を挙げて、そのまま即心是仏に正伝するのである。このように正伝して、今日に至っている。

いはゆる正伝しきたれる心《しん》といふは、一心一切法、一切法一心なり。このゆゑに古人いはく、若人識二得心一、大地無二寸土一〔若し人、心を識得すれば、大地に寸土なし〕。しるべし、心を識得するとき、蓋《がい》天撲落《てんぼくらく》し、帀地《そうち》裂破《れっぱ》す。あるひは心を識得すれば、大地さらにあつさ三寸をます。

古徳云、作麼生是妙浄明心。山河大地、日月星辰。

〔古徳云《いわ》く、作麼生《そもさん》か是《こ》れ妙浄明心《みょうじょうみょうしん》。山河大地、日月星辰。〕

あきらかにしりぬ、心とは山河大地なり、日月星辰なり。しかあれども、この道取するところ、すすめば不足あり、しりぞくればあまれり。山河大地心は、山河大地のみなり、さらに波浪なし、風煙なし。日月星辰心は、日月星辰のみなり、さらにきりなし、かすみなし。生死去来心《しょうじこらいしん》は、生死去来のみなり、さらに迷《めい》なし、悟《ご》なし。牆壁瓦礫心《しょうへきがりやくしん》は、牆壁瓦礫のみなり、さらに泥《でい》なし、水《すい》なし。四大《しだい》五蘊心《ごうんしん》は、四大五蘊のみなり、さらに馬《ば》なし、猿《えん》なし。椅子払子心《いすほっすしん》は、椅子・払子のみなり、さらに竹《ちく》なし、木《ぼく》なし。かくのごとくなるがゆゑに、即心是仏、不染汚《ふぜんな》即心是仏なり、諸仏、不染汚諸仏なり。

〔訳〕いわゆる正伝しきたった心というのは、一心がそのまま一切法、一切法がそのまま一心である。そこで古人がいうに、「もし心を認知体得すれば、大地は消滅して一寸の土もない*」と。よく知るがよい、心を認知体得するときは、全天は落下し、大地は破裂する。あるいはまた、そのとき大地はさらに三寸の厚さを増すともいえる。

古徳がいうに、「浄く明らかに、すぐれている心とは、いったいなにか。それは山河大地であり、日月星辰である」*と。心とは山河大地であり、日月星辰であることは、これによって明らかである。だが、この発言は、進めばなお不足が出るし、退けばかえって余りが残る。
　山河大地の心は、ただ山河大地のみである。さらに波浪もなく、風煙もない。日月星辰の心は、日月星辰のみである。さらに霧もなければ霞もない。生死去来《しょうじこらい》の心は、生死去来のみである。さらに迷いもなく、悟りもない。牆《しょう》・壁《へき》・瓦《が》・礫《りゃく》の心は、牆・壁・瓦・礫のみである。さらに泥もなく、水もない。四大・五蘊《うん》*の心は、四大・五蘊のみである。さらに意馬《いば》もなく、心猿《しんえん》もない。椅子《いす》・払子《ほっす》の心は、椅子・払子のみである。さらに竹もなく、木もない。
　このような次第であるから、即心是仏はただ即心是仏、一点のしみもない。諸仏はただ諸仏、一点の汚れもない。

《古人がいうに……》「若人識㆓得心㆒、大地無㆓寸土㆒」『長霊守卓禅師語録』（卍続二・二五・二・一六〇右上）。

《古徳がいうに……》潙山の問いと仰山の答え。「潙山、仰山に問う、妙浄明心、汝作麼生《そもさん》。仰山曰く、山河大地、日月星辰なり」（『註解全書』一・三六八）。

《四大・五蘊》四大は、世界を構成する地・水・火・風の四要素。五蘊は、色・受・想・行・識の五つの群。

しかあればすなはち、即心是仏とは、発心・修行・菩提・涅槃の諸仏なり。いまだ発心・修行・菩提・涅槃せざるは、即心是仏にあらず。たとひ一刹那に発心修証するも、即心是仏なり。たとひ一極《ご》微《み》中に発心修証するも、即心是仏なり。たとひ無量劫に発心修証するも、即心是仏なり。たとひ一念中に発心修証するも、即心是仏なり。たとひ半拳裏《はんけんり》に発心修証するも、即心是仏なり。しかあるを、長劫《ちょうこう》に修行作仏《さぶつ》するは即心是仏にあらずといふは、即心是仏をいまだ見ざるなり、いまだしらざるなり、いまだ学せざるなり。即心是仏を開演する正師《しょうし》を見ざるなり。いはゆる諸仏とは、釈迦牟尼仏なり、釈迦牟尼仏、これ即心是仏なり。過去・現在・未来の諸仏、ともにほとけとなるときは、かならず釈迦牟尼仏となるなり。これ即心是仏なり。

正法眼蔵即心是仏

爾時延応元年五月二十五日、在㆓雍州宇治郡観音導利興聖宝林寺㆒示衆。

〔訳〕それゆえに、即心是仏とは、菩提心を発《おこ》し、修行し、悟りを開き、涅槃《ねはん》に入るところの諸仏である。まだ、菩提心を発さず、修行せず、悟りを開かず、涅槃に入らないのは、即心是仏ではない。

たとい一刹那でも、菩提心を発し、修行し悟りを開くのも、即心是仏である。たとい一つの粟粒のなかででも、菩提心を発し、修行し悟りを開くのも、即心是仏である。たとい限りのない時間に、菩提心を発し、修行し悟りを開くのも、即心是仏である。たとい一念のなかに、菩提心を発し、修行し悟りを開くのも、即心是仏である。たとい半分のこぶしでも、菩提心を発し、修行し悟りを開くのも、即心是仏である。

そうであるのに、長い時間かかって修行し成仏するのを、即心是仏でないというのは、即心是仏を、まだ見ないものであり、知らないものであり、まだ参学したことのないものである。あるいは、即心是仏を説き示す正師に遭《あ》わないものである。

いわゆる諸仏とは、釈迦牟尼仏である。釈迦牟尼仏、これが即心是仏である。過去・現在・未来の諸仏がともに仏となるときは、かならず釈迦牟尼仏となるのである。これが即心是仏である。

正法眼蔵即心是仏

そのとき、延応元年（一二三九）五月二十五日、京都・宇治、観音導利興聖宝林寺で僧衆に示す。

〔七〕　洗　浄（せんじょう）

《解説》「洗浄」巻の説示は、四十歳の十月二十三日である。この前後には、「一顆明珠」「即心是仏」「礼拝得髄」「谿声山名」「諸悪莫作」「有時」など、深い思索に磨《と》ぎすまれた難解きわまる説法がある中で、この一巻は、読めばそのまま通ずる日常の生きざまが説かれている。それは要するに、長爪・長髪のいましめと、大小便の用の足し方に外ならない。しかも、それが仏道そのものであって、この外に仏法の説きようはないというのである。それを「洗浄」と名づけている。

ところで洗浄の基本には、不染汚《ふぜんな》という立場が根づいている。不染汚というのは、「汚染されない」ということである。もともと清浄であるというのである。もともと汚染されていない所で洗浄を行なうのが、洗浄本来の意義である。これこそ仏祖正伝の仏道というのである。

まず本巻では、長爪・長髪がいましめられている。今日の大宋国では、法眼のない徒輩で、爪や髪を長く伸ばして寺の住職におさまっているものが多い。先師如浄は、「長爪・長髪は、俗人でも出家者でもなく、畜生にすぎない」と酷評する。そして道元の眼には、「この二、三百年このかた、大宋国では仏道はまったくすたれてしまった」と映る。道心のものは絶無で、与太者《よたもの》（破落党《はらくとう》）ばかりである、とまで冷笑する。如浄や道元のいうように、当時の中国には、もはや仏祖正伝の道は消えてしまったのであろうか。

それから一転して、大小便の話に移る。大小便を洗うことこそ仏祖のふるまいである、という。実はこの洗浄のことが、この巻の七、八〇パーセントを占めている。一巻の大部分は大小便の洗い方で占められているといってよい。まずブッダ当時の洗い方に始まって、中国での洗い方に及ぶ。中国においては寺院ができ、したがって便所も建てられる。便所のことを、東司《とうす》とも、あるいは圊《せい》や廁《し》とも呼んでいる。いわゆる廁《かわや》である。

この廁における作法が、実にこまごまと、詳細にわたって述べられる。たとえば、手巾《しゆきん》（てふき）の使い方、衣の脱ぎ方、たたみ方、廁における僧同士の挨拶の仕方、手を洗うための桶の用い方、廁の扉の前の作法、廁の中での用便の仕方、用便を終ったのち、竹の篦《へら》や紙による洗浄の作法、また誤って廁をよごしたときの注意など、そのほか微に入り細にわたって、とめどもなくその方式が続いている。

そして結局は、こうした作法を実行することが、仏国土を浄《きよ》め、荘厳《しようごん》することに外ならぬから、どこまでもこまやかに、丁寧に行なわねばならぬ、と強調する。畢竟《ひつきよう》するに、廁のなかの営みが、そのまま仏道を行じているのであって、その外に仏法の説きようはないのであるから、これは釈迦牟尼仏ひとりの作法ではなく、過去七仏に共通のものである、という。いいかえれば、永遠の作法というのであろう。

私はこの巻を訳しながら、よくよく読みつづけているうちに、道元は、驚くべきことをわれわれに示していることに気づく。うかうかと知らずに過している所に、実は仏道がむき出しになっているからである。そしてそれは、まことに自然な、当然の日常の営みであることに落ち着く。しかしながら、いかに道元が、厠の作法を強調しても、今日そのままを実行することは不可能である。われわれはどうすれば、仏祖正伝の道として、われわれ自身の生活の上に生かすことができるのであろうか。それができなければ、この一巻は無意味なものに終らざるを得ない。

まず、仏道の源泉はいうまでもなく只管打坐《しかんたざ》である。ひたすら無条件に坐り抜くだけである。姿勢を正し呼吸を調えるのみである。やがてこの打坐に、ダンマ・如来、形なきいのちそのものが顕わになり、通徹する。全人格体は、形なきいのちに包徹されて、宇宙空間に果てしなく羽搏《はばた》いてやまぬいのちそのものが躍動する。これこそ、無限の過去から尽《じん》未来際を通貫している永遠そのものであることに、心底から合掌礼拝する。ここにもとづいてこそ初めて、今日のわれわれに、日常を律する、無理のない自然の方式が生まれてくる。そのためには、自己を知るだけではなく、他己を知ることの大切なことを、この一巻から学ぶことができた。その一例を挙げて解説を結びたいと思う。

明治の頃に活躍した人に、西有穆山《にしありぼくざん》（一八二一―一九一〇）という老師がいた。文政四年生れ、明治四十三年没である。すぐれた眼蔵家《げんぞうか》であったが、この老師に事《つか》えた岸沢惟安《きしざわいあん》（一八六五―一九五五）もまた稀な眼蔵家である。慶応元年生れ、昭和三十年没である。惟安老師は『眼蔵』全体を講義し、『正法眼蔵全講』二十四巻を著した。在家の居士《こじ》の筆録に依るものである。その「洗浄」巻に次のような挿話が記されている。

兵庫県のある田舎の寺で、住職が厠《かわや》に入ってみると、白衣の神がしきりに体を拭いている。毘《び》沙門天《しゃもんてん》らしい。そのわけをよく調べてみると、以前に心得のない雲水が、厠に入って弾指《だんし》（指を鳴らして注意を呼びかける）せずに用を足したという。用便の際には、まず指を鳴らして、厠を守護する神さまよ、どうぞわきへ寄りなされ、と呼びかける慣《なら》わしという。例の僧はそれを怠ったために、守護神は汚され、体を浄めているという次第。そこで住職は鎮守《ちんじゅ》さまを祀《まつ》ってようやく許しを得、今もなおその厠は使われないままになっている、という。

私はこの話を知って、つよく心を惹《ひ》かれ、これからは用便の際の、律の一齣《ひとこま》にしたいと思う。私にとってそれこそ、洗浄の一条であると感ずるからである。

洗浄

仏祖の護持しきたれる修証あり、いはゆる不染汚《ふぜんな》なり。

南岳山観音院大慧禅師、因六祖問、還仮二修証一不。大慧云、修証不レ無、染汚即不レ得。六祖云、只是不染汚、諸仏之所二護念一。汝亦如レ是、吾亦如レ是、乃至西天祖師亦如レ是、云々。

〔南岳山観音院大慧《だいえ》禅師、因みに六祖問う、還《かえ》って修証《しゅしょう》を仮《か》るや不《いな》や。大慧云く、修証は無きにあらず、染汚《ぜんな》することは即ち得ず。六祖云く、只《ただ》是の不染汚、諸仏の護念する所なり。汝も亦た是《かく》の如く、吾も亦た是の如し、乃至西天の祖師も亦た是の如し、云々。〕

大比丘三千威儀経云、浄身者、洗二大小便一、剪二十指爪一。

〔大比丘三千威儀経《だいびくさんぜんいいぎきょう》に云く、浄身とは、大小便を洗い、十指の爪《つめ》を剪《き》るなり。〕

しかあれば、身心《しんじん》これ不染汚《ふぜんな》なれども、浄身の法あり、浄心の法あり。ただ身心をきよむるのみにあらず、国土・樹下《じゅげ》をもきよむるなり。国土いまだかつて塵穢《じんえ》あらざれども、きよむるは諸仏之所護念なり。仏果にいたりてなほ退せず、廃せざるなり。その宗旨、はかりつくすべきことかたし。作法これ宗旨なり、得道これ作法なり。

〔訳〕仏祖が護ってきた修証《しゅしょう》（修行と証得と不二）がある。いわゆる「汚染されない」（不染汚《ふぜんな》）ということである。

南岳山観音院の大慧禅師（南岳懐譲）に、あるとき六祖慧能がたずねた。*

「いったい修証ということが必要なのだろうか」

大慧がいった。

「修証はないわけではありません。汚染されることはあり得ません」

六祖がいった。

「この『汚染されないこと』だけが、諸仏の護念したもう所である。お前もそのとおり、私もそのとおり。またインドの祖師たちもそのとおりであった」

『大比丘三千威儀経』に、

「身を浄めるということは、大小便を洗い、十指の爪を剪《き》ることである」*

こういうわけで、身も心も、もともと汚染されてはいないけれども、身を浄め、心を浄めるきまりがある。ただ身心を浄めるだけではなく、国土を浄め、樹下*を浄めるのである。国土は、いまだかつて汚れたことはないけれども、それにも拘らず、浄めることが諸仏の護念したもう所である。仏の位に達しても、なお怠らず、やめることはないのである。その本意はとうてい測り尽すことはできない。そうした浄めるという作法が本旨なのであり、いいかえれば得道がすなわち作法なのである。

《大慧禅師に……》 この問答は『景徳伝灯録』巻五、大正五一・二四〇下にある。南岳懐譲（六七七―七四四）は六祖慧能（六三八―七一三）に嗣法し、大慧禅師と諡《おくりな》される。

《「身を浄めると……」》 『大比丘三千威儀経』大正二四・九一四上。安世高訳とあるが、『出三蔵記集』には見当らず、『歴代三宝紀』大正四九・五〇上に『大僧威儀経』四巻とある。

《樹下》 菩提樹下のことであろう。ブッダが菩提樹下に入定し、やがて悟りを開くことを指したものだろう。

華厳経浄行品云、左右便利、当レ願衆生、蠲二除穢汚一、無二婬怒癡一。已而就レ水、当レ願衆生、向二無上道一、得二出世法一。以レ水滌レ穢、当レ願衆生、具二足浄忍一、畢竟無垢。

〔華厳経浄行品に云く、左右の便利には、当《まさ》に願うべし、衆生、穢汚《えお》を蠲除《けんじょ》し、婬《いん》・怒《ぬ》・癡《ち》を無からしめんことを。已にして水に就かば、当に願うべし、衆生、無上道に向い、出世の法を得んことを。水を以て穢を滌《あら》わば、当に願うべし、衆生、浄忍を具足し、畢竟無垢《むく》ならんことを。〕

水かならずしも本浄にあらず、本不浄にあらず。身かならずしも本浄にあらず、本不浄にあらず、諸法、またかくのごとし。水いまだ情・非情にあらず、身いまだ情・非情にあらず、諸法またかくのごとし。仏世尊の説、それかくのごとし。しかあれども、水をもて身をきよむるにあらず、仏法によりて仏法を保任するに、この儀あり、これを洗浄と称す。仏祖の一身心《いちしんじん》をしたしくして正伝するなり、仏祖の一句子《いっくす》をちかく見聞《けんもん》するなり、仏祖の一光明をあきらかに住持するなり。おほよそ無量無辺の功徳を現成《げんじょう》せしむるなり。身心に修行を威儀《いいぎ》せしむる正当恁麼時《しょうとういんもじ》、すなはち久遠《くおん》の本行を具足円成《えんじょう》せり。このゆゑに修行の身心、本現するなり。

〔訳〕『華厳経』「浄行品」に次のように説かれている。

「大便小便については、まさに願わくは衆生、その穢《けが》れを除いて、婬欲、怒り、愚痴を離れよ。また、水については、まさに願わくは衆生、無上道に向って、出世の法を得よ。水によって穢れを洗うときは、まさに願わくは衆生、浄らかな忍辱《にんにく》*を身にそなえて、永久に垢を離れよ*」

水は必ずしも、もともと清浄でもなく、不浄でもない。この身も必ずしも、もともと清浄でもなく、不浄でもない。その他のこともすべてそうである。水に心があるわけでもなく、またないわけでもない。この身も、心があるわけでも、ないわけでもない。その他もすべてそのとおりである。これこそ、仏世尊の説きたもう所である。

そうではあるが、水をもって身を浄《きよ》めるのではなく、ただ仏法によって仏法を保持していくために、こうした浄めの作法がある。これを洗浄というのである。それはいいかえれば、仏祖の身心全体を、この身に体して正伝することである。また、仏祖の言葉をしたしく見聞することである。あるいは、仏祖の光明をあきらかに保持することである。そうすれば、無量無辺の功徳をこの身に成就することができる。修行のきまりが身心にそなわる、まさにそのときに、永遠の本来の修行が円満成就するのであり、そのゆえに修行の身心が真実に現われるのである。

《忍辱》 kṣānti' 六波羅蜜の一つ、耐え忍ぶこと。

《『華厳経』……》 『華厳経』「浄行品」大正九・四三一上―中。

十指の爪をきるべし。十指といふは、左右の両手の指のつめなり。足指《そくし》の爪おなじくきるべし。経にいはく、つめのながさ、もし一麦《いちばく》ばかりになれば、罪をうるなり。しかあれば、爪をながくすべからず。爪のながきは、おのづから外道《げどう》の先蹤《せんしょう》なり、ことさらつめをきるべし。しかあるに、いま大宋国の僧家《そうけ》のなかに、参学眼《さんがくげん》そなはらざるともがら、おほく爪をながからしむ。あるひは一寸両寸、および三四寸にながきもあり。これ非法なり、仏法の身心にあらず。仏家《ぶつけ》の稽古《けいこ》あらざるによりて、かくのごとし。有道《うどう》の尊宿はしかあらざるなり。あるひは長髪ならしむるともがらあり、これも非法なり。大国の僧家の所作《しょさ》なりとして、正法《しょうぼう》ならんと、あやまることなかれ。

〔訳〕十指の爪をきることである。十指というのは、左右の両手の指の爪である。足指の爪も同じようにきることである。

経には、

「爪の長さ、もし麦ひとつぶばかりになれば、罪を得ることになる」*

といわれている。

こういうわけで、爪を長くしてはいけない。爪を長くするのは、もともと外道《げどう》の慣習である。つとめて爪をきることである。それなのに、今日、大宋国の僧たちの中には、仏道の眼をそなえていないやからが、ほとんど爪を長くしている。あるいは一寸、二寸、なかには三、四寸に及ぶものもいる。これはまことによくない。仏法の身心として適切でない。仏道者の訓育を経ていないから、このようになるのである。仏道を心得ている長老は、けっしてそういうことはない。あるいは髪を長くしている連中もいるが、これもよくないことである。たといそれが大国の僧たちの所作であるからといって、正法であろうなどと思い誤ってはならない。

《経には、……》『文殊師利問経』巻上「菩薩戒品」第二に「髪の長さ二指なれば、まさに剃るべし。……爪長きを得ざること、一穬麦《こうばく》（大麦の一種）の如きを得」（大正一四・四九二下）とある。

先師古仏、ふかくいましめのことばを、天下の僧家の長髪長爪《ちょうそう》のともがらにたまふにいはく、

不レ会二浄髪一、不二是俗人一、不二是僧家一、便是畜生。古来仏祖、誰是不二浄髪一者。如今不レ会二浄髪一、真箇是畜生。

〔浄髪《じょうはつ》を会《え》せざるは、是《こ》れ俗人ならず、是れ僧家ならず、便ち是れ畜生なり。古来の仏祖、誰か是れ浄髪せざる

者ぞ。如今《にょこん》浄髪を会せざるは、真箇是れ畜生なりと。」

かくのごとく示衆《じしゅ》するに、年来不剃頭《ふていず》のともがら、剃頭せるおほし。あるひは上堂、あるひは普説のとき、弾指《だんし》かまびすしくして責呵《せきか》す。いかなる道理としらず、胡乱《うろん》に長髪長爪なる、あはれむべし、南閻浮《なんえんぶ》の身心をして非道におけること。近来二三百年、祖師道廃せるゆゑに、しかのごとくのともがらおほし。かくのごとくのやから、寺院の主人となり、師号に署《しょ》して、為衆《いしゅ》の相をなす、人天の無福なり。いま天下の諸山に、道心箇渾無《どうしんここんむ》なり、得道箇久絶《とくどうこきゅうぜつ》なり、祇管破落党《しかんはらくとう》のみなり。かくのごとく普説するに、諸方に長老の名をみだりにせるともがら、うらみず、陳説《ちんぜつ》なし。

しるべし、長髪は仏祖のいましむるところ、長爪は外道の所行なり。仏祖の児孫、これらの非法をこのむべからず。身心をきよからしむべし、剪爪剃髪《せんそうていはつ》すべきなり。

〔訳〕先師如浄古仏は、天下の僧たちの長髪長爪をふかくいましめていわれた。

「浄髪を理解しないものは、俗人でもなければ出家者でもない。畜生に外ならない。古来の仏祖にして誰か浄髪しないものがあろうか。今日、浄髪を心得ないものは、まことに畜生という外はない*」

先師がこのようにいましめられたから、これまで頭を剃《そ》らなかったものも、剃るようになったものが多い。如浄古仏は、あるいは上堂して衆に示されたときや、あるいは一般への説法のときなどに、弾指《だんし》（指を鳴らしていましめること）してきびしく叱られたものである。どういうことわりであるかも分らず、ただみだりに長髪長爪しているさまは、まことにあわれむべきである。この世に生を受けた身心を非道におとしめているのである。

このごろ二、三百年のあいだに、祖師の道がすたれてしまい、このようなやからがふえている。このようなやからが、寺院の主となり、師と称して人々を導いているが、世にとってはまことに不幸なことである。いまや天下の諸山には、道心のものは絶無であり、仏道の心得のある人は久しく絶えて、与太者〈破落党〉ばかりである。先師がこのように批判されても、みだりに長老と称しているこれらのやからは、ひとりも抗議するものはなかった。

よく知っておかねばならぬ。長髪の仏祖のいましめる所であり、長爪は外道のなす所である。仏祖の流れを継ぐものは、こうした非法に与《くみ》してはならない。爪をきり、髪を剃って、身心を清浄にしておかねばならない。

《いましめていわれた。……》『天童如浄禅師行録』にあるという。また『宝慶記』（宇井伯寿訳註・岩波文庫一七—一九頁）によれば、

「拝問す。今日天下の長老の長髪長爪なるは、何れの拠ありや。将に比丘と称せんとすれば、頗る俗人に似たり、将に俗人と名づけんとすれば、又禿児の如し。…………如何　。

和尚示して曰わく、真箇これ畜生なり、仏法清浄海中の死屍なり」という。

洗大小便、おこたらしむることなかれ。舎利《しゃり》弗《ほつ》、この法をもて、外道を降伏《こうぶく》せしむることありき。外道の本期《ほんご》にあらず、身子《しんし》が素懐《そかい》にあらざれども、仏祖の威儀《いいぎ》現成するところに、邪法おのづから伏

するなり。
樹下《じゆげ》露地に修習《しゆじゆう》するときは、起屋《きおく》なし。便宜の渓谷河水《かすい》等によりて、分土《ぶんど》洗浄するなり。これは灰なし、ただ二《に》七丸《しちがん》の土をもちゐる。二七丸をもちゐる法は、まづ法衣をぬぎて、たたみおきてのち、くろからず黄色なる土をとりて、一丸のおほきさ大《だい》なる大豆許《だいずばかり》に分《ぶん》して、いしのうへ、あるひは便宜のところに、七丸をひとならべにおきて、二七丸をふたへにならべおく。そののち、磨石《ませき》にもちゐるべき石をまうく。そののち屙《あ》す。屙後《あご》、使籌《しちゆう》、あるひは使紙《しし》。そののち、水辺にいたりて洗浄する、まづ三丸の土をたづさへて洗浄す。一丸土を掌《たなごころ》にとりて、水すこしばかりをいれて、水に合してときて、泥よりもうすく、漿《こんず》ばかりになして、まづ小便を洗浄す。つぎに一丸の土をもて、さきのごとくして大便処《だいべんしよ》を洗浄す。つぎに一丸の土をさきのごとくして、略して触手《そくしゆ》をあらふ。

〔訳〕大小便を洗うことを怠ってはならない。舎利弗《しやりほつ》は、かつて大小便の洗いかたをもって、外道を心服せしめたことがあった。それは外道の本意でもなく、舎利弗（身子*）の思わくでもなかったが、舎利弗の動作を通じて、仏祖のふるまいがおこなわれるところに、おのずから邪法が降伏したのである。*

　仏世尊の当時は、樹下や露地で修行するときは、建物はないから、もよりの谷川や河の水などにより、さらに分土をもって洗浄するのである。この場合は灰はなく、ただ二組の七丸の土を用いる。それを二《に》七丸《しちがん》というが、その用い方は、まず袈裟《けさ》を脱ぎたたんで置いてから、黒くはない黄色の土をとって、一丸を大豆ばかりの大きさに作り、それを七丸にして、石の上か、あるいは適当な所におき、それを二組作って並べる。そして磨石《ませき》（手をこすって洗う石）として用いる石をおいて、そののち用便する。用便を終ると、竹べらか紙をもちいる。それから水辺に行って洗浄する。そのとき、まず三丸の土で洗浄する。まず一丸の土を手の平にとって、水を少し加え、泥よりもうすく、おもゆ（漿《こんず》）のようにして、最初に小便を洗浄する。つぎに一丸の土で、前と同じようにして大便のところを洗浄する。最後に一丸の土で手を洗うのである。

《……邪法が降伏したのである》 この物語りは、『摩訶僧祇律』巻三五、大正二二・五〇七下—八上にある。ある外道が思うに、舎利弗は人前では法のとおりにふるまっているが、物の蔭（たとえば大小便をする場合）ではそうではあるまいとして、つけねらったが、どこでも舎利弗は平常と異なることがなかったので、その外道は心服したという。

《身子》 Sāriputra《シャーリプトラ》の訳。

寺舎に居《こ》してよりこのかたは、その屋《おく》を起立《きりゅう》せり、これを東司《とうす》と称す。あるときは圊《せい》といひ、廁《し》といふときもありき。僧家の所住にかならずあるべき屋舎なり。

東司《とうす》にいたる法は、かならず手巾《しゅきん》をもつ。その法は、手巾をふたへにをりて、ひだりのひぢのうへにあたりて、衫袖《さんしゅう》のうへにかくるなり。すでに東司にいたりては、浄竿《じょうかん》に手巾をかくべし。かくる法は、臂《ひじ》にかけたりつるがごとし。もし九条・七条等の袈裟《けさ》を著《ちゃく》してきたれらば、手巾にならべてかくべし。おちざらんやうに打併《たへい》すべし、倉卒《そうそつ》になげかくることなかれ。よくよく記号すべし。記号といふは、浄竿に字をかけり、白紙にかきて月輪《げつりん》のごとく円にして、浄竿につけ列せり。しかあるを、いづれの字にわが直裰《じきとつ》はおけりとわすれず、みだらざるを、記号といふなり。衆家《しゆけ》おほくきたらんに、自他の竿位《かんい》を乱すべからず。

〔訳〕寺に住むようになってからは、便所を建てることになった。これを東司《とうす》と呼んでいる。あるいは圊《せい》（かわや）ともいい、厠《し》（かわや）ということもあった。僧の住む所には、かならずあるべき建物である。

東司に行くときは、かならず手巾《しゆきん》（てふき）をもつ。そのやりかたは、手巾をふたえに折り、左の肘《ひじ》の上のあたりの袖の上に掛ける。すでに東司に着いたときは、竿に手巾をかける。そのやり方は、臂《ただむき》（肘から手くびまでの称）にかけるようにすればよい。もし九条《くじよう》・七条《しちじよう》などの袈裟を着けているときは、手巾にならべて掛ける。落ちないようによく並べて掛けるようにする。あわてて投げかけてはいけない。よくよく記号に注意すべきである。記号というのは、竿に字を書いたり、あるいは、白紙を月の輪のようにまるく切り、それに字を書いて、竿につけて順に並べておく。そうすれば、自分の直裰《じきとつ》*はどの字においたということを覚えていて、間違いのないようにする。これを記号というのである。僧たちが数多くきた場合にも、自他の竿の位置を乱してはならない。

《直裰》 腰から上と下とを縫い合わせた衣。褊衫と裙子から成る。

このあひだ、衆家《しゆけ》きたりてたちつらなれば、叉手《しやしゆ》して揖《いつ》すべし。揖するに、かならずしもあひむかひて曲躬《きよくきゆう》せず、ただ叉手をむねのまへにあてて気色《けしき》ある揖《いつ》なり。東司にては、直裰《じきとつ》を著せざるにも、衆家と揖し気色するなり。もし両手《りようしゆ》ともにいまだ触《そく》せず、両手ともにものをひさげざるには、両手を叉《しや》して揖すべし。もしすでに一手《いつしゆ》を触せしめ、一手にものを提《てい》せらんときは、一手にて揖すべし。一手にて揖するには、手をあふげて、指頭すこしきかがめて、水を掬《きく》せんとするがごとくしてもちて、頭《こうべ》をいささか低頭《ていず》せんとするがごとく揖するなり。他《かれ》かくのごとくせば、おのれかくのごとくすべし。おのれかくのごとくせば、他またしかるべし。

〔訳〕もしその間に僧たちがきて並ぶような場合には、叉手《しやしゆ》（両手を胸の上で組み合わせる）して挨拶するがよい。挨拶する場合には、必ずしも向い合って身をかがめる必要はなく、ただ叉手してその様子を示せばよい。東司のなかでは、直裰《じきとつ》を着けていないときでも、僧と会ったときは一礼するがよい。両手ともにまだよごれていないとき、あるいは両手に物を持っていないときには、叉手して挨拶すればよい。もし片手がよごれ、あるいは片手に物を持っているときは、別の片手で挨拶することになる。片手で挨拶するときは、掌《たなごころ》をあおむけ、指さきをすこしかがめて、水をすくうような形にして、頭をすこしさげるようにして挨拶する。相手がそうしたら、こちらもそうすればよい。こちらがそうしたら、相手もそうするだろう。

偏衫《へんさん》および直裰《じきとつ》を脱して、手巾《しゆきん》のかたはらにかく。かくる法は、直裰をぬぎとりて、ふたつのそでをうしろへあはせて、ふたつのわきのしたをとりあはせてひきあぐれば、ふたつのそでかさなれる、このときは、左手《さしゅ》にては直裰のうなじのうらのもとをとり、右手《うしゅ》にてはわきをひきあぐれば、ふたつのたもとと左右の両襟《りょうきん》とかさなるなり。両袖《りょうしゅう》と両襟《りょうきん》とをかさねて、またたてざまになかよりをりて、直裰のうなぢを浄竿《じょうかん》の那辺《なへん》へなげこす。直裰の裙《そで》ならびに袖口等は、竿の遮辺《しゃへん》にかかれり。たとへば直裰の合腰《ごうよう》、浄竿にかくるなり。つぎに、竿にかけたりつる手巾の遮那《しゃな》両端をひきちがへて、直裰よりひきこして、手巾のかからざりつるかたにて、またちがへてむすびとどむ。両三匝《りょうさんそう》もちがへちがへしてむすびて、直裰を浄竿より落地せしめざらんとなり。直裰にむかひて合掌す。

つぎに、絆子《ばんす》をとりて両臂《りょうひ》にかく。つぎに、浄架《じょうか》にいたりて、浄桶《じょうつう》に水をもりて、右手に提して浄《じょう》廁《し》にのぼる。浄桶に水をいるる法は、十分にみつることなかれ、九分《くぶ》を度《ど》とす。廁門《しもん》のまへにして、換鞋《かんあい》すべし。蒲鞋《ほあい》をはきて、自鞋《じあい》を廁門の前に脱するなり、これを換鞋といふ。

〔訳〕褊衫《へんさん》*や直裰《じきとつ》はぬいで、手巾のかたわらにかける。その仕方は、直裰を脱いで二つの袖をうしろであわせ、二つのわきの下をとり合わせ引きあげると、ふたつの袖がかさなる。そのとき左手で、直裰のえりくびの裏のもとをとり、右手でわきを引きあげれば、二つの袂《たもと》と左右の両襟《りょうえり》とがかさなるようになる。両袖と両襟とをかさねて、縦になかから折って、直裰のえりくびを竿の向う側に投げかける。そうすれば直裰の裙《ふち》や袖口は、竿のこちら側にかかる。つまり直裰の腰の部分が竿にかかるようになる。

つぎに、竿にかけた手巾のむこうとこちらとを引きちがえて、直裰の方からおこして、手巾のかかっていない側で、また引きちがえて結びとどめる。二、三度、たがいちがいに結んで、直裰が竿から落ちないようにするのである。それから直裰に向って合掌する。

つぎに絆子《ばんす》（たすき）をとって両臂《りょうひじ》にかける。それから浄架《じょうか》（手を洗う所）にきて、桶《おけ》に水を入れ、右手でその桶を提《さ》げて、便所のなかに入る。桶に水を入れる方法は、一杯に水をみたしてはならぬ。九分どおりにする。それから便所の扉の前でぞうりをはきかえる。便所のがまぞうり（蒲鞋《ほあい》）をはいて、自分のぞうりを扉の前に脱いでおく。これを換鞋《かんあい》（ぞうりのはきかえ）という。

《褊衫》初めは襟がなく、後には襟をつけ、全身の上半部以上を覆う衣。裙子（こしごろも）と併せて直裰という。

禅苑清規云、欲レ上二東司一、応二須預往一。勿レ致二臨レ時内逼倉卒一。乃畳二袈裟一、安二寮中案上、或浄竿上一。
〔禅苑清規《ぜんねんしんぎ》に云く、東司に上らんと欲せば、応《まさ》に須く預《ま》ず往くべし。時に臨んで内逼《せ》まり倉卒《そうそつ》を致すこと勿れ。乃ち袈裟を畳みて、寮中の案上、或いは浄竿の上に安ぜよ。〕

廁内《しない》にいたりて、左手《さしゅ》にて門扇《もんせん》を掩《えん》す。つぎに、浄桶《じょうつう》の水をすこしばかり槽裏《そうり》に瀉《うつ》す。つぎに、浄桶を当面の浄桶位に安ず。つぎに、たちながら槽《そう》にむかひて弾指《だんし》三下《さんげ》すべし。弾指のとき、左手は拳《けん》にして左腰《さよう》につけてもつなり。つぎに袴《こ》口衣《こうえ》角《かく》をさめて、門にむかひて両足《りょうそく》に槽唇《そうしん》の両辺をふみて、蹲居《そんきょ》し屙《あ》す。両辺をけがすことなかれ、前後にそましむることなかれ。このあひだ、黙然《もくねん》なるべし。隔壁《かくへき》と語笑《ごしょう》し、声をあげて吟詠《ぎんえい》することなかれ。涕唾《ていだ》狼藉《ろうぜき》なることなかれ、努気《どき》卒暴《そつぼう》なることなかれ。

壁面に字をかくべからず、廁籌《しちゆう》をもて地面を画《かく》することなかれ。

〔訳〕『禅苑清規《ぜんねんしんぎ》』に次のようにいわれている。

「東司《とうす》（便所）に行こうと思う場合は、とにかくはやく行くがよい。催して辛抱できなくなって、あわてるようなことがあってはならない。まず袈裟《けさ》をたたんで、寮中の机の上におく。あるいは、袈裟をつけたまま行ったときは、竿にかける」*

便所の内に入って、左手で扉をとざす。つぎに桶の水を少しばかり便所の槽内にうつす。それから桶を正面のその位置におく。そして立ちながら槽にむかって、三度、弾指する。そのときは、左手を拳《こぶし》にして、左の腰につけ、右手で弾指する。つぎに袴の口や衣のはしをひとまとめにして、便の口にむかい、両足で槽の両端を踏んで、かがんで用を足す。その際、ふちをよごしてはならない。また前後を染ましてはならない。そのあいだは沈黙していなければならない。壁をへだてて、語ったり、笑ったり、また、声をあげて歌ってはならない。鼻汁やつばきをふりまくようなことをしてはいけない。あらあらしく、いきんではならない。壁面に字を書いたり、竹のへらで床の面に書いたりしてはいけない。

《『禅苑清規』に……》『禅苑清規』巻七、「大小便利」卍続二・一六・五・四五六左上。

屙《あ》屎《し》退後《たいご》、すべからく使籌《しちゆう》すべし。また、かみをもちゐる法あり、故紙《こし》をもちゐるべからず、字をかきたらん紙、もちゐるべからず。浄籌《じょうちゅう》触籌《そくちゅう》わきまふべし。籌《ちゅう》は、ながさ八寸につくりて三角なり、ふとさは手拇《しゅぼ》指《し》大《だい》なり。漆《うるし》にてぬれるもあり、未漆《みしつ》なるもあり。触《そく》は籌斗《ちゅうと》になげおき、浄《じょう》はもとより籌架《ちゅうか》にあり。籌架は槽《そう》のまへの版頭《はんとう》のほとりにおけり。

使籌使紙ののち、洗浄する法は、右手に浄桶をもちて、左手をよくよくぬらしてのち、左手を掬《きく》につくりて水をうけて、まづ小便を洗浄す、三度。つぎに大便をあらふ。洗浄如法《にょほう》にして浄潔ならしむべし。このあひだ、あらく浄桶《じょうつう》をかたぶけて、水をして手のほかにあましおとし、あふれちらして、水をはやくうしなふことなかれ。

洗浄しをはりて、浄桶を安桶のところにおきて、つぎに籌をとりてのごひかはかす。あるひは紙をもちゐるべし。大小両処、よくよくのごひかはかすべし。つぎに、右手にて袴《こ》口《こう》衣《え》角《かく》をひきつくろひて、右手に浄桶を提して廁門《しもん》をいづるちなみに、蒲鞋《ほあい》をぬぎて自鞋をはく。つぎに、浄架にかへりて、浄桶を本所に安《あん》ず。

〔訳〕用を足した後は、竹のへらを使えばよい。また、紙を用いることもあるが、ほご紙や、文字の書いてある紙はいけない。また、きれいな箆《へら》と、よごれた箆を区別して、その置き方を心得ねばならない。箆は、八寸の長さで、三角につくる。ふとさは、手の拇指《おやゆび》ぐらいである。漆《うるし》で塗ったものもあり、塗ってないのもある。よごれたものは箱の中に入れておき、きれいなものは台の上にある。台は、槽の前の板のほとりにおいてある。

　箆《へら》や紙を用いたあとで、洗浄する仕方は、右手で桶をもって左手をよくぬらしたのち、その手をすくうような形にして水をうけ、まず小便を洗浄すること三度、つぎに大便を洗う。きまりどおりに洗浄して、清潔にしなければならない。そのあいだ、あらあらしく桶をかたむけて、水を手のそとにこぼし、水をあふれちらして、はやく使ってしまってはならない。

洗浄しおわって、桶をもとの位置において、つぎに篦でぬぐい乾かす。あるいは紙を用いてもよい。大小便のところはよくよく拭《ふ》いて乾かすがよい。つぎに、右手で袴《はかま》の口や衣のはしをつくろい、右手に桶を提げて、扉から出る際に、がまぞうりを脱いで、自分のぞうりをはく。つぎに台の所にかえって、桶をもとの所におく。

つぎに、洗手すべし。右手に灰匙《かいし》をとりて、まづすくひて瓦石《がせき》のおもてにおきて、右手をもて滴水を点じて、触手《そくしゅ》をあらふ、瓦石にあてて、とぎあらふなり。たとへば、さびあるかたなを、砥《と》にあてとぐがごとし。かくのごとく灰《はい》にて三度あらふべし。つぎに、土をおきて、水を点じてあらふこと三度すべし。つぎに、右手に皂莢《さいかち》をとりて、小桶《しょうつう》の水にさしひたして、両手あはせてもみあらふ。腕にいたらんとするまでも、よくよくあらふなり。誠心《じょうしん》に住して慇懃《いんぎん》にあらふべし。灰三《かいさん》、土三《どさん》、皂莢《さいかち》一《いち》なり、あはせて一七度《いちしちど》を度《ど》とせり。つぎに、大桶《だいつう》にてあらふ。このときは面薬《めんやく》・土灰《どかい》等をもちゐず、ただ水にても湯にてもあらふなり。一番あらひて、その水を小桶にうつして、さらにあたらしき水をいれて両手をあらふ。

華厳経云、以レ水盥レ掌、当レ願衆生、得二上妙手一、受二持払法一。
〔華厳経に云く、水を以て掌《たなごころ》を盥《あら》わば、当《まさ》に願うべし、衆生、上妙《じょうみょう》の手を得て、仏法を受持せんことを。〕

〔訳〕つぎに手を洗うことになる。右手で灰の匙《さじ》をとり、まず灰をすくうて瓦石の上におき、右手で水をしたたらせ、よごれた手を洗う。瓦石にあてて、研《と》ぐように洗うのである。たとえば、さびた刀を砥石《といし》にあてて研ぐようなものである。このようにして、灰で三度洗うべきである。つぎに、土に水を入れて、三度洗いなさい。ついで右手で皀莢《さいかち》*をとって、小桶の水にひたし、両手を合わせて、もみ洗う。腕にまで及ぶように、よくよく洗う。まごころをこめて、丁寧に洗うがよい。灰で三度、土で三度、皀莢で一度、併せて七度を限度とする。つぎに大桶で洗う。そのときは、面薬《めんやく》*や、土や灰などは用いない。ただ水や湯で洗う。一度洗って、その水を小桶にうつし、さらに新しい水を大桶に入れて両手を洗うのである。

『華厳経』に曰く、

「水で掌を洗えば、願わくは衆生、その清潔な手で、仏法を受持しよう」*

《皀莢《さいかち》》諸橋辞典によれば、梍《さいかち》は、木の名、櫟の実とあり、莢は、同じく草の実、さや、などとある。

《面薬》『正法眼蔵全講』巻三（岸沢惟安）一一五頁によれば、塗香とある。

《『華厳経』に曰く、……》『華厳経』「浄行品」巻六、大正九・四三一中。

水杓《すいしゃく》をとらんことは、かならず右手《うしゅ》にてすべし。このあひだ、桶杓《つうしゃく》おとをなし、かまびすしくすることなかれ。水をちらし、皀莢《さいかち》をちらし、水架《すいか》の辺をぬらし、おほよそ倉卒《そうそつ》なることなかれ、狼藉《ろうぜき》なることなかれ。つぎに、公界《くがい》の手巾《しゅきん》に手をのごふ、あるひはみづからが手巾にのごふ。手をのごひをはりて、浄竿《じようかん》のした、直裰《じきとつ》のまへにいたりて、絆子《ばんす》を脱して竿にかく。つぎに、合掌してのち、手巾をとき、直裰をとりて著す。つぎに、手巾を左臂にかけて塗香《ずこう》す。公界に塗香あり、香木を宝瓶《ほうびよう》形《ぎよう》につくれり。その大《だい》は、拇指大《ぼしだい》なり、ながさ、四指量につくれり。繊索《せんさく》の尺余なるをもちて、香の両端に穿貫《せんかん》せり、これを浄竿にかけおけり。これを両掌をあはせてもみあはすれば、その香気おのづから両手に薫《くん》ず。絆《ばん》を竿《かん》にかくるとき、おなじうへにかけかさねて、絆と絆とみだらしめ、乱縷《らんる》せしむることなかれ。

かくのごとくする、みなこれ浄仏国土なり、荘厳《しようごん》仏国なり。審細《しんさい》にすべし、倉卒にすべからず。いそぎをはりてかへりなばやと、おもひいとなむことなかれ。ひそかに東司上《とうすじよう》不説仏法の道理を思量すべし。

衆家《しゆけ》の、きたりゐる面《おもて》を、しきりにまもることなかれ。廁中《しちゆう》の洗浄には、冷水をよろしとす、熱湯は腸風《ちようふう》をひきおこすといふ。洗手には温湯をもちゐる、さまたげなし。釜一隻《かまいつせき》をおくことは、焼湯《しようとう》洗手《せんしゆ》のためなり。

〔訳〕柄杓《ひしやく》で水をとるときは、かならず右手でするがよい。そのあいだに、桶や柄杓で音をたてたり、さわがしくしてはいけない。水や皂莢《さいかち》を散らしたり、台のあたりを濡《ぬ》らしたり、あわてたり、不様《ぶざま》なことがあってはならない。つぎに、共用の手巾で手を拭く。あるいは、自分の手巾で拭く。拭き終ったら、竿の下の直裰の前に来て、絆子《ばんす》（たすき）をはずして竿にかける。つぎに合掌して、手巾をとき、直裰をとって身につける。それから手巾を左腕にかけて香を塗る。共用の塗香があって、香木を瓶の形に作ってある。拇指《おやゆび》ぐらいの大きさで、四つの指程度の長さである。一尺あまりの細い紐で、香木の両端を通したものを竿にかけてある。これを両手ではさんで、もみあわせると、その香気が自然に薫《かお》ってくる。絆子《ばんす》を竿にかけるときは、前にあるものの上にかけ重ね、たすきとたすきとが、乱れて絡《から》まないようにするがよい。

これまで述べてきたように行なうことは、みな仏国土を浄めることであり、仏国を荘厳《しょうごん》することである。だから、こまやかに、丁寧にしなければならない。けっして、あわててはならない。はやく終って帰りたいと思いながら、営んではならない。「便所のなかで営むことがそのまま仏道を行ずるのであるから、その外に仏法の説きようがない」（東司上不レ説二仏法）*という道理を、よくよく思い量るべきである。

多くの人が東司にやってくるが、その顔をじろじろ見たりなどしてはならない。便所のなかの洗浄では、冷水がよいとされる。熱湯は、腸風*をひきおこすといわれる。手を洗うには、温湯を用いてもかまわない。釜《かま》一つそなえてあるのは、湯を沸かして手を洗うためである。

《**東司上不説仏法**》『趙州本録』巻下・九左「東司上不レ可三与レ儞説二仏法一」（『正法眼蔵註解全書』巻一、『私記』三八六頁、『却退一字参』四〇五頁）とある。

《**腸風**》『私記』（前掲書三八六頁）に、下血病とあり、『全講』巻三、一三一頁に、下血病とは痔疾とある。

清規云、晩後焼レ湯上レ油、常令二湯水相続一、無レ使二大衆動念一。

〔清規に云く、晩後、湯を焼き油を上《のぼ》せ、常に湯水をして相続せしめ、大衆をして動念せしむること無《なか》れ。〕

しかあればしりぬ、湯水《とうすい》ともにもちゐるなり。もし廁中《しちゅう》の触《そく》せることあらば、門扇《もんせん》を掩《えん》して触牌《そくはい》をかくべし。もしあやまりて落桶《らくつう》あらば、門扇を掩して、落桶牌《らくつうはい》をかくべし。これらの牌《はい》かかれらん局には、のぼることなかれ。もしさきより廁上にのぼれらんに、ほかに人ありて弾指せば、しばらくいづべし。

〔訳〕『禅苑清規《ぜんねんしんぎ》』に、

「夕暮れになって、東司の湯をわかし、油で火をともしておき、いつも湯が絶えないようにして、そのために大衆に心配をかけてはならない」

という。

こういうわけで、湯も水もいずれも用いることができる。

もし便所をよごすようなことがあったときは、入口の戸を閉《し》めて、「触」と書いた木の札をかけるがよい。また、もしあやまって桶を便所のなかに落したときは、同じように入口の戸を閉めて、「落桶」とある木札をかければよい。このような札が戸口にかかっている便所には、入ってはいけない。もし先に便所に入っているときに、外で人が弾指したら、しばらくして出るようにせよ。

《『禅苑清規』に……》 『禅苑清規』巻四、前掲書、四四九左上。

清規云、若不㆓洗浄㆒、不㆑得㆘坐㆓僧牀㆒、及礼㆗三宝㆖。亦不㆑得㆑受㆓人礼拝㆒。

〔清規に云く、若し洗浄せざれば、僧牀《そうしょう》に坐し、及び三宝を礼することを得ざれ、亦た人の礼拝を受くることを得ざれ。〕

三千威儀経云、若不㆑洗㆓大小便㆒、得㆓突吉羅罪㆒。亦不㆑得㆘僧浄坐具上坐、及礼㆗三宝㆖。設礼無㆓福徳㆒。

〔三千威儀経に云く、若し大小便を洗わざれば、突吉羅罪《ときらざい》を得。亦た僧の浄坐具上に坐し、及び三宝を礼することを得ざれ。設《たと》い礼《らい》するも福徳無し。〕

しかあればすなはち、弁道功夫の道場、この儀をさきにすべし。あに三宝を礼《らい》せざらんや、あに人の礼拝をうけざらんや、あに人を礼せざらんや。仏祖の道場、かならずこの威儀《いいぎ》あり。仏祖道場中人、かならずこの威儀具足あり。これ自己の強為《ごうい》にあらず、威儀の云為《うんい》なり、諸仏の常儀なり、諸祖の家常なり。ただ此界《しかい》の諸仏のみにあらず、十方の仏儀なり、浄土・穢土《えど》の仏儀なり。少聞《しょうもん》のともがらおもはくは、諸仏には廁屋《しおく》の威儀あらず、娑婆世界の諸仏の威儀は、浄土の諸仏のごとくにあらずとおもふ。これは学仏道にあらず。しるべし、浄穢《じょうえ》は離人《りにん》の滴血《てきけつ》なり、あるときはあたたかなり、あるときはすさまじ。諸仏に廁屋《しおく》あり、しるべし。

〔訳〕また『禅苑清規』に、

「もし洗浄しなければ、僧堂の単《たん》の上で坐禅したり、三宝を礼拝したりすることはできない。

また、人から礼拝を受けることもできない」

といい、『三千威儀経』には、

「もし大小便を洗わなければ、突吉羅罪《ときらざい》*におちいる。また、僧堂の坐具の上に坐禅したり、あるいは三宝を礼拝することはできない。たとい礼拝しても福徳はない」
という。*

こういうわけで、坐禅弁道して修行する道場では、この洗浄のきまりを第一とすべきである。どうして三宝を礼拝しないものがあろうか。どうして人の礼拝を受けないものがあろうか。また、どうして人を礼拝しないものがあろうか。仏祖の道場では、かならずこの洗浄の作法があり、仏祖の道場のなかにいるものは、かならずこの作法をそなえている。これは、自分から無理にするのではなく、自然に行なわれている作法であり、諸仏の日常の儀式であり、諸祖の平生のふるまいなのである。

ただこの世界の諸仏だけではなく、十方の諸仏の作法である。浄土でも穢土《えど》でも行なわれている仏のふるまいである。仏法を聞くことの少ない人たちは、

「諸仏には、厠《かわや》の作法はなく、娑婆《しゃば》世界の諸仏のふるまいは、浄土の諸仏のふるまいとは異なる」

と思う。

しかしこれは、仏道を学ぶものとはいえない。よくよく知るがよい。浄《きよ》いのも穢《けが》れも、いわば「離人の滴血」*のように、血は人のなかでは暖かく、人を離れると、冷たく、すさまじいものになると同じく、定まった自性があるのではない。したがって当然ながら、諸仏にも厠はある、と、よく知るべきである。

《突吉羅《ときら》》 パーリ語 dukkaṭa《ドウツカタ》、サンスクリット語 duṣkṛta の音訳、悪作《あくさ》と訳し、身・口にて作《な》す悪で、戒律の罪名。

《『禅苑清規』に、……『三千威儀経』に……》『禅苑清規』前掲書、四五六左上、『大比丘三千威儀経』前掲書、九一四上。

《離人の滴血》「離人の滴血」について『私記』では、『古尊宿録』や『五灯会元』などを引き、血は人のなかでは暖かく、人を離れると冷たくなるように、浄も穢も定まった自性のないことに譬う（『註解全書』巻一、三八八頁）。

十誦律第十四云、羅睺羅沙弥、宿二仏厠一。仏覚了、仏以二右手一摩二羅睺羅頂一、説二是偈一言、汝不レ為二貧窮一、亦不レ失二富貴一、但為二求道一故、出家応レ忍レ苦。

〔十誦律《じゆうじゆりつ》第十四に云く、羅睺羅沙弥《らごらしやみ》、仏の厠《し》に宿《しゆく》す。仏、覚し了りて、仏、右手を以て羅睺羅の頂《ちよう》を摩《な》でて、是の偈《げ》を説きて言《いわ》く、汝、貧窮《びんぐう》の為にあらず、亦た富貴《ふうき》を失うにあらず、但だ求道《ぐどう》の為の故なり。出家は応《まさ》に苦を忍ぶべし。〕

しかあればすなはち、仏道場に廁屋《しおく》あり。仏廁屋裏《ぶつしおくり》の威儀は洗浄なり、祖祖相伝しきたれり。仏儀のなほのこれる、慕古《もこ》の慶快《けいかい》なり、あひがたきにあへるなり。いはんや如来かたじけなく廁屋裏にして、羅睺羅《らごら》のために説法しまします。廁屋は仏転法輪の一会《いちえ》なり。この道場の進止《しんし》、これ仏祖正伝せり。

〔訳〕『十誦律』第十四に云わく、
「あるとき沙弥《しゃみ》の羅睺羅《らごら》*は、仏の厠《かわや》に宿っていた。仏が目を覚ましたあとで、右手で羅睺羅の頭を撫《な》でながら、次の偈《げ》を説かれた。汝は、貧乏のためでもない。また、富貴を失ったせいでもない。ただ仏道を求めるために出家した。だからよく苦え耐え忍べよ*」と。

こういう次第で、仏の道場には厠がある。仏の厠の中の作法は洗浄である。これは、仏祖から仏祖へと伝えてきたものである。このように仏の作法が残っているということは、古を慕うものにとって嬉《うれ》しいことである。会いがたいことに会っていることである。まして如来は、かたじけなくも厠の中で、羅睺羅に説法されたのである。厠は、仏が法輪を転じたもうた会座《えざ》となっている。この厠という道場でのふるまいこそ、仏祖から仏祖へ正伝されたものである。

《沙弥の羅睺羅》 沙弥は、パーリ語 sāmaṇera、サンスクリット語 śrāmaṇera の音訳。七歳以上二十歳未満の十戒を受けた男子の出家者。羅睺羅 (Rāhula) は世尊の一子。

《『十誦律』第十四に……》 『十誦律』巻一五、大正二三・一〇五中―下。「第十四」とあるのは、第十五の誤りであろう。

摩訶僧祇律第三十四云、廁屋不レ得ニ在レ東在一レ北、応ニ在レ南在一レ西。小行亦如レ是。

〔摩訶僧祇律《まかそうぎりつ》第三十四に云く、廁屋は東に在《お》き、北に在《お》くことを得ざれ、応《まさ》に南に在き、西に在くべし。小行も亦た是《かく》の如し。〕

この方宜《ほうぎ》によるべし。これ西天竺国《さいてんじくこく》の諸精舎《しょうじゃ》の図なり、如来現在の建立《こんりゅう》なり。しるべし、一仏の仏儀のみにあらず、七仏の道場なり、精舎なり、はじめたるにあらず、諸仏の威儀なり。これらをあきらめざらんよりさきは、寺院を草創し、仏法を修行せん、あやまりはおほく、仏威儀そなはらず、仏菩提いまだ現前せざらん。もし道場を建立し、寺院を草創せんには、仏祖正伝の法儀によるべし。これ正嫡正伝《しょうてきしょうでん》の法儀によるべし。これ正嫡正伝なるがゆゑに、その功徳あつめかさなれり。仏祖正伝の嫡嗣《てきし》にあらざれば、仏法の身心いまだしらず。仏法の身心しらざれば、仏家の仏業《ぶつごう》あきらめざるなり。いま大師釈迦牟尼仏の仏法、あまねく十方につたはれるといふは、仏身心の現成なり。仏身心現成の正当恁麼時《しょうとういんもじ》かくのごとし。

正法眼蔵洗浄

爾時延応元年己亥冬十月二十三日、在㆓雍州宇治県観音導利興聖宝林寺㆒示衆。

〔訳〕『摩訶僧祇律《まかそうぎりつ》』第三十四*に云く、

「厠は、東や北においてはいけない。南か西におくべきである。小便所も同様である」と。

厠の位置は、この方角に依るべきである。これがインドにおけるもろもろの精舎《しょうじゃ》*の図式である。如来がおわしましたときに建立されたものである。それは、釈迦牟尼仏ひとりの作法だけではなく、過去七仏の道場であり、精舎である。だから釈迦牟尼仏が始められたのではなく、諸仏に共通のふるまいである。このことを明らかにせずに、寺院を建立したり、仏法を修行すると、とかく多くの誤りを冒すことになる。仏のふるまいが身につかないでは、仏の悟りは実現しないであろう。

もし道場を建てたり、寺院を創《はじ》めたりするときは、仏祖正伝のきまりに依るべきである。正しく伝えられてきた法式に従うがよい。正伝の法式であれば、おのずから功徳は集まり重なってくるであろう。仏祖正伝の流れを継ぐものでなければ、みずから仏法の身心であることを知ることはできない。仏法の身心を知らなければ、出家者として仏の働きを身につけることはできない。いま現に、大師である釈迦牟尼仏の仏法が、あまねく十方に響きわたっているということは、仏の身心が実現していることをいうのである。仏の身心が実現している当体は、まさしくこのように洗浄のふるまいが現に行なわれていることに外ならない。

正法眼蔵洗浄

そのとき、延応元年（一二三九）己亥《つちのとい》、冬十月二十三日、雍州宇治県、観音導利興聖宝林寺において衆に示す。

《『摩訶僧祇律』第三十四》 大正二二・五〇四上。

《精舎》 vihāra《ヴィハーラ》 の訳。出家修行者の住する僧院。

〔八〕 礼拝得髄（らいはいとくずい）

《解説》 この巻は、七十五巻本と九十五巻本とでは収録の内容がちがっている。九十五巻本の前半の、約半分だけが七十五巻本に収められている。ここでは、九十五巻本にしたがってその全部を訳しておいた。「礼拝得髄」という題名は、二祖慧可《えか》がただ黙って礼拝し終わって、元の位置に立ったとき、達摩から「汝、吾が髄を得たり」といわれて法を嗣《つ》いだという故事によるものであろう。

それから転化して、ここでは仏法の骨髄を得たものに対しては、男であれ女であれ、鬼神であれ、またたとい野狐《やこ》であっても、どこまでも礼拝して教えを請うてやまぬということが、その主題になっている。というのは、そうした師を得ることがもっともむずかしいからである。したがって、ひとたびそういう師にめぐりあったら、なにもかもなげうって寸陰を惜しんで精進するがよい。有心でも、無心でも、また半心でも修行せよという。そうすれば断臂《だんぴ》得髄《とくずい》した二祖慧可も、身心脱落した先哲も、他人事ではなく、つまるところ自分のことであるということが知られてくる。「身心を牀座にして無量劫に奉事するなり」という道元のことばは、まことに印象的である。

無字の公案で知られている趙州《じょうしゅう》真際大師は、行脚《あんぎゃ》に出るとき、たとい七歳の童子でも自分よりすぐれておれば、礼拝して教えを請い、百歳の翁であっても自分より劣っておれば教え導く、といった言葉は有名である。法を重んじて身を軽くするということのよい範例であろう。道元は、いささかでも法より身を重くすることがあれば、法は伝わらないし、得法は不可能であると強調している。

またこの巻には、女性がしきりに登場してくる。その趣旨は、たとい女性であっても得法者であれば、男性も礼拝し奉事するのが当然であるということにはちがいないが、それにしても、道元がとくに女性を強く意識して述べていることは明らかである。それほどここでは女性に焦点をおいて説かれている。たとえば、臨済門下の志閑は、末山尼了然《まつざんにりょうねん》という尼僧に教えられて師弟の礼をとっている。また、仰山慧寂《きょうざんえじゃく》の弟子に妙信尼という尼僧がいて、会計や渉外をつかさどる院主に任ぜられた。たまたま蜀《しょく》の僧十七人が仰山をたずねてきたが、この尼僧に導かれて悟るところがあり、ついに仰山には会わずに帰国したという話もある。

このように女性でも立派な得法者がいるのに、もっともはなはだしい一般の弊風は、女性を性欲の対象として見るということである。その点から逆に、女性は不浄であるという考え方も出てこよう。しかしこうしたことはまったく誤っているということを、道元は一流の筆で述べ立てている。もし女性が性欲の対象であるならば、女性から見れば男性も同じことである。また、水にうつる異性の影もその対象になるし、鬼も神も、万事・万般すべてその機縁になる。女性だけをその対象と見てこれを不浄視し、蔑視するのはまったく道理に合わない。

それにもかかわらず、唐国には「生々世々《しょうじょうせぜ》ながく女人を見ない」と誓いを立てた僧がいた。これはおかしい。菩薩の願に「衆生無辺誓願度」というのがある。たとい衆生は数えつくせないほどあっても誓って救う、という願いである。そうすると、この僧にとっては女人はこの願いからはずされることになり、それでは菩薩にはならないという。

わが国にも、結界《けっかい》（一定の区域を限ってそこを持戒の場とすること）と称して比丘尼や女人を禁制している邪風がある。これも笑うべきならわしである。その実、結界のなかで比丘たちはさまざまな罪を造っているのに、罪を造らない比丘尼を禁制するとは、矛盾もはなはだしい。そもそも諸仏の結界というのは、そこでは諸仏も衆生も、なにもかも、いっさいの束縛を解脱して諸仏の根源に帰っているのである。だから一地を卜《ぼく》して結界せられても、同時にそれは法界全体が結界されているのである。そこは、まったく脱俗して清浄であり、一切衆生がそのなかにおさめとられて教化をこうむっているという。

以上、この巻は、得法者を礼拝し抜いてついには自分もまた仏法の骨髄を得るということが主題でありながら、途中しきりに女性の問題に集中し、最後に、得法者の帰するところは、一切衆生をおさめとっている永遠の仏であり、その仏に帰命し礼拝して、無限の功徳を受け、仏法の骨髄を得るということが、この巻の結びとなっている。この後半の方は七十五巻本では記されていないが、こうした結びまでこないと、道元の礼拝得髄は徹底しないと思う。

ともあれ、この巻はむずかしい文章もなく、わかりにくい思索も見えないが、物事に徹底していく道元の人柄が、一流の筆づかいに現われていて興味がそそられる。

礼拝得髄

修行阿耨多羅三藐三菩提《あのくたらさんみやくさんぼだい》の時節には、導師をうること、もともかたし。その導師は、男女等《なんにょとう》の相にあらず、大丈夫なるべし、恁麼人《いんもにん》なるべし。古今人《ここんにん》にあらず、野狐精《やこぜい》にして善知識ならん。これ得髄の面目なり、導利なるべし。不昧《ふまい》因果なり、你我渠《にがこ》〔你《なんじ》・我《われ》・渠《かれ》〕なるべし。

〔訳〕究極の悟り*を修行するときには、指導の師を得ることが、とくにむずかしい。その師とは、男女にかかわらず、大丈夫たるべきである。真実の眼の開いたものでなければならない。古人でも今人でもないし、古今にとらわれる必要はない。たとい野狐《やこ》の精であっても、よき指導者になり得るであろう。これこそ仏法の神髄を得た面目というべきである。それは、衆生を導き、利益を与えるものであろう。あるいは、因果をくらまさない徹底した人であろう。また、你《なんじ》・我《われ》・渠《かれ》の何人《なんぴと》でも差し支えないであろう。

《究極の悟り》 阿耨多羅三藐三菩提《あのくたらさんみやくさんぼだい》 (anuttarasamyaksaṃbodhi) この上もない正しい悟り。

すでに導師を相逢《そうほう》せんよりこのかたは、万縁をなげすてて、寸陰をすごさず、精進弁道すべし。有《う》心《しん》にても修行し、無心にても修行し、半心にても修行すべし。しかあれば、頭燃《ずねん》をはらひ、翹足《ぎょうそく》を学すべし。かくのごとくすれば、訕謗《せんぼう》の魔儻《まとう》にをかされず。断臂得髄《だんぴとくずい》の祖、さらに他にあらず、脱落身心の師、すでに自《じ》なりき。

髄をうること、法をつたふること、必定して至誠《しじょう》により、信心によるなり。誠信《じょうしん》ほかよりきたるあとなく、内よりいづる方なし。ただまさに法をおもくし、身をかろくするなり。世をのがれ、道をすみかとするなり。いささかも身をかへりみること法よりもおもきには、法つたはれず、道うることなし。その法をおもくする志気《しいき》、ひとつにあらず、他の教訓をまたずといへども、しばらく一二を挙《こ》拈《ねん》すべし。


〔訳〕すでに指導の師に遭遇したからには、いっさいのかかりあいを投げすてて、わずかな時間でも無駄にすごさず、精進して仏道を明らかにすべきである。有心でも、無心でも、半心でも、修行するがよい。それゆえに、あたかも頭についた火を払うように、また、足をつまだてて待ち望むように、寸暇を惜しんで学ぶべきである。このようにすれば、誹謗する魔の仲間にもおかされることはない。また、臂《ひじ》を断って達摩の神髄を得た二祖慧可のことも、けっして他人のことではないし、身心脱落した師は、実は自分のことだったのである。

　仏祖の神髄を得て、仏法を伝えることは、かならず至誠の心により、信心によるのである。至誠も信心も、外から来るのではない。内から出るのでもない。ただまさに、仏法を重んじ、身を軽んずるだけである。世俗を離れて仏道をすみかとするのである。いささかでも法よりもわが身を顧みることが重いときは、法はけっして伝わらないし、仏道も得られない。仏法を重んずる気持は一様ではない。他の教えを待つまでもないが、ともかく一、二を挙げてみよう。

いはく、法をおもくするは、たとひ露柱《ろちゆう》なりとも、たとひ灯籠《とうろう》なりとも、たとひ諸仏なりとも、たとひ野干《やかん》なりとも、鬼神なりとも、男女なりとも、大法を保任し、吾髄《ごずい》を汝得《にょとく》せるあらば、身心《しんじん》を牀《しょう》座《ざ》にして、無量劫にも奉事《ぶじ》するなり。身心はうることやすし、世界に稲麻竹葦《とうまちくい》のごとし。法はあふことまれなり。

釈迦牟尼のいはく、無上菩提を演説する師にあはんには、種姓《しゅしょう》を観ずることなかれ、容顔《ようがん》をみることなかれ、非をきらふことなかれ、行《おこない》をかんがふることなかれ。ただ般若を尊重《そんじゅう》するがゆゑに、日日《にちにち》に百千両の金《こがね》を食《じき》せしむべし、天食《てんじき》をおくりて供養すべし、天華《てんげ》を散じて供養すべし。日日三時に礼拝し恭敬《くぎょう》して、さらに患悩《げんのう》の心を生ぜしむることなかれ。かくのごとくすれば、菩提の道かならずところあり。われ発心よりこのかた、かくのごとく修行して、今日は阿《あ》耨多羅《のくたら》三藐三菩提《さんみゃくさんぼだい》をえたるなり。

〔訳〕仏法を重んずるというのは、たとい露柱（裸の柱）であっても、灯籠であっても、諸仏であっても、野狐であっても、鬼神であっても、男であっても、女であっても、もし大法を保持して、その神髄を得たものであれば、わが身心をその方の御座となして、どこまでも奉仕すべきである。身心を得ることはやさしい。この世で見るとおり、いくらでもある。しかし、仏法にめぐりあうことはむずかしい。

釈迦牟尼仏のいうには、

「究極の悟りを説き示す師匠にめぐりあおうと思うなら、その人の家柄にこだわってはいけない。風貌を見てはならない。欠点をきらってはならない。行為を考えてはいけない。ただ仏法の智慧を尊重するがために、日々の食事に百千両の黄金をつくすべきである。天上の食事をおくって供養すべきである。天上の華を散らして供養すべきである。日々に、朝・昼・夜の三時に、礼拝し恭敬して、けっしてわずらわしいと思う心を発《おこ》してはいけない。このようにすれば、悟りの道はかならず実現する。わたしは菩提心を発《おこ》してよりこのかた、このように修行して、今日では究極の悟りを得たのである」と。

しかあれば、若樹若石《にゃくじゅにゃくせき》も、とかましとねがひ、若田若里《にゃくでんにゃくり》も、とかましともとむべし。露柱に問取し、牆壁《しょうへき》をしても参究すべし。むかし、野干《やかん》を師として礼拝問法する天帝釈《てんたいしゃく》あり、大菩薩の称つたはれり、依業《えごう》の尊卑によらず。

しかあるに、不聞《ふもん》仏法の愚癡《ぐち》のたぐひおもはくは、われは大比丘なり、年少の得法を拝すべからず、われは久修練行《くしゅれんぎょう》なり、得法の晩学を拝すべからず、われは師号に署《しょ》せり、師号なきを拝すべからず、われは法務司《ほうむし》なり、得法の余僧を拝すべからず、われは僧正司《そうじょうし》なり、得法の俗男俗女《ぞくなんぞくにょ》を拝すべからず、われは三賢十聖なり、得法せりとも比丘尼等を礼拝すべからず、われは帝胤《ていいん》なり、得法なりとも臣家《しんけ》相門《しょうもん》を拝すべからず、といふ。かくのごときの癡人《ちにん》、いたづらに父国をはなれて、他国の道路に跉跰《れいへい》するによりて、仏道を見聞《けんもん》せざるなり。

〔訳〕そういうわけであるから、樹や石も仏法を説いてくれるようにと願い、田地や人里も仏法を説いてくれるようにと求むべきである。裸の柱にも問い、牆《かき》や壁にも参究すべきである。むかし、野狐を師として礼拝じ、仏法を問うた帝釈天《たいしやくてん》があり、その野狐を大菩薩と称したということが伝わっている。宿業によって、野狐や帝釈天のように形の尊卑があるが、それは問題ではない。

それなのに、仏法を正しく聞いていない愚かものたちが思うには、「わたしは大比丘《びく》であるから、年少の得法者を礼拝すべきではない。また、わたしは久しいあいだ修行してきたから、おくれて得法した人を礼拝すべきではない。また、わたしは師号を持っているから、師号のない人を礼拝すべきではない。また、わたしは法務をつかさどるものであるから、他の得法の僧を礼拝すべきではない。また、わたしは僧正司であるから、たとい得法のものでも世俗の男女を礼拝すべきではない。また、わたしは三賢・十聖*であるから、たとい得法している人でも比丘尼などを礼拝すべきではない。また、わたしは帝王の血族のものであるから、たとい得法しているものでも臣下の大臣などを礼拝すべきではない」と。

このような愚かものたちは、いたずらに父の国を離れて、他国の道路をさまよい歩いているために、仏道を受け入れることができない*のである。

《**三賢・十聖**》菩薩の五十二位の修行の階位の中、十住・十行・十廻向を三賢、十地（歓喜・離垢・発光・焔慧・難勝・現前・遠行・不動・善慧・法雲）を十聖という。

《**父の国を離れて……**》『法華経』「信解品」（大正九・一六中—一七中）に見える長者窮子《ちょうじゃぐうじ》の譬え。長者（仏の譬え）の子であることを忘れて他国を流浪し、自分の父を知らないという話。

むかし唐朝の趙州《じょうしゅう》真際大師、こころをおこして発足行脚《ほっそくあんぎゃ》せしちなみにいふ、たとひ七歳なりとも、われよりも勝《しょう》ならば、われかれにとふべし、たとひ百歳なりとも、われよりも劣ならば、われかれををしふべし。

七歳に問法せんとき、老漢礼拝すべきなり、奇夷《きい》の志気《しいき》なり、古仏の心術なり。得道得法の比丘尼出世せるとき、求法《ぐほう》参学の比丘僧、その会《え》に投じて礼拝問法するは、参学勝躅《しょうちょく》なり。たとへば渇《かつ》に飲《おん》にあふがごとくなるべし。

〔訳〕むかし、唐代の趙州真際大師*は、菩提心を発して、行脚《あんぎゃ》の旅に出たおりに、

「たとい相手が七歳の子どもであっても、自分よりもすぐれていたら、わたしはその子に教えをうけよう。たとい相手が百歳の老人であっても、自分より劣っていたなら、わたしはその人を教えよう」

といった。

七歳の子どもに仏法を尋ねるとき、老人は子どもを礼拝すべきである。これは、実にすぐれた志である。古仏の心ばえというべきである。

また、仏道に達し仏法を得た比丘尼がこの世に現われたとき、仏法を求めて参学する比丘僧が、その門下となって、礼拝し問法することがある。これは、仏道修行のすぐれた行ないである。いわば、渇を覚えるとき飲み水にめぐりあうようなものであろう。

《趙州真際大師》七七八—七九七。南泉普願の法嗣。この話は、『古尊宿語録』巻一三（卍続二・二三・二・一五二左下）にあり。

震旦《しんたん》国の志閑禅師は、臨済下の尊宿《そんしゅく》なり。臨済ちなみに師のきたるをみて、とりとどむるに、師いはく、領也《りょうや》。臨済はなちていはく、且放二你一頓一〔且《しばら》く你《なんじ》に一頓を放《ゆる》す〕。これより臨済の子となれり。臨済をはなれて末山《まつさん》にいたるに、末山とふ、近離甚処〔近離、甚《なん》の処ぞ〕。師いはく、路口。末山いはく、なんぢなんぞ蓋却《がいきゃく》しきたらざる。師、無語。すなはち礼拝して師資の礼をまうく。

師かへりて末山にとふ、いかならんかこれ末山。末山いはく、不レ露レ頂〔頂を露《あらわ》さず〕。師いはく、いかならんかこれ山中人。末山いはく、非二男女等相一〔男女等の相に非ず〕。師いはく、なんぢなんぞ変ぜざる。末山いはく、これ野狐精《やこぜい》にあらず、なにをか変ぜん。師、礼拝す。つひに発心して園頭《えんじゅう》をつとむること、始終三年なり。

のちに出世せりし時、衆にしめしていはく、われ臨済爺爺《やや》のところにして半杓《はんしゃく》を得《え》しき、末山孃《まつさんじょう》孃《じょう》のところにして半杓を得しき。ともに一杓につくりて、喫しをはりて、直至《じきし》二如今《にょこん》一飽餉餉《ほうこうこう》〔直《じき》に如《い》今《ま》に至りて飽いて餉餉《こうこう》〕なり。

いまこの道《どう》をききて、昔日のあとを慕古《もこ》するに、末山は高安大愚の神足《じんそく》なり、命脈ちからありて、志閑の孃となる。臨済は黄檗《おうばく》運禅師の嫡嗣《てきし》なり、功夫《くふう》ちからありて、志閑の爺《や》となる。爺とは、ちちといふなり。孃とは、はゝといふなり。志閑禅師の、末山尼了然《りょうねん》を礼拝求法する、志気の勝躅《しょうちょく》なり、晩学の慣節《かんせつ》なり、撃関破節《ぎゃくかんはせつ》といふべし。

〔訳〕中国の志閑《しかん》禅師＊は、臨済門下のすぐれた人物である。あるとき、臨済が志閑の来るのを見て、かれを引きとらえたところ、志閑は、「分かりました」と。そこで臨済は志閑を放して、「今回は許しておこう」といった。それを機縁に、志閑は臨済の門下となったのである。

のちに、志閑は臨済の許《もと》をはなれて、尼僧の末山尼了然《まっさんにりょうねん》＊のところへ来た。そこで末山が問うた。

末山「どこから来られましたか」

志閑「路の入口からです」

末山「あなたはなぜ、その口をふさいでこなかったのですか」

志閑は黙ってしまった。そして末山を礼拝して、師弟の礼をとった。

志閑は、逆に末山にたずねた。

志閑「末山とはどういう人でしょうか」

末山「頂上（山にかけて）が見えません」

志閑「山中の人とは、どういうことでしょうか」

末山「それは、男のすがたでも女のすがたでもありません」

志閑「では、なぜあなたは変化《へんげ》しないのですか」

末山「わたしは野狐の精ではないから、どうして変化などしましょう」

そこで志閑は礼拝した。志閑はついに発心《ほっしん》して、菜園の役僧をつとめること前後三年に及んでいる。

のちに、一山の住人として指導者となったとき、門下の僧衆に示していうに、

「わたしは臨済の爺々《やや》のところで杓《ひしゃく》の半分を飲み、末山嬢々《じょうじょう》のところで、あとの半分を飲んだ。併せて杓一杯となり、十分飲み終わって、今に至るまで満腹している」と。

今、この言葉を聞いて、むかしの先哲のあとを偲んでみると、末山は高安大愚禅師のすぐれた門弟である。その師弟の命脈に力が流れて、末山は志閑の嬢となった。また臨済は黄檗希運《おうばくきうん》禅師の法を嗣《つ》いだ人である。その学道の参究に力が充ちて、志閑の爺となった。爺というのは父のことであり、嬢というのは母のことである。志閑禅師が、末山尼了然を礼拝して法を求めたということは、すぐれた志の手本であり、後進のもののならうべき模範である。これこそ、関門やふしくれを打破していく自由の境地というべきである。

《志閑禅師》　—八九五。臨済義玄の法嗣。この話は、『天聖広灯録』巻一三（卍続二乙・八・四・三五六左上—下）。『景徳伝灯録』巻一一（大正五一・二八九上）。『五灯会元』巻四（卍続二乙・一一・一・七九左下八〇右上）。

《末山尼了然》　高安大愚の法嗣。

妙信尼は仰山《きょうざん》の弟子なり。仰山ときに廨院主《かいいんじゅ》を選するに、仰山あまねく勤旧前資《ごんきゅうぜんし》等にとふ、たれ人かその仁《ひと》なる。問答往来するに、仰山つひにいはく、信准子《しんわいす》、これ女流《にょりゅう》なりといへども、大丈夫の志気《しいき》あり。まさに廨院主とするにたへたり。衆みな応諾す。妙信つひに廨院主に充《じゅう》す。ときに仰山の会下《えか》にある竜象うらみず。まことに非細の職にあらざれども、選にあたらん自己としては自愛しつべし。

充職して廨院にあるとき、蜀《しょく》僧十七人ありて、儻《とう》をむすびて尋師訪道するに、仰山にのぼらんとして、薄暮に廨院に宿《しゅく》す。歇息《けっそく》する夜話に、曹渓高祖の風幡《ふうばん》の話《わ》を挙《こ》す。十七人おのおのいふこと、みな道不是《どうふぜ》なり。ときに廨院主、かべのほかにありてききていはく、十七頭の瞎驢《かつろ》、をしむべし、いくばくの草鞋《そうあい》をかつひやす、仏法也未夢見在《ぶっぽうやみむけんざい》〔仏法は未だ夢にも見ざること在り〕。

〔訳〕妙信尼《みょうしんに》は、仰山慧寂《きょうざんえじゃく》*の弟子である。仰山が、会計や渉外をつかさどる役僧を選ぶにあたって、仰山は、古参の僧や役職についたことのある僧にひろくたずねた、「だれが適任であろうか」と。問答往復しているうちに、仰山はついに、

「妙信尼は女人ではあるが、大丈夫の志気を持っている。まさしくこの役の適任者である」

といった。

僧衆はみなこれを了承した。そこで妙信尼は、ついにこの役職についたが、仰山のすぐれた門弟たちはだれもうらまなかった。それはとくに重要な職というのではないけれども、選ばれた自分としては自重してつとめたことであろう。

妙信尼がその職にあるとき、蜀《しょく》の国の僧十七人が、仲間となって、師をたずね仏道を問うていたが、たまたま仰山のもとへ行こうとして、夕暮れに妙信尼の院で宿をとった。休息している夜の話に、六祖慧能の風幡《ふうばん》が話題となった。ところが、十七人のめいめいのいうことが、みな道にかなっていない。そのとき、妙信尼は壁の外からこれを聞いていうには、

「十七頭のめくら驢馬《ろば》よ、おしいことにどれだけの草鞋《わらじ》をはきつぶしたのだろう。仏法は、まだ夢にも御存じない」と。

《仰山慧寂》八一四―八九〇。潙山霊祐の法嗣。二人によって潙仰宗はじまる。慧寂については、『景徳伝灯録』巻一一（大正五一・二八二上―三下）。『五灯会元』（卍続二乙・一一・二・一六〇左上―三左下）。

ときに行者《あんじゃ》ありて、廨院主《かいいんじゅ》の僧を不肯《ふこう》するをききて、十七僧にかたるに、十七僧ともに廨院主の不肯するをうらみず、おのれが道不得をはぢて、すなはち威儀《いいぎ》を具し、焼香礼拝して請問《しょうもん》す。

廨院主いはく、近前来。十七僧近前するあゆみいまだやまざるに、廨院主いはく、不㆓是風動㆒、不㆓是幡動㆒、不㆓是心動㆒〔是れ風の動ずるにあらず、是れ幡《ばん》の動ずるにあらず、是れ心の動ずるにあらず〕。かくのごとく為道《いどう》するに、十七僧ともに有省《うせい》なり。礼謝《らいしゃ》して師資《しし》の儀をなす。すみやかに西蜀《せいしょく》にかへる。つひに仰山にのぼらず。まことにこれ三賢十聖のおよぶところにあらず、仏祖嫡嫡《てきてき》の道業《どうごう》なり。

しかあれば、いまも住持および半座の職むなしからんときは、比丘尼の得法せらんを請《しょう》すべし。比丘の高年宿老なりとも、得法せざらん、なにの要かあらん。為衆《いしゅ》の主人、かならず明眼によるべし。

しかあるに、村人《そんじん》の身心に沈溺《ちんでき》せらんは、かたくなにして、世俗にもわらひぬべきことおほし。いはんや仏法にはいふにたらず。また女人および姉姑《しこ》等の伝法の師僧を拝不肯〔拝することを肯《うけが》わず〕ならんと擬《ぎ》するもありぬべし。これはしることなく、学せざるゆゑに、畜生にはちかく、仏祖にはとほきなり。

一向に仏法に身心を投ぜんことを、ふかくたくはふるこころとせるは、仏法かならず人をあはれむことあるなり。おろかなる人天《にんでん》、なほまことを感ずるおもひあり。諸仏の正位、いかでかまことに感応するあはれみなからん。土石沙礫《どしやくしやれき》にも、誠感《じようかん》の至神《しいしん》はあるなり。

〔訳〕そのとき、院の雑役のものがいて、院主（妙信尼）がかれらを批評するのを聞いて、この十七人の僧たちに告げた。しかし僧たちは少しもこれをうらみに思わず、自分たちの至らないことを恥じて、衣服をととのえ、院主を焼香礼拝してたずねた。院主がいうに、

「近う お寄りなさい」と。

十七人のものがまだ近づきつつあるときに、院主は、

「これは、風が動くのでもない、幡《ばん》が動くのでもない、心が動くのでもない」

といった。

このように説いたとき、十七人の僧は同時にハッと気がついた。そこでお礼をのべて、師弟の儀礼をとった。十七人の僧は、ただちに西蜀に帰り、ついに仰山には登らなかった。まことにこれは、三賢・十聖でも及ぶところではない。仏祖から正伝してきた人のはたらきである。

そういう次第であるから、現在も一山の住持や、その代役をつとめる職が空席のときは、比丘尼で仏道を得た人を請じ入れるがよい。たとい、年をとった先輩の比丘でも、仏道を得ていないものは、なんの役に立とうか。僧衆の指導者となる主人は、かならず、眼の開いたものでなければならない。

それなのに、出家者でありながら、世俗の村びとの行いや気持に耽溺《たんでき》しているものもあって、頑迷で、世間のもの笑いになることさえ多い。まして仏法の眼が開けていないことはいうまでもない。また、女人や、姉や姑《しゅうとめ》などが伝法の師僧になると、そういう人は礼拝するわけにはいかないと考えるものもあろう。そういうやからは、仏法を知ることもなく、学ぶこともないためであって、畜生のようなもので、仏祖にはほど遠い。

ただひたすら身心を仏法に投入しようと、深く心がけている人には、仏法の方がその人をあわれむことがあるものである。おろかな人間や天上界のものでも、なお誠を感ずる心を持っている。まして諸仏の位にあるものが、ひとすじに道を求める誠に感応するあわれみを持たないことが、どうしてあろうか。土石や沙礫《しゃれき》にも、誠を感ずる心はあるものである。

見在《げんざい》大宋国の寺院に比丘尼の掛搭《かた》せるが、もし得法の声あれば、官家《かんけ》より尼寺《にじ》の住持に補すべき詔をたまふには、即寺《そくじ》にて上堂す。住持以下衆僧みな上参して、立地聴法するに、問話《もんわ》も比丘僧なり。これ古来の規矩《きく》なり。得法せらんは、すなはち一箇の真箇なる古仏にてあれば、むかしのたれにて相見《しょうけん》すべからず。かれ、われをみるに、新条の特地に相接《あい》す。われ、かれをみるに、今日須入今日《しゅにゅう》〔今日は須らく今日に入るべし〕の相待《そうたい》なるべし。たとへば正法眼蔵を伝持せらん比丘尼は、四果支仏およぴ三賢十聖も、きたりて礼拝問法せんに、比丘尼この礼拝をうくべし。男児なにをもてか貴ならん。虚空は虚空なり、四大は四大なり、五蘊《ごうん》は五蘊なり、女流《にょりゅう》もまたかくのごとし。得道はいづれも得道す。ただし、いづれも得法を敬重《きょうじゅう》すべし、男女を論ずることなかれ。これ仏道極妙《ごくみょう》の法則なり。

〔訳〕現在、大宋国の寺院には比丘尼の修行しているものがおり、その尼僧が得法したということになると、官から尼寺の住持になるようにという詔がおりる。すると尼僧は、その寺で説法する。そのとき、住持以下、衆僧がみな参集して、立ったまま説法を聞くのである。その際、問いを呈するのは比丘僧である。これが昔からのきまりである。

得法したからには、一人の真実の古仏であるから、もはや昔のだれそれという気持で相まみえてはならない。かれはわれを見るのに、新しい特別の立場で接すべきであり、われはかれを見るのに、今日が今日に直入する立場で対すべきである。

たとえば、正法の眼をそなえた比丘尼は、四果《しか》・辟支仏《びゃくしぶつ》*、あるいは三賢・十聖も来て、礼拝・問法するときは、その礼拝を受くべきである。相手が男性であるからといって、とくに貴いということがあろうか。虚空は虚空であり、四大は四大であり、五蘊は五蘊である。

女人《にょにん》もまた同じであって、得道しているものは、いずれも得道しているのである。ただ、その得法ということをいずれの人も敬重すべきである。男女の区別を論じてはならない。これこそ仏道の極意の法則である。

《辟支仏》 pratyekabuddha のことで独覚・縁覚などといい、十二因縁を観じて悟るもの。小乗である。

また宋朝に居士《こじ》といふは、未出家の士夫《しふ》なり。庵居《あんこ》して夫婦そなはれるもあり、また孤独潔白なるもあり。なほ塵労稠林《じんろうちゅうりん》といひぬべし。しかあれども、あきらむるところあるは、雲衲霞袂《うんのうかべい》あつまりて礼拝請益《しんえき》すること、出家の宗匠におなじ。たとひ女人なりとも、畜生なりとも、またしかあるべし。仏法の道理いまだゆめにもみざらんは、たとひ百歳なる老比丘なりとも、得法の男女におよぶべきにあらず、うやまふべからず、ただ賓主《ひんじゅ》の礼のみなり。

仏法を修行し、仏法を道取せんは、たとひ七歳の女流なりとも、すなはち四衆の導師なり、衆生の慈父なり。たとへば竜女成仏のごとし、供養恭敬《くぎょう》せんこと、諸仏如来にひとしかるべし。これすなはち仏道の古儀なり。しらず、単伝せざらんはあはれむべし。

〔訳〕また、宋の国で居士というのは、仏道に志しながらまだ出家しない男性のことである。草庵に住んで夫婦ともどものものもあり、また独身で潔白に過ごしているものもある。それにしてもなお、世間のわずらわしさが山積しているといわねばならぬ。しかしながら、その居士が眼の開いた人であれば、出家者たちが集まって、礼拝し教えを請うこと、出家の師匠に対するのと同じである。たとい、教えを請う相手が女人であっても、畜生であっても、同様にそうあるべきである。

また、仏法の道理を夢にも見ていない人は、たとい百歳の老比丘であっても、得法の男女に及ぶべくもない。したがって敬うべきではない。ただ客分としての礼だけでよい。

それと反対に、仏法を修行して仏法を説き得る人は、たとい七歳の女人であっても、四衆《ししゅ》*の指導者であり、衆生の慈父である。

たとえば、竜女《りゅうにょ》の成仏*がそれであって、供養し恭敬することは、諸仏如来と同じであるべきである。これが仏道の古来のしきたりである。それを知りもせず、仏祖より正伝もしていないものは、あわれむべきである。

《四衆》比丘・比丘尼・優婆塞《うばそく》・優婆夷《うばい》で、出家教団の構成員。後二者は具足戒を受ける以前の男性と女性。

《竜女の成仏》『法華経』「提婆品」に、竜王の娘で年八歳のものが、たちまち男性に変わり、菩薩行を行じて南方無垢世界に往き、宝蓮華に坐して悟りを成就した、という。

また和漢の古今に、帝位にして女人あり、その国土みなこの帝王の所領なり、人みなその臣となる。これは、人をうやまふにあらず、位をうやまふなり。比丘尼もまたその人をうやまふことは、むかしよりなし、ひとへに得法をうやまふなり。

また阿羅漢となれる比丘尼のあるには、四果にしたがふ功徳みなきたる。功徳なほしたがふ、人天たれか四果の功徳よりもすぐれん。三界の諸天、みなおよぶ処にあらず、しかしながらすつるものとなる、諸天みなうやまふところなり。いはんや如来の正法を伝来し、菩薩の大心をおこさん、たれのうやまはざるかあらん。これをうやまはざらんは、おのれがをかしなり。おのれが無上菩提をうやまはざれば、謗法《ぼうほう》の愚痴なり。

〔訳〕また、日本や中国の古えも今も、女人にして帝位についた人がいる。* その国土はみな帝王の所領であり、人びとはことごとく帝王の臣である。これは人を敬うのではなく、位を敬うのである。比丘尼も同じことで、その人を敬うことは昔からない。ただひとえに得法を敬うのである。
また、阿羅漢*になった比丘尼には、四果につきまとう功徳がみな来たり集まる。功徳さえそうなのである。まして人間界・天上界のもの、だれひとりとして四果の功徳よりすぐれているものがあろうか。三界の諸天も、みな及ぶところではない。一切合財《がっさい》を捨てた人に対して、諸天はみな敬うのである。まして、如来の正法を正伝し来たり、菩薩の大願をおこしているものに対して、だれが敬わないものがあろうか。これを敬わないのは、自分がおかしいのである。究極の悟りを敬わないのは、法をそしる愚かものである。

《また、日本や中国の……》 これより以下は、七十五巻本にはなく、九十五巻本に存する。
《阿羅漢》 パーリではarahant、サンスクリットではarhat。釈尊と同じように悟りを開いたものを阿羅漢というが、大乗仏教になると、それは小乗の悟りとされ、菩薩が強調される。

またわが国には、帝者のむすめ、あるひは大臣のむすめの后宮《こうぐう》に準ずるあり、また皇后の院号せるあり。これらかみをそれるあり、かみをそらざるあり。しかあるに貪名愛利《とんみょうあいり》の比丘僧に似たる僧侶、この家門にはしるに、かうべをはきものにうたずといふことなし、なほ主従よりも劣なり。いはんやまた奴僕《ぬぼく》となりて、としをふるもおほし。あはれなるかな、小国辺地にうまれぬるに、かくのごときの邪風ともしらざることは、天竺《てんじく》唐土にはいまだなし、我が国のみなり、かなしむべし。あながちに鬢髪《びんぱつ》をそりて、如来の正法をやぶる、深重《じんじゅう》の罪業《ざいごう》といふべし。これひとへに夢幻空華《くうげ》の世途《せいと》をわするるによりて、女人の奴僕《ぬぼく》と繋縛《けばく》せられたること、かなしむべし。いたづらなる世途のため、なほかくのごとくす、無上菩提のため、なんぞ得法のうやまふべきをうやまはざらん。これは法をおもくするこころざしあさく、法をもとむるこころざしあまねからざるゆゑなり。

すでにたからをむさぼるとき、女人のたからにてあれば、うべからずとおもはず、法をもとめんときは、このこころざしにはすぐるべし。もししかあらば、草木牆壁《しょうへき》も正法をほどこす、天地万法も正法をあたふるなり。かならずしるべき道理なり。真善知識にあふといへども、いまだこの志気《しいき》をたてて法をもとめざるときは、法水のうるほひかうぶらざるなり。審細《しんさい》に功夫すべし。

〔訳〕また、わが国には、帝王の娘もあり、あるいは大臣の娘で后宮に準ずるものもあり、また、皇后で院号を持つものもある。このなかには、剃髪しているものもあり、剃髪していないものもある。しかるに、名利をむさぼる僧形《そうぎょう》のものどもが、こうした世俗の家門に走って、頭を履物《はきもの》にすりつけて平身低頭しているさまは、なお主従の間よりもはなはだしく、まして下僕となりはてて、長年にわたっているものも多いというにいたっては、言語道断である。

わが国のような小国・辺地に生まれたために、それが邪風であるとも知らないとは、なんとあわれなことであろうか。インドや中国ではかつてないことであり、ただわが国だけである。まことに悲しむべきことである。いたずらに鬢髪《びんぱつ》をそりながら、如来の正法をやぶるとは、深重の罪業であるといわねばならない。これはひとえに、この世は夢まぼろしのごとくであり、空中の華のごとくであることを忘れて、女人の下僕として縛られていることは悲しむべきである。むなしい世俗のために、なおこのようなことをするのであれば、究極の悟りのために、どうして得法している人を敬わないのであろうか。これは法を重んずる志が浅く、法を求める志が充足していないためである。

すでに、財宝をむさぼるときは、女人の財宝であるから、手に入れることができないとは思わない。法を求めるときは、そうした志よりはすぐれているべきである。もしそうであれば、草木や牆・壁（垣・壁）でも正法を施してくれ、天地の万物も正法を与えてくれるのである。これこそ、かならず知っておくべき道理である。たとい真の善知識にめぐりあうとしても、このような志を立てて法を求めないならば、法水のうるおいにあずかることはできないであろう。つまびらかに心をくだいてみるべきである。

またいま至愚のはなはだしき人おもふことは、女流《にょりゅう》は貪婬所対《とんいんしょたい》の境界にてありとおもふこころをあらためずして、これをみる。仏子かくのごとくあるべからず。貪婬所対の境となりぬべしとて、いむことあらば、一切男子もまたいむべきか。染汚《ぜんな》の因縁となることは、男《なん》も境となる、女《にょ》も境縁となる、非男非女も境縁となる、夢幻空華も境縁となる。あるひは水影《すいよう》を縁として非梵行《ひぼんぎょう》あることあり、あるひは天日《てんじつ》を縁として非梵行ありき。神《じん》も境となる、鬼《き》も境となる、その縁かぞへつくすべからず、八万四千の境界ありといふ、これみなすつべきか、みるべからざるか。

律《ニ》云《いわク》、男二所、女三所、おなじくこれ波羅夷《はらい》不共住《ふぐうじゅう》〔波羅夷にして共に住せず〕。

しかあれば、婬所対《いんしょたい》の境になりぬべしとてきらはば、一切の男子と女人と、たがひにあひきらふて、さらに得度の期《ご》あるべからず。この道理、子細に検点《けんてん》すべし。

外道《げどう》も妻なきあり。妻なしといへども、仏法にいらざれば、邪見の外道なり。仏弟子も在家の二衆は夫婦あり。夫婦あれども仏弟子なれば、人中天上にも肩をひとしくする余類なし。

〔訳〕また、はなはだしく愚かものが思うことは、女人は淫欲の対象であるという考えを改めないで、女人を見ることとである。仏教者はそうであってはならない。淫欲の対象になるからといって忌《い》むならば、すべての男子もまた忌むべきではないか。けがれの因縁となるということでは、男も対象となり、女も対象となる。男でもない女でもないものも対象となり、夢まぼろしや空中の華も対象となる。あるいは、水にうつる女人の影を見てよからぬ行為をしたものもあり、あるいは天日を縁として不浄をなしたものもいる。神も対象となり、鬼も対象となる。その機縁は数えつくすことはできないし、八万四千の対象があるといわれている。これらをすべて捨てねばならないのか、あるいは見てはならないのか。

律にいうに、

「男二所、女三所、おなじくこれ波羅夷《はらい》にして、共に住せず*」と。

そういう次第であるから、淫欲の対象になるからといって嫌うならば、すべての男性と女性とは、たがいに嫌い合って、まったく出家の機会がないことになろう。この道理をつぶさに点検してみるがよい。

また、外道にも妻のないものもいる。妻がないといっても、仏法に入らねば邪見の外道である。仏弟子でも在家の善男《ぜんなん》・善女《ぜんにょ》には夫婦の場合が多い。夫婦ではあっても仏弟子であるから、人間界・天上界にも比肩するものはない。

《「男二所、女三所……」》『四分律』巻一（大正二二・五七一下）。男二所とは、大便道と小便道。女三所とは、それに加えて口。それを犯すと波羅夷（pārājika）罪として最高の罪となり、教団生活を追われる。

また唐国にも愚痴僧ありて、願志を立《りっ》するにいはく、生生世世《しょうじょうせせ》、ながく女人をみることなからん。この願、なにの法にかよる。世法によるか、仏法によるか、外道の法によるか、天魔の法によるか。女人なにのとがかある、男子なにの徳かある。悪人は、男子も悪人なるあり、善人は、女人も善人なるあり。聞法《もんぽう》をねがひ、出離をもとむること、かならず男子・女人によらず。もし未断惑《みだんわく》のときは、男子・女人おなじく未断惑なり。断惑証理《だんわくしょうり》のときは、男子・女人、簡別《けんべつ》さらにあらず。またながく女人をみじと願《がん》せば、衆生無辺誓願度のときも、女人をばすつべきか。すてては菩薩にあらず、仏慈悲といはんや。ただこれ声聞《しょうもん》の酒にゑふことふかきによりて、酔狂の言語《ごんご》なり。人天《にんでん》これをまことと信ずべからず。

〔訳〕また、唐の国にも愚かな僧がいて、願を立てていうに、「生々世々《しょうじょうせせ》ながく女人を見まい*」と。このような願は、いったいなんの道理によるのであろうか。世間の法か、仏法か、それとも外道の道理か、あるいは天魔の道理によるのか。いったい女人になんの咎《とが》があるというのか、男子にはなんの徳があるのか。悪人といえば、男子にも悪人はいるし、善人といえば、女人にも善人がいる。

聞法を願い、迷いを解脱したいと求めることは、必ずしも男女の区別にはよらない。もしまだ煩悩を断じていないときは、男女ともにそうであり、煩悩を断じて理を証《さと》るときは、これまた男女の区別はさらにない。また、ながく女人を見まいと願うならば、「衆生無辺誓願度《しゅじょうむへんせいがんど》」＊のときも、女人は捨てねばならぬのか。捨てては菩薩にはなるまい。まして仏の慈悲とどうしていえようか。ただこれは、声聞《しょうもん》（小乗の聖者）が酒にふかく酔って吐いた酔狂のことばである。人間界・天上界のものは、これをまことであると信じてはならない。

《「生々世々ながく女人を見まい」》 浄土宗の善導（六一三―六八一）はつねに念仏を称えて、目を挙げて女人を見なかったといい、華厳宗の澄観（七三八―八三八）はみずから十願をおこし、その第三願に「女人を見ず」とある。

《「衆生無辺誓願度」》 四弘誓願《しぐせいがん》の一つ。衆生はかぎりがないが、誓ってこれを救おうと願う。

またむかし犯罪《ぼんざい》ありしとてきらはば、一切菩薩をもきらふべし。もしのちに犯罪ありぬべしとてきらはば、一切発心の菩薩をもきらふべし。かくのごとくきらはば、一切みなすてん、なにによりてか仏法現成せん。かくのごときのことばは、仏法を知らざる癡人《ちにん》の狂言なり、かなしむべし。もしなんぢが願のごとくにあらば、釈尊、および在世の諸菩薩、みな犯罪《ぼんざい》ありけるか、またなんぢよりも菩提心もあさかりけるか、しづかに観察すべし。付法蔵の祖師、および仏在世の菩薩、この願なくば、仏法にならふべきところやある、と参学すべきなり。もし汝が願のごとくにあらば、女人を済度せざるのみにあらず、得法の女人世《よ》にいでて、人天のために説法せんときも、きたりてきくべからざるか。もしきたりてきかずば、菩薩にあらず、すなはち外道なり。

〔訳〕また、むかし淫欲の罪があったといって嫌うならば、すべての菩薩をも嫌わねばならない。もし今後そうした罪がおこるであろうとて嫌うならば、これから発心するすべての菩薩をも嫌わねばならない。このようにして嫌うならば、ついにはすべてを捨てることになろう。そうなれば、いったいなにによって仏法は実現することになろうか。右に挙げたような言葉は、仏法を知らない痴人の狂言である。まことに悲しむべきことである。

　もし汝の願のごとくであるならば、釈尊やその在世のころの諸菩薩は、みな罪を犯したことになるのか。あるいはまた、汝よりも菩提心が浅かったというのか。しずかに観察するがよい。

　仏法を伝えてきた祖師たち、および仏在世のおりの菩薩たちは、もしこのような願がなければ仏法に学ぶべきことがどこにあろうか、果たしてどこにもないのかと、よく参学すべきである。もし汝の願のごとくであるならば、女人を救うことができないばかりでなく、得法の女人が現われて、人間界・天上界のもののために説法するときも、男性はその説法を聞くことができないことになるではないか。もしそうならば、それは菩薩ではなくて外道である。

いま大宋国をみるに、久修練行《くしゅれんぎょう》に似たる僧侶の、いたづらに海沙《かいしゃ》をかぞへて、生死海《しょうじかい》に流浪せるあり。女人にてあれども、参尋《さんじん》知識し、弁道功夫して、人天の導師にてあるあり。餅《もちひ》をうらず、餅をすてし老婆等あり。あはれむべし、男児の比丘僧にてあれども、いたづらに教海のいさごをかぞへて、仏法は夢にもいまだみざることを。

およそ境をみては、あきらむることをならふべし。おぢてにぐるとのみならふは、小乗声聞の教行なり。東をすてて西にかくれんとすれば、西にも境界なきにあらず。たとひにげぬるとおもふとあきらめざるにも、遠《おん》にても境なり、近《こん》にても境なり。なほこれ解脱の分にあらず、遠境《おんきょう》はいよいよふかかるべし。

〔訳〕いま大宋国を見ると、久しいあいだ修行してきたように思われる僧侶が、いたずらに海の砂をかぞえるような些事《さじ》にとらわれて、迷いの海を流浪しているものがある。また、女人ではあるが、善知識に参学して弁道工夫し、人天の導師になっているものもある。また、餅を売らずに餅を捨てた老婆もある。* これに反して、男子の比丘僧でありながら、いたずらに経典の文字に拘泥して教海のいさごを数えるようなことに心をうばわれ、仏法は夢にも見ないとは、まことにあわれむべきことである。

およそ、その環境を見てそれを明らかにすることを学ぶべきである。心におじてそれから逃避しようとするのは、小乗の聖者の教えである。東を捨てて西にかくれようとすれば、西にもそれに類した環境がないわけではない。たとい逃げおおせたと思っても、それを明らかにしなければ、遠ざかってもなおそれは環境であり、近くにあってもなお環境である。それはけっして解脱の境地ではない。遠ざかった環境には、かえって関心の深いものがあろう。

《また、餅を売らずに……》『眼蔵』「心不可得」の巻に出ている。

また日本国に、ひとつのわらひごとあり。いはゆる、あるひは結界の地と称し、あるひは大乗の道場と称して、比丘尼・女人等を来入せしめず。邪風ひさしくつたはれて、人わきまふることなし。稽《けい》古《こ》の人あらためず、博達の士もかんがふることなし。あるひは権者《ごんじゃ》の所為と称し、あるひは古先の遺風と号して、更に論ずることなき、わらはば人の腸《はらわた》もたえぬべし。権者とはなにものぞ、賢人《けんにん》か聖人《しょうにん》か、神《じん》か鬼《き》か、十聖か三賢か、等覚か妙覚か。またふるきをあらためざるべくは、生死流転をばすつべからざるか。

いはんや大師釈尊、これ無上正等覚なり。あきらむべきは、ことごとくあきらむ、おこなふべきは、ことごとくこれをおこなふ、解脱すべきはみな解脱せり。いまのたれか、ほとりにもおよばん。しかあるに在世の仏会《ぶつえ》に、みな比丘・比丘尼・優婆塞《うばそく》・優婆夷《うばい》等の四衆あり、八部あり、三十七部あり、八万四千部あり。みなこれ仏界を結せること、あらたなる仏会なり。いづれの会《え》か比丘尼なき、女人なき、八部なき。如来在世の仏会よりもすぐれて清浄《しょうじょう》ならん結界をば、われらねがふべきにあらず、天魔界なるがゆゑに。仏会の法儀は、自界他方、三世千仏ことなることなし。ことなる法あらんは、仏会にあらずと知るべし。

〔訳〕また、わが国にはひとつの笑うべきことがある。それは、いわゆる結界*といい、あるいは大乗の道場と称して、比丘尼・女人などをなかに入れないことである。このような邪風が久しいあいだ伝わってきて、人はいっこうにその邪風に気づいていない。古事をふまえている人も改めようとはせず、博学の人も考えようとはしない。あるいは権者《ごんじゃ》*の所為と称し、あるいは古人の遺風と称して、さらに論ずることがないのは、腸もちぎれるほどに笑止千万なことである。

権者とはなにものか。賢者か聖人か、神か鬼か、十聖か三賢か、等覚か妙覚か*。また、古いがゆえに改めてはならないとすれば、生死流転《しょうじるてん》をも捨ててはならないのか。

まして大師釈尊は、究極の悟りを得られた仏である。明らかにすべきことは、ことごとく明らかにし、行《ぎょう》ずべきことはすべて行じ、解脱すべきことはみな解脱された。今のだれひとりとして、釈尊の身辺に及ぶものがあろうか。

しかるに釈尊在世の集会には、比丘・比丘尼・優婆塞《うばそく》・優婆夷《うばい》の四衆があり、八部*があり、三十七部*があり、八万四千部があった。これらはみな、仏の世界として区切られた新しい集会である。これらのうちのいずれの集会に、比丘尼や女人や八部がなかったことがあろうか。こうした如来在世の集会よりも、なお清浄な結界を、われらは願うべきではない、そのような結界は天魔界であるから。仏の集会のしきたりは、この世界や他の世界、または三世の諸仏によって異なることはない。もしそれに異なるとすれば、仏の集会ではないと知るべきである。

《結界》 simābandha　一定の地域を画して、そのなかに出家者が居住し、戒律を守り、他の地域の俗生活から区別すること。

《権者》 仏・菩薩が衆生を救うためにかりに現われたすがた。化身《けしん》・権化《ごんげ》・権現《ごんげん》などという。

《等覚、妙覚》 菩薩の修行の階位で、十信・十住・十行・十廻向・十地・等覚・妙覚・仏という五十三位の段階をならべ、その五十一番目が等覚、五十二番目が妙覚。

《八部》 八部衆ともいい、天・竜・夜叉など、仏法を守護する八種の部類。

《三十七部》 三十七尊で、金剛界曼荼羅の主尊。すなわち、五仏・四波羅蜜菩薩・八供養・十六大菩薩・四摂菩薩。

いはゆる四果は極位《ごくい》なり。大乗にても小乗にても、極位の功徳は差別《しゃべつ》せず。しかあるに、比丘尼の四果を証するおほし。三界のうちにも、十方の仏土にも、いづれの界にかいたらざらん。たれかこの行履《あんり》をふさぐことあらん。また妙覚は無上位なり。女人すでに作仏《さぶつ》す、諸法いづれのものか究尽《ぐうじん》せられざらん。たれかこれをふさぎて、いたらしめざらんと擬せん。すでに遍照二於十方一《へんしょうおじっぽう》〔遍く十方を照らす〕の功徳あり、界畔《かいばん》いかがせん。また天女《てんにょ》をもふさぎていたらしめざるか、神女《しんにょ》をもふさぎていたらしめざるか。天女・神女も、いまだ断惑の類にあらず、なほこれ流転の衆生なり。犯罪《ぼんざい》あるときはあり、なきときはなし。人女《にんにょ》・畜女《ちくにょ》も、罪あるときはあり、罪なきときはなし。天のみち、神《しん》のみちふさがん人はたれぞ。すでに三世の仏会《ぶつえ》に参詣す、仏所に参学す。仏所仏会にことならん、たれか仏法と信受せん。ただこれ誑惑世間人《おうわくせけんにん》〔世間の人を誑惑《おうわく》する〕の至愚なり。野干《やかん》の窟穴《くっけつ》を人にうばはれざらんとをしむよりも、おろかなり。

〔訳〕いわゆる四果（小乗の位）とは、究極の位である。究極の位の功徳は、大乗も小乗も区別はない。

そうしたなかで、比丘尼でありながら四果を得たものが多い。したがって、三界のうちでも十方の仏土でも、どこでも至らないものがあろうか。また、だれがその生き方をさまたげるものがあろうか。また、妙覚（大乗の位）とは究極の位である。女人もすでに仏となれば、いずれの世界も究め尽さないということがあろうか。だれがそれをさまたげて、至らしめないようにすることができようか。すでにその功徳は、「遍《あまね》く十方を照らす」というのに、境界を仕切ってどうしようというのであるか。

あるいは、天女をさまたげて入らしめないというのか。神女をさまたげて入らしめないというのか。天女も神女も、まだ煩悩を断じたたぐいではない。なおこれは、迷いを流転している衆生である。罪を犯すときもあれば、犯さないときもある。人女も畜女も、罪を犯すこともあり、犯さないわけではない。天の道、神の道を、かれらからさまたげるものはいったいだれなのか。かれらはすでに、三世諸仏の集会に参詣し、仏所に参学している。もしそうした仏所や仏会と異なるのであれば、だれが仏法として信受するものがあろうか。これはただ世間の人をたぶらかす、もっとも愚かならわしである。たとえば、狐が自分の穴を人にうばわれまいと惜しむよりもなお愚かなことである。

また仏弟子の位は、菩薩にもあれ、たとひ声聞にもあれ、第一比丘・第二比丘尼・第三優婆塞《うばそく》・第四優婆夷《うばい》、かくのごとし。この位《くらい》、天上・人間ともにしれり、ひさしくきこえたり。しかあるを仏弟子第二の位は、転輪聖王《てんりんじょうおう》よりもすぐれ、釈提桓因《しゃくだいかんいん》よりもすぐるべし、いたらざるところあるべからず。

いはんや小国辺土の国王・大臣の位にならふべきにあらず。いま比丘尼いるべからず、といふ道場をみるに、田夫《でんぶ》・野人・農夫・樵翁《しょうおう》みだれ入る。いはんや国王・大臣・百官・宰相、たれか入《い》らざるあらん。田夫等と比丘尼と、学道を論じ得位を論ぜんに、勝劣つひにいかん。たとひ世法にて論ずとも、たとひ仏法にて論ずとも、比丘尼のいたらんところに、田夫・野人あへていたるべからず。錯乱《しゃくらん》のはなはだしき、小国はじめてこのあとをのこす。あはれむべし、三界慈父の長子、小国にきたりて、ふさぎていたらしめざるところありき。

〔訳〕また、仏弟子の位は、菩薩（大乗の徒）であろうと、声聞（小乗の徒）であろうと、第一は比丘、第二は比丘尼、第三は優婆塞、第四は優婆夷というように定まっている。この順序は、天上界にも人間界にも久しいあいだ知れわたっている。そういうわけで、仏弟子の第二位である比丘尼は、転《てん》輪聖王《りんじょうおう》＊よりも釈提桓因《しゃくだいかんいん》＊よりもすぐれているであろう。いたらないところはないはずである。まして、小国・辺土の国王や大臣の位に比ぶべくもない。

いま、比丘尼禁制の道場を見ると、田夫・野人・農夫・樵夫《きこり》などが入りみだれている。まして、国王・大臣・百官・宰相など、道場に入らないものはない。もし田夫と比丘尼とが、仏道修行を論じ得法を論じたならば、その優劣はいかがであろうか。結果は目に見えているではないか。たとい世間の道理からいっても、仏法から見ても、比丘尼の達しているところに、田夫・野人などとても及びもつかない。このようなはなはだしい混乱は、小国（日本）においてはじめて悪例をのこしている。三界の慈父である仏の長子（比丘尼）が、この国ではさまたげられて道場に入ることができないとは、まことにあわれなことである。

《転輪聖王》 Cakravarti-rāja インドにおける大王の理想像。輪宝を転じて世界を降伏せしめるから、かくいう。

《釈提桓因》 ヴェーダ時代にインドラ (Indra 雷) の神あり、それが仏教の守護神となって釋提桓因 (Śakra devānām Indra) となり、帝釈天ともいう。

またかの結界と称するところにすめるやから、十悪をおそるることなし、十重つぶさにをかす。ただ造罪界として不造罪人をきらふか。いはんや逆罪をおもきこととす。結界の地にすめるもの、逆罪もつくりぬべし。かくのごときの魔界はまさにやぶるべし。仏化《ぶつけ》を学すべし、仏界にいるべし、まさに仏恩を報ずるにてあらん。かくのごときの古先、なんぢ結界の旨趣《ししゅ》をしれりやいなや。たれよりか相承《そうじょう》せりし、たれが印をかかうぶる。

いはゆるこの諸仏所結の大界にいるものは、諸仏も衆生も、大地も虚空も、繫縛《けばく》を解脱し、諸仏の妙法に帰源するなり。しかあればすなはち、この界をひとたびふむ衆生、しかしながら仏功徳をかうぶるなり。不違越《ふいおつ》の功徳あり、得清浄《とくしょうじょう》の功徳あり。一方を結するとき、すなはち法界《ほっかい》みな結《けっ》せられ、一重《いちじゅう》を結するとき、法界みな結せらるるなり。あるひは水をもて結する界あり、あるひは心をもて結界することあり、あるひは空をもて結界することあり、かならず相承相伝《そうじょうそうでん》ありて知るべきことあり。

いはんや結界のとき、灑甘露《しゃかんろ》ののち、帰命《きみょう》の礼《らい》をはり、乃至《ないし》浄界等ののち、頌《じゅ》に云《いわク》、玆界遍法界《しかいへんほっかい》、無為《むい》結《けっ》清浄《しょうじょう》〔玆《こ》の界は法界に遍《あまね》く、無為にして清浄を結せり〕。この旨趣、いま、ひごろ結界と称する古先老人、しれりやいなや。おもふに、なんだち結のなかに遍法界の結せらるること、しるべからざるなり。しりぬ、なんぢ声聞の酒にゑふて、小界を大界とおもふなり。ねがはくは、ひごろの迷酔すみやかにさめて、諸仏の大界の遍界に違越《いおつ》すべからず。済度摂受《しょうじゅ》に一切衆生みな化《け》をかうぶらん功徳を、礼拝恭敬《くぎょう》すべし。たれかこれを得道髄といはざらん。

正法眼蔵礼拝得髄
延応庚子《かのえね》清明日、記二観音導利興聖宝林寺一。

〔訳〕また、かの結界と称する所に住んでいるものたちは、十悪*をもおそれることなく、十重戒*もみな犯している。これはただ罪を造る結界というべきで、逆に罪を造らないものを嫌うのであるか。まして逆罪はもっとも重い罪*であるのに、この結界に住んでいるものは、その逆罪をも犯すようである。このような魔界は破るべきである。そして仏の教化を学び、仏の世界に入るがよい。それこそ仏恩を報ずるというものであろう。このような魔界を造った先人は、結界の趣旨を知っていたのか、どうか。だれから受けついだものであろう。また、だれからその認可を受けたのか。

諸仏が結ぶところの大界に入るものは、諸仏も、衆生も、大地も、虚空も、ことごとく束縛を解脱して、諸仏の道理の根源に帰るのである。そういうわけで、ひとたびこの結界にふみこんでくる衆生は、もうそのままで仏の功徳をこうむるのである。それは正しい功徳であり、清らかな功徳である。一方を結界すれば、四方・八方・十方・法界はみな結界となり、一重を結界すれば、二重・三重・無尽重となって、これまた法界ことごとく結界となるのである。

あるいは水をもって結界することがあり、あるいは心をもって結界することもあり、あるいは空をもって結界することもある。いずれにしても、受けつぎ相伝えて、そのことを知らねばならない。

まして、結界のときはつぎのことが行なわれる。すなわち、甘露をそそいだのち、諸仏に帰命する礼拝を行ない、さらに結界を浄め終わって、頌をとなえていうに、

「この結界は法界に遍く、まったく脱俗して清浄である」と。

この趣旨を、日ごろ結界と称している古老たちは、果たして知っているか、どうか。考えてみるに、かれらは、この結界のなかに遍法界がこめられていることは、知るはずもないのである。おそらくかれらは、声聞の酒に酔って、小界を大界と思うているにちがいあるまい。願わくは、日ごろの迷いの酔いからすみやかにさめて、諸仏の大界は法界に遍きものであることを誤らないようにしてもらいたい。一切衆生をみな救って仏の世界におさめとるという教化の功徳を、礼拝し恭敬すべきである。だれかこのことを、仏道の骨髄を得ているといわないものがあろうか。

正法眼蔵礼拝得髄

延応二年（一二四〇）清明の日、観音導利興聖宝林寺に記す。

《十悪》殺生・偸盗・邪婬・妄語・両舌・綺語・悪口・貪欲・瞋恚・邪見をいう。十悪業・十不善業ともい

う。

《**十重戒**》　不殺戒・不盗戒・不婬戒・不妄語戒・不飲酒戒・不説過罪戒（他人の罪過を説かない）・不自讃毀他戒・不慳戒・不瞋戒・不謗三宝戒。『梵網経』に説かれる大乗戒。

《**逆罪**》　五逆罪。もっとも重い罪。父を殺す・母を殺す・阿羅漢を殺す・仏身より血を出す・教団を破壊す。

〔九〕 渓声山色（けいせいさんしょく）

《解説》 この巻は、道元四十一歳、夏安居《げあんご》が始まって五日後に僧衆に示した、とある。興聖寺における道元の説法活動も安定してきて、年齢的にも次第に油ののってきたころである。夏安居のはじめに説かれたものであるから、仏道修行の要所要所について懇切丁寧に述べられている。

　まずなんといっても大事なことは、正法を体得することである。これについていくつかの例が挙げられているが、とくに有名なのは、蘇東坡《そとうば》が廬山《ろざん》で渓水の流れる音を聞いて悟り、香厳智閑《きょうげんしかん》は小石が竹にあたる音によって目覚め、霊雲志勤《れいうんしごん》は桃の花を見て悟道したという話である。蘇東坡のエピソードが「渓声山色」というこの巻の題名になっている。いずれも、眺めたところ、渓水の流れ、小石の撃竹、桃の花など、いかにも風流である。しかしそこには、長年月にわたる、血肉をしぼり出すような刻苦精励の弁道がたたみこまれている。それがようやく熟して、まさに熟柿が枝を離れようとするその機縁に、こうした渓声や撃竹との出会いに恵まれるのである。

　したがって、道元はつぎに、菩提心を発《おこ》すことの重要な意味について語る。菩提心とは悟りの心であり、いいかえれば、正法を実現する心である。すなわち、今生《こんじょう》より生々世々《しょうじょうせせ》をつくして、一切衆生とともに、正法を聞き、正法にあい、正法を受持しようと誓うのである。このように菩提心を発《おこ》して後は、たとい迷いの世界に輪廻《りんね》しても、輪廻そのものが菩提の行願になるという。だから一刻もはやく、今すぐ菩提心を発せ、そうすれば、今日ただいま以後の人生は、空しく過ごすことにはならない、というのである。

では正法とはなにか。この正法の体得が仏道のかなめであり、それだけにもっともむずかしい。道元は正法の心術という。心術とは心ばえというほどの意味である。正法が身につくようになったときの心ばえである。これこそ無価の宝であり、仏から仏へと正伝してきたものである。道元はそれを仏の光明ともいい、仏心ともいっている。では、正法を体得するにはいかにすればよいか。それについてはこの巻には触れていないが、「弁道話」にもあるように、仏の自受用三昧《じじゅゆうざんまい》のなかでみずから端坐弁道して、その無価の宝を受けるほかはないであろう。

さて、このような正法を体得しようと思い立つことが菩提心を発すことであるが、道元はつぎに、せっかく菩提心を発しても途中でそれがくらまされることについて警戒を与えている。たとえば、人びとから供養をうけると、それが仏法の功徳であると喜び、ことに国王や大臣の帰依があると、わが仏道は成就したと思いこんでしまう。これは、仏法を世法にすりかえてしまったとんでもない誤解で、悪魔のしわざである、という。道元のこうした批判はまことに痛烈で、人心の機微をうかがったものであろう。そして、それがそのまま、七〇〇年をへだてた現代に通用していることに驚かされる。われわれはただ黙して、みずから胸に手をあててきびしく反省すべきである。

道元は最後に、懈怠《けたい》の心が生じ、不信の念がおこるときの心得について説いている。そのときは、まごころから仏前に懺悔せよ、という。その懺悔功徳の力が、われわれを浄化する。そして無碍《むげ》の浄信と精進をそだてる、というのである。「浄信一現するとき、自他おなじく転ぜらるるなり」と説いているが、浄信がついには究極の大悟にまで貫かれていることに、とくに留意せしめられる。

ところで、その懺悔の要旨であるが、かいつまんでみると、つぎのようなことになろう。

「諸仏・諸祖の功徳は法界全体に充満しており、願わくはそのあわれみをわれにも分ち与えて、悪業から解脱せしめよ、しかし仏祖もむかしはわれらと同じく、われらもまた未来は仏祖となる、このような仏祖を仰ぎみると、つづまるところ一仏祖である。この一仏祖（永遠の仏とでもいおうか）にくるまれて、あわれみを七通八達してみると、もうなにもかもするすると運ばれていく」

とでもなるのであろうか。道元は、このような懺悔によって仏祖の功徳を深く信じている。

ともかく、この巻は、仏道修行の要点を網羅している点で、とくに注目しておかねばならない。

渓声山色

阿耨菩提《あのくぼだい》に伝道授業《じゅごう》の仏祖おほし、粉骨の先蹤即不無《せんしょうそくふむ》なり。断臂《だんぴ》の祖宗まなぶべし、掩泥《えんでい》の毫髪《こうはつ》もたがふることなかれ。各各の脱殻《だっかく》うるに、従来の知見解会《ちけんげえ》に拘牽《こうけん》せられず、曠劫未明《こうこうみみょう》の事《じ》たちまちに現前す。恁麼時《いんもじ》の而今《にこん》は、吾《われ》も不知なり、誰も不識なり、汝も不期《ふご》なり、仏眼《ぶつげん》も覷不見《ちょふけん》なり。人慮《にんりょ》あに測度《しきたく》せんや。

大宋国に東坡《とうば》居士《こじ》蘇軾《そしょく》とてありしは、字《あざな》は子瞻《しせん》といふ。筆海の真竜なりぬべし、仏海の竜象を学す。重淵《じゅうえん》にも游泳《ゆうえい》す、層雲《そううん》にも昇降す。あるとき盧山《ろざん》にいたりしちなみに、渓水の夜流する声をきくに悟道す。偈《げ》をつくりて、常総禅師に呈するにいはく、渓声便是広長舌、山色無レ非ニ清浄身一、夜来八万四千偈、他日如何挙ニ似人一〔渓声便《すなわ》ち是れ広長舌《こうちょうぜつ》、山色、清浄身に非ざる無し。夜来八万四千の偈、他日如何《いか》んが人に挙似《こじ》せん〕。

この偈を総禅師に呈するに、総禅師、然之《ねんし》す〔之《これ》を然りとす〕。総は照覚常総禅師なり、総は黄竜慧《おうりゅうえ》南《なん》禅師の法嗣《はっす》なり、南は慈明楚《じみょうそ》円《えん》禅師の法嗣なり。

居士あるとき仏印《ぶっちん》禅師了元和尚と相見《しょうけん》するに、仏印さづくるに、法衣仏戒等をもてす。居士つねに法衣を搭《たっ》して修道《しゅどう》しき。居士、仏印にたてまつるに無価《むげ》の玉帯をもてす。ときの人いはく、凡俗所及《しょぎゅう》〔凡俗の及ぶ所〕の儀にあらずと。

〔訳〕究極の悟りにおいて道を伝え、修行の方法を受けついだ仏祖は、実に多い。仏道のために粉骨砕身した先哲の足跡もないではない。われわれは、臂《ひじ》を断って仏法を求めた二祖慧可《えか》の断固たる態度に学ぶべきである。釈尊は前生で、燃灯仏《ねんとうぶつ》のために泥上に頭髪を敷いて、その足の汚れるのを防いだが、そのような深切な志を、われわれは毛すじほどもたがえてはならない。

めいめいが、自分の迷いの殻《から》を抜けて解脱を得るとき、これまでの知見や理解にひき廻されずに、久《く》遠《おん》の昔から明らかでなかったことが、今たちまちに実現するのである。このときの永遠の今は、わたしも知覚したことがなく、何人も意識しないし、あなたも予期していないであろう。それは仏の眼でさえもうかがえないのである。人間の思慮で、どうして測ることができようか。

大宋国に、東坡《とうば》居士《こじ》蘇軾《そしょく》という人がいた。字《あざな》は子瞻《しせん》という。文筆にかけては真竜というべきであろう。仏法についても、すぐれた師匠に参学している。深い淵にも遊泳し、重なり合っている雲にも昇降するように、仏法を深くかつ高く学んだ。

あるとき廬山《ろざん》に行った折に、一夜、谷川の水のせせらぎを聞いて悟りを開いた。ただちに偈《げ》をつくって、常総《じょうそう》禅師に呈示している。

谷川の音は、そのまま仏の説法。
山の色は、すべて仏の清浄身。
夜来聞く八万四千の偈。
いかにして人に示すことができよう。

（渓声便ち是れ広長舌。
山色清浄身に非ざる無し。
夜来八万四千の偈。
他日如何んが人に挙似せん）

この偈を禅師に呈示すると、禅師は、よしとして許された。この人は、照覚常総禅師であり、黄《おう》竜慧南《りゅうえなん》禅師をついだ人である。慧南は、慈明楚円《じみょうそえん》禅師をついだ人である。

東坡居士があるとき、仏印《ぶっちん》禅師了元《りょうげん》*にまみえたことがある。仏印はそのとき、居士に法衣と仏戒を授けた。居士はつねに法衣を身につけて、仏道を行じていた。そして仏印に、宝玉で飾った高価な帯を献上した。当時の人びとは、「凡俗にできることではない」と噂《うわさ》した。

《仏印禅師了元》　雲門宗の人、雲門文偃から五代目。この記録は『聯灯会要』巻二八（卍続二乙・九・五・四五四右下―左上）にある。

しかあれば聞渓《もんけい》悟道の因縁、さらにこれ晩流《ばんる》の潤益《じゅんやく》なからんや。あはれむべし、いくめぐりか現身説法の化儀《けぎ》にもれたるがごとくなる。なにとしてか、さらに山色を見、渓声をきく。一句なりとやせん、半句なりとやせん、八万四千偈《げ》なりとやせん。うらむべし、山水にかくれたる声色《しょうしき》あること。またよろこぶべし、山水にあらはるる時節因縁あること。舌相も懈倦《げけん》なし、身色《しんしき》あに存没《ぞんもつ》あらんや。しかあれども、あらはるるときをや、ちかしとならふ、かくれたるときをや、ちかしとならはん。一枚なりとやせん、半枚なりとやせん。従来の春秋は、山水を見聞《けんもん》せざりけり、夜来の時節は、山水を見聞することわづかなり。いま学道の菩薩も、山流水不流より学入の門を開《かい》すべし。

この居士の悟道せし夜は、そのさきの日、総禅師と無情説法話を参問せしなり。禅師の言下《ごんか》に翻身《ほんしん》の儀いまだしといへども、渓声のきこゆるところは、逆水《げきすい》の波浪たかく天をうつものなり。しかあれば、いま渓声の、居士をおどろかす、渓声なりとやせん、照覚の流瀉《りゅうしゃ》なりとやせん。うたがふらくは、照覚の無情説法の語、ひびきいまだやまず、ひそかに渓流のよるの声にみだれいる。たれかこれ一升なりと弁肯せん、一海なりと朝宗《ちょうそう》せん。畢竟《ひっきょう》じていはば、居士の悟道するか、山水の悟道するか。たれの明眼あらんか、長舌相清浄身を急着眼《きゅうちゃくがん》せざらん。

〔訳〕こういうわけであるから、東坡居士が谷川の音を聞いて悟りを開いた話は、後輩のわれわれに恵みを与えないことがあろうか。

あわれむべきことには、仏が身を現わして説法する教えに、わたしはいくたび漏れたことであろうか。それがなんとしたことであろう、いま気がついて山色を見、渓声を聞くとは。これは一句であろうか、半句であろうか、あるいは八万四千の偈であろうか。

まことにうらむべきである、山水にかくれた説法の声色を見聞できないことを。また、よろこぶべきである、山水に現われた説法の時節因縁あることを。仏の説法する舌の動きが、倦《う》み疲れるはずはないし、仏のすがたも、現われたり消えたりすることがどうしてあろうか。

しかしながら、仏身の現われるときこそ、身に親《ちか》しいと思うべきであろうか、逆に、かくれたときこそ親しいと思うべきであろうか。それは完全な一枚と考えてよいのか、それとも半枚にすぎないものであろうか。

ともあれ、東坡居士のこれまでの春秋には、実は山水の真相を見聞しなかったのである。居士のいう夜来の時節でも、ようやく山水の真相をわずかに見聞したのである。いま仏道を学んでいる修行者は、「山は流れ、水は流れず」というところから、仏道の門を開くがよい。

この居士が悟りを開いた夜の前日に、居士は、常総禅師に無情説法*について尋ねているが、そのときの禅師の言葉では、即座に悟ることはできなかった。しかしその翌日、谷川の音が居士の耳に聞こえたとき、さかまく波浪が高く天を打つように、明らかに居士の耳をたたいたのである。

そういうわけであるから、谷川の音が居士の眠りをさましたというが、果たしてそれは谷川の音なのだろうか、あるいは、照覚が居士のなかへ流れこんだためであろうか。おそらく、居士に対して述べられた照覚の無情説法の語は、その余韻がなお続いていて、ひそかに谷川の夜の流れにまぎれこんだのではないだろうか。その分量は、一升の水か、大海の水か、だれがいったい量《はか》ることができよう。つきつめていうと、悟りを開くのは居士であるのか、それとも山水であるのか。眼の開いたものであるならば、渓声の説法や山色の清浄身に注視しないものがあろうか。

《無情説法》　渓流や山色などのように、心を持っていないものが説法すること。

また香厳智閑《きょうげんしかん》禅師、かつて大潙《だいい》大円禅師の会《え》に学道せしとき、大潙いはく、なんぢ聡明博解《はくげ》なり、章疏《しょうしょ》のなかより記持《きじ》せず、父母《ぶも》未生《みしょう》以前にあたりて、わがために一句を道取しきたるべし。香厳、いはんことをもとむること数番すれども不得なり。ふかく身心《しんじん》をうらみ、年来たくはふるところの書籍《しょじゃく》を披尋《ひじん》するに、なほ茫然《ぼうぜん》なり。つひに火をもちて年来のあつむる書をやきていはく、画にかけるもちひは、うゑをふさぐにたらず。われちかふ、此生《ししょう》に仏法を会《え》せんことをのぞまじ、ただ行粥飯僧《ぎょうしゅくはんぞう》とならん、といひて、行粥飯して年月をふるなり。行粥飯僧といふは、衆僧に粥飯を行益《ぎょうやく》するなり。このくにの陪饌役送《ばいせんえきそう》のごときなり。

かくのごとくして大潙にまうす、智閑は心神昏昧《こんまい》にして道不得なり、和尚、わがためにいふべし。大潙のいはく、われなんぢがためにいはんことを辞せず、おそらくはのちになんぢわれをうらみん。

かくて年月をふるに、大証国師の蹤跡《しょうせき》をたづねて、武当山にいりて、国師の庵《いおり》のあとに、くさをむすびて為庵《いあん》す。竹をうゑてともとしけり。あるとき、道路を併浄《びょうじょう》するちなみに、かはらほとばしりて、竹にあたりてひびきをなすをきくに、豁然《かつねん》として大悟す。沐浴《もくよく》し、潔斎《けっさい》して、大潙山にむかひて焼香礼拝して、大潙にむかひてまうす、大潙大和尚、むかしわがためにとくことあらば、いかでかいまこの事あらん、恩のふかきこと、父母《ぶも》よりもすぐれたり。つひに偈をつくりていはく、一撃亡二所知一、更不二自修治一、動容揚二古路一、不レ堕二悄然機一、処処無二蹤跡一、声色外威儀、諸方達道者、咸言二上上機一〔一撃に所知を亡ず、更に自ら修治《しゅじ》せず、動容を古路に揚げ、悄然《しょうぜん》の機に堕せず。処処、蹤跡無し、声色外《しょうしきがい》の威儀《いいぎ》なり、諸方達道の者は、咸《み》な上上の機と言うべし〕。この偈を大潙に呈す。大潙いはく、此子徹也〔此の子《し》、徹せり〕。

〔訳〕また、香厳智閑禅師《きょうげんしかん》*は、かつて大潙《だいい》大円《だいえん》禅師*の門下で仏道修行していたとき、大潙がいうに、

「おまえはかしこくて、博識である。そこで、父母未生以前の境地を体得して、その一句をわたしに持ってこい。注釈書のなかからおぼえたのではいけない」と。

そこで香厳は、再三努力してなにかをひねり出そうと試みたが、どうしてもできない。深くわが身をうらみ、これまで蓄えてきた書物を開いてさがしてみるけれども、ただ茫然とするだけである。ついにかれは、長年集めてきた書物に火をつけて焼いてしまった。そしていうに、

「画にかいた餅は、腹の足しにはならない。わたしは誓う、この世で仏法を会得しようとは望むまい。ただ行粥飯僧《ぎょうしゅくはんぞう》となろう」と。

こうしてかれは、食事の給仕をして年月を過ごした。行粥飯僧というのは、修行の僧たちに粥《かゆ》や御飯を給仕することである。わが国でいえば、食事の世話をする役目のようなものである。

あるときかれは、大潙に申した。

「わたしは、心が暗くて、とても体得することができません。和尚、どうかわたしに教えてください」

大潙がいうに、

「わたしはおまえのために教えてやるのに、やぶさかではない。しかし、もしそうしたら、おまえは後でわたしをうらむであろう」と。

このようにして年月を経たが、大証国師南陽慧忠の行跡をたずねて、武当山（湖北省均県）に入り、国師の庵のあった跡に草庵を結んで住むこととなり、竹を植えて友としていた。

あるとき、道路を清掃していた折に、小石が飛んできて、竹にあたって、カチンと響きを立てた。同時にかれは、豁然《かつねん》として大悟した。ゆあみして身をきよめ、大潙山の方に向かって焼香・礼拝し、大潙に向かってつぎのように申した。

「大潙大和尚、もし和尚がかつてわたしのために教えていたとすれば、どうして現在、このような喜びがありましょうか。和尚の御恩の深いことは、父母よりもまさっております」

最後につぎのような偈《げ》を作った。

「竹の一撃、妄念を打ち果てぬ。

いまさら、何を修し、何を治そうぞ。

たちい、ふるまい、千古の路。

しぼむいとまもあらばこそ。

踏むところ、跡かたもなし。
見聞をはるかに越えたれば。
　諸方達道の人、
　こぞりて上上の機といわん。

この偈を大潙禅師に呈示した。大潙がいうに、「この人は徹底したぞ」と。

《香厳智閑》潙山霊祐（七七一―八五三）の弟子。この話は、『景徳伝灯録』巻一一（大正五一・二八四上）にある。

《大潙大円禅師》七七一―八五三。潙山霊祐のこと。その弟子仰山慧寂とともに、潙仰宗始まる。

また霊雲志勤《れいうんしこん》禅師は、三十年の弁道なり。あるとき游山《ゆさん》するに、山脚に休息して、はるかに人里《にんり》を望見す。ときに春なり。桃華のさかりなるをみて、忽然《こつねん》として悟道す。偈をつくりて大潙に呈するにいはく、「三十年来尋二剣客一、幾回葉落又抽レ枝、自三従一二見桃花一後、直至二如今一更不レ疑〔三十年来剣客を尋ぬ、幾回《いくたび》か葉落ち又枝を抽《ぬ》く。桃花を一見してより後、直《じき》に如今《いま》に至りて更に疑わず〕」。大潙いはく、「従レ縁入者、永不二退失一〔縁より入る者は、永く退失せず〕」。すなはち許可するなり。

いづれの入者《にっしゃ》か従縁《じゅうえん》せざらん、いづれの入者か退失《たいしつ》あらん、ひとり勤《ごん》をいふにあらず。つひに大潙に嗣法す。山色の清浄身にあらざらん、いかでか恁麼《いんも》ならん。

〔訳〕霊雲《れいうん》志勤《しごん》禅師*は、三十年のあいだ弁道した人である。あるとき、山中に遊んでいた際、山のふもとに休息して、はるかに人里を見渡していた。時あたかも春であり、桃の花が咲きほこっているのを眺めていたとき、忽然として悟るところがあった。そこで一偈《げ》をつくって大潙（潙山霊祐）に呈上していうに、

「水に入りし般若の剣、
これを求めて三十年。
葉落ち芽出《い》ずること幾度ぞ、
桃花を一見してより
ただちに至る永遠の今、
疑惑のなごり、さらになし」

大潙がいうに、

「因縁より悟入するものは、永く退失することがない」と。

そこで印下を与えたのである。

しかし、だれひとりとして因縁より悟入しないものがあろうか。また、悟入すればだれが退失するものがあろうか。これは、ただ志勤のことだけをいっているのではない。すべての悟入者がそうである。かくして志勤は大潙の法を嗣いだ。もし山色が清浄身でなかったら、どうしてこのようなことがあろうか。

《霊雲志勤禅師》潙山霊祐の法嗣。ここの話は、『景徳伝灯録』巻一一（大正五一・二八五上）にある。

長沙景岑《けいしん》禅師に、ある僧とふ、いかにしてか山河《せんが》大地《だいち》を転じて自己に帰せしめん。師いはく、いかにしてか自己を転じて山河大地に帰せしめん。

いまの道取《どうしゅ》は、自己のおのづから自己にてある、自己たとひ山河大地といふとも、さらに所帰に罣《けい》礙《げ》すべきにあらず。

瑯瑘《ろうや》の広照大師慧覚《えかく》和尚は、南岳の遠孫《おんそん》なり。あるとき教家《きょうけ》の講師子璿《しせん》とふ、清浄本然《ほんねん》、云何《うんが》忽《こつ》生《しょう》二山河大地一〔清浄本然、云何《いか》んぞ忽ちに山河大地を生ずる〕。かくのごとくとふに、和尚しめすにいはく、

清浄本然、云何忽生山河大地。

ここにしりぬ、清浄本然《ほんねん》なる山河大地を、山河大地とあやまるべきにあらず。しかるを経師《きょうじ》、かつてゆめにもきかざれば、山河大地を山河大地としらざるなり。

〔訳〕長沙景岑《ちょうしゃけいしん》禅師*にひとりの僧がたずねた。

僧「どうしたならば山河大地をめぐらして自己に帰せしめることができましょうか」

師「どうしたならば自己をめぐらして山河大地に帰せしめることができようか」

この言葉は、自己はおのずから自己であるから、たとい自己は山河大地であるといっても、その帰するところの山河大地にこだわってはならないという趣旨である。

瑯瑘《ろうや》の広照大師慧覚和尚*は、南岳懐譲《なんがくえじょう》の遠い法孫である。あるとき教家（禅家に対する）の学者で

ある子璿《しせん》*がたずねた。

「本来清浄であるのに、どうしてたちまち山河大地を生ずるのであろうか」

このように問うたのに応じて、和尚が示していうに、

「本来清浄であるのに、どうしてたちまち山河大地を生ずるのであろうか」と。

ここで明らかになったことは、本来清浄なる山河大地を、観念上の山河大地と誤ってはならないということである。しかるに、経典の文字だけの学者は、そうしたことを夢にも聞いたことがないから、この山河大地こそ本来清浄の山河大地であると知らないのである。

《長沙景岑禅師》 南泉普願の法嗣。同門に無字の公案で有名な趙州従諗がいる。この問答は、『景徳伝灯録』巻一〇（大正五一・二七五下）にある。

《瑯琊の広照大師慧覚》 本文には南岳の遠孫とあるが、もっと限定すると臨済義玄から七代目。汾陽善昭の法嗣。この問答は『碧巌録』三五則（大正四八・一七四上）、『安智広録』巻二（同・二七中）にある。もともと『楞厳経』巻四（大正一九・一一九下）に「皆如来蔵清浄本然、云何忽生山河大地」とある。

《子璿》 九六四－一〇三八。北宋、華厳宗の人。『楞厳経』に通じ、その著『首楞厳経義疏』『大乗起信論筆削記』は有名。禅は瑯琊慧覚の法嗣。

しるべし、山色渓声にあらざれば、拈華《ねんげ》も開演せず、得髄《とくずい》も依位《えい》せざるべし。渓声山色の功徳によりて、大地有情同時成道し、見明星《けんみょうじょう》悟道する諸仏あるなり。かくのごとくなる皮袋《ひたい》、これ求法《ぐほう》の志

気甚深《きじんじん》なりし先哲なり。その先蹤《せんしょう》、いまの人かならず参取すべし。いまも名利にかかはらざらん真実の参学は、かくのごときの志気をたつべきなり。遠方の近来は、まことに、仏法を求覓《ぐみゃく》する人まれなり。なきにはあらず、難遇《なんぐう》なるなり。たまたま出家児となり、離俗せるにたるも、仏道をもて名利《みょうり》のかけはしとするのみおほし。あはれむべし、かなしむべし、この光陰をしまず、むなしく黒暗業《こくあんごう》に売買《まいまい》すること。いづれのときかこれ出離得道の期《ご》ならん。たとひ正師《しょうし》にあふとも、真竜を愛せざらん。かくのごとくのたぐひ、先仏これを可憐憫者《かれんみんしゃ》〔憐憫すべき者〕といふ。その先世《せんぜ》に悪因あるによりてしかあるなり。生《しょう》をうくるに為法求法〔法の為に法を求む〕のこころざしなきによりて、真法をみるとき真竜をあやしみ、正法《しょうぼう》にあふとき正法にいとはるるなり。この身心骨肉、かつて従法而生《じゅうほうにしょう》ならざるによりて、法と不相応なり、法と不受用《ふじゅゆう》なり。

祖宗師資、かくのごとく相承《そうじょう》してひさしくなりぬ。菩提心は、むかしのゆめをとくがごとし。あはれむべし、宝山にうまれながら宝財をしらず、宝財をみず、いはんや法財をえんや。もし菩提心をおこしてのち、六趣四生に輪転《りんでん》すといへども、その輪転の因縁、みな菩提の行願となるなり。しかあれば従来の光陰は、たとひむなしくすごすといふとも、今生のいまだすぎざるあひだに、いそぎて発《ほつ》願《がん》すべし。

ねがはくは、われと一切衆生と、今生より乃至生生《しょうしょう》をつくして、正法をきくことあらん。きくことあらんとき、正法を疑著《ぎじゃく》せじ、不信なるべからず。まさに正法にあはんとき、世法をすてて仏法を受持せん。つひに大地有情ともに成道することをえん。

かくのごとく発願せば、おのづから正発心《しょうほっしん》の因縁ならん。この心術、懈倦《けけん》することなかれ。

〔訳〕よくよく知るがよい、山色渓声に悟道するのでなければ、釈尊の拈華《ねんげ》微笑《みしょう》の説法もなく、二祖慧可の得髄*もあり得ないであろう。渓声山色の悟道の功徳によって、大地も衆生も同時に成道し、暁の明星を見て悟った諸仏（釈迦牟尼仏）も現われている。このような人物こそ、仏法を求める志のきわめて深かった先哲である。その先輩の足跡を、今の人はよくよく参究するがよい。今日も、名誉や利欲に関わりのない真実の参究者は、このような志を立てるべきである。

中国から遠く離れたわが国では、このころ、仏法を求める人はまことにまれである。ないのではあるまい。めぐりあわないのであろう。たまたま出家者となって、世俗を離れたように見えても、実は仏道を名利の足場とするものが実に多い。

あわれむべき、悲しむべきことである、時を大切にせず、ただいたずらに、無智暗愚の行ないのなかで取り引きしているとは。いつになったら、迷いを離れて仏道を得る時節がこようか。たとい正師に出会っても、これを真実の竜として愛することはないであろう。このようなやからを、釈迦牟尼仏は、「あわれむべきもの」といわれたのである。前の世に悪業をつんだためにこうなったのである。

人となって生まれてきても、法のために法を求める志がないために、真実の法を見ても真実の竜ではあるまいとあやしみ、正法《しょうぼう》に出会ってもかえって正法に嫌われる。この身心・骨肉が、いまだかつて仏法から生じたものではないために、仏法とはそぐわないのであり、仏法を受け入れないのである。

このように、師から弟子へ伝え来たって、長い年月が経った。今では、菩提心とは昔の夢を説くようなものである。まことにあわれむべきである。せっかく、宝の山に生まれながら、宝を知らず、宝を見たこともない。まして仏法の宝を、どうして手に入れることがあろうか。もし菩提心を発《おこ》してさえいれば、たとい六趣四生《ろくしゅししょう》*に輪廻《りんね》しても、その輪廻の因縁は、みな菩提の行となり願となるのである。

こういう次第であるから、これまでの日月は、たといむなしく過ごしたとしても、今生《こんじょう》のまだ過ぎてしまわないうちに、すみやかに願をおこすべきである。すなわち、

「願わくは、わたしと一切衆生ともろともに、今生より以後、生まれかわり死にかわり、正法を聞くことができるように。正法を聞くことを得るときは、けっして疑わないように、不信なことがないように。まさしく正法にめぐりあうときは、世俗のならわしを捨てて、仏法を持ちつづけるように。ついには、大地・衆生もろともに、仏道を成ずることができるように」と。

このように願をおこせば、おのずから正しい発心の因縁となるであろう。この心がけをなまけてはならない。

《得髄》 二祖慧可が礼拝して、すっくと立つと、達摩から、わが髄を得た、といって印下された。

《六趣四生》 地獄・餓鬼・畜生・修羅・人間・天上。四生は、胎生（母胎より生れるもの）、卵生（卵より生れるもの）、湿生（虫のように湿より生れるもの）、化生（業力によって生れるもの）。

またこの日本国は海外の遠方なり、人のこころ至愚なり。むかしよりいまだ聖人《しょうにん》うまれず、生知《しょうち》う

まれず、いはんや学道の実士まれなり。道心をしらざるともがらに、道心ををしふるときは、忠言の逆耳《げきに》するによりて、自己をかへりみず、他人をうらむ。おほよそ菩提心の行願《ぎょうがん》には、菩提心の発未《ほつみ》発《ほつ》、行道不行道を、世人にしられんことをおもはざるべし、しられざらんといとなむべし、いはんやみづから口称《くしょう》せんや。いまの人は、実をもとむることまれなるによりて、身に行《ぎょう》なく、こころにさとりなくとも、他人のほむることありて、行解《ぎょうげ》相応せりといはん人をもとむるがごとし。迷中又迷、すなはちこれなり。この邪念、すみやかに抛捨《ほうしゃ》すべし。

〔訳〕またこの日本国は、中国からは海を隔てた遠い国である。人の心は、いたって愚である。昔よりまだ聖人が生まれたこともなく、生まれながらの智者も現われず、まして仏道修行の真実の人物はまれである。それゆえに、道心を知らない人びとに、道心を教えるときは、忠言はかえって耳にさからうということもあり、自分を反省しないで、他人を恨むことにもなる。

およそ、菩提心の行や願の場合には、菩提心を発《おこ》したか発さないか、仏道を行じているか行じていないか、ということを、世間の人に知られようと思ってはならない。むしろ知られないように努めるがよい。まして自から、口にすることはもってのほかである。今日の人は、真実を求めることがまれであるために、身に行ずることもなく、心に悟りがなくとも、他人のほめるのを聞いて喜ぶ。そしてこの人は修行と智慧とが合致していると評してくれる人を求めているようである。迷のなかでさらに迷うとは、まさしくこのことであろう。このような誤った考えは、ただちに捨てるべきである。

学道のとき、見聞《けんもん》することかたきは、正法の心術なり。その心術は、仏仏相伝しきたれるものなり。これを仏光明とも、仏心とも相伝するなり。如来在世より今日にいたるまで、名利をもとむるを学道の用心とするにたるともがらおほかり。しかありしも、正師のをしえにあひて、ひるがへして正法をもとむれば、おのづから得道す。いま学道には、かくのごとくのやまふのあらんとしるべきなり。たとへば、初心始学にもあれ、久修練行《くしゅれんぎょう》にもあれ、伝道授業《じゅごう》の機をうることもあり、機をえざることもあり、慕古《もこ》してならふ機あるべし、訕謗《せんぼう》してならはざる魔もあらん、両頭ともに愛すべからず、うらむべからず。いかにしてかうれへなからん、うらみざらん。いはく、三毒を三毒としれるともがらまれなるによりて、うらみざるなり。いはんや、はじめて仏道を欣求《ごんぐ》せしときのこころざしをわすれざるべし。いはく、はじめて発心するときは、他人のために法をもとめず、名利をなげすてきたる、名利をもとむるにあらず、ただひとすぢに得道をこころざす。かつて国王大臣の恭敬《くぎょう》・供養《くよう》をまつこと、期《ご》せざるものなり。しかあるに、いまかくのごとくの因縁あり、本期《ほんご》にあらず、所求《しょぐ》にあらず、人天の繫縛《けばく》にかかはらんことを期せざるところなり。

しかあるを、おろかなる人は、たとひ道心ありといへども、はやく本志をわすれて、あやまりて人天の供養をまちて、仏法の功徳いたれりとよろこぶ。国王大臣の帰依しきりなれば、わがみちの見成《げんじょう》とおもへり。これは学道の一魔なり。あはれむこころをわするべからずといふとも、よろこぶことなかるべし。

みずや、ほとけののたまはく、如来現在、猶多二怨嫉一〔如来の現在にも、なお怨嫉《おんしつ》の多し〕の金言あることを。愚の賢をしらず、小畜の大聖をあたむこと、理かくのごとし。

〔訳〕仏道修行のとき、もっとも経験しがたいのは、正しい真理の心ばえ〈心術〉である。この心ばえは、仏から仏へ伝わってきたものである。これを、仏の光明とも仏心とも称して、相伝えているのである。

如来在世のころより今日にいたるまで、名利を求めることを、仏道修行の際の心がけのように考えているやからが多い。そうはいうものの、正師の教えに出会って、身をひるがえして正法を求むれば、おのずから仏道を得ることができる。今の仏道修行には、このような病弊が現われるかも知れない、と自覚すべきである。

たとえば、仏道を学びはじめた初心者にせよ、また久しいあいだ修行を積んだものにせよ、仏道を授かる機縁に恵まれることもあり、恵まれないこともある。また、古人を慕って学ぶものもあれば、古人をそしって学ばない魔党もあろう。いずれも愛してはならない。うらんでもいけない。しかし実際は、どうして憂えないことがあろうか、また、うらまないことがあろうか。それに対しては、貪《とん》・瞋《じん》・痴《ち》の三毒を三毒と知っているものはまれであるから、うらまないというのである。

まして、仏道をはじめて求めたときの初心を忘れてはならない。すなわち、はじめて発心《ほっしん》するときは、他人のために法を求めるのではなく、また、名利をなげすててきたのだから、名利を求めるのでもない。ただひとすじに仏道を得ようと志すのであって、国王・大臣などの尊敬や供養を受けようなどとは、思ってもみないことである。しかるに、このような仕打ちになったのは、もともと思っていたことでもなく、求めていたことでもない。人間界・天上界のわずらわしさにかかわることは、考えていなかったことである。

しかるに、愚かものは、たとい道仏はあっても、いつのまにかその初心を忘れ、あやまって人間界・天上界の供養を受けると、仏法の功徳が現われたと喜ぶ。あるいは、国王・大臣の帰依がしきりになれば、わが道は成就したと思う。これは、仏道修行の一つの魔境である。国王・大臣をあわれむ心は忘れてはならないが、その帰依を喜ぶ心があってはならない。よく見るがよい、仏の言葉にも、「如来の現在にも、なお怨《うら》みや嫉《ねた》みが多い*」とあるではないか。愚者は賢者の心を知らず、小人は大聖にあだをなすという道理はこのようなものである。

《「如来の現在にも……」》『法華経』巻四「法師品」（大正九・三一中）に「如来現在猶多㆓怨嫉㆒」とある。

また西天の祖師、おほく外道・二乗・国王等のためにやぶられたるを。これ外道のすぐれたるにあらず、祖師に遠慮なきにあらず。初祖西来よりのち、嵩山《すうざん》に掛錫《かしやく》するに、梁武《りようぶ》もしらず、魏主《ぎしゆ》もしらず。ときに両箇のいぬあり、いはゆる菩提流支《ぼだいるし》三蔵と光統《こうず》律師となり。虚名邪利《こみようじやり》の正人《しようにん》にふさがれんことをおそりて、あふぎて天日をくらまさんと擬するがごとくなりき。在世の達多《だつた》よりもなほはなはだし。あはれむべし、なんぢが深愛する名利は、祖師これを糞穢《ふんえ》よりもいとふなり。かくのごとくの道理、仏法の力量の究竟《くぎよう》せざるにはあらず、良人《りようにん》をほゆるいぬありとしるべし。ほゆるいぬをわづらふことなかれ、うらむることなかれ。引導の発願《ほつがん》すべし、汝是畜生、発㆓菩提心㆒〔汝は是れ畜生なりとも、菩提心を発《おこ》すべし〕と施設《せせつ》すべし。

先哲いはく、これはこれ人面の畜生なり。また帰依供養する魔類もあるべきなり。前仏いはく、不㆑

親二近国王・王子・大臣・官長・婆羅門・居士一〔国王・王子・大臣・官長・婆羅門・居士に親近《しんごん》せざれ〕。まことに仏道を学習せん人、わすれざるべき行儀なり。菩薩初学の功徳、すすむにしたがふてかさなるべし。

〔訳〕また、インドの祖師たちはたびたび外道・二乗（声聞と縁覚、すなわち小乗）・国王などのために害されたことがある。それは、外道がすぐれていたからでもなく、祖師に深い慮《おもんばか》りがなかったためでもない。

初祖達摩《だるま》がインドから中国へ来てのち、嵩山《すうざん》にとどまったが、梁《りょう》の武帝も魏《ぎ》の国王もそのことを知らなかった。そのころ二匹の犬がいた。菩提流支《ぼだいるし》三蔵と光統《こうず》律師*である。かれらの虚名や邪《よこしま》な利益が正しい人にさまたげられるのを恐れて、仰いで天日をくらますような行ないをしたのである。その振舞いは、仏在世のころの提婆達多《だいばだった》*よりもひどいものがあった。しかし、あわれむべきである、かれらが深く愛する名利は、祖師から見れば糞よりも嫌うところであった。

このようなことが起こるのは、仏法の力量が徹底していなかったからではない。良き人に吠えつく犬のためであると知るがよい。しかし、吠える犬を案ずることはない。また、怨《うら》んでもいけない。むしろ、教え導くことを発願《ほつがん》すべきである。「たとい汝は畜生であっても、菩提心を発《おこ》すべきである」と教えるがよい。

先哲は「人面の畜生」といったことがある。また、仏法に帰依し供養する魔の仲間もあろう。釈迦牟尼仏は、「国王・王子・大臣・官長・婆羅門・居士に親しんではいけない*」といっておられる。

まことに、仏道を学ぼうとするものの忘れてはならないしきたりである。菩提心を発して学ぶ初心者も、次第に進むにしたがってその功徳は深くなるであろう。

《菩提流支三蔵と光統律師》 菩提流支は北インドの人、六世紀のはじめに中国に来て、多くの訳経をなした。光統律師（四六八―五三七）は慧光といい、地論宗の開祖、律宗中興の祖、仏教全般について理解が深い。二人とも中国仏教史上有名。旧唐書に、二人が謀って達摩を毒害したことが見えるが、そうしたことがあり得るであろうか。

《提婆達多》 Devadatta の音写。仏陀の従兄で、仏弟子となったが、仏陀にそむき、阿《あ》闍世《じゃせ》王（Ajātaśatru）をそそのかして父王を殺し、即位せしめ、また仏陀をも殺害しようとしたが果たさなかった。

《「国王・王子・大臣……」》 『法華経』「安楽品」（大正九・三七上）に「不レ親二近国王王子大臣官長一」とある。

また、むかしより天帝きたりて行者の志気《しいき》を試験し、あるひは魔波旬《まはじゅん》きたりて行者の修道《しゅどう》をさまたぐることあり。これみな名利の志気はなれざるとき、この事ありき。大慈《だいず》大悲のふかく、広度衆生の願の老大なるには、これらの障礙《しょうげ》あらざるなり。修行の力量、おのづから国土をうることあり、世運の達せるに相似せることあり。かくのごとくの時節、さらにかれを弁肯《べんこう》すべきなり、かれに瞌睡《かっすい》することなかれ。愚人《ぐにん》これをよろこぶ、たとへば癡犬《ちけん》の枯骨をねぶるがごとし。賢聖《けんしょう》これをいとふ、たとへば世人の糞穢《ふんえ》をおづるににたり。

〔訳〕また、昔、天帝がきて行者の志をためしたり、あるいは悪魔がきて行者の修道をさまたげたりしたこともあった。まだ名利の心をはなれないとき、こうしたことが起こったのである。もし大慈・大悲の心が深く、広く衆生を救おうという願いが大なるときには、このようなさまたげはないのである。また、修行の力量によって、自然に国土を得ることもあり、俗世の好運に似たようなこともある。

　このようなときには、よくよくその事情を点検してみるがよい。このことに目をつぶっていてはならない。愚かものはそうしたことを喜ぶのである。あたかも犬が枯骨をなめるようなものである。また、賢人・聖者はこれを厭う。たとえば、世人が糞を厭うようなものである。

　おほよそ初心の情量は、仏道をはからふことあたはず、測量《しきりょう》すといへども、あたらざるなり。初心に測量せずといへども、究竟《くぎょう》に究尽《ぐうじん》なきにあらず。徹地の堂奥《どうおう》は、初心の浅識にあらず。ただまさに先聖《せんしょう》の道《どう》をふまんことを行履《あんり》すべし。このとき尋師訪道するに、梯山《ていざん》航海あるなり。導師をたづね、知識をねがふには、従天降下《じゅうてんこうげ》なり、従地涌出《じゅうちゆしゅつ》なり。その接渠《せっきょ》のところに、有情《うじょう》に道取せしめ、無情に道取せしむるに、身処にきき、心処にきく。若将《にゃくしょう》耳聴《にちょう》は家常《かじょう》の茶飯《さはん》なりといへども、眼処聞声《げんしょもんしょう》、これ何必不必《かひっふひっ》なり。

　見仏にも自仏・他仏をも見、大仏・小仏をみる。大仏にもおどろきおそれざれ、小仏にもあやしみわづらはざれ。いはゆる大仏・小仏を、しばらく山色渓声と認ずるものなり。これに広長舌あり、八万偈《げ》あり、挙似《こじ》迥脱《けいだつ》なり、見徹独抜《けんてつどくばつ》なり。このゆゑに、俗いはく、弥高弥堅《みこうみけん》〔いよいよ高く、いよいよ堅《かた》し」なり。先仏いはく、弥天弥綸《みてんみりん》なり。春松《しゅんしょう》の操《そう》あり、秋菊《しゅうきく》の秀《しゅう》ある、即是《そくぜ》なるのみなり。善知識この田地にいたらんとき、人天《にんでん》の大師なるべし。いまだこの田地にいたらず、みだりに為人《いにん》の儀を存せん、人天の大賊なり。春松しらず、秋菊みざらん。なにの草料かあらん、いかが根源を截《せつ》断《だん》せん。

〔訳〕およそ、仏道における初心のものが、その心情でおしはかったのでは、とうてい仏道を測り知ることはできない。たとい測っても、的中しないのである。しかし、たとい初心で測ることができなくとも、究極的に究めつくすことができないのではない。ただ仏道に徹底したその奥義は、初心者のあさはかな意識とは異なるだけのことである。ただひとえに、先哲の仏道を踏んでいくように、日々の生活を行ずるがよい。

こうしたときに、正師をたずね、仏道を求むれば、山に梯《はしご》してその山頂をきわめ、海に船出して大海を渡ることもできる。ひとえに正しい師匠をたずね、ひたすら仏法の善知識を願うときは、思いがけないことが起こる。天から降ってくることもあり、大地から涌《わ》き出ることもある。

修行者に応接して指導する場合には、有情に物いわせる場合もあり、無情に物いわせる場合もある。*それを聞くには、身体で聞くこともあり、心で聞くこともある。耳で聴くのは日常茶飯のことであるが、眼で声を聞くというのは、これこそ、いかなる限定からも離れて、自由自在である。

仏を見る場合にも、自仏を見たり他仏を見たり、また大仏を見たり小仏を見たりする。大仏に出会っても、おどろき恐れてはならない。小仏に出会っても、あやしんだり、案じたりしてはならない。こうした大仏・小仏を、ここではしばらく山色・渓声であると認知するのである。ここに仏の雄弁があり、八万偈の説法が経験される。それを示せば、はるかに脱俗しており、底の底まで見とおされて並ぶものがない。このゆえに、俗人もいう、「これを仰げばいよいよ高く、これを鑽《き》ればいよいよ堅し」*である。また、先仏（釈迦牟尼仏）もいう、「天に遍《あまね》く、地にゆきわたる」のである。春の松には、緑の操があり、秋の菊にはすぐれたかおりがある。すなわちそのままが仏の説法である。

もし善知識にして、この境にいたるものがあれば、それは、人間界・天上界の大導師である。それとは逆に、まだこの境地にいたらないのに、みだりに人びとの指導をなすものは、人間界・天上界の大賊である。春の松も知らず、秋の菊も見たことがないのであろう。そうしたものに、どんな説法の材料があるというのか。また、どうして根源を断ち切っていようか。

《有情に物いわせる場合も……》 たとえば、有情に物いわせる場合は、常総禅師と東坡居士との問答、無情に物いわせる場合は、渓声山色が居士を悟道せしめたことなど。

《「これを仰げばいよいよ高く……」》 『論語』「子罕篇」に「顔淵喟然として歎じて曰わく、之を仰げば弥《いよいよ》高く、之を鑽れば弥堅し」とある。

また心《しん》も肉も、懈怠《けたい》にもあり、不信にもあらんには、誠心《じょうしん》をもはらして前仏に懺悔《さんげ》すべし。恁麼《いんも》するとき、前仏懺悔の功徳力、われをすくひて清浄ならしむ。この功徳、よく無礙《むげ》の浄信精進を生長《しょうちょう》せしむるなり。浄信一現するとき、自他おなじく転ぜらるるなり。その利益《りやく》あまねく情非情にかうぶらしむ。その大旨は、ねがはくは、われたとひ過去の悪業《あくごう》おほくかさなりて、障道の因縁ありとも、仏道によりて得道せりし諸仏諸祖、われをあはれみて、業累《ごうるい》を解脱せしめ、学道さはりなからしめ、その功徳法門、あまねく無尽法界《ほっかい》に充満弥綸《みりん》せらん、あはれみをわれに分布すべし。仏祖の往昔《おうしゃく》は吾等《われら》なり、吾等が当来は仏祖ならん。仏祖を仰観《ごうかん》すれば一仏祖なり、発心《ほっしん》を観想するにも一発心なるべし。あはれみを七通八達せんに、得便宜《とくべんぎ》なり、落《らく》便宜なり。

このゆゑに竜牙《りゅうげ》のいはく、昔生未レ了今須レ了、此生度取累生身。古仏未レ悟同二今者一、悟了今人即古人〔昔生《しゃくしょう》未だ了ぜざれば今須《すべから》く了ずべし、此生《ししょう》に度取《どしゅ》す累生の身。古仏も未だ悟らざれば今者《こんじゃ》に同じ、悟り了れば今人は即ち古人なり〕。しづかにこの因縁を参究すべし、これ証仏の承当《じょうとう》なり。

〔訳〕また、心も身体も怠惰であったり、不信の念が生ずる場合には、まごころこめて仏の前に懺悔すべきである。そうすれば、仏前懺悔の功徳力が、自分を救って清浄にしてくれる。この功徳が、なにものにもさまたげられない浄らかな信仰を生み、努力精進をそだててくれるのである。

浄らかな信仰が、ひとたび現われるときには、自他ともに仏道へ転換される。その恵みは、あまねく有情・無情に及ぶであろう。その懺悔の要旨は、

「願わくは、たといわたしに、過去に犯した悪業が重なり合って、仏道をさまたげる因縁があろうとも、すでに仏道を得た諸仏・諸祖は、どうかわたしをあわれんで、宿業のわざわいから解脱せしめ、仏道修行のさまたげをなからしめたまえ。かつ仏祖の功徳法門が、重々にして尽きるこ

とのない真実の世界にあまねく充ち満ちているであろうそのあわれみを、わたしにも分ち与えたまえ」と。

仏祖も昔はわれわれと同じく、われわれもまたやがて仏祖となるであろう。仏祖を仰ぎみれば、それはただ一仏祖である。発心をかえりみても、それはただ一発心であろう。仏祖のあわれみは広大無辺で、七通八達、徹通しないところはない。そのあわれみがおのずから徹通するところに、するすると事は運び、しかも、その跡方もない。

そこで竜牙居遁《りゅうげことん》*がいうに、

「かつて悟らざれば、今こそ悟るべし。

今生にこそ、宿業《しゅくごう》の身を度《ど》せん。

古仏も、いまだ悟らざるときは今者に同じ。

悟りおわれば、今人はそのまま古人」

静かにこのいわれを参究すべきである。これこそ、仏の実証をそのままうけとることである。

《龍牙居遁》八三五—九二三。洞山良价の法嗣。湖南省の竜牙山に住す。『景徳伝灯録』巻一七（大正五一・三三七中—八上）に伝記がある。この偈は、『禅門諸祖師偈頌』「竜牙和尚偈頌」（卍続二・二一・五・四六二右下）にある。

かくのごとく懺悔すれば、かならず仏祖の冥助《みょうじょ》あるなり。心念身儀発露白仏《ほつろびゃくぶつ》すべし、発露のちから、罪根をして銷殞《しょういん》せしむるなり。これ一色《いっしき》の正修行なり、正信心なり、正信身なり。正修行のとき、渓声渓色、山色山声、ともに八万四千偈ををしまざるなり。自己もし名利身心を不惜《ふしゃく》すれば、渓山また恁麼《いんも》の不惜あり。たとひ渓声山色、八万四千偈を現成せしめ、現成せしめざることは、夜来《やらい》なりとも、渓山の渓山を挙似《こじ》する尽力未便《じんりきみべん》ならんは、たれかなんぢを渓声山色と見聞せん。

正法眼蔵渓声山色

爾時延応庚子結制後五日、在二観音導利興聖宝林寺一示衆。

〔訳〕このように懺悔すれば、かならず仏祖のひそやかな救いがあらわれる。心のおもい、身の動作を、すべて打ち明けて、仏に申すがよい。懺悔して打ち明ける力が、罪障の根源を跡方もなく消滅せしめるのである。これは、身心全体の正しい修行である。正信の心であり、正信の身である。

正しく修行するときは、谷川の声、谷川のすがた、山のすがた、山の声、みなともに八万四千偈の説法を惜しまないのである。自分がもし、名利や身心を惜しまなければ、谷川も山もまた同様に惜しまないのである。たとい、谷川の声、山のすがたが、八万四千偈の説法を実現させ、または実現させないことが、東坡居士の経験のように、夜来であって、われわれの分別を越えているとしても、谷川や山を、谷川や山として示す力が不徹底であるならば、だれがおまえ自身を、そのまま谷川の声、山のすがたであると見聞することができようか。

正法眼蔵渓声山色

そのとき、延応二年（一二四〇）夏安居が始まってから五日、観音導利興聖宝林寺において僧衆に示す。

〔一〇〕 諸悪莫作（しょあくまくさ）

《解説》「諸悪莫作《しょあくまくさ》、衆善奉行《しゅぜんぶぎょう》、自浄其意《じじょうごい》、是《ぜ》諸仏教《しょぶつきょう》」というのは、有名な七仏通戒の偈《げ》といわれているものである。釈尊を含めて、七仏に共通な偈という意味である。その最初の諸悪莫作の句が、この巻の題名となっている。

これまでは、「諸悪作《な》すことなかれ、衆善奉行せよ。……」というように読まれてきた。ところが、パーリ経典を見ると、そうはなっていない。「すべての悪をなすことなく、善をなし、心を浄めること、これが諸仏の教えである」という。悪をなすな、ではなくて、悪をなさない、であり、善をなせ、ではなくて、善をなす、である。道元が「諸悪莫作」で展開している趣旨は、むしろパーリ経典に近い。

道元によると、この偈は、たんに七仏だけではなく、あらゆる仏に共通する教えであり、前仏から後仏へと正伝されてきたものである。なぜかというと、この偈は諸仏の究極の目覚めによって裏づけられているからである。究極の目覚めということが大切なのである。そこに耳をかたむけてみるがよい。ただ耳で聞くというのではなく、全身耳となって、その目覚めの声を聞いてみよ。そうすると、諸悪莫作ときこえてくる。それこそ仏の正法だというのである。

自分から進んで悪を止《や》めようというのではない。目覚めの声を聞いていると、ひとりでに悪が止まってくる。そこにおのずから修行力がついてくるのである。そうなると悪のまっただなかに身をおいても、自然に諸悪莫作となってくる。

道元はまことにうがったことをいう。わたしは翻訳しながら、実にそのとおりだと共感しないわけにはいかない。それは、諸悪莫作と聞いているうちに、もはや自分の身心ではなくなるというのだ。誰の身心でもよい。ともかくこの四大・五蘊《うん》（地・水・火・風の四元素と色・受・想・行・識の五群、つまり身と心ということ）に、修行する力がまっしぐらに実現してくるというのである。いわば、この宇宙空間のなかに、ただ無数の生命力だけが深々と通じ合うというのであろう。そうなると、四大・五蘊だけではない。山河大地・日月星辰までが、われわれをして修行せしめることになる。

つぎの句、衆善奉行は、善を実行することだ。しかし、莫作と奉行、悪をやめることと善を行なうこと、これは別々ではない。莫作がおのずから奉行へと発展するのだ。道元は、このことを「驢事未だ去らざるに馬事到来なり」といっている。ロバがまだ行かないうちにウマがやってくるというのである。そればかりではない。莫作のうちに一善を奉行しようとすると、もう立ちどころに、ありとあらゆる善がそこへ集中してくる。それは磁石が鉄をひくよりも早く、烈風よりも強いという。だから、一善や衆善だけではない。全世界が奉行せられるのである。

このように、諸悪莫作・衆善奉行というのは、仏道のもっとも根本的な問題である。悪をやめて善をなす、ということにはちがいないが、けっして初歩的なことではない。それを、かの白居易（白楽天）は、子供でもできる簡単なことだと見誤ってしまった。道林禅師は白居易に向かって、三歳の子供も言い得ても八十の老翁も行なえない、と叱りつけている。

諸悪莫作・衆善奉行ができれば、すでに仏道の根本が通徹されているのだ。道元は、そのことを、「一法に通ずるものは万法に通ず、万法に通ぜざるものは一法にも通ぜず」と述べている。その通を学ぶことが大切なのである。それが分かると、どこでもいつでも、スーッと難問がとける。それは仏道ばかりではあるまい。

諸悪莫作

古仏云《いわく》、諸悪莫作《しょあくまくさ》、衆善奉行《しゅぜんぶぎょう》、自浄其意《じじょうごい》、是《ぜ》諸仏教《しょぶっきょう》。

これ七仏祖宗の通戒として、前仏より後仏《ごぶつ》に正伝す、後仏は前仏に相嗣《そうし》せり。ただ七仏のみにあらず、是諸仏教なり。この道理を功夫《くふう》参究すべし。いはゆる七仏の法道、かならず七仏の法道のごとし。相伝相嗣《そうし》、なほ箇裏《こり》の通消息なり。すでに是諸仏教なり、百千万仏の教行証なり。

いまいふところの諸悪は、善性《ぜんしょう》・悪性・無記性のなかに悪性あり。その性《しょう》これ無生《むしょう》なり。善性・無記性等もまた無生なり、無漏《むろ》なり、実相なりといふとも、この三性の箇裏に、許多《きょた》般《はん》の法あり。諸悪は、此界《しかい》の悪と他界の悪と同不同あり、先時と後時と同不同あり、天上の悪と人間の悪と同不同なり。いはんや仏道と世間と、道悪・道善・道無記、はるかに殊異《しゅい》あり。善悪は時なり、時は善悪にあらず。

善悪は法なり、法は善悪にあらず。法等・悪等なり、法等・善等なり。

〔訳〕古仏のいうに、「諸悪作《な》すことなく、衆善奉行し、自からその意を浄《きよ》む。是れ諸仏の教えなり」*と。

これは、過去の七仏を通じての戒として、前仏から後仏に正しく伝え、後仏は前仏を正しく受けついでいる。また、たんに七仏だけではなく、「是れ諸仏の教えなり」とあるとおりである。この道理をよくよく参究すべきである。いわゆる七仏の教えは、かならず七仏の教えるとおりである。相伝え相嗣《つ》ぐということは、七仏相互の内面の消息である。すでに、「是れ諸仏の教えなり」という。すなわち、百千万の仏の教・行・証である。

ここにいうところの諸悪とは、善・悪・無記*のなかの悪性である。しかし悪性といっても、固定した自性はないから、そのまま無生*である。同じように、善性も無記性も、固定した自性はないから、無生である。また、無漏*であり、実相である。しかしそうはいっても、善・悪・無記の三性それぞれには、無数の方面がある。

諸悪についていえば、この世界の悪と、他の世界の悪とは異なっている。時代が隔たっても、悪の意味は異なる。また、天上界の悪と人間界の悪とも相違している。まして仏道と世間とでは、善・悪・無記がそれぞれ大いに異なっている*。

善悪は時である。その時々によって、善ともなり、悪ともなる。しかし、時そのものは善悪にかかわらない。善悪は法である。その因縁によって、善ともなり、悪ともなる。しかし、法そのものは善悪を離れている。法は平等なれば、悪そのものも平等である、法は平等なれば、善そのものも平等である。


《「諸悪作することなく……」》これは、七仏通戒の偈として有名。パーリ原典にもある。本章《解説》参照。

《無記》善でも悪でもないもの。

《無生》不生ともいう。龍樹の八不（不生・不滅・不常・不断・不一・不異・不来・不去）の第一。一切諸法は不生であることを悟るのが根本。

《無漏》煩悩のないこと。悪性とはいっても、そのままが無生であるから、当然無漏である。したがって実相でもある。

《善・悪・無記がそれぞれ……》国王を敬しないことは、仏道では善であるが、世間では悪なるがごとし。


しかあるに、阿耨多羅三藐三菩提《あのくたらさんみゃくさんぼだい》を学するに、聞教《もんきょう》し、修行し、証果《しょうか》するに、深《じん》なり、遠《おん》なり、妙《みょう》なり。この無上菩提を或従知識《わくじゅうちしき》してきき、或従経巻してきく。はじめは、諸悪莫作《しょあくまくさ》ときこゆるなり。諸悪莫作ときこえざるは、仏正法にあらず、魔説なるべし。

しるべし、諸悪莫作ときこゆる、これ仏正法なり。この諸悪つくることなかれといふ、凡夫《ぼんぷ》のはじめて造作《ぞうさ》してかくのごとくあらしむるにあらず、菩提の説となれるを聞教するに、しかのごとくきこゆるなり。しかのごとくきこゆるは、無上菩提のことばにてある道著《どうじゃく》なり。すでに菩提語なり、ゆゑに語菩提なり。無上菩提の説著《せつじゃく》となりて聞著《もんじゃく》せらるるに転ぜられて、諸悪莫作とねがひ、諸悪莫作とおこなひもてゆく。諸悪すでにつくられずなりゆくところに、修行力《しゆぎようりき》たちまちに現成す。この現成は、尽地《じんち》・尽界・尽時・尽法を量として現成するなり。その量は、莫作を量とせり。

〔訳〕しかしながら、究極の悟りを学ぶために、教えを聞き、修行し、ついには仏果を証することは、きわめて深く、遠大で、また、いともすぐれている。この究極の悟りを、あるいは善知識（よき導き手）から聞き、あるいは経典から学ぶのであるが、はじめは諸悪莫作と聞こえるのである。そう聞こえなければ、仏の正法《しようぼう》ではなくて、悪魔の説法であろう。

諸悪莫作と聞こえること、これこそ仏の正法である、と知るべきである。この諸悪作《な》すことなかれというのは、人間が自から造り出して、そうなったものではない。悟りの教えを聞いてみると、おのずから諸悪莫作と聞こえるのである。このように聞こえるのが、無上菩提《むじようぼだい》（究極の悟り）という言葉を表わしたものである。すでに菩提（悟り）の言葉であるから、菩提を語っているのである。無上菩提の説法を聞いていくうちに、おのずから転換されて、諸悪莫作と願い、諸悪莫作と行なっていく。

このようにして、諸悪がすでになされないようになっていくところに、修行の力がたちまちに実現するのである。この力の実現は、大地を尽くし、世界を尽くし、時を尽くし、仏法を尽くして実現するのである。それは、莫作《まくさ》ということが、実現のかなめとなっている。

正当恁麼時《しようとういんもじ》の正当恁麼人は、諸悪つくりぬべきところに住し、往来し、諸悪つくりぬべき縁に対し、諸悪つくる友にまじはるににたりといへども、諸悪さらにつくられざるなり。莫作《まくさ》の力量現成するゆゑに、諸悪みづから諸悪と道著せず、諸悪にさだまれる調度なきなり。一拈一放《いちねんいっぽう》の道理あり。正当恁麼時、すなはち悪の人をかさざる道理しられ、人の悪をやぶらざる道理あきらめらる。みづからが心《しん》を挙《こ》して修行せしむ、身《しん》を挙して修行せしむるに、機先の八九成《はっくじょう》あり、脳後の莫作あり。

なんぢが身心を拈来《ねんらい》して修行し、たれの身心を拈来して修行するに、四大五蘊《うん》にて修行するちから、驀地《まくち》に見成《げんじょう》するに、四大五蘊の自己を染汚《ぜんな》せず。今日の四大五蘊までも修行せられもてゆく。如今《にょこん》の修行なる四大五蘊のちから、上項《じょうこう》の四大五蘊を修行ならしむるなり。山河大地《せんがだいち》・日月星辰《じつげつせいしん》までも修行せしむるに、山河大地・日月星辰、かへりてわれらを修行せしむるなり。

一時の眼睛《がんぜい》にあらず、諸時の活眼なり。眼睛の活眼にてある諸時なるがゆゑに、諸仏諸祖をして修行せしむ、聞教せしむ、証果せしむ。諸仏諸祖かつて教行証を染汚《ぜんな》せしむることなきがゆゑに、教行証いまだ諸仏諸祖を罣礙《けいげ》することなし。このゆゑに、仏祖をして修行せしむるに、過現当《かげんとう》の機先機後に廻避《かいひ》する諸仏諸祖なし。衆生作仏作祖《さぶっさそ》の時節、ひごろ所有の仏祖を罣礙せずといへども、作仏祖する道理を、十二時中の行住坐臥に、つらつら思量すべきなり。作仏祖するに衆生《しょう》をやぶらず、うばはず、うしなふにあらず、しかあれども脱落しきたれるなり。

善悪因果をして修行せしむ。いはゆる因果を動ずるにあらず、造作するにあらず。因果、あるときはわれらをして修行せしむるなり。この因果の本来面目すでに分明《ぶんみょう》なる、これ莫作なり、無生なり、無常なり、不昧なり、不落なり、脱落なるがゆゑに。かくのごとく参究するに、諸悪は一条にかつて莫作なりけると現成するなり。この現成に助発《じょほつ》せられて、諸悪莫作なりと見得徹《けんとくてつ》し、坐得断《ざとくだん》するなり。

〔訳〕まさしくこのとき、この人は、たとい、諸悪の作《な》されるような場所に住み、それに往き来し、また諸悪の作されるような機縁にのぞみ、あるいは諸悪を作すような友と交わるようなことがあっても、さらさら諸悪は作されないのである。というのは、莫作《まくさ》の力が実現しているから、諸悪はみずから諸悪と名のりでることもなく、諸悪には定まった道具の類もないのである。

「一たび拈《ひね》り、一たび放つ」という道理がある。まさしくそのときには、悪は人をおかさないという道理が知られ、また、人は悪を破らないという道理が明らかとなる。自分みずから、心の全体を挙げ、からだの全体を挙げて、修行せしめられるとき、初めには八、九分どおりが成就し、後には莫作が実現する。

汝が身心の全体を拈り来たって修行し、あるいは、汝でなくともだれでもよい、ともかく身心の全体を拈り来たって修行する場合に、四大・五蘊《うん》の身心の隈々を挙げて修行する力が、まっしぐらに実現するのである。その際、四大・五蘊はもはや自己を汚さない。今日の四大・五蘊までも、おのずから修行へと引き入れられていく。そしてこの、永遠の今に立つ四大・五蘊の修行の力が、これまでの四大・五蘊を修行せしめるのである。そればかりではない。山河大地・日月星辰までも修行せしめる。すると、山河大地・日月星辰が、かえってわれわれをして修行せしめるのである。

これは、たんに一時の眼の玉〈眼睛《がんぜい》〉というごときものではない。すべての時を貫いている活眼、否、時そのものが活眼である。すべての時は、眼の玉、すなわち活眼であるから、この活眼こそ、諸仏・諸祖をして修行せしめ〈行〉、教えを聞かしめ〈教〉、仏果を実証せしめる〈証〉のである。諸仏・諸祖は、いまだかつて教・行・証を汚したことはないから、教・行・証もまた、いまだかつて、諸仏・諸祖をさまたげたことはない。このゆえに、仏祖をして修行せしめる場合に、過去・現在・未来のなかで、後にも先にも教・行・証を回避するところの諸仏・諸祖は存在しない。

衆生が仏となり仏祖となるときには、釈迦牟尼仏や達磨大師のごとき、日ごろの仏祖をさまたげるのではない。ただわれわれは、仏祖となる道理を、二六時中、行・住・坐・臥に、よくよく思い量るべきである。われわれが仏祖となる場合、けっして衆生を破るのでもなく、奪うのでもなく、失うのでもない。衆生のままである。しかしながら、身心脱落してくるのである。

このとき、善悪の因果をして修行せしめるのである。しかし、因果を動かすのではないし、造り出すのでもない。善悪の因果は、あるときはわれわれをして修行せしめる。この因果の本来の面目は、すでに明らかである。すなわち、莫作であり、無生であり、無常であり、不昧《ふまい》（因果を昧《くら》まさず）であり、不落（因果に落ちず）である。なんとなれば、身心脱落しているがゆえに。

このように参究すれば、諸悪はただひとすじに、かつて莫作であった、と実現するのである。この実現に助けられ、開発されて、諸悪は莫作なりと、徹見し坐断するのである。

正当恁麼のとき、初中後諸悪莫作にて現成するに、諸悪は因縁生《いんねんしょう》にあらず、ただ莫作なるのみなり。諸悪は因縁滅にあらず、ただ莫作なるのみなり。諸悪もし等《とう》なれば、諸法も等なり。諸悪は因縁生としりて、この因縁のおのれと莫作なるをみざるは、あはれむべきともがらなり。

仏種従縁起なれば、縁従仏種起なり。諸悪なきにあらず、莫作なるのみなり。諸悪あるにあらず、莫作なるのみなり。諸悪は空《くう》にあらず、莫作なり。諸悪は色《しき》にあらず、莫作なり。諸悪は莫作にあらず、莫作なるのみなり。たとへば春松《しゅんしょう》は無にあらず有《う》にあらず、つくざるなり。秋菊《しゅうきく》は有にあらず無にあらず、つくらざるなり。諸仏は有にあらず無にあらず、莫作なり。露柱《ろちゅう》・灯籠《とうろう》・払子《ほっす》・拄杖《しゅじょう》等、あるにあらず、なきにあらず、莫作なり。自己は有にあらず、無にあらず、莫作なり。

〔訳〕まさしくそのとき、初時にも中時にも後時にも、いつにても、諸悪莫作として実現する。諸悪は因縁によって生ずるのではない、ただ莫作なるのみである。諸悪は因縁によって滅するのではない、ただ莫作なるのみである。諸悪がもし平等なれば、諸法もまた平等である。諸悪は因縁によって生ずる、とだけ知って、この因縁がおのずから莫作なることを見ないのは、あわれむべき人びとである。

「仏種は縁より起こる」のであるから、縁もまた仏種より起こるのである。諸悪がないのではない、ただ莫作のみである。また、諸悪があるのでもない、ただ莫作のみである。諸悪は空でもない、ただ莫作である。また、諸悪は色《しき》（形あるもの）でもない、ただ莫作である。さらにいえば、諸悪は、ことさらに莫作というのでもない、ただ莫作のみである。

たとえば、春松は無でもなく有でもない、ただ作らないのである。秋菊は有でもなく無でもない、ただ作らないのである。諸仏は有でもなく無でもない、ただ莫作である。露柱（裸の柱）・灯籠《とうろう》・払《ほっ》子《す》・拄杖《しゅじょう》（つえ）などは、あるのでもなく、ないのでもない、ただ莫作である。自己は有でもなく無でもない、ただ莫作である。

恁麼《いんも》の参学は、見成《げんじょう》せる公案なり、公案の見成なり。主《しゅ》より功夫し、賓《ひん》より功夫す。すでに恁麼なるに、つくられざりけるをつくりけるとくやしむも、のがれずさらにこれ莫作の功夫力なり。しかあれば、莫作にあらばつくらましと趣向するは、あゆみをきたにして越《えつ》にいたらんとまたんがごとし。諸悪莫作は、井《い》の驢《ろ》をみるのみにあらず、井の井をみるなり、驢の驢をみるなり、人の人をみるなり、山の山をみるなり。説箇応底道理《せっこおうていどうり》あるゆゑに、諸悪莫作なり。仏真法身、猶若虚空《ゆうにゃくこくう》、応物《おうもつ》現形《げんぎょう》、如水中月〔仏の真法身は、猶し虚空のごとし、物に応じて形を現わすこと、水中の月の如し〕なり。応物の莫作なるゆゑに、現形の莫作なり。猶若虚空、左拍右拍なり。如水中月、被水月礙〔水月に礙《さ》えらる〕なり。これらの莫作、さらにうたがふべからざる現成なり。

〔訳〕このように参学することが、すでに実現している公案であり、公案の実現である。こちら側からも工夫し、向う側からも工夫していく。すでにこういうわけであるから、本来は作られていなかったのに、これまで作ってきたのかと後悔するのも、これ間違いなく莫作の工夫力によるものである。では逆に、もともと莫作であれば、ひとつ作ってみようかと考えるのは、とんでもないことで、歩みを北にして南の越に行こうと思うようなものである。

諸悪莫作は、驢馬《ろば》が井戸をのぞくとき、逆に井戸が驢馬を見るだけではなく、井戸が井戸を見るのであり、驢馬が驢馬を見るのである。人が人を見るのであり、山が山を見るのである。「この底にひびきわたる道理が説かれるから」諸悪莫作である。

「仏の真法身は、あたかも虚空のごとくである。物に応じて形を現わすことが、いわば水中の月*のようである」

物に応ずることが莫作であるから、形を現わすこともまた莫作である。「あたかも虚空のごとくである」から、「左にも打ち右にも打つ」のである。「水中の月のようである」から、「水は月にさまたげられている」ままで莫作である。こうした莫作は、もう疑いようもなく実現している。

《「仏の真法身は……」》 この語は、曹山本寂のことば。『五灯会元』巻一三（卍続二乙・一一・二三九右下）。

衆善奉行。この衆善は、三性のなかの善性なり。善性のなかに衆善ありといへども、さきより現成して行人《ぎようにん》をまつ衆善いまだあらず。作善《さぜん》の正当恁麼時、きたらざる衆善なし。万善は無象《むぞう》なりといへども、作善のところに計会《けえ》すること、磁鉄《じてつ》よりも速疾なり。そのちから、毘嵐風《びらんぷう》よりもつよきなり。大地・山河・世界・国土・業増上力《ごうぞうじようりき》、なほ善の計会を罣礙することあたはざるなり。

しかあるに、世界によりて善を認ずることおなじからざる道理、おなじ認得を善とせるがゆゑに、如三世諸仏説法之儀式。おなじといふは、在世説法、ただ時なり。寿命身量またときに一任しきたれるがゆゑに、説無分別法なり。

しかあればすなはち、信行《しんぎよう》の機の善と、法行の機の善と、はるかにことなり、別法にあらざるがごとし。たとへば、声聞《しようもん》の持戒は菩薩の破戒なるがごとし。

〔訳〕衆善奉行。この衆善とは、善・悪・無記のなかの善性である。善性のなかには、多くの善があるが、しかし、あらかじめ実現していて、修行者を待っているような善は、いまだかつて存在したことはない。けれども、善を作《な》すまさにそのときには、そこに集まってこない善はない。いかなる善も、形がないとはいえ、善を作すところに集中するのは、磁石が鉄をひきつけるよりも速く、その力は、烈風よりも強い。たとい、大地・山河・世界・国土・業増上力*でさえも、善の集中をさまたげることはできないのである。

しかるに、世界が異なることによって、なにを善と認めるかということも同じではない。善と認めることによって、善となるのであるから、あたかも三世諸仏の説法の儀式のようなものである。同じというのは、釈尊在世の説法のときだけであろう。また、寿命や体の大きさも、たとえば、八十入滅の釈尊、寿命無量の如来、一丈六尺の仏身、無辺の仏身など、時々によって定まりはないから、分別にはとらわれないところの無分別の法を説くのである。

そういう次第であるから、教えを信じて行ずる人の善と、自からの智慧によって法のごとくに行ずる人の善とは、行為者からいえば、はるかに異なっているようであるけれども、法そのものからいえば、別々の法ではないようなものである。たとえば、声聞《しょうもん》（小乗の徒）では、女の溺《おぼ》れるのを見て、女には手を触れてはならないから助けないのが持戒であるが、菩薩にとっては、助けねば破戒である。持戒か破戒かは、行為者にかかわっている。

《大地・山河・世界……》『金光明経』巻二（大正一六・三四四中）。業増上力は、過去に働いてきた宿業による強い力。

衆善これ因縁生、因縁滅にあらず。衆善は諸法なりといふとも、諸法は衆善にあらず。因縁と生滅と衆善と、おなじく頭《ず》正《しん》あれば尾《び》正《しん》あり。衆善は奉行《ぶぎょう》なりといへども、自にあらず、自にしられず、他にあらず、他にしられず。自他の知見は、知に自あり他あり、見の自あり他あるがゆゑに、各各の活眼睛、それ日にもあり、月にもあり、これ奉行なり。奉行の正当恁麼時に、現成の公案ありとも、公案の始成《しじょう》にあらず、公案の久住《くじゅう》にあらず。さらにこれを本行といはんや。

作善の奉行なるといへども、測度《しきたく》すべきにはあらざるなり。いまの奉行、これ活眼睛なりといへども、測度にはあらず。法を測度せんために現成せるにあらず。活眼睛の測度は、余法の測度とおなじかるべからず。

衆善、有・無・色・空等にあらず、ただ奉行なるのみなり。いづれのところの現成、いづれの時の現成も、かならず奉行なり。この奉行に、かならず衆善の現成あり。奉行の現成、これ公案なりといふとも、生滅にあらず、因縁にあらず。

奉行の入・住・出等も又かくのごとし。衆善のなかの一善、すでに奉行するところに、尽法全身、真実地等、ともに奉行せらるるなり。

この善の因果、おなじく奉行の現成公案なり。因はさき、果はのちなるにあらざれども、因円満し、果円満す。因等法等、果等法等なり。因にまたれて果感ずといへども、前後にあらず、前後等の道あるがゆゑに。

〔訳〕衆善（もろもろの善）とは、因縁によって生ずる、あるいは因縁によって滅する、というものではない。衆善は、諸法となって顕われるが、しかし諸法が衆善として定まっているのではない。因縁と生滅と衆善とは、それぞれ、始めあれば終りがある。衆善奉行とはいうけれども、それは、自分のことではない、また自分にも知られない。同じように他人のことではない、また他人にも知られない。自他の知見は、知見について自他の区別があるから、それぞれの活《い》きた眼の玉は、太陽ともなって照らし、月ともなって照らす。これがすなわち奉行である。

奉行のまさしくそのときに、現成《げんじょう》の公案があっても、その公案は始めて現われるのではなく、また永久につづくのでもない。ましてこれを根本の行ということができようか。

たしかに善を行なう奉行にはちがいないが、善のあれこれを思い測るべきではない。今日の奉行は、すなわち活きた眼の玉ではあるけれども、思い測ることではない。法を思い測るために現成しているのではない。活きた眼の玉が思い測ることは、その他の思い測ることとは異なっている。

衆善とは、有・無・色《しき》（かたち）・空などのごとき概念ではない。ただ奉行するのみである。いずれのところ、いずれのときに現われても、かならず奉行である。この奉行のところに、かならず衆善が現われる。奉行の実現は、まさしく公案ではあるけれども、生滅するものではなく、また因縁によって生ずるものでもない。

奉行を始め、奉行を続け、奉行を終わることなどもまた、生滅でもなく、因縁でもない。もろもろの善のなかの、ただ一つの善を奉行するところに、実は、仏法を尽くし、身の全体を挙げ、真実の大地をくるめて、ともに奉行されるのである。

この善の因果が、同じく奉行の現成公案である。因は先であり、果は後であるというわけではないけれども、因が円満して果が円満する。因が平等なれば法も平等、果が平等なれば法も平等である。因によって果を結ぶというけれども、因果に前後があるのではない。というのは、前後平等の仏道であるがゆえに。

自浄其意《ごい》といふは、莫作《まくさ》の自なり、莫作の浄なり。自の其《ご》なり、自の意なり、莫作の其なり、莫作の意なり。奉行の意なり、奉行の浄なり、奉行の其なり、奉行の自なり。かるがゆゑに、是諸仏教といふなり。

いはゆる諸仏、あるひは自在天のごとし。自在天に同不同ありといへども、一切の自在天は諸仏にあらず。あるひは転輪王のごとくなり。しかあれども、一切の転輪聖王《てんりんじょうおう》の諸仏なるにあらず。かくのごとくの道理、功夫参学すべし。諸仏はいかなるべしとも学せず、いたづらに苦辛《くしん》するに相似せりといへども、さらに受苦の衆生にして、行仏道にあらざるなり。莫作および奉行は、驢事《ろじ》未去、馬事到来なり。

〔訳〕自浄其意というのは、諸悪莫作・衆善奉行を離れているのではない。諸悪莫作・衆善奉行そのものである。すなわち、自浄其意、自《じ》とは莫作の自であり、浄《じょう》とは莫作の浄であり、其《ご》とは自の其であり、意とは自の意である。同じように、莫作の其であり、莫作の意であり、奉行の意であり、奉行の浄であり、奉行の其であり、奉行の自である。こういうわけであるから、「是諸仏教」というのである。
いわゆる諸仏とは、あるいは自在天*のごとくである。自在天にはさまざまな種類があるけれども、すべての自在天が諸仏であるというのではない。あるいは諸仏とは、転輪聖王《てんりんじょうおう》のごとくである。しかしながら、すべての転輪聖王が諸仏であるというのではない。このような道理をよくよく参学すべきである。諸仏とはどういうものであるかということも学ばず、いたずらに苦行しているものもいるが、それは苦を受けている衆生というもので、仏道を行ずることではない。莫作および奉行というのは、莫作があって後に奉行が現われるというのではない。驢《ろ》（すなわち莫作）がまだ去らないうちに、馬（すなわち奉行）が到来するようなものである。

《自在天》 大自在天（Maheśvara）ともいう。もともとインドの神であったのが仏教の守護神となったもの。

唐の白居易《はくきょい》は、仏光如満《にょまん》禅師の俗弟子なり、江西《こうぜい》大寂禅師の孫子なり。杭州の刺史《しし》にてありしとき、鳥窠《ちょうか》の道林禅師に参じき。ちなみに居易とふ、「如何是仏法大意〔如何なるか是れ仏法の大意〕。」道林いはく、「諸悪莫作、衆善奉行。」居易いはく、「もし恁麼《いんも》にてあらんは、三歳の孩児《がいじ》も道得《どうとく》ならん。」道林いはく、「三歳孩児縦道得、八十老翁行不得〔三歳の孩児《がいじ》縦《たと》い道《い》い得んとも、八十の老翁は行不得〕なり。」恁麼いふに、居易すなはち拝謝してさる。
まことに居易は、白将軍がのちなりといへども、奇代《きたい》の詩仙なり。人つたふらくは、二十四生《しょう》の文学なり。あるひは文殊《もんじゅ》の号あり、あるひは弥勒《みろく》の号あり、風情《ふぜい》のきこえざるなし、筆海《ひっかい》の朝《ちょう》せざるなかるべし。
しかあれども仏道には初心なり、晩進なり。いはんやこの諸悪莫作、衆善奉行は、その宗旨、ゆめにもいまだみざるがごとし。居易おもはくは、道林ひとへに有心《うしん》の趣向を認じて、諸悪をつくることなかれ、衆善奉行すべしといふならんとおもひて、仏道に千古万古の諸悪莫作、衆善奉行の亙古《ごうこ》亙今《ごうこん》なる道理、しらずきかずして、仏法のところをふまず、仏法のちからなきがゆゑに、しかのごとくいふなり。たとひ造作《ぞうさ》の諸悪をいましめ、たとひ造作の衆善をすすむとも、現成の莫作なるべし。

〔訳〕唐の白居易《はくきょい》*は、仏光如満《ぶっこうにょまん》禅師*の俗弟子であり、江西大寂《こうぜいだいじゃく》禅師*の孫弟子である。かれが杭州の刺史を勤めていたとき、鳥窠《ちょうか》の道林禅師*に参禅した。あるとき白居易は、道林禅師に問うた。

居易「仏法の大意とはどういうものでしょうか」

道林「諸悪莫作・衆善奉行」

居易「そんなことなら、三歳の子供でもいい得るでありましょう」

道林「たとい三歳の子供がいい得ても、八十歳の老翁も実行することはむずかしい」

道林がこのようにいうと、白居易は礼拝して去った。

白居易は、戦国時代の秦《しん》の名将白将軍の後継であるといわれているが、一世にすぐれた詩仙である。世に伝えるところでは、二十四生の文学という。あるいは、文殊《もんじゅ》とも弥勒《みろく》ともいわれている。その名はよく知られており、文筆の世界に君臨している。

しかしながら、白居易は仏道については初心者であり、晩学である。まして、この「諸悪莫作・

衆善奉行」の本旨は、まだ夢にさえ見なかったようである。白居易のおもわくでは、道林は、ただひとえに常識の立場から、諸悪作《な》すなかれ、衆善奉行すべし、というのであろう、と考えている。したがって、仏道には、千古万古から伝わり、しかも古えにも今にも行きわたるところの、諸悪莫作・衆善奉行という道理のあることは、いまだかつて聞いたこともない。ただかれは、仏法のふむべきところをふまず、仏法に対する力を欠いているから、このようにいうのである。

たとい、白居易のいうように、常識の立場から、そう見なされた諸悪をいましめ、そう見なされた衆善をすすめても、その当体は、現成している莫作である。莫作を離れることはできぬ。

《白居易》 七七二―八四六。白楽天。中唐時代の代表的詩人。『白氏文集』七五巻におさめられる。

《仏光如満禅師》 馬祖道一の法嗣。

《江西大寂禅師》 江西《こうぜい》志《し》徹《てつ》といい、六祖慧能の法嗣。

《道林禅師》 七四一―八二四。四祖道信から分かれた牛頭《ごず》法融《ほうゆう》（五九四―六五七）、すなわち牛頭《ごず》禅《ぜん》の系統。枝葉の繁茂している松の上で坐禅したから鳥窠禅師ともいう。『景徳伝灯録』巻四（大正五一・二三〇中）。

おほよそ仏法は、知識のほとりにしてはじめてきくと、究竟《くきよう》の果上《かじよう》もひとしきなり。これを頭《ず》正尾《しんび》正《しん》といふ。妙因妙果といひ、仏因仏果といふ。仏道の因果は異熟《いじゆく》・等流《とうる》等の論にあらざれば、仏因にあらずば、仏果を感得すべからず。道林この道理を道取するゆゑに、仏法あるなり。

諸悪たとひいくかさなりの尽界に弥綸《みりん》し、いくかさなりの尽法を呑却《どんきやく》せりとも、これ莫作の解脱なり。衆善すでに初中後善にてあれば、奉行の性《しょう》・相《そう》・体《たい》・力《りき》等を如是《にょぜ》せるなり。
居易かつてこの蹤跡《しょうせき》をふまざるによりて、三歳の孩児《がいじ》も道得ならんとはいふなり。道得をまさしく道得するちからなくして、かくのごとくいふなり。あはれむべし居易、なんぢ道甚麼《どうしも》〔甚麼《なに》を道《い》う〕なるぞ。仏風いまだきかざるがゆゑに、三歳の孩児をしれりやいなや、孩児の才生《さいしょう》せる道理をしれりやいなや。もし三歳の孩児をしらんものは、三世諸仏をもしるべし。いまだ三世諸仏をしらざらんもの、いかでか三歳の孩児をしらん。対面せるはしれりとおもふことなかれ、対面せざればしらざるとおもふことなかれ。一塵をしるものは尽界をしり、一法を通ずるものは万法を通ず。万法に通ぜざるものは、一法に通ぜず。通を学せるもの通徹のとき、万法をもみる、一法をもみるがゆゑに、一塵を学するもの、のがれず尽界を学するなり。

三歳の孩児は仏法をいふべからずとおもひ、三歳の孩児のいはんことは容易ならんとおもふは至愚《しぐ》なり。そのゆゑは、生をあきらめ死をあきらむるは、仏家一大事の因縁なり。

〔訳〕およそ仏法は、最初の入門として聞き知ることと、修行の果ての仏果とは、同一なのである。これを、始めにも徹底し、終りにも徹底している〈頭正尾正《ずしんびしん》〉という。また、妙因妙果ともいい、仏因仏果ともいう。仏道の因果とは、法相としていわれている異熟《いじゅく》・等流《とうる》*などの論議ではない。仏因でなければ、仏果を感得することはできないのである。道林はこの道理をいい得ているから、道林には仏法があるということができる。

たとい諸悪が、十重二十重《とえはたえ》の世界にゆきわたり、十重二十重の諸法の限りを呑みつくしていようとも、なおその当体は、莫作の解脱《げだつ》である。また衆善は、すでに初時・中時・後時、いつにても善であるから、衆善を奉行する性・相・体・力*などを、そのとおりに行ずるのである。

白居易はこのような仏道の足跡を踏んでいないから、三歳の子供でもいい得るであろう、といったのである。かれには、いうべきことを、まさしくいい得る力がないから、このようにいうのである。あわれなことよ、白居易、おまえはいったいなにをいうのか。おまえはまだ、仏道の風韻《ふういん》を聞いたことがない。いったいおまえは、三歳の子供のなにものであるかを知っているか。子供の生まれながらの道理を知っているか。

もし三歳の子供を知るものは、三世諸仏をも知っているはずである。まだ三世諸仏を知らないものは、どうして三歳の子供を知ることができようか。世俗では、その人と対面すれば知るのであるが、仏道では、そう思ってはならない。また、その人と対面しなければ知らない、とも思ってはならない。

一塵を知るものは、全世界を知り、一法に通ずるものは万法にも通ずるのである*。万法に通じないものは一法にも通じない。この道理に通徹するとき、万法をも見ることができ、一法をも見ることができる。それゆえに、一塵を学ぶものが、世界全体を余すことなく学ぶのである。

三歳の子供は、仏法を口にする資格はないと思ったり、また、三歳の子供のいうことはわけもないと思うことは、至って愚かなことである。その理由は、生を明らかにし、死を明らかにすることが、仏道の一大事因縁（もっとも大切なこと）だからである。

《異熟・等流》 果の性質が因と異なる場合を異熟、等しい場合を等流という。
《性・相・体・力》 これは、天台の十如是。すなわち如是相・如是性・如是体・如是力・如是作・如是因・如是縁・如是果・如是報・如是本末究竟等。道元が天台の教理に詳しかったことは、『宝慶記』からもうかがわれる。
《一法に通ずるものは、万法にも通ずる》 これは、一即一切、一切即一の華厳思想。

古徳いはく、なんぢがはじめて生下《しょうげ》せりしとき、すなはち獅子吼《ししく》の分《ぶん》あり。獅子吼の分とは、如来転法輪の功徳なり、転法輪なり。

又、古徳いはく、生死去来《こらい》、真実人体なり。

しかあれば、真実体をあきらめ、獅子吼の功徳あらん、まことに一大事なるべし、たやすかるべからず。かるがゆゑに、三歳孩児の因縁行履《いんねんあんり》あきらめんとするに、さらに大因縁なり。それ三世諸仏の行履因縁と、同不同あるがゆゑに、居易おろかにして、三歳の孩児の道得をかつてきかざれば、あるらんとだにも疑著せずして、恁麼道取するなり。道林の道声、雷《らい》よりも顕赫《けんかく》なるをきかず。道不得をいはんとしては、三歳孩児還道得〔三歳の孩児、還《かえ》って道得す〕といふ。これ孩児の獅子吼をもきかず、禅師の転法輪をも蹉過《しゃか》するなり。

禅師あはれみをやむるにあたはず、かさねていふしなり、三歳の孩児はたとひ道得なりとも、八十の老翁は行不得ならんと。

いふこころは、三歳の孩児に道得のことばあり、これをよくよく参究すべし。八十の老翁に行不得の道《どう》あり、よくよく功夫すべし。孩児の道得はなんぢに一任す、しかあれども孩児に一任せず。老翁の行不得はなんぢに一任す、しかあれども老翁に一任せずといひしなり。

仏法はかくのごとく弁取し、説取し、宗取《しゅうしゅ》するを、道理とせり。

正法眼蔵諸悪莫作

爾時延応庚子月夕、在二雍州宇治県観音導利興聖宝林寺一示衆。

〔訳〕たとえば、古徳のいうに、「汝（釈迦牟尼仏、ひいてはわれわれ一人一人）が初めてこの世に生をうけたとき、天上天下唯我独尊という獅子吼《ししく》をなした*」と。

獅子吼というのは、如来が法輪を転ずる功徳である*。あるいは、法輪を転ずること自体である。

また古徳のいうに、「生死去来《しょうじこらい》するままが、真実なる人の本体である*」と。

そういう次第であるから、真実の本体を明らかにし、獅子吼の功徳のあることは、まことに一大事というべきである。けっして容易なことではない。

それゆえに、三歳の子供の言動を明らかにすることは、さらにすぐれて一大事因縁である。それは、三世諸仏の言動と同・不同などということではない。両者はまったく通じ合っている。しかるに白居易は、おろかなために、三歳の子供のいうことを、いまだかつて聞いたことがない。そればかりか、それに対する疑いさえ起こさないで、右の道林との問答のようなことをいうのである。

道林の言葉は、雷よりもすさまじかったが、それも白居易には聞こえなかった。むしろ、自分がいい得ないことをいおうとして、「三歳の子供でもいい得るでありましょう」といっている。これは、子供の獅子吼をも聞かず、道林の転法輪をも見すごしているのである。

道林は、さらにあわれみをおさえることができずに、かさねて述べている。

「たとい三歳の子供がいい得ても、八十歳の老翁も実行することはむずかしい」と。

そのこころは、三歳の子供にもいい得る言葉がある。それをよくよく参究すべきである。また、八十の老翁でも実行し得ない言葉がある。それもまたよくよく思いを廻らすべきである。子供のいい得ることは、白居易に一任するが、しかし子供には一任しない。老翁の実行し得ないことは、白居易に一任するが、しかしながら、老翁には一任しない、といったのである。

仏法は、このように弁《わきま》え、このように説法し、このように心得ることを道理としている。

正法眼蔵諸悪莫作

そのとき、延応二年（一二四〇）月夕（八月十五日夜）、京都・宇治、観音導利興聖宝林寺で僧衆に示す。

《天上天下唯我独尊……》　釈尊は生まれてただちに七歩あるいて、こういったと伝えられる。『普曜経』巻二（大正三・四九四上）。『景徳伝灯録』巻一（大正五一・二〇五中）。

《法輪を転ずる》　法の輪を転がすこと、すなわち説法すること。

《「生死去来するままが……」》『円悟仏果禅師語録』巻六（大正四七・七四〇中）。

〔二〕 有時（うじ）

《解説》『正法眼蔵』は、多種多様の方面からアプローチされている。しかし、どこから入っても、ただちに根本の世界に出あうから不思議である。この「有時《うじ》」の巻も同様である。ことに、有を存在、時を時間と見るとき、ここには存在と時間の関係が説かれていることになり、哲学一般の立場から見ても関心の集まるところだ。

そういえばハイデガーに『存在と時間』という名作のあることは周知のことであり、道元の有時とそれがたいへん似ているところがあっておもしろい。しかしそれは程度の問題であって、結局はハイデガーはハイデガー、道元は道元である。しかも、ハイデガーのまったく思い及ばないようなものが道元のなかにある。それはもはや時間のカテゴリーにははいってこないようなもの、いわば永遠の原始からあり、かつ、いま自己とともに宇宙を貫通している全存在の根源——それは自覚そのもの、つまり光というほかはない。しかし、そこからはじめて時間が出てくるのである。ここまで時間を掘り下げているのは、古今東西、道元以外にはないのではないか。仏教の長い伝統にも、道元以前にはもとよりない。

道元の時間論は「有時」の巻だけにあるのではない。これ以外のあちこちの巻に顔を出してくる。それらはまたそれぞれちがった表象において現われてくるのである。筆者は筆者なりにそれをまとめてみた(「道元の時間論」仏教思想講座、第一巻、理想社)。しかし、どうもそれだけでも尽きないようであるし、その時間論の複雑さ、思索の多様性に驚かざるを得ない。またそれだけに、時間の根源は、道元仏教の根本立場なのである。

「有時」の巻の詳しいことは本文を読んでいただくとして、一、二気づいた点を記して参考に供しよう。

常識で考えると、時間には時計ではかる時間がある。これは機械的に算定できる、もっとも外部的な時間であろう。しかし同じ長さの時間でも、ああ実に長かった、いや案外早かった、などと感じられる場合がある。これは時間が主体者の状況にかかわっている証拠である。これを押しつめていくと、時間は結局は主体者そのものにおさまってくる。つまり時間の根本要素として、まず我《われ》があるわけだ。

ところが、この我なる時間の根本要素をきわめていくと、どこにもさえぎられる固定物はない。どこまで深めていっても洞然として吹き通しだ。底の底まで吹きとおしという点で、これは光と表現するほかはないだろう。道元は「時の荘厳《しょうごん》光明あり」といっている。そしてついには、この吹きとおしは、全宇宙を貫き、全存在に及ぶのである。つまり、目前の一つ一つの事物が、時間の生命たる光明に輝いているばかりではない。過去に経験したことも、未来に経験するであろうことも、また自分が見聞したこともない場所で起こっていることも、さらにまた、あの世のこと、この世のこと、一切合財が、実は一望におさめられるのである。道元は、「ただこれ山のなかに直入《じきにゆう》して、千峰万峰をみわたす時節なり」と申している。

ところで、ここに経歴《きょうりゃく》（経めぐる）という考え方がある。常識でいえば、時間は過去から現在へ、また未来へ流れる、と思う。道元のいう経歴はそうではない。全世界は経《へ》めぐるのである。たとえば春のようなものだ、という。これは見事な譬えだと思う。春は、さまざまな光景を呈している。鳥はとび、鳥はなき、蝶は舞い、桜の花びらは散り、そよ風は吹く、それが春の経歴である。春が経めぐるというのは、春を経めぐっているのである。つまり、春の千変万化が春の一望のなかにおさまっているのだ。

しかし、ここまで到るのは、並みたいていの訓練ではおいつかない。本来の面目が現われ出てこなければ分からないという。そこに日常の修行が大切になってくるのである。

有時

古仏言《いわく》、
有時高高峰頂立、
有時深深海底行、
有時三頭八臂、
有時丈六八尺、

有時拄杖払子、
有時露柱灯籠、
有時張三李四、
有時大地虚空。

いはゆる有時《うじ》は、時すでにこれ有《う》なり、有はみな時なり。丈六金身《こんじん》これ時なり、時なるがゆゑに時の荘厳《しようごん》光明あり。いまの十二時に習学すべし。三頭《ず》八臂《び》これ時なり、時なるがゆゑに、いまの十二時に一如《いちによ》なるべし。十二時の長遠短促《ちようおんたんそく》、いまだ度量《たくりよう》せずといへども、これを十二時といふ。去来《こらい》の方跡《ほうせき》あきらかなるによりて、人これを疑著《ぎちやく》せず。疑著せざれども、しれるにあらず。衆生もとより、しらざる毎物毎事《まいもつまいじ》を疑著すること一定《いちじよう》せざるがゆゑに、疑著する前程《ぜんてい》、かならずしもいまの疑著に符合することなし。ただ疑著しばらく時なるのみなり。

われを排列しおきて尽界とせり、この尽界の頭頭物物《ずずもつもつ》を時時なりと覰見《ちよけん》すべし。物物の相礙《げ》せざるは、時時の相礙せざるがごとし。このゆゑに、同時発心《ほつしん》あり、同心発時《ほつじ》あり。および修行成道もかくのごとし。われを排列して、われこれをみるなり。自己の時なる道理、それかくのごとし。

〔訳〕古仏がいう、*
「有時《うじ》は、高々《こうこう》たる峰頂《ほうちよう》に立つ。
有時は、深々《じんじん》たる海底に行く。
有時は、三頭《さんず》八臂《はつぴ》*。

有時は、丈六八尺。*
有時は、拄杖払子《しゅじょうほっす》。
有時は、露柱灯籠《ろちゅうとうろう》。
有時は、張三李四《ちょうさんりし》。*
有時は、大地虚空」と。

いわゆる有時とは、時《とき》がそのまま存在であり、存在がことごとく時である、ということである。一丈六尺の黄金の仏身は、すなわち時である。時であるからこそ、時のおのずから輝きわたる光明がある。そのことを、その時その時、つねに学ぶべきである。

不動明王の、三つの頭、八つの臂《うで》（いわゆる憤怒《ふんぬ》の相《そう》）、これすなわち時である。時であるからこそ、現在のその時その時に一体になっている、その時その時の時間は、その長短について測ってはいなくとも、これを十二時という。

時間は、過去から未来へ流れるという跡かたははっきりしているから、人はこれについて疑ってもみない。疑ってはいないけれども、それを知っているわけではない。人びとは、もともと知らないことをその都度《つど》その都度、疑うだけで、いっこうに定まらない。それゆえに、前の疑いが、かならずしも今の疑いと合致しているわけではない。ただ、疑うということも、時を離れているのではないから、しばらく時であるにすぎない。

世界全体というのは、実はわれがすきまなく配列されたものである。このような世界全体の、その時その時の事々物々を時そのものであると見なすべきである。事々物々がたがいにさまたげ合わないのは、それぞれの時がさまたげ合わないのと同じである。このゆえに、同時にそれぞれが発心《ほっしん》（菩提心をおこすこと）することもあり、また同じ心で、それぞれの時に発心することもある。そして修行や仏道を成就することについても同様である。われを配列しておきながら、自分がそれを見ているのである。自己がすなわち時であるという道理は、まさにこのようなものである。

《古仏がいう……》この句は、薬山惟儼（七五一—八三四）の句「高高たる山頂に立ち（あるいは坐し）、深深たる海底に行く」『景徳伝灯録』巻一四（大正五一・三一一中）、同巻二八（同四四〇下）にかかわっている。

《三頭八臂》三つの頭、八つの腕をもった不動明王。憤怒のすがた。

《丈六八尺》一丈六尺と八尺の仏像。

《張三李四》太郎・次郎というような普通の名。

恁麼《いんも》の道理なるゆゑに、尽地に万象百草《ばんぞうひゃくそう》あり、一草一象おのおの尽地にあることを参学すべし。かくのごとくの往来は、修行の発足《ほっそく》なり。到恁麼《とういんも》の田地のとき、すなはち一草一象なり、会象不会象《えぞうふえぞう》なり、会草不会草なり。正当恁麼時のみなるがゆゑに、有時みな尽時なり、有草有象ともに時なり。時時の時に尽有尽界あるなり。しばらく、いまの時にもれたる尽有尽界ありやなしやと観想すべし。

〔訳〕このような道理であるから、大地には、さまざまな事象・事物が存在しており、その一つ一つの事象、一つ一つの事物が、それぞれ大地全体にあることを参学すべきである。このような事情を心得ることが、仏道修行のてはじめである。そして、このような境地に到るとき、そこに一つ一つの事象、一つ一つの事物がある。その事象を理解している場合もあり、理解していない場合もある。また、その事物を理解している場合もあり、理解していない場合もある。

しかしいずれにしても、まさしくそのような時ばかりであるから、存在即時間（すなわち絶対生命）は、すべての時に行きわたっている。事物や事象があるということが、すでに時である。その時その時の時に、存在のすべてを尽くし、世界の全体を尽くしている。いったい、いまの時に漏れている存在全体・世界全体というものが、あるのか、ないのか、と思いはかるべきである。

しかあるを、仏法をならはざる凡夫《ぼんぶ》の時節に、あらゆる見解《けんげ》は、有時のことばをきくにおもはく、あるときは三頭八臂《ずび》となれりき、あるときは丈六八尺となれりき、たとへば、河をすぎ山をすぎしがごとくなりと。いまはその山河《せんが》たとひあるらめども、われすぎきたりて、いまは玉殿朱楼《ぎよくでんしゆろう》に処《しよ》せり、山河とわれと天と地となりとおもふ。

しかあれども、道理この一条のみにあらず。いはゆる、山をのぼり河をわたりし時に、われありき、われに時あるべし。われすでにあり、時さるべからず。時もし去来《こらい》の相にあらずば、上山の時は有時の而今《にこん》なり。時もし去来の相を保任せば、われに有時の而今ある、これ有時なり。かの上山渡河の時、この玉殿朱楼の時を呑却《どんきやく》せざらんや、吐却《ときやく》せざらんや。三頭八臂はきのふの時なり、丈六八尺はけふの時なり。しかあれども、その昨今の道理、ただこれ山のなかに直入《じきにゆう》して、千峰万峰をみわたす時節なり、すぎぬるにあらず。三頭八臂も、すなはちわが有時にて一経《きょう》す、彼方《ひほう》にあるにたれども而今なり。丈六八尺も、すなはちわが有時にて一経す、彼処《ひしょ》にあるにたれども而今なり。

〔訳〕こういうわけであるのに、仏法を学ばない凡人の場合には、有時について、さまざまな見解をいだく。すなわち、有時とは、あるときは三頭八臂の不動明王となり、あるときは一丈六尺や八尺の仏身となった、と思う。たとえば、自分は、河や山を過ぎてきたというようなものである。たとい、その山や河はあるにしても、わたしは、それらを過ぎ来たって、現在は玉殿朱楼にいる。すなわち、山河もあり、われもあり、天も地もあると思う。

しかしながら、道理はこのような一すじだけではない。実は、山にのぼったとき、河をわたったときに、われはすでにあった。そのわれには時があろう。しかもそのわれはすでにここにいる。だから時は去るはずがない。もし時に去来《こらい》の特徴がないとすれば、山にのぼったとき、その時が絶対で、永遠の今である。また、もし時が去来の特徴を持っているとすれば、わたしが絶対で、永遠の今である。したがって、山にのぼった時、あるいは河を渡った時、その時は今の玉殿朱楼の時を呑みつくし、吐きつくさないことがあろうか。

三頭八臂は、昨日の時であった。丈六八尺は、今日の時である。しかし、昨日・今日の道理というのは、昨日が過ぎて今日が来ているのではない。たとえば、山のなかに入って、千峰万峰を一目に見わたしているような時節である。けっして過ぎ去ったわけではない。三頭八臂もあり、丈六八尺もある。三頭八臂も、すなわちわが有時として経過した。かなたにあるようだけれども、永遠の今である。丈六八尺も、すなわちわが有時として同じように経過している。あそこにあるようだけれども、これも永遠の今である。

しかあれば、松も時なり、竹も時なり。時は飛去するとのみ解会《げえ》すべからず、飛去は時の能《のう》とのみは学すべからず。時もし飛去に一任せば、間隙《かんげき》ありぬべし。有時の道《どう》を経聞《きょうもん》せざるは、すぎぬるとのみ学するによりてなり。要をとりていはば、尽界にあらゆる尽有は、つらなりながら時時なり。有時なるによりて吾有時なり。

〔訳〕そういうわけであるから、松も時であり、竹も時である。時は、飛び去るとのみ理解してはならない。飛び去ることは、時の性能であるとのみ学んではならない。もし時が飛び去るだけのものであるとすれは、そこに間隙がでてくるであろう。この有時の仏道を心得ないのは、時は過ぎ去るとのみ理解するからである。そこで要旨をいえば、世界全体に存在するありとあらゆるものは、一つにつらなりながら、その時その時の絶対生命である。有時なるによって、畢竟それは、わが有時である。

有時

有時に経歴《きょうりゃく》の功徳あり。いはゆる、今日より明日へ経歴す、今日より昨日に経歴す、昨日より今日へ経歴す、今日より今日に経歴す、明日より明日に経歴す。経歴はそれ時の功徳なるがゆゑに、古今の時、かさなれるにあらず、ならびつもれるにあらざれども、青原《せいげん》も時なり、黄檗《おうばく》も時なり、江西《こうぜい》も石頭《せきとう》も時なり。自他すでに時なるがゆゑに、修証は諸時なり。入泥《にゅうでい》入水、おなじく時なり。いまの凡夫の見、および見の因縁、これ凡夫のみるところなりといへども、凡夫の法にあらず。法しばらく凡夫を因縁せるのみなり。この時この有は法にあらずと学するがゆゑに、丈六金身はわれにあらずと認ずるなり。われを丈六金身にあらずとのがれんとする、またすなはち有時の片片《へんぺん》なり、未証拠者《みしょうこしゃ》の看《かん》看《かん》なり。

〔訳〕有時には、経めぐる〈経歴《きょうりゃく》〉というはたらきがある。すなわち、今日より明日に経めぐる。今日より昨日に経めぐる。昨日より今日に経めぐる。今日より今日に経めぐる。明日より明日に経めぐる。このように、経めぐりは時の働きであるから、古の時と今の時とが重なり合っているのでもなく、並び積っているのでもない。青原《せいげん》も時である、黄檗《おうばく》も時である。江西《こうぜい》も石頭《せきとう》も時である。*それぞれ絶対の生命である。自も他も同じように時であるから、修行することも悟りを開くことも、それぞれ時である。泥に入り、水に入って人のために法を説くのも、同じく時である。

いまの凡夫《ぼんぷ》の見解や、その見解のいわれなど、これは凡夫の見るところではあるが、凡夫の法としてあるのではない。そうではなく、法がしばらく凡夫として成り立たしめているのである。すなわち、凡夫の見解では、この現在の時、この現在の有は、法ではないと学んでいるから、一丈六尺の黄金仏は自分ではない、と考えている。しかし、自分は一丈六尺の黄金仏ではないと、自分を黄金仏からのがれようとすることもまた、実は有時の現われで、したがって、まだ真実を見とどけていないものは、よく看《み》よ看《み》よ、というところである。

《青原も時である……》 青原行思（―七四〇）・江西志徹は、六祖慧能の法嗣。石頭希遷（七〇〇―七九〇）は、青原行思の法嗣。黄檗希運（―八五六）は、百丈懐海（七二〇―八一四）の法嗣。

いま世界に排列せる、むまひつじをあらしむるも、住法位の恁麼なる昇降上下なり。ねずみも時なり、とらも時なり。生《しょう》も時なり、仏《ぶつ》も時なり。この時、三頭《ず》八臂《び》にて尽界を証し、丈六金身にて尽界を証す。それ尽界をもて尽界を界尽《かいじん》するを、究尽《ぐうじん》するとはいふなり。丈六金身をもて丈六金身するを、発心・修行・菩提・涅槃と現成する、すなはち有なり、時なり。尽時を尽有と究尽するのみ、さらに剰法《じょうほう》なし。剰法これ剰法なるがゆゑに、たとひ半究尽の有時も、半有時の究尽なり。たとひ蹉過《しゃか》すとみゆる形段《ぎょうだん》も有なり。さらにかれにまかすれば、蹉過の現成する前後ながら、有時の住位なり。住法位の活鱍鱍地《かっぱつぱっち》なる、これ有時なり。無と動著すべからず、有と強為《ごうい》すべからず。

〔訳〕いま世間で、十二支の午《うま》や未《ひつじ》を時に配当しているが、それは本来の在り方としての昇降上下*である。同じように、子《ねずみ》も時である、寅《とら》も時である。衆生も時である、仏も時である。この時こそ、三頭八臂となって全世界をさとり、一丈六尺の黄金仏となって全世界をさとるのである。

ところで、全世界をもって全世界を尽くすことを究尽《ぐうじん》するというのである。一丈六尺の黄金仏となって一丈六尺の黄金仏を尽くすことが、発心・修行・菩提・涅槃となって現われる。それこそ存在そのものであり、時そのものである。いいかえれば、時の全体が存在の全体であると究め尽くすだけであって、さらに余すところはない。余分のものは余分のものであるから、たとい、究尽が半ばに達しない場合の有時も、それはそれなりに半有時の究尽である。また、たとい踏みちがえた場合でも、その踏みちがえた状態もまた有である。さらに進んで、それ自体の立場に立ってしまうと、踏みちがえるということの現われている前後のままが、有時の在り方である。

それ自体の在り方において、魚が飛びはねるように活き活きとしていることが、そのまま有時である。それをけっして、無ではないかと考えてはならないし、また、強いて有であると見なしてもならない。

《昇降上下》 十二支の卯・辰・巳・午は上る、未・申・酉は下る。

時は一向にすぐるとのみ計功《けこう》して、未到と解会《げえ》せず。解会は時なりといへども、他にひかるる縁なし。去来《こらい》と認じて、住位の有時と見徹《けんてつ》せる皮袋《ひたい》なし、いはんや透関《とうかん》の時あらんや。たとひ住位を認ずとも、たれか既得《きとく》恁麼《いんも》の保任《ほうにん》を道得せん。たとひ恁麼と道得せることひさしきも、いまだ面目現前を摸𢶍《もさく》せざるなし。凡夫の有時なるに一任すれば、菩提涅槃もわづかに去来の相のみなる有時なり。

おほよそ羅籠《らろう》とどまらず有時現成なり。いま右界《うかい》に現成し、左方に現成する天王天衆、いまもわが尽力《じんりき》する有時なり。その余外《よげ》にある水陸の衆有時《しゅうじ》、これわがいま尽力して現成するなり。冥陽《めいよう》に有時なる諸類諸頭、みなわが尽力現成なり、尽力経歴なり。わがいま尽力経歴にあらざれば、一法一物も現成することなし、経歴することなしと参学すべし。

〔訳〕時というものは、ただひたすら過ぎていくものとばかり考えて、未だ到らない〈未到〉こともまた、時であるとは気がつかない。気がつくということは時であるけれども、時そのものはそのために変わることはない。

ところで、時というものは去来するものであるとのみ認知して、定住している有時を徹見しているものはまれである。まして、そこに解脱《げだつ》の時があろうか。また、たとい定住している有時を認知していても、もともとそうであった有時を持ち続けているといい得るものが、果たしてあろうか。さらに、たとい、そうであるといい得ること久しきにわたっても、本来の面目が現前するのをまだ手さぐりしているばかりである。凡夫の側の有時という視点からのみ見れば、菩提でも涅槃でも、やっと去来する特徴だけの有時にすぎなくなってしまう。

とてもおさえこむことはできずに、有時は実現している。いま、あちらに現われ、こちらに現われている天界の住人たちも、まさしくいま、わが尽力している有時なのである。そのほか水陸にいるさまざまな衆生の有時も、いまわが尽力して実現しているのである。あるいはまた、隠れたり現われたりしているあの世、この世のもろもろの衆生の有時も、ことごとくわが尽力して実現しており、尽力して経めぐっている。いまわが尽力して経めぐっているのでなければ、一事一物も、有時として実現することはなく、経めぐることはないと学ぶべきである。

経歴《きょうりゃく》といふは、風雨の東西するがごとく学しきたるべからず。尽界は不動転なるにあらず、不進退なるにあらず、経歴なり。経歴は、たとへば春のごとし。春に許多《きょた》般《はん》の様子《ようす》あり、これを経歴といふ。外物《げもつ》なきに経歴すると参学すべし。たとへば、春の経歴はかならず春を経歴するなり。経歴は春にあらざれども、春の経歴なるがゆゑに、経歴いま春の時に成道せり。審細に参来参去《さんらいさんこ》すべし。経歴をいふに、境《きょう》は外頭《げとう》にして、能経歴の法は東にむきて百千世界をゆきすぎて、百千万劫をふるとおもふは、仏道の参学、これのみを専一にせざるなり。

〔訳〕経めぐる〈経歴〉ということは、風や雨が東から西へ、西から東へと去来するようなものであると学び来たってはならない。全世界は、動転しないものはなく、進退しないものもなく、経めぐるのである。

経めぐるということは、たとえば春のようなものである。春は、さまざまな光景を呈している。それを経めぐるというのである。春の外には別のものはないのに、春は経めぐると学ぶべきである。たとえば、春が経めぐるということは、かならず春を経めぐっているのである。経めぐるということが春ではないけれども、春が経めぐるのであるから、経めぐりがちょうどいま、春の時点で現われているのである。このことをつまびらかに、学び来たり学び去るがよい。

経めぐり〈経歴〉について誤った考え方は、世界が外側にあって、経めぐる主体が、たとえば東に向いて多くの世界を通過し、長い時間を経過すると思うことである。これは仏道を学ぶということに専念していないためである。

薬山弘道《やくさんこうどう》大師、ちなみに無際《むさい》大師の指示によりて、江西大寂《こうぜいだいじゃく》禅師に参問す、「三乗十二分教、某甲《それがし》ほぼその宗旨をあきらむ。如何是祖師西来意〔如何なるか是れ、祖師西来意〕。」かくのごとくとふに、大寂禅師いはく、「有時教伊揚眉瞬目、有時不教伊揚眉瞬目、有時教伊揚眉瞬目者是、有時教伊揚眉瞬目者不是〔有時は伊《かれ》をして揚眉瞬目せしむ、有時は伊をして揚眉瞬目せしめず、有時は伊をして揚眉瞬目せしむる者、是《ぜ》、有時は伊をして揚眉瞬目せしむる者、不是《ふぜ》〕。」

薬山きさて大悟し、大寂にまうす、「某甲《それがし》かつて石頭にありし、蚊子《ぶんす》の鉄牛にのぼれるがごとし。」

大寂の道取するところ、余者《よしゃ》とおなじからず。眉目《びもく》は山海なるべし、山海は眉目なるゆゑに。その教伊揚《きょういよう》は山をみるべし、その教伊瞬は海を宗すべし。是《ぜ》は伊《い》に慣習せり、伊《い》は教に誘引《ゆういん》せらる。不是は不教伊にあらず、不教伊は不是にあらず。これらともに有時なり。山も時なり、海も時なり。時にあらざれば山海あるべからず、山海の而今《にこん》に時あらずとすべからず。時もし壊《え》すれば山海も壊す、時もし不壊《ふえ》なれば山海も不壊なり。この道理に明星出現す、如来出現す、眼睛《がんぜい》出現す、拈華《ねんげ》出現す。これ時なり、時にあらざれば不恁麼《ふいんも》なり。

〔訳〕薬山弘道大師*は、あるとき無際大師*のさしずによって、江西大寂禅師*に参禅した。

薬山「わたしは、三乗・十二分教*についておおよそ、その趣旨を明らかにすることができましたが、達磨大師が中国に来られた仏法の大意はどういうことでしょうか」

大寂「あるときは、かれをして眉を揚げ目を瞬《まばた》かしめる。あるときは、かれをして眉を揚げ目を瞬かしめない。あるときは、かれをして眉を揚げ目を瞬かしめるのはよい。あるときは、かれをして眉を揚げ目を瞬かしめるのはよくない」

薬山はこれを聞いて大悟し、大寂禅師に申した。

薬山「わたしはかつて石頭無際大師の所におりましたときは、蚊が鉄牛にとまっているような思いでした」

大寂の右のことばは、他のもののいうこととは異なっている。ここに眉や目というのは、山や海を指していよう。なぜなら、山や海は、眉や目とは別のものではないから。つまり、かれをして眉を揚げさせると、山が見えよう。また、かれをして目を瞬かせると、海が見渡せよう。「よい〈是〉」というのは、「かれ〈伊〉」の身についていることである。かれは、「……をして……せしむ〈教〉」にいざなわれていく。「よくない〈不是〉」というのは、「かれをして……せしめない〈不教伊〉」というのではない。「かれをして……せしめない〈不教伊〉」は、「よくない〈不是〉」ということではない。「不是」も「不教伊」もともに有時である。

山も時であり、海も時である。時でなければ、山や海は存在することはできない。山や海の「いま〈而今〉」に、時はないと考えてはいけない。時がなくなれば山や海もなくなる。時が不滅であれば山や海も不滅である。この道理のために、明星は出現したのであり、*如来はこの世に現われたのであり、仏の眼の玉が現われたのであり、また、釈尊と迦葉《かしょう》との拈華《ねんげ》微笑《みしょう》も出現したのである。まさしくそれが時である。時でなければこのようなことはない。

《薬山弘道大師》 七五一―八三四。石頭希遷（七〇〇―七九〇）の法嗣。この問答は『聯灯会要』巻一九（卍二乙・九・四・三六九左下）。

《無際大師》 石頭希遷。七〇〇—七九〇。青原行思の法嗣。

《江西大寂禅師》 七〇九—七八八。馬祖道一のこと。南嶽懐譲（六七七—七四四）の法嗣。

《三乗・十二分教》 三乗は、声聞乗・縁覚乗・菩薩乗。十二分教は、経典を内容や形式から十二種に分けたもの。

《明星は出現した……》 釈尊は明星を見て悟りを開いたという。


葉県《せっけん》の帰省《きせい》禅師は、臨済の法孫なり、首山《しゅざん》の嫡嗣《てきし》なり。あるとき、大衆《だいしゅ》にしめしていはく、有時意到句不到、有時句到意不到。有時意句両倶到、有時意句倶不到〔有時は意到りて句到らず、有時は句到りて意到らず。有時は意句両《ふた》つながら倶《とも》に到り、有時は意句倶に到らず〕。

意句ともに有時なり、到不到ともに有時なり。到時未了なりといへども不到時来なり。意は驢《ろ》なり、句は馬《ば》なり。馬を句とし、驢を意とせり。到それ来にあらず、不到これ未来にあらず。有時かくのごとくなり。到は到に罣礙《けいげ》せられて不到に罣礙せられず、不到は不到に罣礙せられて到に罣礙せられず。意は意をさへ、意をみる。句は句をさへ、句をみる。礙《げ》は礙をさへ、礙をみる。礙は礙を礙するなり、これ時なり。礙は他法に使得《しとく》せらるといへども、他法を礙する礙、いまだあらざるなり。我逢人《がほうにん》なり、人逢人《にんほうにん》なり。我逢我なり、出逢出なり。これらもし時をえざるには、恁麼《いんも》ならざるなり。又、意は現《げん》成公案《じょうこうあん》の時なり、句は向上関棙《こうじょうかんれい》の時なり。到は脱体の時なり、不到は即此離此《そくしりし》の時なり。かくのごとく弁肯《べんこう》すべし、有時すべし。

〔訳〕葉県の帰省禅師は、臨済義玄の法孫であり、首山省念の法を嗣いでいる。あるとき僧衆に示していうに、

「あるときは、思いは届いても言葉が届かない。あるときは、言葉は届いても思いが届かない。あるときは、思いも言葉も届いている。あるときは、思いも言葉も届かない」

思いも言葉も、ともに有時である。届くも届かぬも、ともに有時である。届く時がまだ終わらないのに、届かぬ時が来るのである。思いは驢であり、言葉は馬である。馬を言葉とし、驢を思いとしている。「届く〈到〉」というのは来るのではない。「届かない〈不到〉」というのも、まだ来ないのではない。有時というのはまさしくこのようなものである。

「届く〈到〉」は、ただ「届く」に徹底して、「届かない〈不到〉」という面はまったくない。「届かない〈不到〉」は、ただ「届かない」にきわまって、「届く」という面はない。「思い〈意〉」は、「思い」に徹して「思い」をも見ることができる。「言葉〈句〉」は、「言葉」にきわまって「言葉」をも見ることができる。「さえぎる〈礙〉」は、「さえぎる」に徹して「さえぎる」をも見ることができる。「さえぎる」は、「さえぎる」を「さえぎる」のである。それこそ時なのである。世間で「さえぎる」といえば、何か他のものに使われるようにいうけれども、他のものを「さえぎる」ようなさえぎる」は、あるものではない。

たとえば、我《われ》が人に逢うのであり、人が人に逢うのであり、我が我に逢うのであり、出が出に逢うのである。こうしたことが、もし時を得なければ、このようにはならないのである。

また、「思い〈意〉」は、悟りの実現する時である。「言葉〈句〉」は、さらに向上していく関門の

鍵の時である。「届く〈到〉」は、もぬけのからになる時である。「届かない〈不到〉」は、「このままでここを離れている〈即此離此〉」時である。このようにわきまえうなずくべきであり、有時に徹すべきである。

《臨済義玄の法孫》 臨済義玄—宝応慧顒—風穴延沼—首山省念—葉県帰省と嗣法す。つぎの文は、『聯灯会要』巻一二（卍二乙・九・四・三一一左下）。

向来《こうらい》の尊宿《そんしゅく》ともに恁麼《いんも》いふとも、さらに道取すべきところなからんや。いふべし、意句半到也《や》有時、意句半不到也有時。

かくのごとくの参究あるべきなり。

教伊揚眉瞬目也半有時、教伊揚眉瞬目也錯《しゃく》有時、不教伊揚眉瞬目也錯錯有時。

恁麼のごとく参来参去、参到参不到する、有時の時なり。

正法眼蔵有時

仁治元年庚子開冬日、書二于興聖宝林寺一。

〔訳〕従来の高僧は、いずれもこのようにいっているが、さらにいうべき言葉がないわけではなかろう。つぎのようにいってはどうであろう。

「思いと言葉が、半分届いても有時、思いと言葉が、半分も届かなくても有時」

ともあれ、このように参究すべきである。

「かれをして眉を揚げ目を瞬かしめるのもまた、半ばの有時。かれをして眉を揚げ目を瞬かしめるのもまた、錯《あやま》りながらの有時。かれをして眉を揚げ目を瞬かしめないのもまた、錯りをかさねながらの有時」

このように、学び来たり学び去り、学び到りあるいは学び到らないこともまた、じつに有時の時である。

正法眼蔵有時
仁治元年（一二四〇）冬のはじめの日、興聖宝林寺にて書く。

〔一二〕　袈裟功徳（けさくどく）

《解説》　この巻は、四十一歳、開冬の日とある。開冬とは陰暦十月であり、冬のはじまりである。次の「伝衣」巻も、開冬の日という。「袈《け》裟《さ》功《く》徳《どく》」巻は衆に示したものであり、「伝衣」巻は記したものである。それぞれかなりの量がある。まさか同じ日に両巻ができたものではあるまい。

この巻では、袈裟の功徳を倦《あ》くことなく説きつづけているのであるが、袈裟のなかでも、仏祖正伝の袈裟こそ最高の功徳をたたえているという。その袈裟に焦点が当てられているといってよい。

では、仏祖正伝の袈裟とは、具体的には何を指すのであろうか。道元によると、それはただ菩《ぼ》提達摩《だいだるま》のみが伝えたのであり、その他のいかなる僧でもないことを、繰りかえし巻きかえし、説きつづける。そしてその袈裟は六祖慧《え》能《のう》にまで至っている。達摩は、釈迦牟尼仏より二十八代であり、慧能は三十三代である。そのあいだに一代も欠けることはないという。それから、さらに遡《さかのぼ》ってその達摩の袈裟はどこから伝わったのであろうか。それは、釈迦牟尼仏が迦葉《かしよう》仏から、正法眼蔵、無上菩提を授けられたとき、迦葉仏正伝の袈裟をともに頂戴したといわれる。それが伝わり伝わって慧能にまで至っている。その袈裟は、曹渓山宝林寺に安置されているというから、いわゆる達摩正伝の袈裟は、慧能でとどまることになる。

慧能の法系は、青原行思と南岳懐譲《えじよう》に分れている。したがって袈裟を伝える場合にも、正伝の袈裟の意味が、その時点から変ってくる。つまり、達摩正伝の袈裟ではなく、新しく作られた袈裟が正伝の袈裟となる。達摩の袈裟は、正伝の仏法と一体であり、袈裟がそのまま仏法であり、仏法がすなわち袈裟であったが、慧能以後の新作の袈裟もまた、仏法と一体でなければならぬ。

そのためには当然ながら、袈裟の作り方が問題となってくる。袈裟のなかで最高にすぐれたものは糞掃衣《ふんぞうえ》であるという。それは、ごみ捨て場に、塵芥《ちりあくた》として捨てられたもののなかから拾って作る。すでに無用になったものから作られるので、糞掃衣はもっとも清浄であるといわれる。その袈裟が、正伝の仏法とともに、あるいは正伝の仏法として、如浄《によじよう》まで伝わり、そして道元に至ったのである。

しかしながら、袈裟の問題はさらに展開していく。日本国にはもはや糞掃衣は存在しないのである。どうしてもそれに代る袈裟が作られねばならない。それは、施主によって施される浄財を用いることもあるし、みずから正しい生き方によって得た財で、市場で求めることもある。いずれにしても、ひとえに仏法のために着用すれば、すなわちそれが糞掃衣になるという。

このようにして袈裟は、二転三転してその形を変えてきている。要は、袈裟の表明する意味によって、それが正伝の袈裟になるということである。すなわち、正伝の仏法とともに受けた袈裟は、解脱服、無相衣、無上衣、阿《あ》耨《のく》多《た》羅《ら》三藐三菩提衣《さんみやくさんぼだいえ》（究極の悟りの衣）、如来衣などと称される。ということは、袈裟は、袈裟という形を持ちながら、同時に形を超えたいのちそのものをたたえていることになる。それなればこそ、正伝の袈裟を身にまとうということは、如来にじかに見《まみ》えるということであり、仏の説法を直接に聴くことであり、仏の光明に照らされることであり、仏のいのちそのものが手に入っているということであり、釈迦牟尼仏の袈裟がこの身を覆うていることである、という。

このような袈裟に出会うということは、はるか遠い前世からの宿善の賜物《たまもの》であるといわれる。それも、一仏や二仏の許《もと》で修行しただけではなく、無量無数の諸仏の許で数かぎりない功徳を修《しゅ》した結果である。そのような祖師伝法の深恩を喜び、かつ謝しつつ、正伝の袈裟をさらに伝えていかねばならない、という。

さて、このようにみてくると、袈裟とは、袈裟という形に籠《こ》められた究極のいのちであるといわねばならない。袈裟は、いわば最高のリアリティーである。そのようなものそのものを身に着けることは、すなわち仏道の成就を表示しているということになるであろう。

では、その袈裟を受けていないわれわれは、どうなるのであろうか。何としても袈裟を手に入れなければならないのであろうか。いのちを包むリアリティーを身に着けることは、いうまでもなく重要である。さもなければ仏道は、単なる観念に堕《お》ちてしまうであろう。

いったい、このようなリアリティーとは何であろうか。般若波羅蜜多《はんにゃはらみった》は『般若経』のなかではまさしくそうである。妙法蓮華経そのものも最高のリアリティーである。南無阿弥陀仏も只管打《しかんた》坐《ざ》も、ただ一つの、それぞれ集約された最高のものそのものである。

わたしは連日、ブッダの禅定を習っているうちに年を重ねてしまったが、日が経てば経つほど、ダンマ・如来、形なきいのちは、身体内の細部にまで泌《し》みとおってくる。そしてついに、全人格体は一体となり、その一体のままに、力むことなく、思うことなく、いのちそのものに吹き抜かれる。その際、時には驚天動地、無量のエネルギーに、ひとたまりもなく圧倒されることもあるし、時には、平静そのもののように、おのずからなる動きに収まることもある。定《じょう》終ってふりかえってみると、解脱服ということが想いおこされる。つまり、入定《にゅうじょう》のとき、体そのものが解脱服になっているということである。それが最高のリアリティーになっているということである。

しかしながら、それは入定のときである。定を出れば、また元のすがたに戻る。そうだとすれば、やはり平生身に着けるリアリティーが必要なのではあるまいか。その際には、誰に、どのようにして、受けたらいいのであろうか、それとも、このまま日に日に入定し、入定のままが憶念如来であり、出定してもそのままが憶念如来を続けることになるのであろうか。とつおいつ思いながら、ともあれ、専念、専行を持続している。

袈裟功徳

仏仏祖祖正伝の衣法《えほう》、まさしく震旦国《しんたんこく》に正伝することは、嵩岳《すうがく》の高祖のみなり。高祖は釈迦牟尼仏より第二十八代の祖なり。西天二十八伝、嫡嫡《てきてき》あひつたはれり。二十八祖したしく震旦にいたりて初祖たり。震旦国人五伝して、曹渓《そうけい》にいたりて三十三代の祖なり、これを六祖と称す。第三十三代の祖大鑑禅師、この衣法を黄梅山《おうばいざん》にして夜半に正伝し、一生護持しましします。いまなほ曹渓山宝林寺に安置せり。

諸代の帝王、あひつぎて内裏《だいり》に奉請《ぶしょう》し、供養礼拝す。神物《しんもつ》護持せるものなり。唐朝中宗《ちゅうそう》、粛宗《しゅくそう》、代宗《だいそう》、しきりに帰内《きだい》供養しき。奉請《ぶしょう》のとき、奉送《ぶそう》のとき、ことさら勅使をつかはし、みことのりをたまふ。代宗皇帝あるとき、仏衣を曹渓山におくりたてまつるみことのりにいはく、

今遣二鎮国大将軍劉崇景頂戴而送一。朕為二之国宝一。卿可乙於二本寺一如法安置、専令下僧衆親承二宗旨一者、厳加中守護上、勿甲令二遺墜一。

〔今、鎮国大将軍劉崇景《りゅうそうけい》をして、頂戴して送ら遣《し》む。朕《ちん》、之《これ》を国宝と為す。卿《けい》、本寺に於て如法に安置して、専ら僧衆の親しく宗旨を承《う》くる者をして、厳かに守護を加え、遺墜《いつい》せしむること勿《なか》るべし。〕

〔訳〕仏祖から仏祖へと正伝されてきた袈裟のきまりは、まさしく中国に伝えられ、それは嵩岳《すうがく》*の達摩大師においてである。大師は、釈迦牟尼仏から第二十八代*の祖にあたり、インドから二十八代、祖から祖へと伝わってきたのである。二十八代目の大師は、みずから中国に来て初祖となっている。中国では中国人が五代伝わって、曹渓慧能*に至り、三十三代目の祖となって、六祖と称している。第三十三代の大鑑慧能禅師は、この衣を黄梅山*、四祖道信の許で、夜半に正伝し、生涯これを護持したが、いまもなお曹渓山宝林寺に安置されている。

歴代の帝王は、あいついで宮中に迎えて、供養し、礼拝し、この神物を護持してきたのである。唐の中宗、粛宗《しゅくそう》、代宗も、しばしば宮中に請《しょう》じ入れて供養した。迎える時や送る時には、わざわざ

勅使をつかわし。詔《みことのり》をたもうた。なかでも代宗皇帝は、あるとき、この仏衣を曹渓山に奉送する際、詔して次のようにいった。

「いま鎮国大将軍の劉崇景《りゅうそうけい》をして、頂戴して送らせる。朕はこれを国宝とする。あなた（住職）は、曹渓山本寺において型のとおりに安置し、宗旨を諒承している僧衆をして厳粛に守護せしめ、無作法なことのないようにせよ*」

《嵩岳》 嵩山に同じ。河南省洛州河南府登封県にあり、五岳の中の中岳。則天武后は神岳と称して崇め、西の少室峰は達摩面壁の地として知られる。

《第二十八代》 釈迦牟尼仏をいれると第二十九代になり、摩訶迦葉から数えて二十八代である。

《曹渓慧能》 曹渓は広東省曲江県にあり、六祖慧能（六三八―七一三）は曹渓宝林寺にいたので、曹渓大師と称す。

《黄梅山》 湖北省東南端にあたり、四祖道信や五祖弘忍の根拠地。

《「いま鎮国大将軍の……」》 『景徳伝灯録』巻五、大正五一・二三六下―二三七上。

まことに無量恒河《ごうが》沙《しゃ》の三千大千世界を統領せんよりも、仏衣現在の小国に、王としてこれを見聞供養したてまつらんは、生死のなかの善生、最勝の生なるべし。仏化《ぶつけ》のおよぶところ、三千界、いづれのところか袈裟なからん。しかありといえども、嫡嫡《てきてき》面授の仏袈裟を正伝せるは、ただひとり嵩岳の曩祖《のうそ》のみなり、旁出《ぼうしゅつ》は仏袈裟をさづけられず。二十七祖の旁出、跋陀婆羅《ばつだばら》菩薩の伝、まさに肇法師《じょうほっし》におよぶといへども、仏袈裟の正伝なし。震旦の四祖大師、また牛頭山《ごずさん》の法融禅師をわたすといへども、仏袈裟を正伝せず。しかあればすなはち、正嫡《しょうてき》の相承《そうじょう》なしといへども、如来の正法、その功徳むなしからず、千古万古みな利益《りやく》広大なり。正嫡相承せらんは、相承なきとひとしかるべからず。

しかあればすなはち、人天、もし袈裟を受持せんは、仏祖相伝の正伝を伝受すべし。印度・震旦、正法・像法のときは、在家なほ袈裟を受持す。いま遠方《おんぼう》辺土の澆季《ぎょうき》には、剃除鬚髪《ていじょしゅはつ》して仏弟子と称する、袈裟を受持せず、いまだ受持すべきと信ぜず、しらず、あきらめず、かなしむべし。いはんや体・色《しき》・量をしらんや、いはんや著用の法をしらんや。

〔訳〕まことに、数かぎりもない三千大千世界を統治するよりも、仏衣の現に在在する小国の王となって、これを見聞し供養したてまつることこそ、この世のなかでもっともすぐれた生きざまであるといえよう。仏の教化の及ぶところは、三千世界どこでも袈裟のないはずはないであろう。しかしながら、直接面授して、仏の袈裟を正伝したのは、嵩山《すうざん》の初祖のみである。傍系のものには、仏の袈裟はさずけられない。第二十七祖の傍系である跋陀婆羅菩薩《ばっだばらぼさつ》が、仏法を肇法師《じょうほうし》*（僧肇）に伝えたが*、仏の袈裟の正伝はなかった。また、中国の四祖道信大師は、牛頭山《ごずさん》の法融禅師を教化したけれども、仏の袈裟は伝えなかった。

　こういう次第で、たとい正伝の相承はなくても、如来の正法は、けっして功徳がないのではなく、千年万年にわたって、その利益は広大である。しかしながら、正伝の相承があるのは、相承がないのと同じであるはずはない。

したがって、人もし袈裟を受持するならば、仏祖正伝の袈裟を伝受すべきである。インドや中国では、正法・像法*のときは、在家者でも袈裟を受持していた。しかるにわが国は、インド・中国から遠く離れた辺土であり、しかも末世である。鬚《ひげ》や髪を剃って仏弟子と称している出家者でも、袈裟を受持しないものもいる。受持すべきであることも信ぜず、受持すべきいわれも知らず、明らかにしていない。まことに悲しむべきことである。まして衣の材料・色・大きさなど、どうして知り得ようか。また、着用の仕方も知るわけがない。

《跋陀婆羅菩薩が……伝えた》 跋陀婆羅は仏駄跋陀羅(Buddhabhadra)のこと。『永平広録』七に「仏法二度、震旦に入る。一は、跋陀婆羅菩薩、伝来して瓦官寺に在り、秦朝の肇法師に伝う。一は、嵩山高祖、菩提達磨尊者、少林寺に在り、斉国の慧可に伝う」とある。

《法融禅師》 法融(五九四―六五七)は、牛頭山幽棲寺に在り、牛頭宗の祖。

《正法・像法》 仏教の史観として正法・像法・末法の三期に分け、正法の時は、教・行・証行なわれ、像法の時は、教・行のみで証がなく、末法では、教のみといわれる。一説では、正法は仏滅後五百年、像法はそれ以後五百年、その後は末法となる。

袈裟はふるくより解脱服《げだっぷく》と称す。業障《ごっしょう》・煩悩障・報障等、みな解脱すべきなり。竜もし一縷《いちる》をうれば、三熱をまぬかる、牛もし一角にふるれば、その罪おのづから消滅す。諸仏成道のとき、かならず袈裟を著《じゃく》す。しるべし、最尊最上の功徳なりといふこと。

まことに、われら辺地にうまれて末法にあふ、うらむべしといへども、仏仏嫡嫡相承《ぶつぶつてきてきそうじよう》の衣法《えほう》にあふたてまつる、いくそばくのよろこびとかせん。いづれの家門か、わが正伝のごとく、釈尊の衣法ともに正伝せる。これにあふたてまつりて、たれか恭敬供養《くぎよう》せざらん。たとひ一日に無量恒河沙《ごうがしや》の身命をすてても、供養したてまつるべし。なほ生生世世《しようじようせせ》の値遇頂戴《ちぐうちようだい》、供養恭敬を発願すべし。われら、仏《ぶつ》生国《しようこく》をへだつること十万余里の山海《せんがい》はるかにして通じがたしといへども、宿善のあひもよほすところ、山海に擁塞《ようそく》せられず、辺鄙《へんぴ》の愚蒙《ぐもう》きらはるることなし。この正法にあふたてまつり、あくまで日夜に修習す、この袈裟を受持したてまつり、常恒《じようごう》に頂戴護持す。ただ一仏二仏のみもとにして、功徳を修せるのみならんや、すでに恒河沙等の諸仏のみもとにして、もろもろの功徳を修習せるなるべし。たとひ自己なりといふとも、たふとぶべし、随喜すべし。祖師伝法の深恩《じんおん》、ねんごろに報謝すべし。畜類なほ恩を報ず、人類いかでか恩をしらざらん。もし恩をしらずば、畜類よりも愚なるべし。

この仏衣仏法の功徳、その伝仏正法の祖師にあらざれば、余輩いまだあきらめず、しらず。諸仏のあとを欣求《ごんぐ》すべくば、まさにこれを欣楽《ごんぎよう》すべし。たとひ百千万代ののちも、この正伝を正伝とすべし、これ仏法なるべし、証験まさにあらたならん。水を乳《にゆう》にいるるに相似すべからず、皇太子の帝位に即位するがごとし。かの合水の乳なりとも、乳をもちゐんときは、この乳のほかにさらに乳なからんには、これをもちゐるべし。たとひ水を合せずとも、あぶらをもちゐるべからず、うるしをもちゐるべからず、さけをもちゐるべからず。この正伝もまたかくのごとくならん。たとひ凡師の庸流《ようる》なりとも、正伝あらんは、用乳のよろしきときなるべし。いはんや仏仏祖祖の正伝は、皇太子の即位のごとくなるなり。俗なほいはく、先王の法服にあらざれば服せずと。仏子いづくんぞ仏衣にあらざらんを著せん。

〔訳〕袈裟は、昔から解脱服《げだつぷく》といわれている。その意味は、業障《ごっしょう》・煩悩障《ぼんのうしょう》・報障《ほうしょう》*などから解き放たれるからである。もし竜が袈裟の一縷《いちる》でも得れば、三熱*をまぬかれ、また、もし牛が袈裟の隈にでも触れると、その罪はおのずから消えるという。諸仏は成道のとき、かならず袈裟を着《つ》けている。こういうわけで、袈裟は最高に尊い功徳であると知るべきである。

われらは、辺土に生まれて、末法の世に遇《あ》うことは、まことに恨むべきことではあるが、仏祖から仏祖へ相承されてきた衣法に遇いたてまつるとは、何という喜びであろうか。わが法系のように、釈尊の衣法を正伝したものが、外にあるであろうか。この衣法に遇いたてまつることができて、恭敬し供養しないものがあろうはずがない。たとい、わずか一日で、数かぎりない身命を捨てるようなことがあっても、供養を怠ってはならない。さらに進んで、生々世々《しょうじょうせせ》にわたって、衣法に遇いたてまつって頂戴し、供養し恭敬することを発願すべきである。

われわれは、仏の生まれた国から、はるか遠く山海に隔てられていて、なかなかその国には到りがたいけれども、宿善のもよおすところによって、その山海にもさまたげられず、また辺土の蒙昧《もうまい》にも障《さ》えられずに、かたじけなくもこの正法に遇いたてまつることができた。そして、日夜しきりに修習し、この袈裟を受持し奉って、つねに頂戴し護持している。このような稀有《けう》なことは、ただ一仏や二仏の御許《みもと》で功徳を修しただけではない。とうてい数えつくすことのできない諸仏の御許で、無数の功徳を修習した結果であるにちがいない。ああ、わが身ながら、何と尊いことではないか。よくよく感謝せねばならない。

達摩大師が法を伝えられた、その深い恩に対して、ねんごろに謝すべきである。畜生でさえ恩を報ずることがある。まして人として生まれたものが、恩を知らないでよかろうか。もし知らなければ、畜類よりも劣った愚《おろか》ものとなろう。

この仏の袈裟や仏の正法の功徳は、仏の正法を伝えた達摩大師でなければ、その他のものでは、とうていあきらかにすることも、知ることもできない。もし諸仏の足跡を願い求めるならば、まさにこの仏の袈裟をこそ、願い喜ぶべきである。たとい百千万年の後にも、この袈裟の正伝をさらに正しく伝えるべきである。これこそ仏法であって、その験証あらたかなものがあるであろう。それは、たとえば乳に水を混ぜるようなものとは異なるのであり、いわば皇太子がやがて帝位に即《つ》くようなものである。

乳を用いようとする際に、もし乳がなければ、水を混ぜた乳でも用いるがよい。それもない場合には、油や漆《うるし》や酒を用いるわけにはいかない。この正伝も同じことである。たとい凡庸《ぼんよう》の師であっても、正伝の仏法を学んでおれば、それを乳として用いてもよいであろう。まして仏祖から仏祖への正伝の仏法は、あたかも皇太子が即位するようなものである。俗諺にも「先王の法服にあらざれば服せず*」という。まして仏弟子なるものは、仏の袈裟でないものをどうして着《つ》けることができよう。

《業障・煩悩障・報障》 この三つを三障という。業障は、五逆・十悪の障《さわ》り、煩悩障は、貪・瞋・癡などの障り、報障は、地獄・餓鬼・畜生などの障り。

《三熱》 竜に三種の熱悩があるという。一は、熱風によって焼かれる苦悩、二は、悪風によって居所や飾りを奪われる苦悩、三は、金翅鳥《こんじちょう》 (garuḍa 四天下の大樹に居り、竜を食となす鳥) によって竜の子を奪われる苦悩。

《「先王の法服に……」》『孝経』「郷大夫章」第四。

後漢の孝明皇帝、永平十年よりのち、西天東地に往還《おうげん》する出家在家、くびすをつぎてたえずといへども、西天にして、仏仏祖祖正伝の祖師にあふといはず、如来より面授相承の系譜なし。ただ経論師《きょうろんじ》にしたがふて、梵本《ぼんぼん》の経教《きょうぎょう》を伝来せるなり。仏法正嫡の祖師にあふといはず、仏袈裟相伝の祖師ありとかたらず。あきらかにしりぬ、仏法の閫奥《こんおう》にいらざりけりといふことを。かくのごときのひと、仏祖正伝のむねあきらめざるなり。

釈迦牟尼如来、正法眼蔵無上菩提を摩訶迦葉に付授しましますに、迦葉仏《かしょうぶつ》正伝の袈裟ともに伝授しましします。嫡嫡相承《てきてきそうじょう》して曹渓山大鑑禅師にいたる、三十三代なり。その体色量、親伝せり。それよりのち、青原・南岳の法孫、したしく伝法しきたり、祖宗の法を搭《たっ》し、祖宗の法を製す。浣洗《かんせん》の法、および受持の法、その嫡嫡面授の堂奥《どうおう》に参学せざれば、しらざるところなり。

〔訳〕後漢の明帝、永平十年（六七）*よりこのかた、インドと中国を往来した出家や在家のものは、踵《くびす》を接して絶えなかったけれども、インドに行って、仏祖正伝の祖師に遭《あ》ったものはなく、また如来より面授相承した系譜もなかった。ただ経師や論師にしたがって、梵本の経典の教を伝えるだけであった。仏法正伝の祖師にまみえたものもなく、仏の袈裟を伝える祖師がいると語ったものもない。したがって、仏法の深い意義を解しなかったことは明らかである。このような人たちでは、仏祖正伝の宗旨を弁《わきま》えないことはいうまでもないであろう。

釈迦牟尼仏が、正法眼蔵・無上菩提を摩訶迦葉《まかかしよう》に授けられたとき、* 迦葉仏正伝の袈裟をともに伝授されたのである。その正法と袈裟が伝わり伝わって、曹渓山慧能大師に至って三十三代である。袈裟の材料・色・大きさも親しく伝えられた。それより以後は、青原《せいげん》と南岳《なんがく》*の法孫に分れて、したしく伝えてきたのである。仏祖から正伝された袈裟について、そのかけ方、縫い方、洗い方、受持の仕方など、嫡嫡《てきてき》面授の奥義に参学したものでなければ、とうてい知ることはできないのである。

《後漢の明帝……》 仏教伝来には諸説あり。たとえば漢の哀帝の元寿元年（BC二）、大月氏王の使者伊存《いぞん》が景盧《けいりよ》という人物に仏典を口授したという記事、あるいは、後漢の明帝（在位五七—七五）のとき、楚王の英《えい》が仏教のほこらを尊び、三月のあいだ身を浄めたという記録など。しかし経典が訳されたのは、後漢の桓帝（在位一四六—一六七）のとき、安息の安世高《あんせいこう》や大月氏の支婁迦讖《しるかせん》が中国に来たのが最初である。ここに挙げる永平十年説は今日、採られていない。

《摩訶迦葉に授けられたとき》 これは、いわゆる拈華微笑《ねんげみしよう》の故事。釈尊が華を拈じたとき、集まっている多くのもののなかで、ただ摩訶迦葉ひとり、その意味を悟って破顔微笑した。そこで釈尊は、正法眼蔵・無上菩提を迦葉に授けた、という。この故事は、偽経《ぎきよう》といわれる『大梵天王問仏決疑経』に出ている。

《青原と南岳》 大鑑慧能（六三八—七一三）に、青原行思（—七四〇）と南岳懐譲（六七七—七四四）の弟子あり、それぞれの法系がつづく。

袈裟言有二三衣一、五条衣・七条衣・九条衣等大衣也。上行之流、唯受二此三衣一、不レ畜二余衣一、唯用二三衣一、供身事足。若経営作務、大小行来、著二五条衣一。為二諸善事入衆一、著二七条衣一。教二化人天一、令二其敬信一、須レ著二九条等大衣一。又在二屏処一、著二五条衣一。入衆之時、著二七条衣一。若入二王宮聚落一、須レ著二大衣一。又復調和熅燸之時、著二五条衣一。寒冷之時、加二著七条衣一。寒苦厳切、加以著二大衣一。故往一時、正冬八夜、天寒裂レ竹。如来於二彼初夜分時一、著二五条衣一。夜久転寒、加二七条衣一。於二夜後分一、天寒転盛、加以二大衣一。仏便作レ念、未来世中、不レ忍二寒苦一諸善男子、以二此三衣一、足二得充身一。

〔袈裟、言く三衣有り、五条衣・七条衣・九条衣等の大衣なり。上行の流《ともがら》は、唯だ此の三衣のみを受けて、余衣を畜《たくわ》えず、唯だ三衣のみを用いて、供身事足す。若し経営作務《きむ》と大小の行来《こうらい》には、五条衣を著《ちゃく》す。諸の善事入《にっ》衆《しゅ》の為には、七条衣を著す。人天《にんでん》を教化し、其《それ》をして敬信《きょうしん》せしむるには、須《すべか》らく九条等の大衣を著すべし。又、屏《びょう》処に在らんには、五条衣を著す。入衆の時には、七条衣を著す。若し王宮聚落《おうぐうじゅらく》に入るには、須く大衣を著すべし。又復《また》、調和熅燸《おんじゅ》の時は、五条衣を著す。寒冷の時は、七条衣を加著《かじゃく》す。寒苦厳切《ごんせつ》なるには、加えて以て大衣を著す。故往の一時、正冬八夜、天寒くして竹を裂く。如来、彼の初夜の分時に於ては、五条衣を著す。夜久しくして転《うた》た寒きには、七条衣を加う。夜の後分に於て、天寒転《うた》た盛んなるには、加うるに大衣を以てす。仏便ち念を作《な》さく、未来世の中に、寒苦を忍びざる諸の善男子は、此の三衣を以て充身に足得《そくとく》せん、と。」

〔訳〕「袈裟には三種の衣がある。五条の衣と、七条の衣と、そして九条の衣などの大衣*である。すぐれた修行者は、ただこの三衣だけを着用して他の衣を用いない。三衣だけを用い、身の行ないにはそれで事足りる。仕事をする時や厠《かわや》にゆく時は五条衣を着《つ》ける。法要や読経の際、大衆と共なる時は、七条衣を用いる。

人々を教化し、恭敬の念をおこさせるには、九条などの大衣を着用するがよい。自分ひとりいる居所では、五条衣を着け、僧衆のなかに入るときは、七条衣を用い、王宮や村落に入るときは、大衣を着すればよい。

また、時候がととのって暖かいときは五条衣を着け、寒冷のときは七条衣を重ね、寒冷とくにきびしいときは、さらに大衣を加える。昔、あるとき、十二月八日の晩に、寒くて竹が裂けるほどであった。そのとき如来は、夕暮れには五条衣を着けておられたが、夜中になっていよいよ寒くなると、七条衣を加え、夜明けにはさらに寒さがひどくなり、大衣を加えられた。そこで仏は思われた。『これから先の世では、もろもろの善男子が寒苦に耐えないとき、この三衣を着用すれば十分であろう*』と」

《大衣》 九条以上を大衣といい、九条、十一条、十三条、十五条、十七条、十九条、二十一条、二十三条、二十五条の九種を指す（岩沢『全講』第四巻、四六八頁）。

《「袈裟には三種の衣がある。……と」》 『大乗義章』巻一五、大正四四・七六四下。

搭袈裟法《たっけさほう》〔袈裟を搭《か》くる法〕

偏袒右肩《へんだんうけん》、これ常途の法なり。通両肩搭《つうりょうけんた》の法あり、如来および耆年《ぎねん》老宿の儀なり。両肩を通ずといふとも、胸臆《きょうおく》をあらはすときあり、胸臆をおほふときあり。通両肩搭は、六十条衣以上の大袈裟のときなり。搭《たっ》袈裟のとき、両端ともに左臂肩《さひけん》にかさねかくるなり。前頭《ぜんとう》は左端のうへにかけて、臂外《ひげ》にたれたり。大袈裟のとき、前頭を左肩より通じて、背後にいだし、たれたり。このほか種種の著《じゃく》袈裟の法あり、久参咨問《きゅうさんしもん》すべし。

〔訳〕

袈裟を掛ける作法

偏袒右肩《へんだんうけん》、つまり右肩を脱いだ着け方、これが通常の作法である。これに対して、通両肩搭《つうりょうけんとう》（両方の肩にかける）の着け方がある。これは、如来や年老いた長老の着用の仕方である。この場合、両方の肩にかけても、胸をあらわすときもあり、かくすときもある。そしてこのかけ方は、六十条衣以上*の大衣のときである。袈裟をかけるときは、両端が左の肩にかさなるようにかける。前の方は、左の肩から臂《ひじ》の外《そと》へ垂れるようになる。大衣のときは、前頭が左の肩から背後まで伸びて垂れている。そのほか、種々なかけ方があり、それについては善知識に、よくよく尋ねるがよい。

《六十条衣以上》 十五条衣のこと（『全講』第四巻四七五頁）。

梁《りょう》・陳《ちん》・隋・唐・宋あひつたはれて、数百歳のあひだ、大小両乗の学者、おほく講経の業をなげすてて、究竟《くきょう》にあらずとしりて、すすみて仏祖正伝の法を習学せんとするとき、かならず従来の弊衣《へいえ》を脱落して、仏祖正伝の袈裟を受持するなり。まさしくこれ捨邪帰正《しゃじゃきしょう》なり。

如来の正法は、西天《さいてん》すなはち法本《ほうほん》なり。古今の人師《にんし》、おほく凡夫の情量局量の小見をたつ。仏界・衆生界、それ有辺無辺にあらざるがゆゑに、大小乗の教行人理《きょうぎょうにんり》、いまの凡夫の局量にいるべからず。しかあるに、いたづらに西天を本《もと》とせず、震旦国にして、あらたに局量の小見を今案《こんあん》して仏法とせる道理、しかあるべからず。

しかあればすなはち、いま発心のともがら、袈裟を受持すべくば、正伝の袈裟を受持すべし、今案の新作袈裟を受持すべからず。正伝の袈裟といふは、少林・曹渓正伝しきたれる、如来の嫡嫡相承《てきてきそうじょう》なり、一代も虧闕《きけつ》なし。その法子法孫の著しきたれる、これ正伝袈裟なり、唐土の新作は正伝にあらず。いま古今に西天よりきたれる僧徒の所著の袈裟、みな仏祖正伝の袈裟のごとく著せり。一人《いちにん》としても、いま震旦新作の、律学のともがらの所製の袈裟のごとくなるなし。くらきともがら、律学の袈裟を信ず、あきらかなるものは抛却《ほうきゃく》するなり。

〔訳〕梁・陳・隋・唐・宋とつづいて数百年のあいだには、大乗・小乗の学者たちは、経典を講ずるのは究極の宗旨ではないと知って、これを投げすて、進んで仏祖正伝の仏法を学ぼうとしたのである。そのとき、かならずこれまでの僧衣を脱いで、仏祖正伝の袈裟を受持したのである。これはまさしく邪法を捨てて正法に帰したといえよう。

如来の正法といえば、インドが仏法の根本である。古今にわたる人師たちは、たいていは凡夫の妄想や限られた小さな了見を断《た》っている。仏界・衆生界というものは有無の二辺を超えているから、大小乗の教・行・人・理は、とうてい今の凡夫の小さな了見に適《かな》うようなものではない。それなのに、むなしいことだが、インドの仏法を根本とせずに、中国では限られた小さな了見を案出して、それを仏法としているなど、とうていあるべきことではない。

それゆえに、いま菩提心を発《おこ》した人たちは、袈裟を受持するなら正伝の袈裟を受持すべきであって、新しくこしらえた袈裟など着用してはならない。

正伝の袈裟というのは、達摩大師から六祖慧能大師まで伝わってきたもので、それは、如来からつぎつぎと受けついできたのである。そのあいだには、一代も欠けてはいない。その法子《ほっす》、法孫の着用しきたったものこそ、正伝の袈裟である。中国で新しくこしらえたものは正伝ではない。古より今にいたるまで、インドからやってきた僧たちの着用している袈裟は、みな仏祖正伝のものであって、中国で新しく作った、律宗の人たちの袈裟を用いているものは一人もいない。道理に暗いものは、律宗の袈裟を信用し、道理に明らかなものは、そうした袈裟は捨てているのである。

おほよそ仏仏祖祖相伝の袈裟の功徳、あきらかにして信受しやすし。正伝まさしく相承せり、本様《ほんよう》まのあたりつたはれり、いまに現在せり。受持し、あひ嗣法《しほう》していまにいたる。受持せる祖師、ともにこれ証契伝法《しょうかいでんぼう》の師資《しし》なり。

しかあればすなはち、仏祖正伝の作袈裟《さけさ》の法によりて作法すべし。ひとりこれ正伝なるがゆゑに、凡聖《ぼんしょう》・人天《にんでん》・竜神、みなひさしく証知しきたれるところなり。この法の流布《るふ》にうまれあひて、ひとたび袈裟を身体におほひ、刹那《せつな》須臾《しゅゆ》も受持せん、すなはちこれ決定《けつじょう》成《じょう》無上菩提〔決定して無上菩提を成ずる〕の護身符子《ごしんふし》ならん。

一句・一偈を信心にそめん、長劫《ちょうごう》光明の種子《しゅうじ》として、つひに無上菩提にいたる。一法一善を身心にそめん、亦復《やくぶ》如是《にょぜ》〔亦復《また》是《かく》の如し〕なるべし。心念も刹那生滅し、身体も刹那生滅し、無所住なりといへども、所修《しょしゅ》の功徳、かならず熟脱《じゅくだつ》のときあり。袈裟また作《さ》にあらず、無作《むさ》にあらず、有所住にあらず、無所住にあらず、唯仏与仏《ゆいぶつよぶつ》の究尽《ぐうじん》するところなりといへども、受持する行者、その所得の功徳、かならず成就するなり、かならず究竟するなり。もし宿善なきものは、一生二生、乃至無量生を経歴《きょうりゃく》すといへども、袈裟をみるべからず、袈裟を著すべからず、袈裟を信受すべからず、袈裟をあきらめしるべからず。いま震旦国・日本国をみるに、袈裟をひとたび身体に著することうるものあり、えざるものあり、貴賤によらず、愚智によらず。はかりしりぬ、宿善によれりといふこと。

〔訳〕およそ仏祖から仏祖へ伝わってきた袈裟の功徳は、きわめて明白であって信受しやすい。正伝はまさしく受けつがれており、ありのままに見聞するとおりに伝わって、いまに現存しており、つぎつぎに受けつぎ、受持してきて今日に至っている。これは、受持した祖師たちが、いずれも師から弟子へと、互いに頷《うなず》き合って伝えてきたものである。

それゆえに、仏祖正伝の袈裟の裁《た》ち方によって作るがよい。それのみが正しく伝えられたものであるから、凡夫も聖者も、人も神も、また竜神も、みな久しく心得てきたのである。この正法の行なわれている世に生まれあい、ひとたび袈裟を身に着《つ》けて、しばしの間も受持するならば、かならず究極の悟りを成就する護身の符となるであろう。

経典の一句、一偈《げ》でも、身心に沁《し》みこませるならば、それが長い長いあいだの光明の種となって、ついには究極の悟りが成就する。一法、一善でも身心に沁みこませても、また同じであろう。心の念《おも》いは、一瞬一瞬に生滅してとどまることがなく、からだもまた同様にとどまることはないけれども、修めてきた功徳は、かならず熟し切って解脱する時がある。袈裟もまた解《と》けば布地となり、作れば袈裟となるから、作《さ》でもなく無作《むさ》でもない、また、袈裟としてとどまるのでもなく、とどまらないものでもない。こうしたことは、ただ仏と仏のみが究め尽している境地ではあるが、袈裟を受持している修行者であれば、その修めている功徳は、必ず成就するのであり、必ず究極の世界に至り得るのである。

もし前世からの宿善《しゅくぜん》のない人は、たとい一生、二生、あるいは無数の生を経《へ》めぐっても、袈裟を見ることも、袈裟を着用することも、袈裟を信受し、その道理をあきらかにすることもできない。いま中国や日本をふりかえってみると、袈裟をひとたび身に着用することのできている人もあり、できていない人もある。それはけっして、身分の貴賤や、智者・愚者の区別によるのではない。袈裟に出会うということは、もっぱら前世からの宿善によるということが思い知らされるのである。

しかあればすなはち袈裟を受持せんは、宿善よろこぶべし、積功累徳《しゃっくるいとく》うたがふべからず。いまだえざらんはねがふべし、今生《こんじょう》いそぎ、そのはじめて下種《あしゅ》せんことをいとなむべし。さはりありて受持することえざらんものは、諸仏如来・仏法僧の三宝に、慚愧懺悔《ざんぎさんげ》すべし。他国の衆生、いくばくかねがふらん、わがくにも震旦《しんたん》国のごとく、如来の衣法《えほう》まさしく正伝親臨《しんりん》せましと。おのれがくにに正伝せざること、慚愧ふかかるらん、かなしむらみあるらん。われらなにのさいはひありてか、如来世尊の衣法正伝せる法にあふたてまつれる、宿殖般若《しゆくじきはんにや》の大功徳力《だいくどくりき》なり。
いま末法悪時世は、おのれが正伝なきをはぢず、他の正伝あるをそねむ。おもはくは魔儻《まとう》ならん。おのれがいまの所有《しよう》所住は、前業《ぜんごう》にひかれて真実にあらず、ただ正伝の仏法に帰敬《ききよう》せん、すなはちおのれが学仏の実帰なるべし。

〔訳〕こういうわけで、いま袈裟を受持しているのは、その宿善を喜ぶべきである。これまで修行を積み、功徳を重ねてきたことを疑うことはできない。まだ袈裟に出会っていない人は、出会うように願うがよい。そして、この世で袈裟に出会う種が蒔《ま》かれるように、努めるべきである。もし何かに妨げられて、袈裟を受持することのできない人は、諸仏如来や、仏法僧の三宝に、慚愧《ざんき》し、懺悔《さんげ》するがよい。

他国の人々のなかには、わが国や中国のように、如来の衣法がまさしく正伝し、身近に親しくなるようにと、願っているものもあろう。ともあれ、自分の国にその衣法が正伝しないということは、おそらく慚愧も深く、悲しみや恨みも多いことであろう。われわれは、何という幸いであろうか、如来世尊によって正伝された衣法に会いたてまつることができた。それはまさしく過去世に般若の種を殖《う》えた大功徳の力に依るのである。

今日の濁れる末法の世では、自分に衣法の正伝のないことを恥じずに、他の人に正伝のあることを妬《ねた》んでいる。思うにそれは、悪魔のやからであろう。いま自分が所有している、居住している所は、前世の業にひかれて出来ているもので、いつ消滅するか分らない、けっして真実のものではない。ただ正伝の仏法のみが真実のゆえに、仏法にこそ帰依し、恭敬《くぎよう》しよう。それこそが、仏法を学ぶものの真実のふるさとである。

おほよそしるべし、袈裟はこれ諸仏の恭敬《くぎよう》帰依しましますところなり、仏身なり、仏心なり。解脱服と称し、福田衣《ふくでんえ》と称し、無相衣と称し、無上衣と称し、忍辱衣《にんにくえ》と称し、如来衣と称し、大慈大悲衣《だいずだいひえ》と称し、勝幢衣《しようどうえ》と称し、阿耨多羅三藐三菩提衣《あのくたらさんみやくさんぼだいえ》と称す。まことにかくのごとく受持頂戴すべし。かくのごとくなるがゆゑに、こころにしたがふて、あらたむべきにあらず。

その衣財《えざい》、また絹布《きぬぬの》よろしきにしたがふてもちゐる、かならずしも布は清浄なり、絹は不浄なるにあらず。布をきらふて絹をとる、所見なし、わらふべし。

諸仏の常法、かならず糞掃衣《ふんぞうえ》を上品《じようぼん》とす。

糞掃に十種あり、四種あり。いはゆる火焼《かしよう》・牛嚼《ごしやく》・鼠嚙《そこう》・死人衣《しにんえ》等。五印度人、如㆑此等衣、棄㆓之巷野㆒。事同㆓糞掃㆒、名㆓糞掃衣㆒。行者取㆑之、浣染縫治、用以供㆑身〔五印度の人、此《かく》の如き等の衣《え》、之《これ》を巷野《こうや》に棄つ。事《じ》、糞掃《ふんぞう》に同じ、糞掃衣と名づく。行者、之を取りて浣染縫治《がんせんほうじ》し、用いて以て身に供す〕。そのなかに絹類あり、布類あり。絹布の見をなげすてて、糞掃を参学すべきなり。糞掃衣は、むかし阿耨達《あのくだつ》池《ち》にして浣洗《がんせん》せしに、竜王、讃歎雨華《うけ》礼拝しき。

〔訳〕袈裟はまさしく、諸仏の恭敬し、帰依しまします所であり、袈裟はそのまま仏身であり、また仏心であると、よくよく知るべきである。それゆえに袈裟は、解脱服と称し、福田衣《ふくでんえ》*と称し、無相衣*

と称し、無上*衣と称し、忍辱《にんにく》*衣と称し、如来衣と称し、大慈大悲衣と称し、勝幢《しようどう》*衣と称し、阿耨多羅三藐三菩提《あのくたらさんみやくさんぼだい》*衣と称す。まさにこのように、袈裟を受持し、頂戴すべきである。こういう次第であるから、自分勝手な思いによって改めるようなことがあってはならない。

袈裟の材料については、絹布《きぬぬの》、麻布《あさぬの》など、適当に用いればよい。かならずしも麻布が浄《きよ》らかで、絹布が不浄*というのではない。麻布をきらって絹布を用いたり、逆に、絹布をきらって麻布を用いるなど、定見があるのではない。笑うべきことである。

諸仏のきまりとして、かならず糞掃衣《ふんぞうえ》*を用いるのが第一とされている。

糞掃衣には、十種もあり、四種もある。四種といえば、火焼《かしよう》（火に焼けたもの）、牛嚙《こしやく》（牛にかまれたもの）、鼠嚙《そこう》（鼠にかじられたもの）、死人衣《しにんえ》（死人の着たもの）など、五印度*の人たちは、こうしたものは、巷《ちまた》や野に捨てたので、要するに糞掃と同じだから、糞掃衣と名づけたのである。修行者は塵埃《じんあい》の中から拾ってよく洗い、それを縫い合せて衣とし、それを身に着けた。

塵埃の中には、絹もあれば麻もあるから、これを区別するような見解は投げすてて、この糞掃の意義をよくよく学ぶべきである。むかし比丘が、糞掃衣を阿耨達池《あのくだつち》*で洗ったとき、竜王がこれを讃歎して、天から華を降らして礼拝したと伝えられている。

《福田》真実の幸福を生み出す田地、すなわち如来のこと。
《無相》形のないいのちそのもの、すなわち、ダンマ・如来を指す。
《無上》この上もない、究極のもの。これもダンマ・如来を指す。

《忍辱》 耐え忍ぶこと。菩薩行である六波羅蜜《ろっぱらみつ》（布施・持戒・忍辱・精進・禅定・智慧）の一つ。

《勝幢》 勝利の旗の意味。

《阿耨多羅三藐三菩提》 anuttara-samyaksaṃbodhi《アヌッタラ・サムヤックサンボーディ》（究極の正しい悟り）の音訳。

《絹布が不浄》 絹は、蚕の繭からとるので殺生になるから、南山律《なんざんりつ》では不浄とされる。

《糞掃衣》 サンスクリット語は pāṃsu-kūla《パームスクーラ》、pāṃsu は塵埃《じんあい》（ちりやほこり）、kūla は山の意味。塵埃を集めたぼろを指す。僧はそれを縫い合せて衣を作った。

《五印度》 東・西・南・北・中の印度、印度全体ということ。

《阿耨達池》 サンスクリット語 Anavatapta《アナヴァタプタ》 の音訳。無熱悩池、無暖池などと訳す。ヒマラヤ山の北にある想像上の池で、阿耨達竜王が住むという。

小乗教師、また化糸《けし》の説あり。よるところなかるべし、大乗人わらふべし、いづれか化糸にあらざらん。なんぢ化《け》をきくみみを信ずとも、化をみる目をうたがふ。

しるべし、糞掃をひろふなかに、絹に相似なる布あらん、布に相似なる絹あらん。土俗万差にして、造化《ぞうけ》はかりがたし、肉眼《にくげん》のよくしるところにあらず。かくのごときのものをえたらん、絹布と論ずべからず、糞掃と称すべし。たとひ人天の糞掃と生長せるありとも、有情ならじ、糞掃なるべし。たとひ松菊《しょうぎく》の、糞掃と生長せるありとも、非情ならじ、糞掃なるべし。糞掃の絹布にあらず、金銀珠玉にあらざる道理を信受するとき、糞掃現成するなり。絹布の見解《けんげ》いまだ脱落せざれば、糞掃也《ふんぞうや》未夢《みむ》見在《けんざい》〔糞掃は、未だ夢にも見ざること在り〕なり。

ある僧かつて古仏にとふ、黄梅《おうばい》夜半の伝衣、これ布なりとやせん、絹なりとやせん、畢竟じてなにものなりとかせん。古仏いはく、これ布にあらず、これ絹にあらず。しるべし、袈裟は絹布にあらざる、これ仏道の玄訓なり。

〔訳〕小乗を説くもののなかには、化糸《けし》の説*をなすものがあるが、おそらく根拠はないであろう。大乗の人から見れば笑うべきことである。いったい、どこに化糸でないものがあろうか。世界はすべて、化現《けげん》（かりに現われているもの）ではないか。汝は化《け》の名を聞いて信じているかも知れないが、化《け》を見抜く眼があるのか、疑わしい。

よく知るがよい。ごみ捨て場から拾ってくる糞掃《ふんぞう》のなかには、絹に似た麻もあろうし、麻に似た絹もあろう。風俗は千差万別で、どのように造られているのか。とうてい測りがたい。だから肉眼ではなかなか識別できないのである。そういうものを拾った場合には、絹とか麻とか区別する必要はない。ただ糞掃といえばよい。

たとえば人間や天上のものが、糞掃のような姿になるとしたら、それはもはや有情《うじょう》（生あるもの）ではなくて、糞掃であろう。また菊や松が糞掃のようになれば、それは菊や松のように非情《ひじょう》（生なきもの）ではなくて、糞掃であろう。要するに、糞掃とは、絹や麻でもなく、また金銀のような珠玉でもないという道理が、なるほどと領けたとき、初めて解脱衣や福田衣として糞掃が成就する。絹とか麻とかいう見解から脱《ぬ》け出すことができなければ、糞掃は夢にも見ることはできない。

あるとき、ひとりの僧が古仏（六祖慧能）にたずねた。

「五祖が夜半に伝えた袈裟は、麻でしょうか、絹でしょうか。つづまるところ何でしょうか」

古仏が答えた。

「それは麻でもない、絹でもない」

よく知るべきである。袈裟は、絹でも麻でもない。これこそ仏道の奥深い教である。

《化糸の説》化人《けにん》、すなわち樹神によって作られた糸であるから、殺生には関わりのないという見解(『註解全書』巻二、『那一宝』八一頁)。

商那和修尊者《しょうなわしゅ》は第三の付法蔵なり。うまるるときより衣と倶《とも》に生ぜり。この衣《え》、すなはち在家のときは俗服なり、出家すれば袈裟となる。また鮮白比丘尼《せんびゃく》、発願施氎《ほつがんせじょう》ののち、生生《しょうしょう》のところ、および中有《ちゅうう》、かならず衣と倶生《くしょう》せり。今日、釈牟尼仏にあふたてまつりて、出家するとき、生得の俗衣、すみやかに転じて袈裟となる、和修尊者におなじ。あきらかにしりぬ、袈裟は絹布等にあらざること。いはんや仏法の功徳、よく身心諸法を転ずること、それかくのごとし。われら出家受戒のとき、身心依《え》正《しょう》、すみやかに転ずる道理あきらかなれど、愚蒙にしてしらざるのみなり。諸仏の常法、ひとり和《わ》修《しゅ》・鮮白《せんびゃく》に加して、われらに加せざることなきなり。随分の利益《りやく》、うたがふべからざるなり。

かくのごとくの道理、あきらかに功夫参学すべし。善来得戒《ぜんらいとくかい》の披体《ひたい》の袈裟、かならずしも布にあらず、絹にあらず、仏化難思《ぶっけなんし》なり。衣裏《えり》の宝珠は、算沙《さんしゃ》の所能《しょのう》にあらず。

〔訳〕商那和修尊者《しょうなわしゅ》は、付法蔵の第三である。* 生れたとき、衣を着けて生れ出た。この衣は、在家のときは俗服となり、出家したときは袈裟となった。また、鮮白《せんびゃく》比丘尼*は発願して、白い毛氈《もうせん》を施した。その功徳によって、生れても生れても、必ず衣を着て生れた。また、中有《ちゅうう》*になっても衣を着けていた。それが釈迦牟尼仏に会って出家したとき、生れながら着ていた俗服が、直ちに袈裟にかわって比丘尼となった。これも和修尊者と同じである。これによってみても、袈裟は絹や麻などではないことが、よく分るであろう。まして仏法の功徳は、身も心も変えてしまい、また、さまざまな物までも変えてしまうこと、このとおりである。

われわれが出家して戒を授かるとき、その瞬間に、身も心も、そして環境も一変しているはずなのに、無知のためにただ知らないだけのことである。諸仏の息《や》むことのない働きは、商那和修尊者や鮮白比丘尼だけに功徳があって、われわれに功徳がないということはない。われわれもまた、分相応に利益《りやく》を受けていることは疑いようがない。

こうしたことわりを、よくよく心に念《おも》い、学ぶべきである。戒を授かるときは、「善いかな、善いかな」と讃嘆して戒を受けるが、その際に身に着《つ》ける袈裟は、かならずしも麻でもなければ、絹でもない。仏の教化《きょうけ》は、思い量ることのできないほど深いし、衣裏《えり》の宝珠《ほうじゅ》（衣の裏に縫いつけられた珠*）の功徳は、砂を数えるようなもののよく量り得る所ではない。

《商那和修》 Sāṇavasī の音訳で、仏滅後、阿難によって出家し、阿難から法門を伝授された。法門を伝授され付託されることを、付法蔵という。その付法蔵の第三祖になる。

《鮮白比丘尼》 この物語りは『撰集百縁経』巻八、大正四・二三九中—下に出ている。『註解全書』巻二、

『渉典録』一四三頁参照。鮮白は śukla《シュクラ》で、鮮白とも白浄とも清白とも訳す。

《中有》 中有 (antarā-bhava)《アンタラー・バヴァ》は、この世で息を引きとって、次の世に生れるまでの中間的生存。色・受・想・行・識の身心から成るという。

《衣裏の宝珠》 「一顆明珠」巻の注、本書一一八頁参照。

諸仏の袈裟の体色量の有量・無量、有相・無相、明らめ参学すべし。西天東地、古往今来の祖師、みな参学正伝せるところなり。祖祖正伝のあきらかにして、うたがふところなきを見聞しながら、いたづらにこの祖師に正伝せざらんは、その意楽《いぎょう》ゆるしがたからん。愚癡《ぐち》のいたり、不信のゆゑなるべし。実《じつ》をすてて虚《きょ》をもとめ、本《もと》をすてて末をねがふものなり。これ如来を軽忽《けいこつ》したてまつるならん。菩提心をおこさんともがら、かならず祖師の相伝を伝受すべし。われら、あひがたき仏法にあふたてまつるのみにあらず、仏袈裟正伝の法孫として、これを見聞し、学習し、受持することをえたり。すなはちこれ如来をみたてまつるなり、仏説法をきくなり、仏光明にてらさるるなり、仏受用を受用するなり、仏心を単伝するなり、仏髄をえたるなり。まのあたり、釈迦牟尼仏の袈裟におほはれたてまつるなり、釈迦牟尼仏、まのあたりわれに袈裟をさづけましますなり。仏《ほとけ》にしたがふたてまつりて、この袈裟はうけたてまつれり。

〔訳〕諸仏の袈裟の、材料・色・大きさなどについては、それは限られたものでありながら、実は量り知れない功徳があり、また、袈裟という形でありながら、そのまま形のないいのちをたたえていることなどを、よくよく学んでみるがよい。それは、インドや中国の、古今の祖師たちが、みな参学し、正伝してきたことである。仏祖から仏祖へ正伝してきたことは明白で、疑う余地のないことを知りながら、祖師から伝えていないもののいるのは、とうてい許しがたいことである。それは愚かさのきわみ、不信のためである。真実を捨ててただむなしさを求め、根本を無視して末梢《まっしょう》に捕われていることに外ならない。これこそ如来をないがしろにしたことになろう。真に菩提心を発《おこ》そうと思うものは、かならず祖師からの正伝を受けるべきである。

われわれは、かたじけなくも遇《あ》いがたき仏法に遇いたてまつることができただけではない。仏の袈裟が正しく伝わった、その法孫として、その袈裟を見聞《けんもん》し、学習し、受持することができたのである。これこそ、如来をじかに見たてまつることであり、仏の説法を直接きくことであり、仏の光明に照らされていることである。また、仏が享受されているそのままを、この身にも享受していることであり、仏心がひたすら伝わっていることであり、仏のいのちそのものが手に入っていることである。さらにいえば、釈迦牟尼仏の袈裟にこの身がおおわれていることであり、あるいは釈迦牟尼仏が、じきじきにこの私に袈裟を伝授されていることである。ただひたすら仏に随って、この袈裟をお受けしているのである。

浣《かん》袈《け》裟《さ》法《ほう》〔袈裟を浣《あら》う法〕

袈裟をたたまず、浄桶《じょうつう》にいれて、香湯《こうとう》を百沸《ひゃくふつ》して袈裟をひたして、一時ばかりおく。またの法、清き灰水《あく》を百沸して袈裟をひたして、湯のひややかになるをまつ。いまは、よのつねに灰湯《かいとう》をもちゐる。

灰湯、ここにはあくのゆといふ。灰湯さめぬれば、きよくすみだる湯をもて、たびたびこれを浣洗《がんせん》するあひだ、両手にいれてもみあらはず、ふまず、あかのぞこほり、あぶらのぞこほるを、期《ご》とす。そののち、沈香《じんこう》・栴檀香《せんだんこう》等を冷水に和して、これをあらふ。そののち浄竿《じょうかん》にかけてほす。よくほしてのち、摺襞《しょうへき》してたかく安《あん》じて、焼香散華して、右遶数帀《うにょうすうそう》して礼拝したてまつる。あるひは三拝、あるひは六拝、あるひは九拝して、胡跪《こき》合掌して、袈裟を両手にささげて、くちに偈《げ》を誦《じゅ》してのち、たちて如法に著《じゃく》したてまつる。

〔訳〕

袈裟の洗い方

袈裟の洗い方についていえば、袈裟をたたまず、そのまま桶《おけ》にいれ、香の入った湯をよく沸《わ》かしてこれにひたし、しばらくおく。また、別の方法は、浄《きよ》らかな灰水《あく》をよく沸かし、そのなかに袈裟をひたして、湯がさめるまで待つ。いまでは、世間普通の灰湯を用いる。灰湯とは、灰《あく》の湯のことである。その灰湯がさめると、浄く澄んだ湯で、たびたびこれを洗う。その際、両手で揉《も》んだり、足で踏んだりはしないで、垢《あか》や油がとれるまで、そのままにしておく。そのあとで、沈香《じんこう》や栴檀香《せんだんこう》などを冷水に溶かして、これで洗う。それから、竿にかけて乾かす。よく乾かした後に、よくたたんで高い所に安置し、焼香し、散華《さんげ》して、右から数回まわって、礼拝したてまつる。あるいは三拝、あるいは六拝、もしくは九拝し、跪《ひざまず》き、合掌し、袈裟を両手にささげて、口に偈《げ》を唱え、それから立って、型のとおりに着用する。

世尊告二大衆一言、我往昔在二宝蔵仏所一時、為二大悲菩薩一。爾時大悲菩薩摩訶薩、在二宝蔵仏前一、而発願言、世尊、我成仏已、若有下衆生入二我法中一。出家著二袈裟一者上、或犯二重戒一、或行二邪見一、若於二三宝一軽毀不レ信、集二諸重罪一比丘・比丘尼・優婆塞・優婆夷、若於二一念中一、生二恭敬心一、尊二重僧伽梨衣一、生二恭敬心一、尊二重世尊或於法僧一。世尊、如レ是衆生、乃至一人、不下於二三乗一得セ受二記莂一而退転者、則為欺二誑十方世界、無量無辺阿僧祇等、現在諸仏一、必定不レ成二阿耨多羅三藐三菩提一。世尊、我成仏已来、諸天・竜・鬼神・人及非人、若能於下此著二袈裟一者上、恭敬供養、尊重讃歎、其人若得レ見二此袈裟少分一、即得レ不二退於三乗中一。若有二衆生一、為二飢渇一所レ逼、若貧窮鬼神、下賤諸人、乃至餓鬼衆生、若得二袈裟少分乃至四寸一、即得二飲食充足一、随二其所願一、疾得二成就一。若有二衆生一、共相違反、起二怨賊想一、展転闘諍、若諸天・竜・鬼神・乾闥婆・阿修羅・迦楼羅・緊那羅・摩睺羅伽・狗弁茶・毘舎遮・人及非人、共闘諍時、念二此袈裟一、依二袈裟力一、尋生二悲心・柔軟之心・無怨賊心・寂滅之心・調伏善心一、還得二清浄一。有レ人若在二兵甲・闘訟・断事之中一、持二此袈裟少分一、至二此輩中一、為二自護一故、供養恭敬尊重、是諸人等、無二能侵毀触嬈軽弄一、常得下勝レ他、過中此諸難上。

世尊、若我袈裟、不レ能レ成二就如レ是五事聖功徳一者、則為レ欺二誑十方世界、無量無辺阿僧祇等現在諸仏一、未来不レ応下成二就阿耨多羅三藐三菩提一作中仏事上也。没二失善法一、必定不レ能レ破二壊外道一。

善男子、爾時宝蔵如来、申二金色右臂一、摩二大悲菩薩頂一、讃言、善哉善哉、大丈夫、汝所レ言者、是大珍宝、是大賢善。汝成二阿耨多羅三藐三菩提一已。是袈裟衣服、能成二就此五聖功徳一、作二大利益一。善男子、爾時大悲菩薩摩訶薩、聞二仏讃歎一已、心生二歓喜一、踊躍無量。因仏申二此金色之臂一、長指合縵、其手柔軟、猶如二天衣一。摩二其頭一已、其身即変、状如二童子二十歳人一。善男子、彼会大衆、諸天・竜・神・

乾闥婆・人及非人、叉手恭敬、向二大悲菩薩一、供二養種種華一、乃至伎楽而供二養之一、復種種讃歎已、黙然而住。

〔世尊、大衆《だいしゅ》に告げて言く、我れ往昔《そのかみ》、宝蔵仏の所に在りし時、大悲菩薩たり。爾《そ》の時に、大悲菩薩摩訶薩、宝蔵仏の前に在りて、発願して言く、世尊、我れ成仏し已《おわ》らんに、若し衆生の我が法中《ほっちゅう》に入りて、出家して袈裟を著《ちゃく》する者有らんに、或いは重戒を犯し、或いは邪見を行じ、若しくは三宝に於て軽毀《きょうき》して信ぜず、諸の重罪を集めし比丘・比丘尼・優婆塞《うばそく》・優婆夷《うばい》、若し一念の中に於て、恭敬《くぎょう》の心を生じて、僧伽梨衣《そうぎゃりえ》を尊重《そんじゅう》し、恭敬の心を生じて、世尊或いは法僧を尊重せん。世尊、是の如きの衆生は、乃至一人も、三乗に於て記莂《きべつ》を受くることを得ずして、退転する者ならば、則ち為《こ》れ十方世界の無量無辺阿僧祇《あそうぎ》等の現在の諸仏を欺誑《ごおう》す、必定して阿耨多羅三藐三菩提を成ぜじ。世尊、我れ成仏せしより已来《このかた》、諸の天・竜・鬼神・人《にん》及び非人、若し能く此の袈裟を著する者に於て、恭敬供養し、尊重讃歎せん、其の人若し此の袈裟の少分を見ることを得ば、即ち三乗の中に不退なることを得ん。若し衆生有りて、飢渇《きかつ》の為に逼《せま》られ、若しは貧窮《びんぐう》の鬼神、下賤《げせん》の諸人、乃至餓鬼の衆生、若し袈裟の少分、乃至四寸を得ば、即ち飲食《おんじき》充足することを得ん、其の所願に随いて疾《と》く成就することを得ん。若し衆生有りて、共に相違反《あいいぼん》し、怨賊《おんぞく》の想を起こして、展転闘諍《てんでんとうじょう》し、若しは諸の天・竜・鬼神・乾《けん》闥婆《だつば》・阿修羅《あしゅら》・迦楼羅《かるら》・緊那羅《きんなら》・摩睺羅伽《まごらが》・狗弁荼《くはんだ》・毘舎遮《びしゃじゃ》・人及び非人、共に闘諍《とうじょう》せん時、此の袈裟を念ぜば、袈裟の力に依りて、尋《つ》いで悲心・柔軟《にゅうなん》の心・無怨賊《むおんぞく》の心・寂滅の心・調伏《ちょうぶく》の善心を生じて、還《かえ》って清浄を得ん。人有りて、若し兵甲《ひょうこう》・闘訟《とうしょう》・断事《だんじ》の中に在りて、此の袈裟の少分を持《じ》して、此の輩《ともがら》の中に至らんに、自護の為の故に、供養し恭敬し尊重せん、是の諸人等、能く侵毀《しんき》し触嬈《そくにょう》し軽弄《けいろう》すること無くして、常に他に勝ち、此の諸難を過ぐることを得ん。

世尊、若し我が袈裟にして、是の如きの五事の聖《しょう》功徳を成就すること能わざる者ならば、則ち十方世界の無量無辺阿僧祇等の現在の諸仏を欺誑《ごおう》すと為す。未来に応《まさ》に阿耨多羅三藐三菩提を成就して、仏事を作《な》すべからず。善法を没失《もっしつ》して、必定して外道を破壊《はえ》すること能わず。

善男子、爾《そ》の時に宝蔵如来、金色《こんじき》の右臂《うひ》を申《の》べて、大悲菩薩の頂《いただき》を摩して讃して言く、善哉善哉《ぜんざいぜんざい》、大丈夫、汝が言う所は、是れ大珍宝なり、是れ大賢善なり。汝、阿耨多羅三藐三菩提を成じ已《おわ》って、是の袈裟衣服、能く此の五聖功徳を成就して、大利益《だいりやく》を作《な》さん。善男子、爾《そ》の時に大悲菩薩摩訶薩、仏の讃歎を聞き已りて、心に歓喜を生じ、踊躍《ゆやく》無量なり。因みに仏、此の金色の臂《ひじ》を申《の》ぶるに、長指合縵《ちょうしごうまん》にして、その手柔軟《にゅうなん》なること、猶天衣《てんえ》の如し。其の頭《こうべ》を摩し已れば、其の身即ち変じて、状《かたち》、童子二十歳の人の如し。善男子、彼の会《え》の大衆、諸の天・竜、神・乾闥婆《けんだつば》、人及び非人、叉手恭敬《しゃしゅくぎょう》して、大悲菩薩に向いて、種種の華《け》を供養し、乃至伎楽《ぎがく》して之を供養し、復《ま》た種種に讃歎し已りて、黙然として住す。」

〔訳〕世尊は、大衆に向っていわれた。

「わたしは、むかし、宝蔵仏の御許《みもと》にあった頃、大悲菩薩と称していた。そのとき大悲菩薩は、宝蔵仏の前で、発願《ほつがん》して次のように申した。

『世尊よ、わたしが成仏し終ったとき、衆生のなかで、かりにわたしの法中に入り、出家して袈裟を着《つ》けるものがあったとしましょう。その当人が、比丘であれ、比丘尼であれ、あるいは、優婆塞《うばそく》や優婆夷《うばい》*であれ、重い戒を犯し、邪見をおこし、三宝を軽んじて信ぜず、さまざまな重い罪をかさねたとき、不図した念《おも》いのなかで、恭敬の心をおこして、身に着けている袈裟を尊重し、あるいは仏法僧を尊重したとしましょう。

世尊よ、その際、その中のただの一人でも、三乗*において記別《きべつ》*を受けることができずに、退転するものがあるとしたら、それは十方世界の数かぎりない現にまします諸仏をあざむくことになり、けっして究極の悟りを成就することはできません。

また世尊よ、わたしが成仏して後に、もろもろの天・竜・鬼神・人・非人が、かりに袈裟を着用するものを恭敬し、供養し、また尊重し讃歎するとしましょう。もしその当人がこの袈裟の一片でも見ることができれば、そのまま三乗において不退転の位を得ることができましょう。

またもし衆生が飢渇に苦しめられたり、あるいは貧窮の鬼神や下賤の人々、ないし餓鬼《がき》の衆生が、袈裟の一片、あるいは四寸ほどの長さでも得れば、たちまち飲食物は充ち足りて、それぞれの願いは速かに成就するでありましょう。

またもし衆生が、互いに背き合い、怨《うら》みの心をおこして、闘い争いつづけたり、あるいは、もろもろの天・竜・鬼神・乾闥婆《けんだつば》*・阿修羅《あしゅら》*・迦楼羅《かるら》*・緊那羅《きんなら》*・摩睺羅伽《まごらが》*・狗弁荼《くはんだ》*・毘舎遮《びしゃじゃ》*・人・非人が、互いに闘い争うとき、もしこの袈裟を念ずるならば、袈裟の力によって、慈悲の心、柔らかい心、怨《うら》みのない心、静かな平《たいら》な心、悪を克服する善心が生じて、清浄なることを得るでありましょう。

またもし人が、戦争や闘争、あるいは訴訟などのなかにあって、この袈裟の一片でも持って、この人たちの中に入ったとしましょう。その際もし当人が自分を守るために、供養し、恭敬し、尊重するならば、この人たちは、かれを侵したり、嬈《なぶ》ったり、愚弄《ぐろう》したりすることはできず、つねに相手に勝って、もろもろの難から免れることができましょう。

世尊よ、もしわたしの袈裟によって、以上挙げたような五つの功徳を成就することができないとすれば、十方世界の数かぎりない現にまします諸仏を欺《あざむ》くこととなり、未来に究極の悟りを成就して、仏の働きをなすことはできません。ついには善法を失ってしまい、必ずや外道を破ることはかないますまい」

善男子よ、そのとき宝蔵如来は金色《こんじき》の右腕を伸ばして、大悲菩薩の頭を撫《な》で、ほめたたえていわれた。

「善いかな、善いかな、大士よ、汝のいうことは、いわば大珍宝であり、素晴らしい善事である。汝は究極の悟りを成就し、この袈裟はこれらの五つの功徳を完成して大きな利益《りやく》をなすであろう」

善男子よ、そのとき大悲菩薩は、仏の讃歎を聞きおわり、心に喜びを生じて踊躍《ゆやく》すること限りない。仏が金色の腕を伸べられたとき、その長い指はゆったりとしており、その手は天衣のように柔らかであった。そして菩薩の頭を撫で終ると、菩薩のからだは、あたかも二十歳の青年のように若返った。

善男子よ、かの大衆の集いである、もろもろの天・竜・神・乾闥婆・人・非人など、胸に手を組んで恭敬し、大悲菩薩に向って種々の華を供養し、あるいは楽器を奏して供養し、さらに種々に讃歎しおわって、じっと静かにしていた」*

《比丘・比丘尼・優婆塞・優婆夷》 比丘は、サンスクリット語 bhikṣu《ビクシュ》 パーリ語 bhikkhu《ビ》 の音訳。乞食《こつじき》者《しゃ》の意味で、具足戒を受けた男子の出家者。比丘尼は、同じく bhikṣuṇī《ビクシュニー》, bhikkhunī《ビクニー》 の音訳で、具足戒を受けた女性の出家者。優婆塞は、両語とも upāsaka《ウパーサカ》 の音訳で、清信士、近善男、居士などと訳し、在家の男性の信者。優婆夷は、両語とも upāsikā《ウパーシカー》 の音訳で、清信女、近善女などと訳し、在家の女性の信者。

《三乗》 声聞乗・縁覚乗（いずれも小乗）・菩薩乗（大乗）を指す。

《記別》（あるいは記莂）、サンスクリット語 vyākaraṇa《ヴィヤーカラナ》 で、分別、説明、解答の意味。ここでは、将来、いつかは成仏する、という約束。

《乾闥婆》 gandharva 天上の楽神《がくしん》。また、中有（この世からあの世への中間的生存状態）の身体を指し、香を食とするから香神《こうじん》ともいう。

《阿修羅》 asura 修羅ともいい、闘争を好む鬼神。悲惨な闘争の場を修羅場という。

《迦楼羅》 garuḍa 金翅鳥《こんじちょう》ともいい、伝説上の巨鳥。

《緊那羅》 kiṃnara 乾闥婆とともに天上の楽神、とくに美声で知られる歌神。

《摩睺羅伽》 mahoraga 大蛇の意、蛇神。

《狗弁荼》 kumbhāṇḍa 人の精気を食う悪鬼。

《毘舎遮》 piśāca 屍肉を食う悪鬼。

《世尊は、大衆に向って言われた。「……」》 『悲華経』巻八、大正三・二二〇上—中。

如来在世より今日にいたるまで、菩薩・声聞の経律のなかより、袈裟の功徳をえらびあぐるとき、かならずこの五聖功徳をむねとするなり。まことにそれ、袈裟は三世諸仏の仏衣なり。その功徳無量なりといへども、釈迦牟尼仏の法のなかにして袈裟をえたらんは、余仏の法のなかにして袈裟をえんにも、すぐれたるべし。ゆゑいかんとなれば、釈迦牟尼仏むかし因地《いんぢ》のとき、大悲菩薩摩訶薩として、宝蔵仏のみまへにして、五百の大願をたてましますとき、ことさらこの袈裟の功徳におきて、かくのごとく誓願をおこしましします。その功徳、さらに無量不可思議なるべし。しかあればすなはち、世尊の皮肉骨髄いまに正伝するといふは、袈裟衣《え》なり。正法眼蔵を正伝する祖師、かならず袈裟を正伝せり。この衣を伝持し頂戴する衆生、かならず二三生のあひだに得道せり。たとひ戯笑《けしよう》のため、利益のために身に著せる、かならず得道の因縁なり。

〔訳〕如来の在世当時から今日に至るまで、菩薩や声聞の経蔵や律蔵のなかから、袈裟の功徳をえらび出してみると、かならずこの五つの功徳が中心となっている。まことに袈裟は、三世諸仏の仏衣なのである。その功徳はなるほど無量ではあるが、もし釈迦牟尼仏の袈裟を得るならば、他の諸仏の袈裟を得るよりも、その功徳はすぐれているというべきであろう。それはどういうわけかといえば、釈迦牟尼仏はかつて、まだ成仏されていないとき、大悲菩薩として、宝蔵仏の御前で五百の大願をたてられた。そのとき、とくにこの袈裟の功徳について、このような誓願をおこされたのである。したがってその功徳は、無量不可思議なるものがあるといわねばならない。

このように見てくると、世尊のいのちそのものが、今日まで正しく伝わっているのは、まさしく袈裟であるということができる。正法眼蔵を正伝する祖師たちは、かならず袈裟を正伝しているのである。この衣を伝持し頂戴する人たちは、二生、三生のあいだに得道することは必定である。たとい戯《たわむ》れのなかで、或は何かの利益を求めて着用するとしても、それがかならず得道の因縁となるのである。

竜樹祖師曰、復次仏法中出家人、雖二破戒堕一レ罪、罪畢得二解脱一、如二優鉢羅華比丘尼本生経中説一。仏在世時、此比丘尼、得二六神通阿羅漢一、入二貴人舎一、常讃二出家法一、語二諸貴人婦女一言、姉妹可二出家一。諸貴婦女言、我等少容色盛美、持戒為難、或当二破戒一。比丘尼言、破レ戒便破、但出家。問言、破戒当レ堕二地獄一、云何可レ破。答言、堕二地獄一便堕。諸貴婦女、笑レ之言、地獄受レ罪云何可レ堕。比丘尼言、我自憶二念本宿命一、時作二戯女一、著二種種衣服一、而説二旧語一。或時著二比丘尼衣一、以為二戯笑一。以二是因縁一故、迦葉仏時、作二比丘尼一。時自恃二貴姓端正一、心生二憍慢一、而破二禁戒一。破二禁戒一罪故、堕二地獄一受二種種罪一。受レ罪畢竟、値二釈迦牟尼仏一出家、得二六神通阿羅漢道一。以レ是故知、出家受戒、雖二復破戒一、以二戒因縁一故、得二阿羅漢道一。若但作悪、無二戒因縁一、不二得道一也。我乃昔時、世世堕二地獄一、従二地獄一出為二悪人一。悪人死還入二地獄一、都無二所得一。今以レ此証知、出家受戒、雖二復破戒一、以二是因縁一、可レ得二道果一。

〔竜樹祖師曰く、復《ま》た次に、仏法中の出家人、破戒して罪に堕すと雖も、罪畢《おわ》りて解脱を得ること、優鉢羅華《うばらけ》比丘尼本生経の中に説くが如し。仏在世の時、此の比丘尼、六神通阿羅漢を得、貴人《きにん》の舎《いえ》に入りて、常に出家の法を讃して、諸の貴人婦女《ぶにょ》に語りて言く、姉妹よ出家すべしと。諸の貴婦女言く、我等少《わか》くして容色盛美なり、持戒は為《こ》れ難く、或いは当に破戒すべし。比丘尼の言く、戒を破らば便ち破れ、但だ出家せよ。問うて言く、破戒ならば、当に地獄に堕つべし、云何《いかん》ぞ破るべき。答えて言く、地獄に堕ちなば便ち堕ちよ。諸の貴婦女、之れを笑いて言く、地獄は罪を受く、云何《いかん》ぞ堕つべき。比丘尼言く、我れ自ら本宿命《ほんしゆくみよう》を憶念するに、時に戯《け》女《によ》と作《な》り、種種の衣服《えぶく》を著して旧語《きゆうご》を説く。或る時、比丘尼の衣を著して、以て戯笑と為す。是の因縁を以ての故に、迦葉仏《かしようぶつ》の時、比丘尼と作《な》りき。時に自ら貴姓端正《きせいたんしよう》なるを恃《たの》み、心に憍慢《きようまん》を生じて、禁戒《こんかい》を破る。禁戒を破る罪の故に、地獄に堕ちて種種の罪を受く。罪を受け畢竟《おわ》りて、釈迦牟尼仏に値《あ》いて出家し、六神通阿羅漢道を得たり。是れを以ての故に知りぬ、出家受戒せば、復《ま》た破戒すと雖も、戒の因縁を以ての故に、阿羅漢道を得。若し但だ作悪《さあく》して戒の因縁無くば、得道せざらん、と。我れ乃ち昔時《そのかみ》、世世《せせ》に地獄に堕ち、地獄より出でては悪人と為り、悪人死して還《ま》た地獄に入りて、都《すべ》て所得無し。今、此れを以て証知するに、出家受戒せば、復《ま》た破戒すと雖も、是の因縁を以て、道果を得べし。」

〔訳〕竜樹祖師《りゆうじゆ》*は次のようにいわれた。

「また、次に、仏法において出家した人は、たとい戒を破って罪に堕《お》ちても、罪が終れば解脱を得る。それは、優鉢羅華比丘尼《うばらけびくに》*の本生経《ほんじようきよう》*の中に説かれているとおりである。仏の在世の頃、この比丘尼は、六神通*を得た阿羅漢*となったが、貴人の家に入って、つねに出家の法をたたえ、もろもろの貴族の婦人たちにいった。

「あなた方ははやく出家しなさい」

すると婦人たちはいった。

「わたしどもは若くて、いま容色の美しいさかりです。戒をまもることはむつかしく、おそらく戒を破ることになりましょう」

そこで比丘尼はいった。

「戒を破るなら破りなさい。ともかく出家しなさい」

婦人たちは問うていった。

「もし戒を破るならば、地獄に堕《お》ちましょう。どうして破ることができましょう」

それに対して比丘尼は答えた。

「地獄に堕ちるならば堕ちなさい」

婦人たちはみな笑っていった。

「地獄では罪を受けます。どうして堕ちることができましょう」

比丘尼はいった。

「わたしは、自分のはるか遠い前世を想いおこしてみると、あるとき遊女となり、いろいろな着物を身につけ、昔なじみの言葉を語っていました。ある日、たわむれに比丘尼の衣を着て、笑いさざめいたことがあります。その因縁によって迦葉仏《かしょうぶつ》のとき比丘尼となりました。ところが、貴い家柄と容貌の端正なのを誇り、たかぶりの心を生じ、戒を破りました。そのために地獄に堕ち、さまざまな罪を受けました。罪が終ると、この世で釈迦牟尼仏にお会いすることができて、出家し、六神通を得て阿羅漢となりました。

こういうわけで、お分りでしょう。出家して戒を受ければ、たとい戒を破っても、戒を受けたという因縁の故に、阿羅漢にまでなることができます。もし、ただ悪を犯すだけで、戒の因縁がなければ、とうてい仏道に入ることはかないません」

以上は、比丘尼と貴婦人との問答であるが、わたし（竜樹）は、みずから宿世を想うに、いく世《よ》もいく世も地獄に堕ち、また地獄から出て悪人となり、死んでまた地獄に入り、ことごとくむなしいことだけであった。いま、ここで明らかになったことは、出家して戒を受ければ、たとい戒を破っても、受戒の因縁によって仏道に入ることができるということである。*

《竜樹》 Nāgārjuna（約一五〇―二五〇）は、インドにおいて名の知られた人のなかで最初の大乗の自覚者。八宗の祖といわれ、竜樹菩薩として尊ばれる。「仏祖」巻でいえば、第二十一代の仏祖。

《優鉢羅華比丘尼》 蓮華《れんげ》色《しき》（Utpalavarṇā）比丘尼ともいう。王舎城の人、嫁して一女を生んだが、夫の密かにわが母と通ずるを知り、その地を出て長者の婦となる。のち長者、少女を得て妾としたが、図らずもそれは先に生んだわが子であったため、自棄におちいり、淫女となり、たまたま目連の教化を受け、仏の許で出家し、阿羅漢果を証す。六通具足し、神足第一といわれる。

《本生經》 Jātaka《ジャータカ》 本生譚《ほんじょうたん》ともいい、前世の物語り。

《六神通》 あるいは六通ともいう。神足通・天眼通・天耳通・他心通・宿命通・漏尽通。

《阿羅漢》 サンスクリット語 arhat、パーリ語 arahant、「施しを受けるに価するもの」の意。預流・一来・不還・阿羅漢のように、修行者の最高位。

《竜樹祖師は次のようにいわれた。「…………」》 『大智度論』巻一三、大正二五・一六一上―中。

この蓮華色比丘尼、阿羅漢得道の初因、さらに他の功にあらず、ただこれ袈裟を戯笑《けしょう》のために、その身に著せし功徳によりて、いま得道せり。二生に迦葉仏《かしょうぶつ》の法にあふたてまつりて比丘尼となり、三生に釈迦牟尼仏にあふたてまつりて大阿羅漢となり、三明《みょう》六通を具足せり。三明とは天眼《てんげん》・宿命《しゅくみょう》・漏《ろ》尽《じん》なり。六通とは神境通・他心通・天眼通・天耳通・宿命通・漏尽通なり。まことにそれ、ただ作悪《さあく》人とありしときは、むなしく死して地獄にいる。地獄よりいでて、また作悪人となる。戒の因縁あるときは、禁戒《こんかい》を破して地獄におちたりといへども、つひに得道の因縁なり。いま戯笑のため袈裟を著せる、なほこれ三生に得道す。いはんや無上菩提のために、清浄の信心をおこして袈裟を著せん、その功徳、成就せざらめやは。いかにいはんや、一生のあひだ受持したてまつり、頂戴したてまつらん功徳、まさに広大無量なるべし。もし菩提心をおこさん人、いそぎ袈裟を受持頂戴すべし。

この好世《こうせ》にあふて仏種をうゑざらん、かなしむべし。南洲の人身《にんしん》をうけて、釈迦牟尼仏の法にあふたてまつり、仏法嫡嫡《てきてき》の祖師にうまれあひ、単伝直指《じきし》の袈裟をうけたてまつりぬべきを、むなしくすごさん、かなしむべし。いま袈裟正伝は、ひとり祖師正伝これ正嫡なり、余師の肩をひとしくすべきにあらず。相承《そうじょう》なき師にしたがふて袈裟を受持する、なほ功徳甚深《じんじん》なり。いはんや嫡嫡面授しきたれる正師に受持せん、まさしき如来の法子法孫ならん、まさに如来の皮肉骨髄を正伝せるなるべし。おほよそ袈裟は、三世十方の諸仏正伝しきたれること、いまだ断絶せず、十方三世の諸仏菩薩・声聞縁覚、おなじく護持しきたれるところなり。

〔訳〕この蓮華色比丘尼（すなわち優鉢羅華比丘尼）が、阿羅漢になり得た原因は、外ではない。ただ袈裟をたわむれに身に着《つ》けた功徳によって仏道に入ることができた。二生目には迦葉仏の法にお会いして比丘尼となり、三生目には釈迦牟尼仏にお会いして大阿羅漢となり、三明《みょう》・六通を身にそなえたのである。三明とは、天眼・宿命・漏尽であり、六通とは、神足通・他心通・天眼通・天耳通・

宿命通・漏尽通である。

この道理は、まことに真実という外はない。つまり、ただ悪をなすだけならば、むなしく死んで地獄に堕ちる。そして地獄より出て、また悪をなすだけである。これに対して、戒の因縁あるときは、たとい戒を破って地獄に堕ちても、ついには仏道に入る因縁となる、という道理である。

この比丘尼は、ただ戯れに袈裟を着ただけで、それでも三生目には仏道に入っている。まして、究極の悟りを目指して浄らかな信心をおこし、かくして袈裟を着用するならば、どうしてその功徳の成就しないことがあろうか。ましていわんや、一生のあいだ、袈裟を受持し、頂戴したてまつるならば、その功徳はまさしく広大無辺なるものがあろう。それゆえに、菩提心をおこそうと思う人は、すみやかに袈裟を受持し頂戴すべきである。

このよき世に出会いながら、仏の種を蒔《ま》かなければ、まことに悲しむべきことである。この世界に人身を受けたならば、当然ながら釈迦牟尼仏の正法に出会い、仏法正伝の祖師に遭遇し、ひたすら伝えられてきた袈裟を受持してたてまつることができるはずであるのに、もしむなしく過してしまうとすれば、何と悲しいことではないか。

袈裟の伝承は、ただ達摩大師の伝承のみが正しい系統であって、外の師とは比べものにはならない。伝承のない師にしたがって袈裟を受けてもなお、大きな功徳があるのに、まして正しい系統によってじきじきに伝えてきた正師から受けるならば、まさしくそれは如来の法子であり法孫となるであろう。それこそ如来のいのちそのものを正伝するものであろう。およそ袈裟は、三世十方の諸仏が正伝してきたもので、いまに絶えることがない。それは、三世十方の諸仏・菩薩・声聞・縁覚がひとしく護持してきたからである。

袈裟をつくるには、麁布《そふ》を本《もと》とす。麁布なきがごときは、細布《さいふ》をもちゐる。麁細《そさい》の布《ぬの》ともになきには、絹素《けんそ》をもちゐる。絹布ともになきがごときは、綾羅《りようら》等をもちゐる。如来の聴許《ちようこ》なり。絹布・綾羅等の類、すべてなきくにには、如来また皮袈裟を聴許しまします。

おほよそ袈裟は、そめて青《せい》・黄《おう》・赤《しやく》・黒《こく》・紫色《ししき》ならしむべし、いづれも色《しき》のなかの壊色《えしき》ならしむ。如来はつねに肉色の袈裟を御《ぎよ》しましませり、これ袈裟色なり。初祖相伝の仏袈裟は、青黒色なり、西天の屈眴布《くつけんふ》なり。いま曹渓山にあり。西天二十八伝し、震旦五伝せり。いま曹渓古仏の遺弟《ゆいてい》、みな仏衣の故実を伝持せり、余僧のおよばざるところなり。

おほよそ衣《え》に三種あり。一者《ニハ》糞掃衣《ふんぞうえ》、二者《ニハ》毳衣《せいえ》、三者《ニハ》衲衣《のうえ》なり。糞掃は、さきにしめすがごとし。毳衣《せいえ》者《とは》、鳥獣細毛、これをなづけて毳《せい》とす。行者若無二糞掃可一レ得、取レ此為レ衣。衲衣者、朽故破弊、縫衲供レ身。不レ著二世間好衣一〔行者、若し糞掃の得べき無きには、此れを取りて衣と為す。衲衣は、朽故破弊《きゆうこはへい》せるを縫衲《ほうのう》して身に供ず。世間の好衣を著せず」。

〔訳〕袈裟を作るには、太い糸の麻を用いるのが原則である。それがないときは、細い糸の麻を用いる。いずれもないときは、練った絹、練らない絹、どちらでもよい。その二つがないときは、あやなどを用いる。それは、如来によって認められている。それらいずれもない国では、如来は、鹿の皮の袈裟を許されている。

そもそも袈裟は、青・黄・赤・黒・紫の色を染めて作るがよい。いずれも原色ではなく、それらを混ぜて壊色《えしき》*にする。如来はつねに肉色（あずき色、黒みがかった赤）の袈裟を着けておられたが、これが袈裟の色である。達摩大師の伝えられた仏の袈裟は、青黒色であり、インドの屈眴布《くつけんふ》*である。この袈裟は、いま曹渓山にあり、インドでは二十八伝し、中国では五伝してきたのである。曹渓山の古仏慧能の弟子たちは、みな仏衣の方式を伝えてきたのであって、他宗の僧のとうてい及ばぬところである。

いったい衣には、三種あって、一つには糞掃衣、二つには毳衣《せいえ》、三つには衲衣《のうえ》である。糞掃衣は先に述べたとおりである。毳衣は、鳥獣の細毛からできており、これを毳《せい》*と名づけている。修行者がもし糞掃衣を得ないときは、この毳衣を用いる。衲衣とは、古く朽ちはてた破れ布を縫い合わせて着るのであって、世間のきらびやかな衣は着用しない。

《壊色》 サンスクリット語 kaśāya、パーリ語 kasāya、袈裟衣《けさえ》はその音訳。壊色の意味については、一説として、青・黄・赤などの原色を破壊して、それらを混ぜた色という。原色を正色《しょうじき》、混ぜた色を不正色《ふしょうじき》といい、袈裟の色はこの不正色である。

《屈眴布》 糸の太い麻の袈裟で、諸橋辞典では、屈眴（くつじゅん）とあるが、そうではなく、屈眴（くつけん）と読む、という（『全講』巻四、五六六頁）。

《毳》 にこげ（むくげ）、はらげ、けがわの意。

具寿鄔波離、請㆓世尊㆒曰、大徳世尊、僧伽胝衣、条数有㆑幾。仏言、有㆑九。何謂為㆑九。謂、九条、十一条、十三条、十五条、十七条、十九条、二十一条、二十三条、二十五条。其僧伽胝衣、初之三品、其中壇隔、両長一短、如㆑是応㆑持。次三品、三長一短、後三品、四長一短。過㆓是条㆒外、便成㆓破衲㆒也。鄔波離、復白㆓世尊㆒曰、大徳世尊、有㆓幾種僧伽胝衣㆒。仏言、有㆓三種㆒、謂上中下。上者竪三肘、横五肘、下者竪二肘半、横四肘半。二者内名㆑中。鄔波離、復白㆓世尊㆒曰、大徳世尊、嗢呾羅僧伽衣条数有㆑幾。仏言、但有㆓七条㆒、壇隔両長一短。鄔波離、復白㆓世尊㆒曰、大徳世尊、七条復有㆓幾種㆒。仏言、有㆓其三品㆒、謂上中下。上者三五肘、下者各減㆓半肘㆒、二内名㆑中。鄔波離、復白㆓世尊㆒曰、大徳世尊、安呾婆娑衣条数有㆑幾。仏言、有㆓五条㆒、壇隔一長一短。鄔波離、復白㆓世尊㆒言、安呾婆娑衣有㆓幾種㆒。仏言、有㆑三品、謂上中下。上者三五肘、中下同㆑前。

仏言、安呾婆娑衣復有㆓二種㆒。何為㆑二、一者竪二肘、横五肘。二者竪二肘、横四肘。僧伽胝者、訳為㆓重複衣㆒。嗢呾羅僧伽者、訳為㆓上衣㆒。安呾婆娑者、訳云㆓下衣㆒、又云㆓内衣㆒。又云、僧伽梨衣、謂大衣也、又云㆓入王宮衣、説法衣㆒。鬱多羅僧、謂七条衣也。又云㆓中衣、入衆衣㆒。安陀会、謂五条衣也。又云㆓小衣、行道作務衣㆒。

〔具寿鄔波離《ぐじゅうぱり》、世尊に請うて曰く、大徳世尊、僧伽胝衣《そうぎゃちえ》は条数幾《いくば》くか有る。仏言く、九有り。何を謂《い》いてか九と為す。謂《いわ》く、九条・十一条・十三条・十五条・十七条・十九条・二十一条・二十三条・二十五条なり。其の僧伽胝衣、初めの三品《さんぼん》は、其の中の壇隔《だんきゃく》は、両長一短なり、是《かく》の如く持すべし。次の三品は、三長一短、後の三品は、四長一短。是の条に過ぐるの外は、便ち破衲《はのう》と成る。鄔波離、復《ま》た世尊に白《もう》して曰く、大徳世尊、幾種の僧伽胝衣か有る。仏言く、三種有り、謂く、上中下なり。上は竪《たて》三肘《ちゅう》、横五肘、下は竪二肘半、横四肘半。

二者の内を中と名づく。鄔波離、復《ま》た世尊に白して曰く、大徳世尊、嗢呾羅僧伽衣《うつたらそうぎやえ》、条数幾《いくば》くか有る。仏言く、但だ七条のみ有り、壇隔は両長一短なり。鄔波離、復た世尊に白して曰く、大徳世尊、七条復《ま》た幾種か有る。仏言く、其れ三品有り、謂く上中下なり。上は三五肘、下は各《おのおの》半肘を減ず、二の内を中と名づく。鄔波離、復た世尊に白して曰く、大徳世尊、安呾婆娑衣《あんだばさえ》、条数幾《いくば》くか有る。仏言く、五条有り、壇隔は一長一短なり。鄔波離、復た世尊に白して言く、安呾婆娑衣、幾種か有る。仏言く、三品有り、謂く上中下なり。上は三五肘、中下は前に同じ。

仏言く、安呾婆娑、復た二種有り、何をか二と為す、一は竪二肘、横五肘。二は竪二肘。横四肘。僧伽胝《そうぎやじ》は、訳して重複衣と為す。嗢呾羅僧伽《うつたらそうぎや》は、訳して上衣と為す。安呾婆娑《あんだばさ》は、訳して下衣と云い、又、内衣と云う。又云く、僧伽梨衣《そうぎやりえ》は、謂く大衣なり、又、入王宮衣《にゆうおうぐうえ》、説法衣と云う。鬱多羅僧《うつたらそう》は、謂《いわ》く七条衣なり。又、中衣、入衆衣《につしゆえ》と云う。安陀会《あんだえ》は、謂く五条衣なり、又、小衣、行道作務衣《ぎようどうさむえ》と云う。」

〔訳〕長老優波離《うばり》（鄔波離）*は、世尊に問うていった。

「大徳世尊よ、僧伽胝衣《そうぎやじえ》（大衣）*には、どれだけの条数がありましょうか」

仏がいわれた。

「九つの条数がある。九条、十一条、十三条、十五条、十七条、十九条、二十一条、二十三条、二十五条である。このなかで、初めの三種は、横すじになっていて、長いのが二つ、短いのが一つである。このように作るがよい。次の三種は、三長一短であり、最後の三種は、四長一短である。これ以外のものは、袈裟の方式を破るので、破衲《はのう》となる」

また優波離が世尊にたずねた。

「大徳世尊よ、僧伽胝衣には、どんな種類がありましょうか」

仏がいわれた。

「上中下の三種がある。このうち上とは、縦が三肘《ちゅう》*、横が五肘、下とは、縦が二肘半、横が四肘半、この二つの中間を中という」

また優波離が問うた。

「大徳世尊よ、嗢呾羅《うったら》僧伽衣《そうぎゃえ》（上衣）*の条数はどれだけでしょうか」

仏がいわれた。

「ただ七条だけである。横すじは二長一短である」

優波離はまた問うた。

「七条には、どれだけの種類がありましょうか」

仏がいわれた。

「上中下の三種がある。上とは、縦が三肘、横が五肘、下とは、それぞれ半肘を減ずる。この二つの中間を中という」

優波離がまた問うた。

「大徳世尊よ、安呾《あんだ》婆《ば》娑衣《さえ》（下衣）*の条数はどれだけでしょうか」

仏がいわれた。

「五条である。横すじは一長一短である」

また優波離が問うた。

「安呾婆娑衣には、どれだけの種類がありましょうか」

仏がいわれた。

「上中下の三種がある。上とは、縦が三肘、横が五肘。中と下とは、前に同じである」

また仏がいわれた。

「安呾婆娑衣には、また二種がある。その二種とは何か。一つには、縦が二肘、横が五肘、二つには、縦が二肘、横が四肘である。僧伽胝とは、重複衣《じゅうふくえ》と訳す。嗢呾羅僧伽とは、上衣と訳す。安呾婆娑とは、下衣とも訳し、内衣とも訳す。また、僧伽梨衣は、大衣ともいい、また、入王宮衣とも、説法衣ともいう。欝多羅僧は、七条衣という。また、中衣、入衆衣《にっしゅえ》という。安陀衣は、五条衣という。また、小衣とも、行道作務衣ともいう*」

《優波離》 Upāli　カピラ城の出身、十大弟子の一人で持律第一といわれる。仏滅後の結集では、律編集の中心人物。

《僧伽胝》 saṃghāṭī　の音訳で、僧伽梨ともいい、衣服、袈裟、法服などと漢訳される。

《肘》 尺度の名称、一肘は二尺、一説には一尺五寸。

《嗢呾羅僧》 サンスクリット語 uttarāsaṅga《ウッタラーサンガ》 の音訳、上衣、外衣の意。後にあるように 鬱多羅僧《うったらそう》とも音訳す。

《安呾婆娑》 サンスクリット語 antar-vāsa《アンタル・ヴァーサ》（内に住むの意）の音訳、下衣、単衣などと訳す。

《長老優波離は、世尊に……「………」》『根本説一切有部百一羯磨』巻一〇、大正二四・四九七上―中。『渉典録』前掲書一四三頁参照。

この三衣、かならず護持すべし。また僧伽胝衣《そうぎゃじえ》に六十条の袈裟あり、かならず受持すべし。おほよそ、八万歳より百歳にいたるまで、寿命の増減にしたがふて、身量の長短あり。八万歳と一百歳と、ことなることありといふ、また平等なるべしといふ。そのなかに、平等なるべしといふを正伝とす。仏《ぶつ》と人《にん》と、身量はるかにことなり、人身《にんしん》はかりつべし、仏身はつひにはかるべからず。

このゆゑに、迦葉仏の袈裟、いま釈迦牟尼仏著《じゃく》しましますに、長《ながき》にあらず、ひろきにあらず。いま釈迦牟尼仏の袈裟、弥勒如来著しましますに、みぢかきにあらず、せばきにあらず。仏身の長短にあらざる道理、あきらかに観見し、決断し、照了し、警察《きょうさつ》すべきなり。梵王のたかく色界にある、その仏頂をみたてまつらず。目連はるかに光明旛世界《こうみょうばんせかい》にいたる、その仏声をきはめず。遠近《おんごん》の見聞ひとし、まことに不可思議なるものなり。如来の一切の功徳、みなかくのごとし。この功徳を念じたてまつるべし。

〔訳〕この三衣については、かならず護持せねばならない。また、僧伽胝衣《そうぎゃじえ》（大衣）には六十条の袈裟がある。これもまた必ず受持すべきである。

かつて、八万歳から百歳まで、交互に寿命が増したり減ったりすることがあるといわれ、その寿命の増減によって、身長にも長短があるという。

また、八万歳と百歳の間では、身長は異なるという説もあり、等しいという説もある。この二つの説のなかでは、等しいというのが正伝である。

ところで、仏と人とでは、身長はまったく違っている。人の身長は量ることができるが、仏の身長はとうてい量ることができない。

この点に留意してみると、迦葉仏《かしょうぶつ》の袈裟を釈迦牟尼仏が着用しても、長くもなく、広くもない。また、釈迦牟尼仏の袈裟を、次の世の仏の弥勒仏《みろくぶつ》が着用するとしても、短くもなく、狭くもないにちがいない。要するに、仏の身長は、長短の区別を超えているのであって、このことわりをよくよく観察し、心に決断し、あきらかに認知し、さらにどこまでも洞察していかねばならない。

梵天は、色界《しきかい》(形ある世界)のはるか高き所にいるが、ついに仏の頂《いただ》きを見たてまつることはできない。*目連は、はるか遠くの光明旛世界《こうみょうばんせかい》にまで行ったが、仏の声を究めることができない。いくら遠くまで行っても、近くにいるのと同じ感覚である。*まことに不可思議という外はない。如来のすべての功徳は、みなこのようなものである。その如来の功徳をよくよく憶念してみなければならない。


《梵天は、色界の……》『大宝積経』巻一〇「密迹金剛力士会」大正一一・五四上―中。

《目連は、はるか遠くの……》 同、五六下―五七上。『渉典続紹』前掲書一六〇―一六一頁参照。


袈裟を裁縫するに、割截衣《かっせつえ》あり、摂葉衣《でっちょうえ》あり、襵葉衣《しょうようえ》あり、縵衣《まんえ》あり、ともにこれ作法なり。その所得にしたがふて受持すべし。仏言、三世仏袈裟、必定却刺〔仏言く、三世の仏の袈裟は、必定して却刺《きゃくし》なり〕。

その衣財をえんこと、また清浄を善なりとす、いはゆる糞掃衣を最上清浄とす。三世の諸仏、ともにこれを清浄としまします。そのほか、信心檀那の所施の衣、また清浄なり。あるひは浄財をもて、いちにしてかふ、また清浄なり。作衣《さえ》の日限ありといへども、いま末法澆季《まつぼうぎょうき》なり、遠方辺邦《おんぼうへんぼう》なり。信心のもよほすところ、裁縫をえて受持せんにはしかじ。

在家の人天なれども、袈裟を受持することは、大乗最極《さいごく》の秘訣なり。いまは梵王・釈王、ともに袈裟を受持せり、欲色《よくしき》の勝躅《しょうちょく》なり人間には勝計《しょうけい》すべからず。在家の菩薩、みなともに受持せり。震旦国には、梁の武帝、隋の煬帝《ようだい》ともに袈裟を受持せり。代宗《だいそう》・粛宗《しゅくそう》ともに袈裟を著し、僧家に参学し、菩薩戒を受持せり。その余の居士・婦女《ぶにょ》等の、受袈裟・受仏戒のともがら、古今の勝躅なり。

日本国には、聖徳太子、袈裟を受持し、法華・勝鬘等の諸経講説のとき、天雨《てんう》宝華《ほうけ》の奇瑞《きずい》を感得す。それよりこのかた、仏法わがくにに流通《るづう》せり。天下の摂籙《しょうろく》なりといへども、すなはち人天の導師なり、ほとけのつかひとして、衆生の父母《ぶも》なり。いまわがくに、袈裟の体色量ともに訛謬《かびゅう》せりといへども、袈裟の名字を見聞する、ただこれ聖徳太子のおほんちからなり。そのとき、邪をくだき正をたてずば、今日かなしむべし。のちに聖武皇帝、また袈裟を受持し、菩薩戒をうけまします。しかあればすなはち、たとひ帝位なりとも、たとひ臣下なりとも、いそぎ袈裟を受持し、菩薩戒をうくべし。人身《にんしん》の慶《けい》幸《こう》、これよりもすぐれたるあるべからず。

〔訳〕袈裟の縫い方には、割截衣《かっせつえ》*、揲葉衣《でっちょうえ》*、摂葉衣《しょうようえ》*、縵衣《まんえ》*などがある。いずれも、そうした方式である。手に入る布によって、受持すればよい。仏は、「三世諸仏の袈裟は、かならず却刺《きゃくし》*である」*といわれた。

袈裟の材料を得る場合は、執著を離れた浄らかなのがよい。したがって糞掃衣がもっとも浄らかなものである。三世の諸仏は、この糞掃衣を清浄な衣と認めてこられたのである。その外、信心ぶかい施主の施しによる衣もまた清浄である。あるいは浄財によって求めた衣も清浄である。また袈裟を作るについても日限のきまりがあるが、いまは末法の乱れた世で、しかもインドから遠く離れた辺土の国である。日限などいってはおれない。ともかく信心のおこったときに、袈裟をこしらえ、それを受持するに越《こ》したことはない。

たとい在家の人でも、袈裟を受持することは、大乗のもっとも大事な秘訣である。いままでは、色界の梵天王も、欲界の帝釈天《たいしゃくてん》も、ともに袈裟を受持している。これは、欲界・色界の模範というべきであり、人間世界では考えられないことである。また、在家の菩薩も、いずれも袈裟を受持している。中国では、梁の武帝、隋の煬帝《ようだい》、ともに袈裟を受持している。代宗、粛宗も袈裟を着用し、僧堂に参学し、また菩薩戒を受けている。その外、居士や婦人で、袈裟を受け、仏戒を受けている人々もおり、これらのものは、古今にわたる模範であるといえよう。

日本国では、聖徳太子が袈裟を受持して、法華経や勝鬘《しょうまん》経などの諸経典を講説された。そのとき、天から華の雨が降ってきたという奇瑞《きずい》を感得している。それより以後、わが国にも仏法がひろまった。太子は、わが国の摂政の宮でありながら、人間界・天上界の導師であり、また仏の使いとして衆生の父母となっている。今日のわが国では、袈裟の材料・色彩・大きさなど、いずれも方式に違《たが》ってはいるけれども、ともかく袈裟の名を聞くことができるのは、ひとえに聖徳太子の御力に依るのである。もしそのとき、邪をくじいて正を立てなかったら、今日のわが国は悲しむべき状態になっていたにちがいない。のちに聖武天皇もまた、袈裟を受持し、菩薩戒を受けられた。そういう次第で、たとい帝位であろうと、臣下であろうと、すみやかに袈裟を受持して、菩薩戒を受くべきである。人として生れた幸は、これよりまさるものはない。

《割截衣》 横糸の一切れ一切れ、切れたのを縫い合わせたもの。

《揲葉衣》 横糸以外の切れた布を縫い合わせたもの。

《摂葉衣》 横糸にすべきを切らずに、合わせて縫いつけたもの。以上、『全講』巻四、五八三頁に依る。

《縵衣》 綾のない布で縫ったものであろうか。

《却刺》 かえし針による縫い方（『全講』巻四、五八四頁）。

《「三世諸仏の袈裟は、……」》 『摩訶僧祇律』巻二八に、「却刺是仏所二聴許一」（『註解全書』巻二、『渉典続紹』一六一頁）とある。

有言、在家受持袈裟、一名二単縫一、二名二俗服一。乃未レ用二却刺一而縫也。又言、在家趣二道場一時、具二三法衣・楊枝・澡水・食器・坐具一、応下如二比丘一修中行浄行上。

〔有るが言く、在家の受持する袈裟は、一に単縫《たんぼう》と名づけ、二に俗服と名づく。乃ち未だ却刺《きゃくし》を用いずして縫うなりと。又言く、在家の道場に趣く時は、三法衣・楊枝・澡水《そうすい》・食器《じきき》・坐具を具し、応《まさ》に比丘の如くに浄行を修行すべし〕。

古徳の相伝かくのごとし。ただし、いま仏祖単伝しきれたるところ、国王・大臣・居士・士民にさづくる袈裟、みな却刺《きゃくし》なり。盧行者《ろあんじゃ》すでに仏袈裟を正伝せる勝躅《しょうちょく》なり。

おほよそ袈裟は仏弟子の標幟《ひょうしき》なり。もし袈裟を受持しをはりなば、毎日に頂戴してたてまつるべし。頂上に安じて、合掌してこの偈《げ》を誦《じゅ》す。

大哉解脱服《だいさいげだっぷく》、無相福田衣《むそうふくでんえ》、披《ひ》二奉《ぶ》如来教《にょらいきょう》一、広度《こうど》二諸衆生《しょしゅじょう》一。

〔大いなる哉、解脱服、無相の福田衣、如来の教を披奉《ひぶ》して、広く諸の衆生を度さん。〕

しかうしてのち著すべし。袈裟においては、師想塔想《たっそう》をなすべし。浣衣《かんえ》頂戴のときも、この偈を誦するなり。

仏言、剃頭著二袈裟一、諸仏所二加護一、一人出家者、天人所二供養一。

〔仏言く、剃頭《ていず》して袈裟を著せば、諸仏に加護せられ、一人《いちにん》出家せば、天人に供養せらる。〕

あきらかにしりぬ、剃頭著袈裟《ていずちゃくけさ》よりこのかた、一切諸仏に加護せられたてまつるなり。この諸仏の加護によりて、無上菩提の功徳円満すべし。この人をば、天衆人衆ともに供養するなり。

〔訳〕一説にいう「在家の受持する袈裟は、一つには単縫《たんぼう》、二つには俗服*」と。つまり、却刺*を用いないで縫うのである。

また一説には、「在家者が道場に入るときは、三法衣（五条衣・七条衣・九条衣）と楊枝《ようじ》と浄瓶《じょうびょう》と応量器と坐具を持ち、出家者のように、仏行を修行すべきである」と。

古徳の伝える所はこのようなものである。ただし、今日、仏祖から伝わってきたところでは、国王、大臣、居士、士民に授ける袈裟は、ことごとく却刺である。六祖慧能が盧《ろ》行者《あんじゃ》*として仏の袈裟を正伝したのは、よき例である。

いったい袈裟は、仏弟子であることのしるしである。もし師から袈裟を受持することができたなら、毎日頂戴して礼拝すべきである。頭の上に袈裟をいただいて、合掌して、次の偈《げ》を唱えるのである。

「大いなる哉、解脱服。　(大哉解《だいさいげ》脱服《だっぷく》、
無相なる福田衣、　無相福田衣《むそうふくでんえ》、
如来の教を奉じて、　披奉《ひぶ》如来教《にょらいきょう》、
広く諸の衆生を度せん」　広度《こうど》諸衆生《しょしゅじょう》)

唱えたのち、袈裟を着《つ》けるべきである。その際、袈裟を師と思い、仏塔と思うがよい。また、袈裟を洗ってから頂戴するときも、この偈を唱えるのである。

仏がいわれた。

「剃髪《ていはつ》して袈裟をつけると、諸仏に加護され、一人出家すると、天人に供養される」

これによって明らかである。剃髪して袈裟を着《つ》けてより後は、一切の諸仏に加護されるのである。この諸仏の加護によって、究極の悟りが成就し、功徳が円満するのである。この人をば、天上界の人も人間界の人も、ともに供養するのである。

《「在家の受持する……」》『止観輔行』巻二之二、大正四六・一九〇中。

《却刺》三四〇頁注参照。

《行者《あんじゃ》》（行者《ぎょうじゃ》とは違う）。得度前の有髪のままで寺の用務をなすもの。慧能の姓は盧《ろ》氏であるから、盧行者という。

世尊告二智光比丘一言、法衣得二十勝利一。一者、能覆二其身一、遠二離羞恥一、具二足慚愧一、修二行善法一。二者、遠二離寒熱及以蚊虫・悪獣・毒虫一、安穏修道。三者、示二現沙門出家相貌一、見者歓喜、遠二離邪心一。四者、袈裟即是人天宝幢之相、尊重敬礼、得レ生二梵天一。五者、著二袈裟一時、生二宝幢想一、能滅二衆罪一、生二諸福徳一。六者、本製二袈裟一、染令二壊色一、離二五欲想一、不レ生二貪愛一。七者、袈裟是仏浄衣、永断二煩悩一、作二良福田一故。八者、身著二袈裟一、罪業消除、十善業道、念念増長。九者、袈裟猶如二良田一、能善増二長菩薩道一故。十者、袈裟猶如二甲冑一、煩悩毒箭、不レ能レ害故。

智光当レ知、以二是因縁一、三世諸仏、縁覚・声聞、清浄出家、身著二袈裟一、三聖同坐二解脱宝床一。執二智慧剣一、破二煩悩魔一、共入二一味諸涅槃界一。

爾時世尊、而説レ偈言、智光比丘応二善聴一、大福田衣十勝利。世間衣服増二欲染一、如来法服不レ如レ是。法服能遮二世羞恥一、慚愧円満生二福田一。遠二離寒熱及毒虫一、道心堅固得二究竟一。示二現出家一離二貪欲一、断二除五見一正修行。瞻二礼袈裟宝幢相一、恭敬生二於梵王福一。仏子披衣生二塔想一、生レ福滅レ罪感二人天一。粛レ容致レ敬真沙門、所為不レ染二諸塵俗一。諸仏称讃為二良田一、利二楽群生一此為レ最。袈裟神力不思議、能令レ修二植菩提行一。道芽増長如二春苗一、菩提妙果類二秋実一。堅固金剛真甲冑、煩悩毒箭不レ能レ害。我今略讃二十勝利一、歴劫広説無レ有レ辺。若有レ竜身披二一縷一、得レ脱二金翅鳥王食一。若人渡レ海持二此衣一、不レ怖二竜魚諸鬼難一。雷電霹靂天之怒、披二袈裟一者無二恐畏一。白衣若能親捧持、一切悪鬼無二能近一。若能発心求二出家一、厭二離世間一修二仏道一、十方魔宮皆振動、是人速証二法王身一。

〔世尊、智光比丘に告げて言く、法衣は、十勝利を得るなり。

一には、能《よ》く其の身を覆うて、羞恥を遠離《おんり》し、慚愧《ざんぎ》を具足して、善法を修行す。

二には、寒熱及以《およ》び蚊虫《ぶんちゅう》・悪獣・毒虫を遠離して、安穏に修道す。

三には、沙門出家の相貌《そうみょう》を示現し、見る者は歓喜して、邪心を遠離す。

四には、袈裟は即ち是れ人天《にんでん》の宝幢《ほうどう》の相なり、尊重《そんじゅう》し敬礼《きょうらい》すれば、梵天に生ることを得。

五には、袈裟を著《つ》くる時は、宝幢の想を生じ、能く衆罪を滅して、諸の福徳を生ず。

六には、本《もと》、袈裟を製するには、染めて壊色《えしき》ならしめ、五欲の想を離れ、貪愛《とんあい》を生ぜず。

七には、袈裟は是れ仏の浄衣なり、永く煩悩を断じて、良福田《りょうふくでん》と作《な》るが故に。

八には、身に袈裟を著くれば、罪業《ざいごう》消除し、十善業道《ごうどう》、念念に増長す。

九には、袈裟は猶《なお》良田の如し、能善《よ》く菩薩の道《どう》を増長するが故に。

十には、袈裟は猶甲冑《かっちゅう》の如し、煩悩の毒箭《どくせん》も害すること能わざるが故に。

智光、当《まさ》に知るべし、是の因縁を以て、三世の諸仏、縁覚・声聞、清浄の出家、身に袈裟を著《じゃく》して、三聖同じく解脱の宝床《ほうしょう》に坐す。智慧の剣を執《と》って、煩悩の魔を破し、共に一味の諸涅槃界に入る。

爾時《そのとき》に世尊、而《すなわ》ち偈を説きて言く、

智光比丘、応に善く聴くべし、大福田衣に十勝利あり。
世間の衣服《えぶく》は欲染《よくぜん》を増す、如来の法服は是《か》の如くならず。
法服は能く世の羞恥《しゅうち》を遮《しゃ》して、慚愧円満して福田を生ず。
寒熱及び毒虫を遠離し、道心堅固にして究竟《くきょう》を得。
出家を示現《じげん》して貪欲を離れ、五見を断除して正修行す。

袈裟宝幢の相を瞻礼《せんらい》し、恭敬《くぎょう》すれば、梵王の福を生ず。
仏子、披衣《ひえ》して塔想を生ずれば、福を生じ罪を滅して人天を感ず。
容《かたち》を粛《つつし》み敬を致せば真の沙門なり、所為《しょい》、諸の塵俗に染せず。
諸仏、称讃して良田と為し、群生《ぐんじょう》を利楽《りぎょう》するに此れを最なりと為す。
袈裟の神力《じんりき》、不思議なり、能く修して菩提の行を植えしむ。
道芽《どうげ》増長すること春苗の如く、菩提の妙果は秋実に類す。
堅固なること金剛の真甲冑《しんかっちゅう》なり、煩悩の毒箭《どくせん》も害すること能わず。
我れ今略して十勝利を讃ず、歴劫《りゃくこう》に広説するも辺有ること無けん。
若し竜有りて身に一縷《いちる》を披《き》れば、金翅鳥王《こんじちょうおう》の食《じき》を脱《まぬか》るることを得ん。
若し人、海を渡らんに此の衣を持せば、竜魚、諸の鬼難を怖《おそ》れじ。
雷電霹靂《びゃくりゃく》して天の怒らんにも、袈裟を披《き》たらん者は恐畏《くい》無けん。
白衣《びゃくえ》若し能く親しく捧持《ほうじ》せば、一切の悪鬼能く近づくこと無けん。
若し能く発心して出家を求め、世間を厭離して仏道を修せば、
十方の魔宮《まぐう》皆な振動し、是の人速やかに法王身を証せん。」

〔訳〕世尊は智光比丘に告げていわれた。
「法衣は十の勝利を得る。
一には、よくその身を覆うて、羞恥《しゅうち》を離れ、慚愧《ざんき》の心をおこし、善法を修行する。
二には、寒熱や蚊《か》・虫・悪獣・毒虫の難を離れ、安らかに修行する。

三には、沙門出家の相貌を現わし、見るものは歓喜して、邪心を離れる。

四には、袈裟はそのまま人天《にんでん》の宝をあらわすしるしであり、これを尊重し敬礼すれば、梵天界に生れることができる。

五には、袈裟を着けるとき、宝のしるしであるという想いを生じ、諸の罪を滅して、諸の福徳を生ずる。

六には、もともと袈裟を作る際には、染めて壊色《えしき》とし、五欲*の想いを離れ、貪欲・愛欲を生じない。

七には、袈裟はすなわち仏の浄衣であり、とこしなえに煩悩を断じて良田となるが故に。

八には、身に袈裟を着けると、罪業は消滅し、十善業道*は念々に増長《ぞうじょう》する。

九には、袈裟はあたかも良田の如くである。よく菩薩の道を増長するが故に。

十には、袈裟はあたかも甲冑《かっちゅう》の如くである。煩悩の毒矢も害することができないが故に。

智光よ、まさに知るべきである。このようないわれによって、三世の諸仏・縁覚・声聞、ならびに浄らかな出家者は、身に袈裟を着け、同じく解脱の牀座《しょうざ》に坐し、智慧の剣をとって煩悩の魔を破り、ともどもに一味の涅槃《ねはん》界に入るということを」

そのとき世尊は、偈《げ》を説いて次のようにいわれた。

「智光比丘よ、よく聴くがよい。大いなる福田衣《ふくでんえ》には十の勝利がある。

世間の衣服は、欲望を増すが、如来の法服はそうではない。

法服は、世の羞恥をおさえ、慚愧《ざんき》まどかに満ちて、福を生ずる田地である。

寒熱や毒虫を離れ、道心堅固《けんご》にして、究極の世界に至る。

出家のすがたを現わし、貪欲を離れ、五見*を断ち切って、正しく修行す。

袈裟こそ宝のしるしであると、礼拝し恭敬すれば、梵天界《ぼんてんかい》に生れるという福がそなわる。

仏子、袈裟を身に着けて、仏塔を心に想えば、罪を滅して天上界を感得する。

袈裟を敬い、おのれの姿をつつしめば、俗塵に染まない真の沙門となる。

諸仏は袈裟をたたえて良田となす。これによって、衆生を利益《りやく》することが最上である。

袈裟の神通力は、まことに不思議である。悟りへの道を行ぜしめる。

仏道の芽のふくらむこと、春の苗《なえ》の如く、悟りの実りは、秋の果実に類する。

あたかも、堅固なる金剛の如き甲冑《かっちゅう》となり、煩悩の毒矢も害することはできない。

わたしは今、略説して十の勝利をほめたたえるが、広説すれば、どれだけ時間があっても足りない。

もし竜あって、袈裟の一縷《いちる》でも身に着けば、金翅鳥の餌食《えじき》となることを免れ得よう。

もし人、この袈裟を着けて海を渡れば、竜魚や悪鬼の難を怖《おそ》れることはない。

たとい雷がとどろきわたって、天が怒っても、袈裟を着けたものは恐れることはない。

在家者も、白衣を親しく身に着ければ、いかなる悪鬼も近づくことはできない。

もしよく菩提心をおこして出家を願い、世間を厭離《おんり》して仏道を行ぜば、十方の魔宮はことごとく振動し、この人はすみやかに法王身たることを証得するであろう」*

《五欲》色・声・香・味・触に対する欲。
《十善業道》不殺生・不偸盗・不邪淫・不妄語・不両舌・不悪口・不綺語・不貪欲・不瞋恚・不邪見の十善を行ずること。
《五見》身見・辺見・邪見・見取見・戒禁取見《かいごんしゅけん》。
《世尊は智光比丘に告げて……「……」》『心地観経』巻五、大正三・三一三下―三一四中。

この十勝利、ひろく仏道のもろもろの功徳を具足せり。長行《じょうごう》・偈頌《げじゅ》にあらゆる功徳、あきらかに参学すべし。披閲《ひえつ》して、すみやかにさしおくことなかれ、句句にむかひて久参《きゅうさん》すべし。この勝利は、ただ袈裟の功徳なり、行者《ぎょうじゃ》の猛利恒修《みょうりごうしゅ》のちからにあらず。仏言、袈裟神力不思議〈仏言く、袈裟の神力は不思議なり、と〉。いたづらに凡夫賢聖のはかりしるところにあらず。おほよそ速証法王身《そくしょうほうおうしん》のとき、かならず袈裟を著せり。袈裟を著せざるものの、法王身を証せること、むかしよりいまだあらざるところなり。

その最第一清浄の衣財は、これ糞掃衣なり。その功徳、あまねく大乗小乗の経律論のなかにあきらかなり。広学咨問《しもん》すべし。その余の衣財、またかねあきらむべし。仏仏祖祖、かならずあきらめ、正伝しましますところなり、余類のおよぶべきにあらず。

〔訳〕この十の勝利は、仏道のさまざまな功徳をそなえている。長行《じょうごう》（散文）や偈頌《げじゅ》（韻文）によって、それぞれの功徳をよく学ぶべきである。披《ひら》いて読みおわれば、そのままにしておくのではなく、一句一句についてよくよく学ぶがよい。この勝利は、ひとえに袈裟の功徳であって、修行者が久しく修行して、その力によって得る如きものではない。仏は、

「袈裟の神通力は、まことに不思議である」

といわれた。

凡夫はもとより、聖人、賢者といえども、とうてい測り知ることはできない。そもそも「すみやかに法王身たることを証得する」とき、すでに袈裟を着けているのである。袈裟を着用しないで、法王身たることを証得することなど、昔よりあり得ることではない。

もっとも浄らかな袈裟の材料は、もとより糞掃衣である。その功徳は、ひろく大乗・小乗の経・律・論のなかに明瞭に説かれている所である。広く学んだ人に、よく問うてみるがよい。その外の材料についても、兼ねて明らかにしておくとよい。このことは、仏祖から仏祖へと明らかにし、正伝してきたことであって、他のものの及ぶべきことではない。

中阿含経曰、復次諸賢、或有㆓一人㆒、身浄行、口意不浄行、若慧者見、設生㆓恚悩㆒、応㆓当除㆑之。諸賢、或有㆓一人㆒、身不浄行、口意浄行、若慧者見、設生㆓恚悩㆒、応㆓当除㆑之。当㆓云何除㆒。諸賢、猶如㆘阿練若比丘、持㆓糞掃衣㆒、見㆔糞掃中所棄弊衣、或大便汚、或小便・洟唾、及余不浄之所㆓染汚㆒、見已、左手執㆑之、右手舒張、若非㆓大便・小便・洟唾、及余不浄之所㆑汚処㆒、又不㆑穿者、便裂取㆖之。如㆑是諸賢、或有㆓一人㆒、身不浄行、口浄行、莫㆑念㆓彼身不浄行㆒。但当㆑念㆓彼口意之浄行㆒。若慧者見、設生㆓恚悩㆒、応㆓如㆑是除㆒。

〔中阿含経《ちゅうあごんきょう》に曰く、復《ま》た次に諸賢、或は一人《いちにん》有りて、身は浄行に、口《く》・意は不浄行ならん、若し慧者《えしゃ》見て設《たと》い恚《い》悩《のう》を生ずるも、応当《まさ》に之を除くべし。諸賢、或は一人有りて、身は不浄行にして、口・意は浄行ならんに、若し慧者見て、設《たと》い恚悩《いのう》を生ずるも、応当《まさ》に之を除くべし。当に云何《いかん》が除くべき。諸賢、猶《なお》阿練若《あれんにゃ》比丘《びく》の、糞掃衣を持して、糞掃中の所棄の弊衣《へいえ》の、或いは大便に汚《けが》れ、或いは小便・洟唾《いだ》、及び余の不浄に染汚《ぜんな》せられたるを見んに、見已《みおわ》りて、左手《さしゅ》に之を執り、右手《うしゅ》に舒《の》べ張りて、若し大便・小便・洟唾、及び余の不浄に汚さるる処に非ざると、又、穿《うが》たざる者とをば、便ち裂きて之を取るが如し。是の如く、諸賢、或は一人有りて、身は不浄行に、口《く》は浄行ならんに、彼《か》の身の不浄行を念ずること莫れ。但だ当《まさ》に彼が口《く》・意の浄行を念ずべし。若し慧者《えしゃ》見て、設い恚悩を生ずるも、応に是の如く除くべし。〕

〔訳〕『中阿含経』に次のように説かれている。

「また次に諸賢よ、あるひとりの人がいて、身は浄らかであるが、口と意とは浄らかでないとしよう。もし智慧あるものがそれを見て、嫌悪の心を生じたとしても、それを除かねばならない。また諸賢よ、あるひとりの人がいて、身は浄らかでなく、口と意とが浄らかであるとしよう。もし智慧あるものがそれを見て、嫌悪の心を生じたとしても、それもまた除かねばならない。

では、がどのようにして除けばよいであろうか。たとえば、静かな場所で修行する比丘（阿練若《あれんにゃ》比丘《びく》＊）が糞掃衣を得るようなものである。すなわち、ごみ捨て場に捨ててあるきたない衣服が、大便に汚れたり、小便やつば、その他汚物でよごれたものを見つけ、それを左手でとり上げ、右手でひろげ、大便などで汚れていない箇所や、あるいは、穴のあいていない箇所を裂いて手に入れる。

それと同じように、諸賢よ、あるひとりの人がいて、身は浄らかでないが、口と意は浄らかであるとしよう。その際、身の浄らかでないのを思うのではなく、ただ口と意の浄らかであるのを思えばよい。たとい智慧あるものがこれを見て、嫌悪の心を生じたとしても、このようにして除けばよいのである*」

《阿練若》araṇya《アラニヤ》（曠野、森林の意）は、阿蘭若《あらんにゃ》とも音訳。やや人里を離れた、修行に適する場所、空閑処《くうげんしょ》と訳す。そこで修行する比丘を阿練若比丘という。

《『中阿含経』に次のように……「……」》『中阿含』巻六、「水喩経」第五、大正一・四五四上。

これ、阿練若《あれんにゃ》比丘の拾糞掃衣《しゅうふんぞうえ》の法なり、四種の糞掃あり、十種の糞掃あり。その糞掃をひろふとき、まづ不穿《ふせん》のところをえらびとる。つぎには、大便小便ひさしくそみて、ふかくして、浣洗《かんせん》すべからざらん、またとるべからず。浣洗しつべからん、これをとるべきなり。

十種糞掃

一、牛嚼衣《ごしゃくえ》。二、鼠噛衣《そこうえ》。三、火焼衣《かしょうえ》。四、月水衣《げっすいえ》。五、産婦衣《さんぷえ》。六、神廟衣《しんびょうえ》。七、塚間衣《ちょかんえ》。八、求願衣《ぐがんえ》。九、王職衣《おうしきえ》。十、往還衣《おうかんえ》。

この十種、ひとのすつるところなり、人間のもちゐるところにあらず。これをひろふて袈裟の浄財とせり。三世諸仏の讃歎しましますところ、もちゐきたりましますところなり。しかあればすなはち、この糞掃衣は、人天竜等のおもくし、擁護《ようご》するところなり。これをひろふて袈裟をつくるべし、これ最第一の浄財なり、最第一の清浄なり。いま日本国、かくのごとくの糞掃衣なし。たとひもとめんとすともあふべからず、辺地小国かなしむべし。ただ檀那所施の浄財、これをもちゐるべし。人天の布施するところの浄財、これをもちゐるべし。あるひは浄命《じょうみょう》よりうるところのものをもて、市《いち》にして貿易《むやく》せらん、またこれ袈裟につくりつべし。かくのごときの糞掃、および浄命よりえたるところは、絹にあらず、布にあらず、金銀・珠玉・綾羅《りょうら》・錦繍《きんしゅう》等にあらず、ただこれ糞掃衣なり。この糞掃は、弊衣のためにあらず、美服のためにあらず、ただこれ仏法のためなり。これを用著《ようちゃく》する、すなはち三世の諸仏の皮肉骨髄を正伝せるなり、正法眼蔵を正伝せるなり。この功徳、さらに人天に問著すべからず、仏祖に参学すべし。

正法眼蔵袈裟功徳

〔訳〕ここに記してあるのは、阿練若《あれんにゃ》比丘が糞掃衣を得る仕方を述べたものである。その糞掃衣には、四種があり、十種がある。その糞掃を拾うときには、まず穴のあいていない箇所をえらびとる。次には、大便小便に久しい間そみついて、洗えないものはとらない、洗ってきれいになるものを取ればよい。

十種の糞掃*とは次の如くである。

一、牛嚼衣《こしゃくえ》（牛にかみくだかれた衣）

二、鼠噛衣《そこうえ》（鼠にかじられた衣火）

三、火焼衣《かしようえ》（火に焼けた衣）
四、月水衣《げっすいえ》（婦人の月経の際、汚れた衣）
五、産婦衣《さんぷえ》（産をする際に汚れた衣）
六、神廟衣《しんびようえ》（神を祀《まつ》る時に着た衣）
七、塚間衣《ちよかんえ》（墓地に捨てた衣）
八、求願衣《ぐがんえ》（願《がん》をかけて捨てた衣）
九、王職衣《おうしよくえ》（職がかわって無駄になった衣）
十、往還衣《おうかんえ》（棺にかけた衣）

これらの十種は、人が捨てたもので、もはや無用になったものである。これを拾ってきて、袈裟の浄らかな材料とするのである。このことは、三世諸仏の讃歎されているところであり、用いてこられたところである。そういうわけで、この糞掃衣は、人・天・竜などの重んずるところであり、また護るところである。だから、これを拾うて作るがよく、これこそ最第一の浄財であり、最第一の清浄である。

いま日本国には、このような糞掃衣はない。たとい求めようとしても、出会うことはない。辺土の小国として悲しむべきことである。ただ施主や、その他人々の施してくれる浄財を用いるがよい。あるいは、正しい生き方によって得たものを市場で替えて、それによって袈裟を作ってもよい。このように、施されたものや、正しい生き方によって手に入れたものは、糞掃衣であって、けっして、絹や麻、あるいは、金銀・珠玉・あや・にしきのようなものではない。

この糞掃衣は、わざと弊衣《へいえ》のためとか、美服のためとかいうのではなく、ただひとえに仏法のためなのである。これを着用することは、そのまま三世諸仏のいのちそのもの、すなわち正法眼蔵を正伝することになる。したがってその功徳は、人天に問うべきことではなく、まさしく仏祖に学ぶべきである。

正法眼蔵袈裟功徳

《十種の糞掃……》『四分律』巻三九、大正二二・八五〇上、『註解全書』巻二、『渉典録』一四五頁、『全講』巻四、六二八頁。

予、在宋のそのかみ、長連牀《ちょうれんじょう》に功夫《くふう》せしとき、斉肩《せいけん》の隣単《りんたん》をみるに、開静《かいじょう》のときごとに、袈裟をささげて頂上に安じ、合掌恭敬《くぎょう》し、一偈《げ》を黙誦《もくじゅ》す。その偈にいはく、
大哉解脱服《だいさいげだっぷく》、無相福田衣《むそうふくでんえ》、披奉如来教《ひぶにょらいきょう》、広度諸衆生《こうどしょしゅじょう》。
ときに予、未曽見《みぞうけん》のおもひを生じ、歓喜身にあまり、感涙ひそかにおちて衣襟《えきん》をひたす。その旨趣は、そのかみ阿含経《あごんきょう》を披閲《ひえつ》せしとき、頂戴袈裟の文《もん》をみるといへども、その儀則いまだあきらめず。いま、まのあたりみる、歓喜随喜し、ひそかにおもはく、あはれむべし、郷土にありしとき、をしふる師匠なし、すすむる善友あらず。いくばくかいたづらにすぐる光陰をしまざる、かなしまざらめ

やは。いまの見聞するところ、宿善よろこぶべし。もしいたづらに郷閭《きょうかん》にあらば、いかでか、まさしく仏衣を相承著用せる僧宝に、隣肩することをえん、悲喜ひとかたならず、感涙千万行《こう》。

ときにひそかに発願す、いかにしてか、われ不肖《ふしょう》なりといふとも、仏法の嫡嗣《てきし》となり、正法を正伝して、郷土の衆生をあはれむに、仏祖正伝の衣法を見聞せしめん。かのときの発願いまむなしからず、袈裟を受持せる在家出家の菩薩おほし、歓喜するところなり。受持袈裟のともがら、かならず日夜に頂戴すべし、殊勝最勝の功徳なるべし。一句一偈の見聞は、若樹若石《にゃくじゅにゃくせき》の因縁もあるべし、見聞あまねく九道《くどう》にかぎらざるべし。袈裟正伝の功徳は十方に難遇ならん、わづかに一日一夜なりとも最勝最上なるべし。

〔訳〕わたしが以前宋の国で、ともに坐禅を行じていたときである。肩を並べて坐っていた隣の僧をみると、坐禅を終るごとに、袈裟をささげて頭の上におき、合掌恭敬しながら、静かに一偈《げ》を唱えている。その偈とは、

大いなる哉、解脱服。　(大哉解脱服《だいさいげだつぶく》
無相なる福田衣。　無相福田衣《むそうふくでんえ》
如来の教を奉じて、　披奉如来教《ひぶにょらいきょう》
広く諸の衆生を度せん。　広度諸衆生《こうどしょしゅじょう》)

という。そのときわたしは、未だ曽てない思いが生じ、喜びが身にあふれ、感涙にむせんで襟《えり》をうるおしたのである。

そのわけは、以前に『阿含経《あごん》』を拝読していたとき、袈裟を頂戴する一文を見ても、その方式が理解できなかった。しかるにいま、まのあたりにその儀式を見て、歓喜随喜したのである。ひそかに思うのであるが、まことにあわれむべきことである。日本国では、教えてくれる師匠もなく、すすめてくれる善友もなかった。そのために、どれだけの無駄な時間を過したことであろうか。まことに惜しむべきことであり、悲しむべきことであった。

しかるにいま、まのあたり見聞することのできた、その宿善を喜ばねばならない。もしも日本国にだけいたならば、相承してきた仏衣を着用している、このお坊さんに、どうして隣りあわせることができたであろうか。あれを思いこれを思うとき、悲喜こもごもひとかたならず、滂沱《ぼうだ》として感涙にむせんだことだった。

そのときわたしは、ひそかに発願したのである。たといわたしは、不肖なものであるとはいえ、仏法の正しい相続者となって、何とかして日本国の人々に、この仏祖正伝の衣法を伝えよう、と。そのときの発願はけっして無駄ではなかった。その証拠には、在家者も出家者も、袈裟を受持している人たちが増えている。まことに嬉しいことである。袈裟を受持している人たちは、かならず昼となく夜となく、袈裟を頭の上において頂戴するがよい。それこそ、最高の功徳であろう。

経典の一句・一偈に出会うことさえ、あるいは樹の下、あるいは石の上というように、それぞれの因縁があるのであろう。出会いというのは、必ずしも中国全土の道路〈九道〉*に限られるのではない。その外どこでもあり得る。しかしながら、袈裟正伝の功徳は、十方世界のどこにおいても、なかなか遇《あ》いがたいものであろう。したがって、たとい一日一夜の袈裟の頂戴も、その功徳は最高最上のものであるにちがいない。

《九道》 九州の道路、全国の道路。九州とは、九つの州、また九つの国。古代の中国では、全土を分けて九つの州としたもの。諸橋辞典による。

大宋嘉定《かてい》十七年癸未《みずのとひつじ》十月中、高麗僧《こうらいそう》二人ありて、慶元府《けいげんふ》にきたれり。一人は智玄となづけ、一人は景雲といふ。この二人、しきりに仏経の義を談ずといへども、さらに文学士《もんがくし》なり。しかあれども、袈裟なし、鉢盂《ほう》なし、俗人のごとし。あはれむべし、比丘の形なりといへども、比丘法なし。小国辺地の、しかあらしむるならん。日本国の比丘形《ぎょう》のともがら、他国にゆかんとき、またかの智玄等にひとしからん。

釈迦牟尼仏、十二年中頂戴してさしおきましまさざりき。すでに遠孫《おんそん》なり、これを学すべし。いたづらに名利のために、天を拝し、神を拝し、王を拝し、臣を拝する頂門をめぐらして、仏衣頂戴に回《え》向《こう》せん、よろこぶべきなり。

ときに仁治元年庚子開冬日、在二観音導利興聖宝林寺一示衆。

〔訳〕大宋国の嘉定《かてい》十七年（一二二四）の冬、高麗《こま》の二人の僧が、慶元府《けいげんふ》*にきていた。一人は智玄といい、もう一人は景雲といった。この二人は、仏教の経典の意味についてはよく語り、その上、学問の人であった。しかしながら、袈裟も鉢盂《ほう》*（或は、はっう）も持っていない。まるで世俗の人の如くであった。まことに悲しいことである。比丘の姿はしていても、比丘の法が伝わっていない。おそらく小国辺土のためであろう。かえりみて日本国の僧たちも、他国へ行くときには、この智玄や景雲と同じ状況になるであろう。

釈迦牟尼仏は、山に入り道を学ぶこと十二年、迦葉仏《かしようぶつ》から頂戴した袈裟を頭にいただいて、下におかなかったという。*わたしどもは、釈迦牟尼仏からはるか遠い法孫である。このことをよく弁《わきま》えて、袈裟を学ぶべきである。ただいたずらに名利《みようり》のために、天を拝し、神を拝し、王を拝し、臣を拝する、その頭を廻らして、仏衣を頂戴し、回向《えこう》しようではないか。まことに喜ぶべきことである。

ときに仁治元年（一二四〇）開冬《かいとう》（冬のはじめ、陰暦十月）の日、観音導利興聖宝林寺において衆に示す。

《慶元府》 天童山はこの慶元府にある。
《鉢盂》 いわゆる食器《じき》。応量器《おうりようき》ともいう。袈裟とともに尊重された。
《釈迦牟尼仏は、山に入り……》 『註解全書』巻二、『渉典続貂』一六五—一六六頁。

〔一三〕 伝衣（でんえ）

《解説》 この巻は、その日付が先の「袈裟功徳」巻と、同じ開冬（陰暦十月）の日となっている。その趣旨は、両巻まったく同じであるが、分量が多少ちがっている。「袈裟功徳」巻は、岩波文庫本にして二六頁、「伝衣」巻は二〇頁であり、後者の方がやや省略されている。しかし、内容はまったく違わないばかりか、文章も、ある程度語句の相違があるだけで、その勢いはほとんど異なる所はない。では、なぜ時を隔てずに、同じ趣旨の巻が繰りかえされたのであろうか。

これについて岸沢師の『全講』巻五（六頁以下）には、古来議論のあったことを伝えている。その多くは、「袈裟功徳」巻は「伝衣」巻の下書きで、「伝衣」巻さえあれば、「袈裟功徳」巻は不要であるという説に傾いている、という。これに対して岸沢師自身は、この見解は間違いで、両巻はそれぞれ趣旨を異にしている、と主張する。すなわち、「袈裟功徳」巻は、袈裟の功徳を説くのが本旨であり、「伝衣」巻は、伝衣、あるいは伝法ということを主としている、となして、論旨を展開している。思うに、両巻の表題から見れば、道元にそういう意図の動いていたことは想像できるかもしれない。

しかしながら、いま両巻を訳して読みかえしてみると、まったく同じ趣旨であるとしかいいいようがない。では、どうして道元は、重ねて繰りかえしたのであろうかを、考えてみる。「袈裟功徳」巻は、衆に示したものであり、「伝衣」巻は、みずから記したものである。道元は、袈裟の功徳を衆に語りつつ、ますますその重大なることに、驚き、かつ感動したあまり、さらに、みずからそれを改めて書き記したのであろうか。そして書き記しながら、さらにその感動を新たにしたことであろう。どこまでも、どこまでもという道元の執拗《しつよう》きわまる個性が、前巻からこの巻へと滲み出ていて、いっそう関心をそそられる。

前巻の解説にも記したように、袈裟は、道元にとって、仏道における最高のリアリティーである。袈裟は、正法、すなわち形なきいのちそのものが籠《こ》められている、いやむしろ、いのちそのものが、そのまま袈裟という実物となったものである。手にとることのできるいのちそのものである。袈裟を身にまとうことは、すなわち仏の光明に包まれることであり、三千大千世界に羽搏《はばた》いていくことである。現在から未来へであり、永遠の旅立ちであろう。

伝　衣

仏仏正伝の衣法《えほう》、まさに震旦《しんたん》に正伝することは、少林の高祖のみなり。高祖はすなはち、釈迦牟尼仏より第二十八代の祖師なり。西天二十八代、嫡嫡《てきてき》あひつたはれ、震旦に六代、まのあたり正伝す。西天東地、都盧《すべて》三十三代なり。

第三十三代の祖大鑑禅師、この衣法を黄梅《おうばい》の夜半《やはん》に正伝し、生前《しょうぜん》護持しきたる、いまなほ曹渓宝林寺に安置せり。諸代の帝王あひつぎて内裏《だいり》に請入《しょうにゅう》して供養す、神物《しんもつ》護持せるものなり。唐朝の中宗《ちゅうそう》・粛宗《しゅくそう》・代宗《だいそう》、しきりに帰内《きだい》供養しき。請《しょう》するにも、おくるにも、勅使をつかはし、詔《みことのり》をたまふ。すなはちこれ、おもくする儀なり。

代宗皇帝あるとき、仏衣を曹渓山におくる詔にいはく、今遣下鎮国大将軍劉崇景頂戴而送上。朕為二之国宝一。卿可丁於二本寺一安置、令丙僧衆親承二宗旨一者、厳加乙守護甲、勿レ令二遺墜一。
〔今、鎮国大将軍劉崇景《りゅうそうけい》をして、頂戴して送らしむ。朕《ちん》、之を国宝と為す。卿《けい》、本寺に安置して、僧衆の親しく宗旨を承《う》くる者をして、厳かに守護を加えしむべし、遺墜《いつい》せしむること勿《なか》れ。〕

〔訳〕仏祖から仏祖へと正しく伝わってきた衣法は、まさしく中国に正伝してきており、それはただ少林寺の高祖、達摩大師のみである。達摩は、釈迦牟尼仏から第二十八代の祖師である。*インドでは、二十八代が次々に伝わってきて、中国では、六代が相継いで正伝している。インドと中国を併せると三十三代となる。

第三十三代の大鑑《だいかん》禅師、六祖慧能は、黄梅《おうばい》山の大満《だいまん》禅師、五祖弘忍《こうにん》に、この衣法を夜半に授けられ、生涯護持してきた。その袈裟は、今もなお曹渓《そうけい》山宝林寺に安置されている。代々の帝王は、その袈裟を宮中に請じ入れて供養してきた。まさしく神仏によって護持されてきたのである。ことに唐朝の中宗・粛宗・代宗は、しばしば宮中に請じ入れて供養したのであるが、迎えるにも、送るにも、勅使をつかわし、詔《みことのり》をたもうた程である。このように、その儀式を重んじたのである。

代宗皇帝は、あるとき、この仏衣を曹渓山に奉送する際、詔して次のようにいった。

「いま鎮国の大将軍の劉崇景《りゅうそうけい》をして、頂戴して送らせる。朕はこれを国宝とする。あなた（住職）は、曹渓山本寺に安置し、宗旨を諒承している僧衆をして厳粛に守護せしめ、無作法なことのないようにせよ」

《第二十八代の祖師》 釈迦牟尼仏を入れると、第二十九代となる。

しかあればすなはち、数代の帝者、ともにくにの重宝《じゆうほう》とせり。まことに無量恒河沙《こうがしや》の三千大千世界を統領せんよりも、この仏衣くににたもてるは、ことにすぐれたる大宝なり。卞璧《べんぺき》に準ずべからざるものなり。たとひ伝国璽《でんこくじ》となるとも、いかでか伝仏の奇宝とならん。大唐よりこのかた、瞻礼《せんらい》せる緇《し》白《はく》、かならず信法の大機なり。宿善のたすくるにあらずよりは、いかでかこの身をもちて、まのあたり仏仏正伝の仏衣を瞻礼することあらん。信受する皮肉骨髄はよろこぶべし、信受することあたはざらんは、みづからなりといふとも、うらむべし、仏種子《ぶつしゆうし》にあらざることを。

俗なほいはく、その人の行李《あんり》をみるは、すなはちその人をみるなり。いま仏衣を瞻礼せしは、すなはち仏をみたてまつるなり。百千万の塔を起立《きりゆう》して、この仏衣に供養すべし。天上海中にも、こころあらんはおもくすべし。人間にも、転輪聖王《てんりんじようおう》等のまことをしり、すぐれたるをしらんは、おもくすべきなり。

あはれむべし、よよに国主となれるやから、わがくにに重宝のあるをしらざること。ままに道士の教にまどはされて、仏法を廃せるおほし。そのとき袈裟をかけず、円頂に葉巾《ようきん》をいただく。講ずるところは延寿長年の方なり。唐朝にもあり、宋朝にもあり。これらのたぐひは、国主なりといえども、国民よりもいやしかるべきなり。

〔訳〕このような次第で、代々の帝王ともに、この袈裟《けさ》を国の重要な宝としたのである。まことに、数かぎりない三千大千世界を統治するよりも、この大事な宝である仏衣を国に保持している方がよほどすぐれている。その尊いことは、卞和《べんか》が楚王《そおう》に献上した名玉*などとは比較にならないのである。たといそれが国璽《こくじ》（国の印鑑）として伝えられようとも、どうしてそれが、仏の伝える不思議な宝となり得ようか。

唐よりこのかた、出家者も在家者も、この仏衣を礼拝した人々はみな仏法を信じたものばかりである。宿善の催すことがなければ、どうしてこの身をもってまのあたりに、仏祖から仏祖へと正伝してきた仏衣を礼拝することができようか。これを信受する人々は喜ぶことができようが、信受することのできないものは、自分ながら仏の種子でないことが恨まれよう。

世間にもいわれているように、その人の持ち物を見るのは、すなわちその人を見ることになる、と。いま仏衣を礼拝するのは、そのまま仏を見奉ることになる。だから百千万の塔を建てて、この仏衣を供養するがよい。天上にあっても、海中にあっても、心ある人は仏衣を重んずべきである。人間界にあっても、転輪聖王《てんりんじょうおう》*のように、その真言や、すぐれていることを知っているものは、この仏衣を重んじてきたのである。

しかしながら、世に国王となれる人で、自分の国に大事な宝のあることを知らないのは、まことに憐れむべきことである。なかには、道士（道教の士）にまどわされて、仏法を廃するものも多かった。そのときは、袈裟をかけず、剃髪《ていはつ》した頭に竹葉の笠をいただき、講ずる内容は長命を願う方術である。こうしたことが、唐朝にも宋朝にもあった。これらのものは、たとい国王であっても、国民より劣るものであるといわねばならない。

《卞和が楚王に献上した名玉》　卞和は、周、楚の人。玉を得て楚の厲王に献じたが、詐とされて左足を削られ、武王のとき、また献じたが、再び詐とされて右足を削られた。武王、位に即き、玉人をして磨かしめると、果して宝玉になったという（韓非子第四）。『渉典録』二〇九頁（『註解全書』巻二）、諸橋辞典。

《転輪聖王》　Cakra-vartin-rājan《チャクラ・ヴァルティン・ラージャン》　天より輪宝を感得し、その輪宝を転じて四方を降伏する王。

しずかに観察しつべし、わがくにに仏衣とどまりて現在せり、衣仏国土なるべきかとも思惟すべきなり。舎利等よりもすぐれたるべし。舎利は輪王にもあり、師子にもあり、人にもあり、乃至辟支仏《びゃくしぶつ》等にもあり。しかあれども、輪王には袈裟なし、師子に袈裟なし、人に袈裟なし。ひとり諸仏のみに袈裟あり、ふかく信受すべし。

いまの愚人、おほく舎利はおもくすといへども、袈裟をしらず、護持すべきとしれるもまれなり。これすなはち、先来より袈裟のおもきことをきけるものまれなり、仏法正伝いまだきかざるがゆゑにしかあるなり。

つらつら釈尊在世をおもひやれば、わづかに二千余年なり。国宝神器のいまにつたはれるも、これよりもすぎてふるくなれるもおほし。この仏法仏衣はちかくあらたなり。若田若里《にゃくでんにゃくり》に展転《てんでん》せんこと、たとひ五十展転なれりとも、その益《やく》これ妙なるべし。かれなほ功徳あらたなり、この仏衣かれとおなじかるべからず。かれは正嫡《しょうてき》より正伝せず、これは正嫡より正伝せり。

〔訳〕静かに観察してみるがよい。いま、わが国には仏衣が存在している。まことに、仏衣にふさわしい国土であろうかと思われるのである。舎利《しゃり》（遺骨）などより、はるかにすぐれている。というのは、舎利は転輪聖王にもあり、獅子にもあり、人間にもあり、あるいは、小乗の聖者などにもある。しかしながら袈裟は、転輪聖王にも、獅子にも、人間にもない。ただ諸仏だけにあるのであり、このことを深く信受すべきである。

今日の愚かものは、舎利を尊ぶものは多いが、袈裟の護持すべきことを知れるものはほとんどいない。まことに袈裟の大事なことを聞いた人は稀であり、このことは、正伝の仏法を聞かないためである。

よくよく釈尊の頃を思いみれば、まだわずかに二千年あまりである。わが国に伝わっている国宝や神器は、これより古いものが多い。仏法や仏衣はそれよりも新しい。あちらこちらに、たびたび拡がってきたが、その利益《りやく》はまことにすぐれている。国宝や神器でも、その功徳はあらたかであるが、この仏衣とはとうてい比すべきものではない。それらは正しい受け手によって正伝したものではないが、仏衣こそは、正しい受け手によって正伝したものである。

しるべし、四句偈をきくに得道す、一句子《いっくす》をきくに得道す。四句偈および一句子、なにとしてか恁《いん》麼《も》の霊験ある。いはゆる仏法なるによりてなり。いま一頂衣九品衣《くぼんえ》、まさしく仏法より正伝せり。四句偈よりも劣なるべからず、一句法よりも験《けん》なかるべからず。

このゆゑに、二千余年よりこのかた、信行・法行の諸機、ともに随仏学者、みな袈裟を護持して身心とせるものなり。諸仏の正法にくらきたぐひは、袈裟を崇重《そうじゅう》せざるなり。いま釈提桓因《しゃくだいかんいん》、および阿《あ》那跋達多《なばだった》竜王等、ともに在家の天主なりといへども、竜王なりといへども、袈裟を護持せり。

しかあるに、剃頭《ていず》のたぐひ、仏子《ぶっし》と称するともがら、袈裟におきては受持すべきものとしらず。いはんや体色量をしらんや、いはんや著用の法をしらんや、いはんやその威儀《いいぎ》、ゆめにもいまだみざるところなり。

〔訳〕よくよく知るがよい。四句偈*を聞いただけで悟ったものがいるし、なかには一句を聞いただけで悟ったものもいる。四句偈や一句が、どうしてこのように霊験あらたかであろうか。それはひとえに、それが仏法であるためである。この一頂衣《いっちょうえ》、すなわち九品衣《くぼんえ》は、まさしく仏法によって正伝したものである。四句偈より劣っているはずはないし、また、一句より霊験あらたかでないはずはない。

こういうわけで、二千余年このかた、信行《しんぎょう》の人、法行《ほうぎょう》の人、いずれも仏に随って学ぶものは、みな袈裟を護持して、それをもって、みずからの身心となしてきたものである。諸仏の正法にうといものは、袈裟を尊重してはこなかった。帝釈天《たいしゃくてん》（釈提桓因《しゃくだいかんいん》）*や阿那跋達多《あなばだった》竜王*などは、いずれも在家の天主ではあるが、たとい竜王であるとはいえ、袈裟を護持してきたのである。
しかるに、出家者のなかには、剃髪して仏子と称しておりながら、袈裟について受持すべきものであるとも知らない。まして、その材料・色彩・大きさなど、また着用の仕方など、どうして知り得ようか。その方式に至っては、夢にも見たことがないのである。

《四句偈》 たとえば「諸行無常《しょぎょうむじょう》、是生滅法《ぜしょうめつぼう》、生滅滅已《しょうめつめつい》、寂滅為楽《じゃくめついらく》」
《釈提桓因》 サンスクリット語 śakra devānām indra の音訳、帝釈天と訳す。地上最高の須弥山《しゅみせん》にある三十三天の善見城に住し、地界を支配する。
《阿那跋達多》 anavatapta の音訳、「袈裟功徳」巻、三一〇頁注参照。

袈裟をば、ふるくよりいはく、除熱悩服《じょねつのうふく》となづく、解脱服となづく。おほよそ功徳はかるべからざるなり。竜鱗《りゅうりん》の三熱、よく袈裟の功徳より解脱するなり。諸仏成道のとき、かならずこの衣をもちゐるなり。まことに辺地にむまれ、末法にあふといへども、相伝あると相伝なきと、たくらぶることあらば、相伝の正嫡《しょうてき》なるを信受護持すべし。
いづれの家門にか、わが正伝のごとく、まさしく釈迦の衣法ともに正伝せる。ひとり仏道のみにあり。この衣法にあはんとき、たれか恭敬《くぎょう》供養をゆるくせん。たとひ一日に無量恒河沙《ごうがしゃ》の身命をすてても供養すべし、生生世世値遇《ちぐ》頂戴をも発願すべし。われら仏生国をへだつること十万余里の山海のほかにむまれて、辺方の愚蒙《ぐもう》なりといへども、この正法をききて、この袈裟を一日一夜なりといへども受持し、一句一偈なりといへども参究する、これただ一仏二仏を供養せる福徳のみにはあるべからず、無量百千億のほとけを供養奉覲《ぶごん》せる福徳なるべし。たとひ自己なりといへども、たうとぶべし、愛すべし、おもくすべし。

祖師伝法の大恩、ねんごろに報謝すべし。畜類なほ恩を報ず、人類いかでか恩をしらざらん。もし恩をしらずば、畜類よりも劣なるべし、畜類よりも愚なるべし。

この仏衣の功徳、その伝仏正法の祖師にあらざる余人は、ゆめにもいまだしらざるなり。いはんや体色量をあきらむるにおよばんや。諸仏のあとをしたふべくば、まさにこれをしたふべし。たとひ百千万代ののちも、この正伝を正伝せんは、まさに仏法なるべし、証験これあらたなり。

俗なほいはく、先王の服にあらざれば服せず、先王の法にあらざればおこなはず。仏道もまたしかあるなり、先仏の法服にあらざれば、もちゐるべからず。もし先仏の法服にあらざらんほかは、なにを服してか仏道を修行せん、諸仏に奉覲せん。これを服せざらんは、仏会《ぶつえ》にいりがたかるべし。

〔訳〕袈裟は、昔から、熱悩を除く服と名づけられている。解脱服ともいわれる。その功徳は、とうてい測ることのできないものがある。竜に三熱ありといわれているが、袈裟の一縷《いちる》でも得れば、その三熱から免れるのである。*諸仏が成道したときは、かならずこの袈裟を着用されたのである。われわれは、辺土に生れ、末法の世にあるといっても、もし相伝あるのと、相伝なきとを比べるとすれば、もとより相伝の正しい受け手であることを信受し、護持すべきである。

いったい、どのような系譜に、ここに正伝したような、まさしく釈迦牟尼仏の衣法ともに伝わったものがあろうか。それはひとえに仏道のみに存するのである。この衣法に出会うとき、どうして恭敬や供養を怠ることができようか。たとい一日に無量無数の身命《しんみょう》を捨てることがあるとしても、この衣法を供養すべきであり、生生《しょうじょう》世世《せせ》にわたって、衣法に値遇《ちぐう》し、頂戴することを発願《ほつがん》すべきである。

われわれは、仏の誕生されたインドから、はるか山海をへだてた国に生れ、たとい辺土の愚かものであるとはいえ、この正法を聞くことができた。そしてこの袈裟を一日一夜でも受持し、また、経典の一句一偈でも参究している。この福徳は、ただ一仏二仏を供養しただけではない、数かぎりない諸仏を供養し見奉ることができたために外ならない。たといこのような愚かな自分ではあるけれども、この正法に遇えたことを尊ぶべきであり、愛すべきであり、重んずべきである。

祖師から正法を伝えられた、この大恩は、まごころをこめて報謝しなければならない。畜生でさえ恩を報ずるのに、人間が恩を知らないはずがあり得ようか。もし恩を知らなければ、畜生よりも劣るし、畜生よりも愚かものといわねばならない。

祖師は仏衣の功徳を積み、仏の正法を伝えたが、祖師ならぬ他のものは、夢にも知らない所である。まして、袈裟の材料・色彩・大きさなど、どうして知り得ようか。諸仏の足跡を慕うならば、まさにこの仏衣を慕うがよい。たとい百千万代の後の世までも、まさに仏法こそ正伝すべきである。その霊験はあらたかである。

俗諺にも「先王の法服にあらざれば服せず。先王の法にあらざれば行なわず*」という。仏道もまた同様である。先輩の仏祖の用いた法服でなければ、着用してはならない。先輩の仏祖の法服の外に、何を着用して仏道を修行することができようか。何を身に着けて諸仏に見《まみ》えることができようか。この法服を着なければ、仏の法会に参加する望みはないのである。

《三熱から免れる》「袈裟功徳」巻、二九七頁注および、その本文参照。
《「先王の法服にあらざれば……」》『孝経』「卿大夫章」第四。

後漢孝明皇帝永平年中よりこのかた、西天より東地に来到する僧侶、くびすをつぎてたえず。震旦《しんたん》より印度におもむく僧侶、ままにきこゆれども、たれ人にあひて仏法を面授せりけるといはず。ただいたづらに、論師および三蔵の学者に習学せる名相《みょうそう》のみなり、仏法の正嫡《しょうてき》をきかず。このゆゑに、仏衣正伝すべきといひつたへるにもおよばず、仏衣正伝せりける人にあひあふといはず、伝衣の人を見聞すとかたらず。はかりしりぬ、仏家の閫奥《こんおう》にいらざりけるといふことを。これらのたぐひは、ひとへに衣服とのみ認じて、仏法の尊重《そんじゅう》なりとしらず、まことにあはれむべし。

仏法蔵相伝の正嫡に、仏衣も相伝相承《そうじょう》するなり。法蔵正伝の祖師は、伝衣を見聞せざるなきむねは、人中天上《にんちゅう》あまねくしれるところなり。しかあればすなはち、仏袈裟の体色量を正伝しきたり、正《まさし》く見聞しきたり、仏袈裟の大功徳を正伝し、仏袈裟の心身骨髄を正伝せること、ただまさに正伝の家業のみにあり。もろもろの阿笈《あぐ》摩教《まきょう》の家風には、しらざるところなり。おのおの今案《こんあん》に自立《じりゅう》せるは、正伝にあらず、正嫡にあらず。

〔訳〕後漢の明帝、永平年中よりこのかた、インドより中国に来た僧侶は、踵《くびす》を接して絶えなかった。また、中国からインドに赴いた僧侶も少しはあったが、どういう人物に会って、仏法をじきじきに授かったということは聞いていない。ただ論師や、経律論三蔵の学者に、仏教の名目や言葉を習っただけで、仏法の正しい系統を聞いていない。だから、仏衣を正伝すべきだということもいわず、仏衣を正伝した人に会ったともいっていない。また、袈裟を伝えた人を見聞したとも語らない。したがって、仏法の深い意義を解しなかったことは明らかである。これらの人たちは、ただ衣服だけにこだわって、仏法の尊いことを知らない、まことに憐れむべきことである。

仏法を伝える正しい系統によって、仏衣もまた伝わり、受けつがれていくのである。仏法を正伝する祖師は、当然、仏衣を受け継いでいるのであって、このことは、人間界にも天上界にもあまねく知れわたっている所である。そういうわけで、仏の袈裟の、材料・色彩・大きさなどを正伝しており、それに親しくかかわってきている。このように、仏衣の大功徳を正伝し、仏衣のいのちそのものを正伝することは、正しい系統に属するものの勤めである。それは、『阿含経《あごんきょう》』の小乗にたずさわるものの知らない所である。それぞれ自分の見解に立っているものは、正伝でも正しい系統でもない。

わが大師釈迦牟尼如来、正法眼蔵無上菩提を摩訶迦葉《まかかしょう》に附授するに、仏衣ともに伝授せりしより、嫡嫡相承《てきてきそうじょう》して、曹渓山大鑑禅師にいたるに、三十三代なり。その体色量を親見親伝せること、家門、ひさしくつたはれて、受持いまにあらたなり。すなはち五宗の高祖、おのおの受持せる、それ正伝なり。あるひは五十余代、あるひは四十余代、おのおの師資みだることなく、先仏の法によりて搭《たっ》し、先仏の法によりて製することも、唯仏与仏《ゆいぶつよぶつ》の相伝し証契《しょうかい》して、代代をふるに、おなじくあらたなり。

嫡嫡正伝する仏訓にいはく、

九条衣	三長一短	或ハ四長一短
十一条衣	三長一短	或ハ四長一短
十三条衣	三長一短	或ハ四長一短
十五条衣	三長一短	
十七条衣	三長一短	
十九条衣	三長一短	
二十一条衣	四長一短	
二十三条衣	四長一短	
二十五条衣	四長一短	
二百五十条衣	四長一短	
八万四千条衣	八長一短	

いま略して挙《こ》するなり。このほか、諸般の袈裟あるなり、ともにこれ僧伽梨衣《そうぎゃりえ》なるべし。

あるひは在家にしても受持し、あるひは出家にしても受持す。受持するといふは著用するなり。いたづらに、たたみもちたらんずるにあらざるなり。たとひ、かみひげをそれども、袈裟を受持せず、袈裟をにくみいとひ、袈裟をおそるるは、天魔外道なり。

百丈大智禅師いはく、宿殖《しゆくじき》の善種なきものは、袈裟をいむなり、袈裟をいとふなり、正法をおそれいとふなり。

〔訳〕わが大師釈迦牟尼如来が、正法眼蔵、無上菩提を摩訶迦葉に授けられたとき*、仏衣もともに伝授されたのであるが、そのとき以来、正法と袈裟が伝わり伝わって、曹渓山慧能大師に至って三十三代である。袈裟の材料・色彩・大きさも、親しく伝えられ、家門に久しく正伝されて、今もなお受持されているのである。すなわち、五宗*の高祖がそれぞれ受持してきているのが、正しい系統である。あるいは五十余代、あるいは四十余代、師匠から弟子へと乱れることなく伝わっている。先輩の仏祖の方式によって袈裟をかけ、また袈裟を製して、今日に至っているのであって、このことはまさしく、「ただ仏と仏との」頷《うなず》き合いであり、相伝である。

仏祖から仏祖へと正伝する仏の訓《おしえ》に、次のようにいわれている。*

九条衣　三長一短*　あるいは四長一短
十一条衣　三長一短　あるいは四長一短
十三条衣　三長一短　あるいは四長一短
十五条衣　三長一短
十七条衣　三長一短
十九条衣　三長一短
二十一条衣　四長一短

二十三条衣　四長一短
二十五条衣　四長一短
二百五十条衣　四長一短
八万四千条衣　八長一短

ここには省略して挙げてみたのである。このほかにも、いろいろな袈裟があるが、いずれも僧伽梨衣《そうぎゃりえ》、すなわち大衣である。*

袈裟は、在家でも受持しており、出家でも受持している。受持するというのは着用することである。ただむやみに、たたんで持っていることではない。たとい髪《かみ》や鬚《ひげ》を剃っていても、袈裟を受持しないで、いたずらに袈裟をにくみ、いとい、おそれるのは、天魔外道に外ならない。

百丈大智禅師がいわれた。

「前世に善き種を殖《う》えていないものは、袈裟をきらい、いとい、正法をおそれ、いとうのである」と。

《摩訶迦葉に授けられたとき》 前巻（「袈裟功徳」巻、二九九頁注参照。

《五宗》 青原行思の系統が、曹洞宗、雲門宗、法眼宗、南岳懐譲の系統が、臨済宗、潙仰宗、併せて五宗。

《訓に、次のようにいわれている》 前巻、三三五頁最後の注参照。

《三長一短》 壇隔《だんきゃく》の長いのが三つで、短いのが一つということ（『全講』巻五、一〇二頁）壇隔とは、横すじのこと（『全講』巻四、五七〇頁）。『禅学大辞典』巻下には、「（壇隔とは）袈裟の各条は長・短の布を縫いあわせて作るが、この条の中の葉にかこまれた長・短の各部分をいう」（八三五c）とある。

《僧伽梨衣》　大衣、すなわち一頂衣《いっちょうえ》九《く》品衣《ぼんえ》とある（『全講』巻五、一一二頁）。

仏言、若有㆓衆生㆒、入㆓我法中㆒、或犯㆓重罪㆒、或堕㆓邪見㆒、於㆓一念中㆒、敬心尊㆓重僧伽梨衣㆒、諸仏及我、必於㆓三乗㆒、授㆘記此人当㆖得㆓作仏㆒。若天・若龍・若人・若鬼、若能恭㆓敬此人袈裟少分功徳㆒、則得㆓三乗㆒不退不転。若有㆓鬼神及諸衆生㆒、能得㆓袈裟乃至四寸㆒、飲食充足。若有㆓衆生㆒、共相違反、欲㆑堕㆓邪見㆒、念㆓袈裟力㆒、依㆓袈裟力㆒、尋生㆓悲心㆒、還得㆓清浄㆒。若有㆑人、在㆓兵陣㆒、持㆓此袈裟少分㆒、恭敬尊重、当㆑得㆓解脱㆒。

〔仏言く、若し衆生有りて、我が法の中に入りて、或いは重罪を犯し、或いは邪見に堕《お》ちんに、一念の中に於て、敬心《きょうしん》に僧伽梨衣を尊重すれば、諸仏及び我は、必ず三乗に於て、此の人当《まさ》に作仏を得べしと授記す。若しは天、若しは竜、若しは人《にん》、若しは鬼《き》にして、若し能く此の人の袈裟の少分の功徳を恭敬《くぎょう》せば、即ち三乗を得て不退不転ならん。若し鬼神及び諸の衆生有りて、能く袈裟の乃至四寸を得れば、飲食《おんじき》充足せん。若し衆生有りて、共に相い違反《いぼん》して、邪見に堕せんと欲するに、袈裟の力を念ずれば、袈裟の力に依りて、尋《つ》いで悲心を生じ、還って清浄なることを得ん。若し人有り、兵陣《へいじん》に在らんに、此の袈裟の少分を持して、恭敬尊重すれば、当に解脱を得べし。〕

しかあればしりぬ、袈裟の功徳、それ無上不可思議なり。これを信受護持するところに、かならず得授記あるべし、得不退あるべし。ただ釈迦牟尼仏のみにあらず、一切諸仏、またかくのごとく宣説しましますなり。

〔訳〕仏がいわれた。

「もし衆生が、わたしの法中に入って、あるいは重い罪を犯し、あるいは邪見に堕《お》ちたとしよう。そのとき、一念でも僧伽梨衣《そうぎゃりえ》（九品衣）をまごころこめて尊重すれば、諸仏もわたしも、この人は必ず三乗（声聞乗・縁覚乗・菩薩乗）において成仏することができると、予告するであろう。あるいは、天・竜・人・鬼、いずれのものであれ、この人の袈裟の、いくらかの功徳でも恭敬すれば、すなわち三乗のいずれかに至ることができて、不退転の位に達するであろう。

もし鬼神、あるいは衆生が、袈裟の四寸ほどでも手に入れば、たちまち飲食物は充ち足りるであろう。あるいは、もし衆生が、互いに背き合って邪見に堕ちようとしているとき、袈裟の力を念ずれば、その力によって、慈悲の心がおこり、かえって清浄となり得よう。あるいは、もし人が戦陣にあって、この袈裟の一片二片でも持って、恭敬尊重すれば、解脱を得ることができよう*」

こういうわけで、袈裟の功徳こそまことに不可思議であることが、明らかになったであろう。袈裟を信受し、護持すれば、かならず成仏の約束を得ることができて、不退転の位に達するのである。このことは、ひとり釈迦牟尼仏だけではなく、一切の諸仏が、そのように宣言されているのである。

　《仏がいわれた……「……」》　前巻、三二二頁最後の注参照。

しるべし、ただ諸仏の体相、すなはち袈裟なり。かるがゆゑに、仏言、当レ堕二悪道一者、厭二悪僧伽梨一〔仏言く、当《まさ》に悪道に堕すべき者は、僧伽梨を厭悪《えんお》すと〕。

しかあればすなはち、袈裟を見聞せんところに、厭悪《えんお》の念おこらんには、当堕悪道のわがみなるべしと、悲心を生ずべきなり、慚愧《ざんぎ》懺悔《さんげ》すべきなり。

いはんや釈迦牟尼仏、はじめて王宮《おうぐう》をいでて山にいらんとせしとき、樹神ちなみに僧伽梨衣一条を挙《こ》して、釈迦牟尼仏にまうす、この衣を頂戴すれば、もろもろの魔嬈《まにょう》をまぬかるるなり。ときに釈迦牟尼仏、この衣をうけて、頂戴して十二年をふるに、しばらくもおかずといふ。これ阿含《あごん》経等の説なり。あるひはいふ、袈裟はこれ吉祥服《きちじょうふく》なり、これを服用するもの、かならず勝位にいたる。

おほよそ世界に、この僧伽梨衣の現前せざる時節なきなり。一時の現前は長劫中《じょうこうちゅう》の事なり、長劫中の事は、一時来なり。袈裟を得《とく》するは、仏標幟《ぶつひょうしき》を得するなり。このゆゑに、諸仏如来の袈裟を受持せざる、いまだあらず。袈裟を受持せしともがらの、作仏せざるあらざるなり。

〔訳〕よく知るがよい。諸仏のお姿はすなわち袈裟である。それゆえに仏はいわれた。

「悪道に堕《お》つべきものは、袈裟を厭《いと》いにくむ」と。

だから、こういうことになろう。すなわち、袈裟を見聞しながら、それを厭いにくむ心がおこるなら、それはまさしく、悪道に堕ちようとしているわが身であるという慈悲の心がおこるべきであり、慚愧《ざんぎ》し、懺悔《さんげ》すべきである、と。

さらに踏みこんでいえば、釈迦牟尼仏がはじめて王宮を出て、山に入ろうとしたときに、樹神が僧伽梨衣の一条をかかげて釈迦牟尼仏に、

「この衣をいただいておれば、悪魔のわずらいから免れましょう」と申した。そこで釈迦牟尼仏はこの衣を受け、十二年のあいだ頭にいただいて、寸時も下におかなかったといわれている。このことは、『阿含経』などに説かれている所である。あるいは、「袈裟は吉祥服《きちじょうふく》*である。これを着用すれば、かならずすぐれた境地に至る」ともいわれている。

いったいこの世界に僧伽梨衣の現われない時はない。あるときに現われるというのは、長い長い時間のなかのことであり、長い長い時間のなかのことは、またあるときに現われるということである。袈裟を得るということは、仏のしるしを得ることである。だから、諸仏如来にして袈裟を受持しないものはいない。さらに、袈裟を受持している人たちが成仏しないということも、またあり得ないことである。

《吉祥服》　めでたい服、福徳のある服

搭袈裟法《たっけさほう》

偏袒右肩《へんだんうけん》は常途《じょうと》の法なり。通両肩搭《つうりょうけんとう》の法もあり。両端ともに左の臂肩《ひけん》にかさねかくるに、前頭を表面にかさね、後頭を裏面にかさぬること、仏威儀《ぶついいぎ》の一時あり。この儀は、諸声聞衆の見聞し、相伝するところにあらず、諸阿笈摩教《あぐまきょう》の経典に、もらしとくにあらず。おほよそ仏道に袈裟を搭《たっ》する威儀は、現前せる伝正法の祖師かならず受持せるところなり。受持かならずこの祖師に受持すべし。仏祖正伝の袈裟は、これすなはち仏仏正伝みだりにあらず、先仏後仏の袈裟なり、古仏新仏の袈裟なり。道《どう》を

化《け》し、仏を化す。過去を化し、現在を化し、未来を化するに、過去より現在に正伝し、現在より未来に正伝し、現在より過去に正伝し、過去より過去に正伝し、現在より現在に正伝し、未来より未来に正伝し、未来より現在に正伝し、未来より過去に正伝して、唯仏与仏《ゆいぶつよぶつ》の正伝なり。

このゆゑに、祖師西来よりこのかた、大唐より大宋にいたる数百歳のあひだ、講経の達者、おのれが業《ごう》を見徹せるものおほく、教家律等のともがら、仏法にいるとき、従来旧巣《きゅうそう》の弊衣《へいえ》なる袈裟を抛却《ほうきゃく》して、仏道正伝の袈裟を正受するなり。かの因縁、すなはち伝・広・続・普灯等の録につらなれり。教律局量の小見を解脱して、仏祖正伝の大道をたふとみし、みな仏祖となれり。いまの人も、むかしの祖師をまなぶべし。

袈裟を受持すべくば、正伝の袈裟を正伝すべし、信受すべし。偽作《ぎさく》の袈裟を受持すべからず。その正伝の袈裟といふは、いま少林曹渓より正伝せるは、これ如来より嫡嫡相承すること、一代も虧闕《きけつ》せざるところなり。このゆゑに、道業まさしく稟受《ぼんじゅ》し、仏衣したしく手にいれるによりてなり。仏道は仏道に正伝す、閑人の伝得に一任せざるなり。

俗諺《ぞくげん》にいはく、千聞《せんもん》は一見にしかず、千見は一経《いっきょう》にしかず。これをもてかへりみれば、千見万聞《ばんもん》たとひありとも、一得にしかず、仏衣正伝せるにしくべからざるなり。正伝あるをうたがふべくは、正伝をゆめにもみざらんは、いよいようたがふべし。仏経を伝聞せんよりは、仏衣正伝せらんは、したしかるべし。千経万得ありとも一証にしかじ。仏祖は証契《しょうかい》なり、教律の凡流《ぼんる》にならふべからず。

〔訳〕袈裟を掛ける作法

偏袒右肩《へんだんうけん》、つまり右肩を脱いだ着け方、これは常途の作法である。通両肩搭《つうりょうけんとう》（両方の肩にかける）の着け方もある。偏袒右肩のときは、衣の両端をともに左の臂《ひじ》や肩に重ねてかけ、前の端を表にし、後の端を裏にして重ねるのである。仏はあるとき、そのような方式を示された。このような方式は、声聞たちが見聞し、伝えているのではない。阿含の経典にも説いているのではない。

いったい、仏道において袈裟を着ける方式は、いまにも正法を伝えてきた祖師たちが、必ず受持している所であり、受持しようと思うなら、必ずこの祖師たちから受けるがよい。仏祖の正伝する袈裟は、仏から仏へと伝えられてきたもので、けっして乱れていない。先仏から後仏へ、古仏から新仏へと、伝わってきた袈裟である。この袈裟が道となり、仏となり、過去となり、現在となり、未来となるのである。

したがって袈裟は、過去から現在に正伝し、現在から未来に正伝するのであり、さらに、現在から過去へ、過去から過去へ、現在から現在へ、未来から未来へ、未来から現在へ、未来から過去へと正伝する。これはまさしく、ただ仏と仏との正伝にほかならない。

それだからこそ、達摩大師が中国に来てこのかた、唐から宋にかけて数百年のあいだ、経典を講じていたすぐれた仏道者は、自分たちの営みを見抜いたものが多く、また教学者や律宗の人たちが、仏法に入るとき、これまでの古衣である袈裟を脱ぎ捨てて、仏道正伝の袈裟を受けとったのである。このような物語りは、『景徳伝灯録』『天聖広灯録』『続灯録』『嘉泰普灯録』などに記されてある。教学や律宗などのせまい了見から解放されて、仏祖正伝の大道を重んじた人たちは、みな仏祖となったのである。いまの人たちも、こうした昔の祖師たちに学ぶべきである。

もし袈裟を受持しようと思うなら、正伝の袈裟を伝えて信受すべきであって、誤って作った袈裟を受けるべきではない。その正伝の袈裟というのは、少林寺の達摩大師、曹渓山の慧能大師から伝わっているものであり、これは如来から次々に相承されていて、そのあいだに一代も欠ける所はない。それゆえに、仏道の営みはまさしく受け入れられ、仏衣はしたしく受け継がれたのである。仏道は仏道へと正伝しているのであって、閑人《ひまじん》の伝えに任せられているのではない。

世俗の諺に、

「千《ち》たび聞くよりも、一《ひと》たび見ればよい。千たび見るよりも、一たび得ればよい」

という。

このことを思うてみれば、たとい千見、万聞あっても、一たび得るには及ばないし、仏衣の正伝にまさるものはない。正伝を疑うものは、正伝を夢にも見ないから、ますます疑うようになる。仏の経典を伝え聞くよりも、仏衣を正伝する方がわが身に親しくなってくる。千の経典をいくら手に入れても、ひとたび証得することには及ばない。仏祖こそ身をもって証得したのであるから、教学や律の凡流とは比べものにはならない。

おほよそ祖門の袈裟の功徳は、正伝まさしく相承せり、本様《ほんよう》のあたりつたはれり、受持し、あひ嗣《し》法《ほう》して、いまにたえず。正受せるひと、みなこれ証契《しょうかい》伝法の祖師なり、十聖三賢にもすぐる。奉《ぶ》覲恭敬《ごんくぎょう》し、礼拝頂戴すべし。

ひとたびこの仏衣正伝の道理、この身心に信受せられん、すなはち値《ち》仏《ぶつ》の兆《ちょう》なり、学仏の道《どう》なり、不《ふ》堪《かん》受《じゅ》是《ぜ》法《ほう》〔是の法を受くるに堪えず〕ならんは悲生《ひしょう》なるべし。この袈裟をひとたび身体におほはん、決《けつ》定《じょう》成《じょう》菩《ぼ》提《だい》〔決定して菩提を成《じょう》ず〕の護身符子《ふす》なりと深肯《しんこう》すべし。一句一偈を信心にそめつれば、長劫《じょうこう》の光明にして虧《き》闕《けつ》せずといふ。一法を身心にそめんも亦復如是《やくぶにょぜ》〔亦た復《ま》た是の如《かく》く〕なるべし。

かの心念も無所在なり、我有《がう》にかかはれずといへども、その功徳すでにしかあり。身体も無所住なりといへども、しかあり。袈裟も無所従来なり、亦無《やくむ》所去《しょこ》〔亦た去《ゆ》く所無し〕なり。我有にあらず、他有にあらずといへども、所持のところに現住し、受持の人に加す。所得の功徳もまたかくのごとくなるべし。

〔訳〕およそ祖師の伝える袈裟の功徳は、まさしく正伝して受けつがれてきている。したがって本《もと》のさまがそのまま伝わっていて、受持し、相ついで今に絶えたことがない。正しく受持した祖師たちは、身に証得して法を伝えたものばかりである。この祖師たちは、十聖《じっしょう》三賢《さんけん》*にもまさっているから、したしく見《まみ》えて恭敬し、礼拝し頂戴すべきである。

ひとたびこの仏衣正伝の道理を、この身心に信受するなら、それは仏に出会う兆《きざ》しであり、すでに仏を学ぶ道に入ったことである。もし「この法を受けるに堪えず」というのでは、悲しいことである。もしこの袈裟を、ひとたび身体に被《おお》うことができれば、それは、必ず悟りを成就するという護身の符であると、深く首肯すべきである。もし経典の一句・一偈《げ》を信ずる心がおこれば、それは永遠の光明となって、欠けることはないという。一法をこの身心に習うのも同じことであろう。

わが念《おも》いはとどまる所を知らず、自分の思うままにはならないけれども、その功徳はすでにかくの如くである。身体もまた変化して、とどまる所がないが、その功徳は同じである。
袈裟もまた、いずこより来るとも知れず、いずこへ去るとも分らず、また、わが所有でもないが、受持するところに袈裟は現在し、受持する人に加護を与える。その受持することによって得られる功徳は、まさにかくの如くである。

《十聖三賢》華厳宗では、信・住・行・向・地が、それぞれ十の段階で五十、その上に等覚・妙覚・仏が加わって五十三位が立てられる。十聖とは、このなかの十地、三賢とは、その前の十住・十行・十廻向。

作袈裟《さくけさ》の作《さく》は、凡聖等の作にあらず。その宗旨、十聖三賢の究尽《ぐうじん》するところにあらず。宿殖《しゅくじき》の道種なきものは、一生二生、乃至無量生を経歴《きょうりゃく》すといへども、袈裟をみず、袈裟をきかず、袈裟をしらず、いかにいはんや受持することあらんや。ひとたび身体にふるる功徳も、うるものあり、えざるものあり。すでにうるは、よろこぶべし、いまだえざらんは、ねがふべし、うべからざらんは、かなしむべし。

大千界の内外《ないげ》に、ただ仏祖の門下のみに仏衣つたはれること、人天ともに見聞普知《ふち》せり。仏衣の様子をあきらむることも、ただ祖門のみなり、余門にはしらず。これをしらざらんものの、自己をうらみざらんは愚人なり。たとひ八万四千の三昧陀羅尼《ざんまいだらに》をしれりとも、仏祖の衣法を正伝せず、袈裟の正伝をあきらめざらんは、諸仏の正嫡なるべからず。

他界の衆生は、いくばくかねがふらん、震旦《しんたん》国に正伝せるがごとく、仏衣まさしく正伝せんことを。

おのれがくにに正伝せざること、はづるおもひあるらん、かなしむこころふかかるらん。まことに如来世尊の衣法正法せる法に値遇《ちぐう》する、宿殖般若《しゅくじきはんにゃ》の大功徳種子《しゅうじ》によるなり。いま末法悪時世は、おのれが正伝なきことをはぢず、正伝をそねむ魔儻《まとう》おほし。おのれが所有所住は、真実のおのれにあらざるなり。ただ正伝を正伝せん、これ学仏の直道《じきどう》なり。

〔訳〕袈裟を作るというが、それは凡人が作るのでもなく、聖者が作るのでもない。その深い趣旨は、とうてい十聖三賢の究め尽すようなものではない。前世に仏道の種を殖《う》えたことのないものは、一生二生、ないし数かぎりない生涯を経ても、袈裟を見ることも、聞くことも、知ることもできない。まして受持することなど、どうしてあり得ようか。また、ひとたび袈裟が身体に触れても、その功徳を得るものもあれば、得ないものもある。すでに得た人は喜ぶべきであり、まだ得ない人は、得るように願うがよい。もしついに得ないとすれば、まことに悲しいことではないか。

　この大千世界において、仏衣はただ仏祖の門下だけに伝わっていることは、人天ともにあまねく知れわたっている所である。仏衣の在り方をあきらかに知っているのは、ただ仏祖の門下だけであって、他の門流は知らない。もしこれを知らないで、自分を恨まないようなものは、愚かものである。たとい数かぎりもない三昧《さんまい》や陀羅尼《だらに》*を知っていようとも、仏祖の衣法を正しく伝えず、袈裟の正伝も知らないとすれば、それは諸仏の正しい系統であるとはいえない。

　他の国の人々は、仏衣が中国に正伝したように、自分の国にも正伝するよう、どれだけ願うていることであろうか。自分の国に正伝しないことを、恥ずかしく思い、悲しむ心が、さぞかし深いことであろう。まことに如来世尊の衣法の正伝に遇《あ》うことは、前世に般若の種子を殖《う》えた、その大功徳に依るのである。しかしながら、今日の末法悪世においては、おのれに正伝のないことを恥じず、かえって正伝をそねむ魔のやからが多い。自分の所有するもの、あるいは住する所は、真実の自分ではないのである。ただ正伝すべきもの正伝することこそ、仏を学ぶ直道《じきどう》である。

《陀羅尼》 サンスクリット語 dhāraṇī の音訳。保持するものの意。それが呪句《じゅく》、呪文《じゅもん》となる。

おほよそしるべし、袈裟はこれ仏身なり、仏心なり。また解脱服と称し、福田衣と称し、忍辱衣《にんにくえ》と称し、無相衣と称し、慈悲衣と称し、如来衣と称し、阿《あ》耨多《のくた》羅《ら》三藐《さんみゃく》三菩提衣と称するなり。まさにかくのごとく受持すべし。

いま現在大宋国の律学と名称《めいしょう》するともがら、声聞の酒に酔狂するによりて、おのれが家門にしらぬいへを伝来することを慚愧《ざんぎ》せず、うらみず、覚知せず。西天より伝来せる袈裟、ひさしく漢唐につたはれることをあらためて、小量にしたがふる、これ小見によりてしかあり、小見のはづべきなり。もしいまなんぢが小量の衣をもちゐるがごときは、仏威儀おほく虧闕《きけつ》することあらん。仏儀を学伝せることのあまねからざるによりて、かくのごとくあり。如来の身心ただ祖門に正伝して、かれらが家業に流散《るさん》せざることあきらかなり。もし万一も仏儀をしらば、仏衣をやぶるべからず。文なほあきらめず、宗いまだきくべからず。

〔訳〕ところで、袈裟は仏身であり、仏心であると知るべきである。また袈裟は、解脱服と称し、福田衣*と称し、忍辱衣《にんにくえ》*と称し、無相衣*と称し、慈悲衣と称し、如来衣と称し、阿耨多羅三藐三菩提衣*と称する。まさにこのように受持すべきである。

現在大宋国で、律宗と称する人たちは、小乗の酒に酔いしれている。そして、おのが家門に訳のわからぬものを持ち来っていることを、恥じもせず、恨みもせず、気もつかない。インドから伝わった袈裟は、長いあいだ漢や唐に受けつがれてきたのであるが、かれらは、それを小さな了見で改めている。これはつまらぬ見解で、恥ずべきことである。もしそんな了見の衣を用いたなら、仏の作法は、ほとんど欠落してしまうであろう。仏の作法を偏《かたよ》って学び伝えたから、このようなことになるのである。如来の身心は、ただ仏祖の門流に正伝して、かれらの家門には流れていかなかったことが明らかである。もし万一にも仏の作法を知っているのであれば、仏衣の方式を破ってはならない。経典の文も明らかにせず、その大事な趣旨も聞かないからである。

《福田衣》 前巻、三〇九頁注参照。
《忍辱衣》 前巻、三一〇頁注参照。
《無相衣》 前巻、三〇九頁注参照。
《阿耨多羅三藐三菩提衣》 前巻、三一〇頁注参照。

又、ひとへに麤布《そふ》を衣財にさだむこと、ふかく仏法にそむく、ことに仏衣をやぶれり、仏弟子きるべきにあらず。ゆゑはいかん。布見《ふけん》を挙《こ》して、袈裟をやぶれり。あはれむべし、小乗声聞の見、まさに迂曲《うきょく》なることを。なんぢが布見やぶれてのち、仏衣見成《げんじょう》すべきなり。いふところの絹布《けんぷ》の用は、一仏二仏の道《どう》にあらず、諸仏の大法として、糞掃《ふんぞう》を上品《じょうぼん》清浄の衣財とせるなり。そのなかに、しばらく十種の糞掃をつらぬるに、絹《けん》類あり、布《ふ》類あり、余帛《よはく》の類もあり。絹類の糞掃をとるべからざるか、もしかくのごとくならば、仏道に相違す。絹《きぬ》すでにきらはば、布《ぬの》またきらふべし。絹布きらふべき、そのゆゑなにかある。絹糸《けんし》は殺生《せっしょう》より生ぜるときらふ、おほきにわらふべきなり。布は生物《しょうぶつ》の縁にあらざるか。情非情の情、いまだ凡情の情を解脱せず、いかでか仏袈裟をしらん。

〔訳〕また袈裟の材料は、木綿や麻でなければならないと決めることは、ふかく仏法に背いており、仏衣の方式を破っている。仏弟子たるものは着用してはならない。それはなぜかというと、木綿や麻の見解に執著して、袈裟の方式を破っているからである。小乗の見解は曲がりくねっていて、仏法から程遠いこと、まことにあわれである。その執著せる見解が破られて初めて、仏衣は実現するのである。

いわゆる絹や綿を用いることは、一仏や二仏がいっているだけではない。まさしく三世諸仏の大法であって、糞掃*をもっとも上等な清浄の材料としたのである。それについては、十種の糞掃*が挙げられているが、そのなかには、絹の類《たぐい》もあり、綿の類もあり、その他の布もある。もし糞掃として絹の類を拾ってはならないとすれば、それは仏道に背いている。もし絹を嫌うなら、綿も同じであろう。絹も綿も嫌う理由が、いったいどこにあるのか。絹の糸は繭からとるので殺生であるというのであれば、大いに笑うべきことである。では、綿は生きものに縁がないというのか。生きものであるとか、生きものでないとかいう考えは、まだ凡夫の分別から抜け切っていない。そうしたことでは、どうして仏の袈裟を知ることができよう。

《糞掃》 糞掃の意味については、前巻、三一〇頁注参照。
《十種の糞掃》 十種の糞掃については、後に出てくる。

又、化糸《けし》の説をきたして乱道することあり、又わらふべし。いづれか化《け》にあらざる。なんぢ化をきくみみを信ずといへども、化をみる目をうたがふ。目に耳なし、耳に目なきがごとし。いまの耳目《じもく》いづれのところにかある。しばらくしるべし、糞掃をひろふなかに、絹にたる布あり、布のごとくなる絹あらん。これをもちゐんには、絹となづくべからず、布と称すべからず、まさに糞掃と称すべし。糞掃なるがゆゑに、糞掃にして絹にあらず、布にあらざるなり。

たとひ人天の糞掃と生長《しようちよう》せるありとも、有情といふべからず、糞掃なるべし。たとひ松菊《しようぎく》の糞掃となれるありとも、非情といふべからず、糞掃なるべし。糞掃の、絹布にあらず、珠玉をはなれたる道理をしるとき、糞掃衣は現成するなり、糞掃衣にはむまれあふなり。絹布の見いまだ零落《れいらく》せざるは、いまだ糞掃を夢也未見《むやみけん》なり。たとひ麁布《そふ》を袈裟として一生受持すとも、布見をおぼえらんは、仏衣正伝にあらざるなり。

又、数般《すうはん》の袈裟のなかに、布袈裟あり、絹袈裟あり、皮袈裟あり。ともに諸仏のもちゐるところ、仏衣仏功徳なり。正伝せる宗旨あり、いまだ断絶せず。しかあるを、凡情いまだ解脱せざるともがら、仏法をかろくし、仏語を信ぜず、凡情に随他去《ずいたこ》せんと擬する、附仏法《ふぶっぽう》の外道といふつべし、壊正法《えしょうぼう》のたぐひなり。

あるひはいふ、天人のをしへによりて仏衣をあらたむと。しかあらば天仏をねがふべし、又、天の流類《るるい》となれるか。仏弟子は、仏法を天人のために宣説すべし、道《どう》を天人にとふべからず。あはれむべし、仏法の正伝なきは、かくのごとくなり。

天衆の見と仏子の見と、大小はるかにことなることあれども、天くだりて法を仏子にとぶらふ。そのゆゑは、仏見と天見と、はるかにことなるがゆゑなり。律家《りっけ》声聞の小見を、すててまなぶことなかれ、小乗なりとしるべし。

〔訳〕また、化糸《けし》の説*をなすものがあって、仏道を乱している。これまた笑うべきことである。いったい、化現《けげん》（かりに現われているもの）でないものがどこにあろうか。汝は化《け》の名を聞いて信じているかもしれないが、化を見抜く眼があるのか、疑わしい。目に耳はなく、耳に目はないようなものである。いったい、汝の目と耳はどこについているのか。よくよく知るがよい。糞掃を拾う際には、絹に似た綿もあれば、綿のような絹もあろう。これを糞掃として用いるときは、絹ともいえないし、綿ともいえない、まさに糞掃というべきである。糞掃であればこそ、まさにそれは糞掃であって、絹でも綿でもないのである。

たとえば人間や天上のものが、糞掃のような姿になるとしたら、それはもはや生きものではなくて、糞掃であろう。また、松や菊が糞掃のようになっても、生きものでないとはいえない、やはり糞掃であろう。要するに糞掃とは、絹や綿でもなく、また珠玉でもない道理が知られたとき、糞掃衣は成就するし、糞掃衣に出会うのである。絹とか綿とかいう見解から離れないうちは、糞掃を夢にも見ることができない。たとい粗《あら》い布を袈裟として、生涯受持したとしても、その布にこだわる心があるならば、仏衣の正伝ということはできない。

また、いろいろな袈裟のなかには、綿の袈裟もあれば、絹の袈裟も、皮の袈裟もある。いずれも諸仏が着用しているものであり、それこそ仏衣の功徳である。このように、その大事な趣旨は正伝して、けっして絶えることはない。それなのに、凡夫の分別から離れられない類《たぐい》のものが、仏法を軽んじて仏法を信じない。それは、凡情に随っていこうとするもので、仏法に付着した外道《げどう》というべきであり、正法を破壊するやからである。

あるいは、天人の教えによって、仏衣を改めようというものがいるが、それなら天上の仏になるよう願うがよい。あるいは、もし天の仲間にでもなったとすれば、仏弟子たるものは、天人のために仏法を説くべきであって、天人に仏道を問うてはならない。仏法の正伝のないのは、このようなありさまで、まことにあわれである。

天人の見解と仏弟子の見解とは、いろいろ異なっているが、天人は地上におりてきて、仏弟子に法をたずねるのである。そのわけは、仏の立場と天人の見解とはまったく異なっているからである。律宗や声聞の了見は、小乗であると知って、これを捨てて学んではならない。

《化糸の説》 前巻、三一二頁注参照。

仏言《ク》、殺父《せつぶ》殺母《せつも》は懺悔しつべし、謗法《ぼうほう》は懺悔すべからず。

おほよそ小見狐疑《こぎ》の道は、仏の本意にあらず。仏法の大道は、小乗およぶところなきなり。諸仏の大戒を正伝すること、附法蔵の祖道のほかには、ありとしれるもなし。

むかし黄梅《おうばい》の夜半に、仏の衣法すでに六祖の頂上に正伝す。まことにこれ伝法伝衣の正伝なり、五祖の人をしるによりてなり。四果三賢のやから、および十聖等のたぐひ、教家の論師《ろんじ》経師《きょうじ》等のたぐひは、神秀《じんしゅう》にさづくべし、六祖に正伝すべからず。しかあれども、仏祖の仏祖を選するに、凡情路《ぼんじょうろ》を超越《ちょうおつ》するがゆゑに、六祖すでに六祖となれるなり。しるべし、仏祖嫡嫡《てきてき》の知人知己の道理、なほざりに測量《しきりょう》すべきところにあらざるなり。

のちにある僧、すなはち六祖にとふ、黄梅の夜半の伝衣、これ布なりとやせん、絹なりとやせん、帛《はく》なりとやせん、畢竟《ひっきょう》じてこれなにものとかせん。六祖いはく、これ布にあらず、これ絹にあらず、これ帛にあらず。

曹渓高祖の道、かくのごとし。しるべし、仏衣は絹にあらず、布にあらず、屈眴《くつけん》にあらざるなり。しかあるを、いたづらに絹と認じ、布と認じ、屈眴と認ずるは、謗仏法のたぐひなり、いかにして仏袈裟をしらん。いはんや善来得戒の機縁あり、かれらが所得の袈裟、さらに絹布の論にあらざるは、仏道の仏訓なり。

〔訳〕仏がいわれた。

「父を殺し、母を殺す五逆罪*は、また懺悔《さんげ》することができる。しかし、正法を謗《そし》る罪は、もはや懺悔することもできない」と。

おおよそ小さな了見や疑いぶかいのは、仏の本意ではない。仏法の大道は、小乗の徒の及ぶところではない。諸仏の大戒を正伝するのは、法蔵を付託《ふたく》する仏祖の道の外にはあり得ない。

そのむかし、夜半の黄梅山で、六祖慧能は五祖弘忍から、仏の衣法を頂戴して正伝した。これこそ、まことに伝法・伝衣の正伝である。

それは、五祖が六祖の人物を洞察していたからである。もし、四果三賢*のやから、あるいは十聖*のたぐい、もしくは教学の論師や経師であれば、六祖に正伝するのではなく、神秀《じんしゅう》*に授けるはずである。しかしながら、仏祖が仏祖を選ぶのは、はるかに凡情を超えているから、慧能が五祖弘忍を継いで六祖となったのである。代々の仏祖が、人を知り、己を知るという道理は、容易におし測られるものではない。

のちに、ひとりの僧が六祖に問うた。

「黄梅山における夜半の伝衣は、綿《めん》でしょうか、絹でしょうか、それとも、うすぎぬ（帛《はく》）でしょうか。要するに、いったい何でしょうか」

六祖が答えた。

「これは綿でもなく、絹でもなく、うすぎぬでもない」

六祖慧能の言葉は、このとおりである。

よく知るがよい。仏衣は、絹でもなく、綿でもなく、屈眴《くっけん》*でもない。しかるに、勝手にそれを絹と思い、綿と思い、あるいは屈眴と思うものは、仏法を謗るたぐいである。このようなものが、どうして仏の袈裟を知ろうか。まして、善き縁によって戒を受けたものが、手に入れた袈裟は、絹布の議論には関わりないのであって、これはまさしく仏道における仏の訓《おしえ》である。

《五逆罪》 父を殺し、母を殺し、阿羅漢を殺し、仏身より血を出し、和合僧（僧の共同体）を破壊すること。

《四果三賢》 預流・一来・不還・阿羅漢の四つの果。三賢とは、小乗では、五停心《ごじょうしん》・別相念住・総相念住、大乗では、十住・十行・十廻向。ここでは、おそらく大乗であろう。

《十聖》 大乗の十地。

《神秀》 慧能が南宗禅の祖に対して、北宗禅の祖。

《屈眴》 前巻、三三一頁注参照。

また商那和修《しょうなわしゅ》の衣は、在家の時は俗服なり、出家すれば袈裟となる。この道理しづかに思量功夫すべし、見聞せざるがごとくして、さしおくべきにあらず。いはんや仏仏祖祖正伝しきたれる宗旨あり。文字かぞふるたぐひ、覚知すべからず、測量すべからず。まことに仏道の千変万化、いかでか庸流《ようる》の境界ならん。三昧あり、陀羅尼あり。算砂《さんしゃ》のともがら、衣裏《えり》の宝珠をみるべからず。

いま仏祖正伝せる袈裟の体色量を、諸仏の袈裟の正本とすべし。その例すでに西天東地、古往今来ひさしきなり。正邪を分別せし人、すでに超証しき。祖道のほかに袈裟を称するありとも、いまだ枝葉とゆるす本祖あらず、いかでか善根の種子《しゅうじ》をきざさん、いはんや果実あらんや。

われらいま、曠劫《こうごう》以来いまだあはざる仏法を見聞するのみにあらず、仏衣を見聞し、仏衣を学習し、仏衣を受持することをえたり。すなはちこれまさしく仏をみたてまつるなり。仏音声をきく、仏光明をはなつ、仏受用《ぶつじゅゆう》を受用す、仏心を単伝するなり、得仏髄なり。

〔訳〕商那《しょうな》和《わ》修《しゅ》*の衣は、在家のときは俗服となり、出家したときは袈裟となった。この道理を、静かによく思案すべきである。見たことも聞いたこともないとして、捨ておくべきことではない。まして、仏祖から仏祖へ伝わってきた大切な趣旨が存する。その趣旨について、ただ文字にこだわっている人々がとうてい気づくようなものでもなく、思いはかることもできない。まことに仏道は、それぞれの縁に随って千変万化して現われてくるものであるが、凡庸《ぼんよう》のやからの境地で、どうして知ることができよう。仏道には、三昧もあれば陀羅尼《だらに》*もある。ただ砂を算《かぞ》えるような学者仲間では、衣裏《えり》の宝珠《ほうじゅ》*（着物の裏に縫いつけられた珠）を見つけることは不可能である。

いま仏祖が正伝した袈裟の材料・色・大きさを、諸仏の袈裟の基本とするがよい。その例は、インドや中国の古今にわたって、久しく伝えられている。正邪を分別できる人は明瞭に体得している。祖道のほかに袈裟を説くものがあっても、それは枝葉のことであって根本ではない。そういうことでは、どうして善き種が生れてこようか。まして、実りを得ることはとうていあり得ない。

われらは今、はるか遠い昔から、これまで遭遇し得なかった仏法を聴くことができただけではない。仏衣をいただき、仏衣を学び、仏衣を受持することを得たのである。このことは、そのまま仏を見奉ることであり、仏の説法を聞くことであり、仏が光明を放たれていることであり、仏の享受されていることをそのまま享受していることである。さらにいえば、仏心をひたすら伝えていることであり、仏のいのちそのものを得ていることである。

《商那和修》 前巻、三一三頁注、並びにその本文参照。

《陀羅尼》 サンスクリット語 dhāraṇī の音訳、保持するものの意。訳して、呪句《じゅく》・呪文《じゅもん》となる。

《衣裏の宝珠》『法華経』「五百弟子受記品」第八の譬え。ある人が親友の家で酒に酔って眠る。友は官事のため旅立つとき、その人の襟の裏に無価の宝珠（この上もない宝）を縫いつけて去る。眠りから覚めたその人は、何も知らず諸国を流浪し、衣食のために多少の得る所で満足する。多少の得る所とは小乗の悟り、無価の宝珠とは一仏乗の究極の悟り。

袈裟をつくる衣財《えざい》、かならず清浄なるをもちゐる。清浄といふは、浄信檀那の供養するところの衣財、あるひは市《いち》にて買得《ばいとく》するもの、あるひは天衆のおくるところ、あるひは竜神の浄施、あるひは鬼神の浄施、あるひは国王大臣の浄施、あるひは浄皮、かくのごとくの衣財、共にもちゐるべし。

また十種の糞掃衣を清浄なりとす。いはゆる十種の糞掃衣

一者牛嚼衣《にはごしやくえ》　二者鼠《そ》噛衣《こうえ》　三者火焼衣《かしようえ》　四者月水衣《げつすいえ》　五者産婦衣《さんぶえ》
六者神廟衣《しんびようえ》　七者塚間衣《ちよかんえ》　八者求《ぐ》願衣《がんえ》　九者王職衣《おうしよくえ》　十者往還衣《おうかんえ》

この十種を、ことに清浄の衣財とせるなり。世俗には拋捨《ほうしゃ》す、仏道にはもちゐる。世間と仏道と、その家業はかりしるべし。しかあればすなはち、清浄をもとめんときは、この十種をもとむべし。これをえて、浄をしり不浄を弁肯《べんこう》すべし。心をしり身を弁肯すべし。この十種をえて、たとひ絹類なりとも、たとひ布類なりとも、その浄不浄を商量すべきなり。

この糞掃衣をもちゐることは、いたづらに弊衣《へいえ》にやつれたらんがためと学するは、至愚なるべし。荘厳《しょうごん》奇麗ならんがために、仏道に用著しきたれるところなり。仏道にやつれたる衣服とならんことは、錦繍綾羅《きんしゅうりょうら》・金銀珍珠《ちんじゅ》等の衣服の不浄よりきたれるを、やつれたるとはいふなり。おほよそ此土《しど》他界の仏道に、清浄奇麗をもちゐるには、この十種それなるべし。これ浄不浄の辺際を超越《ちょうおつ》せるのみにあらず、漏無漏の境界にあらず。色心を論ずることなかれ、得失にかかはれざるなり。ただ正伝受持するはこれ仏祖なり、仏祖たるとき正伝稟受《ぼんじゅ》するがゆゑに、仏祖としてこれを受持するは、身の現不現によらず、心の挙不挙《こふこ》によらず、正伝せられゆくなり。

〔訳〕袈裟を作る材料は、かならず清浄なるを用いる。清浄というのは、信心ぶかい施主の供養したもの、あるいは市場で買い求めたもの、あるいは天人からおくられたもの、あるいは竜神や鬼神の施しもの、あるいは国王・大臣の施しもの、あるいは浄らかな皮など、こうした材料はいずれも用いてよい。また、十種の糞掃衣を清浄であるとする。その十種の糞掃衣とは次の如くである。

一、牛嚼衣《ごしゃくえ》（牛にかみくだかれた衣）

二、鼠噛衣《そこうえ》（鼠にかじられた衣）

三、火焼衣《かしょうえ》（火に焼けた衣）
四、月水衣《げっすいえ》（婦人の月経の際、汚れた衣）
五、産婦衣《さんぷえ》（産をする際に汚れた衣）
六、神廟衣《しんびょうえ》（神を祀《まつ》る時に着た衣）
七、塚間衣《ちょかんえ》（墓地に捨てた衣）
八、求願衣《ぐがんえ》（願《がん》をかけて捨てた衣）
九、王職衣《おうしょくえ》（職がかわって無駄になった衣）
十、往還衣《おうかんえ》（棺にかけた衣）*

この十種が、とくに浄らかな材料とされている。世俗では捨てられたものを仏道では用いる。このように、世間と仏道における営みの違いが量り知られよう。そういう次第で、浄らかな材料を求めようとすれば、この十種のうちから求めればよい。それによって、浄とは何か、不浄とは何かをよく弁《わきま》えるべきである。また心を知り、身を弁えるがよい。この十種のうちから材料を得たならば、たといそれが絹の類であろうと、綿の類であろうと、浄と不浄の意味をよくよく思い量るべきである。

そうではなく、この糞掃衣を用いるのは、ただいたずらに破れ衣をまとうのと身をやつすためであると思うのは、愚の至りであろう。むしろ逆に、身を荘厳《しょうごん》して心をうつくしくするために、この糞掃衣を仏道に用いてきたのである。

世間では美しいといわれる綾錦《あやにしき》や、金銀や珠玉で飾った衣服が、もし浄信によって布施されたものでなければ、仏道では不浄となる。それを仏道で、やつれた衣服というのである。およそこの娑《しゃ》婆《ば》世界*やその他の世界で、仏道でいう浄らかで美しい衣服を用いるとすれば、この十種の糞掃衣に依るべきである。それは、もはや浄・不浄の観念を超えているだけではない。漏《ろ》（煩悩）ではなくて、無漏《むろ》（煩悩のないこと）であるという境地でさえない。身や心をあげつらうこともなく、得た、失ったということにも関わらないのである。ただひとえに、いのちそのものを正伝し受持するのみであって、それがすなわち仏祖に外ならない。仏祖としてあるときに、いのちそのものが正伝し、受けとられているのである。

それゆえに、仏道として袈裟を受持するのは、もはや身のあるなしにも依らず、心のあるなしにも関わらない、ただ正伝されていくのみである。

《娑婆世界》 原文の此土《しど》を娑婆世界といいかえたが、娑婆とは、サンスクリット語 sahā《サハー》（忍耐の意）の音訳。この世界は、汚れと苦しみに満ちている穢土《えど》であるから、忍土《にんど》と訳される。

ただまさにこの日本国には、近来の僧尼、ひさしく袈裟を著せざりつることをかなしむべし、いま受持せんことをよろこぶべし。在家の男女なほ仏戒を受得せんは、五条・七条・九条の袈裟を著すべし。いはんや出家人いかでか著せざらん。はじめ梵王・六天より、婬男《いんなん》・婬女《いんにょ》・奴婢《ぬび》にいたるまでも、仏戒をうくべし、袈裟を著すべしといふ、比丘・比丘尼これを著せざらんや。畜生なほ仏戒をうくべし、袈裟をかくべしといふ、仏子なにとしてか仏衣を著せざらん。

しかあれば仏子とならんは、天上・人間・国王・百官をとはず、在家・出家・奴婢・畜生を論ぜず、仏戒を受得し、袈裟を正伝すべし。まさに仏位に正入する直道《じきどう》なり。

袈裟浣濯之時、須下用二衆末香一花和上水。曬乾之後、畳収安二置高処一、以二香華一而供二養之一、三拝然後踞跪、頂戴合掌、致レ信唱二此偈一、

大哉解脱服《だいさいげだつぷく》、無相福田衣《むそうふくでんえ》、披《ひ》二奉《ぶ》如来教《にょらいきょう》一、広度《こうど》二諸衆生《しょしゅじょう》一。三唱而後、立レ地披奉。

〔袈裟浣濯《かんたく》の時、須く衆の末香《まつこう》を用《も》って水に和すべし。曬乾《さいかん》の後、畳み収めて高処に安置し、香華を以て之を供養し、三拝し、然して後、踞跪《こき》し、頂戴合掌し、信を致して此の偈を唱う。

大なる哉、解脱服、無相の福田衣《え》、如来の教を披奉《ひぶ》して、広く諸の衆生を度せん。

三たび唱えて後、地に立ちて披奉す。〕

〔訳〕ところで、この日本国では、近頃まで僧尼は久しいあいだ袈裟を着けなかった。これは悲しいことであった。しかるに今、受持することができるのは、まことに喜ばしい。在家の男女が仏戒を受持するときは、五条・七条・九条の袈裟を着用すればよい。まして出家者がどうして着用しないでよかろう。梵天、六欲天*をはじめ、俗世間の男女、召使いに至るまで、仏戒を受けるがよく、袈裟を着用するがよいという。まして、比丘・比丘尼はどうして着用しないでよかろうか。畜生でさえ、仏戒を受けるがよく、袈裟をかけるがよいという。まして仏子が仏衣をまとうことは、いうまでもないことである。

こういうわけで、仏子となろうと思うものは、天上・人間を問わず、国王・百官を論ぜず、ある

いは、在家・出家・召使い・畜生の区別なく、仏戒を受持し、袈裟を正伝するがよい。これこそ仏の位に間違いなく入る直道《じきどう》である。

袈裟を洗濯するときは、いろいろな末香《まっこう》*を水に入れて用いるがよい。よく乾かしたのち、たたんで高所に安置し、香華《こうげ》をもって供養し、三拝して後、跪《ひざまず》いて頂戴し、合掌し、信心をもって次の偈《げ》を唱える。

大いなる哉、解脱服、　（大哉解脱服
無相なる福田衣、　無相福田衣
如来の教を披《ひら》き奉じて、　披奉如来教
広く諸衆生を度せん。　広度諸衆生）

三たび唱えたのち、立ち上って袈裟を開き身に着けるのである。

《六欲天》　六天ともいい、四天王・三十三天（忉利天《とうりてん》）・夜摩《やま》天・兜率《とそつ》天・化楽《けらく》天・他化自在《たけじざい》天の欲界の諸天。

《末香》　抹香ともかく。細末にした香。樒《しきみ》の葉と皮から製する粉末状の香（『禅学大辞典』巻下、一一七四d)。

予、在宋のそのかみ、長連牀《ちょうれんじょう》に功夫せしとき、斉肩《せいけん》の隣単《りんたん》をみるに、毎暁《まいぎょう》の開静《かいじょう》のとき、袈裟をささげて頂上に安置し、合掌恭敬《くぎょう》して一偈《げ》を黙誦《もくじゅ》す。ときに予、未曽見《みぞうけん》のおもひをなし、歓喜《かんぎ》みにあまり、感涙ひそかにおちて、衣襟《えきん》をうるほす。その旨趣は、そのかみ阿含《あごん》経を披閲《ひえつ》せしとき、頂戴袈裟の文をみるといへども、その儀則いまだあきらめず、不分暁《ふぶんぎょう》なり。いまはまのあたりみる。歓喜随喜し、ひそかにおもはく、あはれむべし、郷土にありしには、をしふる師匠なし、かたる善友にあはず、いくばくかいたづらにすぐる光陰をしまざる、かなしまざらめやは。いまこれを見聞す、宿善よろこぶべし。もしいたづらに本国の諸寺に交肩《こうけん》せば、いかでかまさしく仏衣を著せる僧宝と、隣肩なることをえん。悲喜ひとかたにあらず、感涙千万行《せんまんこう》。

ときにひそかに発願す、いかにしてか、われ不肖なりといふとも、仏法の正嫡《しょうてき》を正伝して、郷土の衆生をあはれむに、仏仏正伝の衣法を見聞せしめん。かのときの発願いまむなしからず、袈裟を受持せる在家出家の菩薩おほし、歓喜するところなり。受持袈裟のともがら、かならず日夜に頂戴すべし、殊勝最勝の功徳なるべし。一句一偈を見聞することは、若樹若石の因縁もあるべし。袈裟正伝の功徳は、十方に難遇ならん。

大宋嘉定《かてい》十七年癸未《みずのとひつじ》冬十月中、三韓《さんかん》の僧二人ありて慶元府《けいげんふ》にきたれり。一人はいはく智玄、一人は景雲。この二人ともにしきりに仏経の義を談ず、あまつさへ文学の士なり。しかあれども袈裟なし、鉢《ほ》盂《う》なし、俗人のごとし。あはれむべし、比丘形《ぎょう》なりといへども、比丘法なきこと、小国辺地のゆゑなるべし。我朝《わがちょう》の比丘形のともがら、他国にゆかんとき、かの二僧のごとくならん。

釈迦牟尼仏すでに十二年中頂戴して、さしおきましまさざるなり。すでに遠孫《おんそん》としてこれを学すべし。いたづらに名利のために天を拝し、神を拝し、王を拝し、臣を拝する頂門を、いま仏衣頂戴に廻向せん、よろこぶべき大慶なり。

正法眼蔵伝衣

ときに仁治元年庚子開冬日、記二于観音導利興聖宝林寺一。

入宋伝法沙門　道元

〔訳〕わたしが以前宋の国で、皆と並んで坐禅を行じていたときである。肩を並べて坐っていた隣の僧を見ると、毎朝、坐禅を終るとき、袈裟をささげて頭の上におき、合掌恭敬しながら一偈を静かに唱えている。そのときわたしは、未だ曽てない思いをなし、喜びが身にあふれ、感涙にむせんで襟をうるおしたのである。

　そのわけは、かつて『阿含経』を拝読していたとき、袈裟を頂戴する一文を見ても、その趣旨がよく分らなかった。しかるに今は、僧の動作をまのあたりに見て、歓喜随喜したのである。ひそかに思うのであるが、まことにあわれむべきことである。日本国では、教えてくれる師匠もなく、語り合う善友にも遇わなかった。そのためにどれだけの無駄な時間を過したことであろうか。まことに惜しむべきであり、悲しむべきことであった。

　しかるにいま、まのあたり見聞することのできた、その宿善を喜ばねばならない。もしいたずらに日本国の寺々にいるだけであったなら、このように仏衣を着用している僧侶と隣り合わせることが、どうしてできたであろうか。あれを思いこれを思うとき、悲喜こもごもひとかたならず、滂沱《ぼうだ》として感涙にむせんだのだった。

　そのときわたしは、ひそかに発願したのである。たといわたしは、不肖《ふしょう》なものであるとはいえ、何とかして日本国の人々に、仏法の正しい系統を伝えて、仏祖正伝の衣法を経験させたい、と。そのときの発願は、けっして無駄ではなかった。その証拠には、在家者も出家者も、袈裟を受持している人たちが増えている。まことに嬉しいことである。

袈裟を受持している人たちは、かならず昼となく夜となく、袈裟を頂戴するがよい。それこそ最高の功徳であろう。経典の一句・一偈に触れることさえ、あるいは樹の下、あるいは石の上というように、それぞれの因縁によるのであろう。まして袈裟正伝の功徳は、十方世界のどこにおいても、なかなか遇いがたいものであろう。

大宋国の嘉定《かてい》十七年（一二二四）の冬十月、三韓《さんかん》*の二人の僧が、慶元府*にやってきた。一人は智玄、もう一人は景雲である。この二人はいずれも、仏教の経典の意味についてよく語り、その上、学問の人であった。しかしながら、袈裟も鉢盂《ほう》*（或は、はっう）も持っていない。まるで世俗の人の如くであった。まことにあわれなことである。比丘の姿はしていても、比丘の法が伝わっていない。おそらく小国辺土のためであろう。かえりみて日本国の僧たちも、他国へ行くときは、この二の僧のような状況となるであろう。

釈迦牟尼仏は、修行中、十二年間は、袈裟を頭の上にいただいて、下に置かなかったという。*わたしどもは、釈迦牟尼仏からはるか遠い法孫である。このことをよく弁《わきま》えて、袈裟を学ぶべきである。ただいたずらに名利《みょうり》のために、天を拝し、神を拝し、王を拝し、臣を拝する、その頭を廻らして、仏衣を頂戴しよう。これ、まことに喜ぶべきことである。

正法眼蔵伝衣

ときに仁治元年（一二四〇）開冬《かいとう》（冬のはじめ、陰暦十月）の日、観音導利興聖宝林寺において記す。　入宋伝法沙門　道元。

《三韓》 新羅《しらぎ》・百済《くだら》・高句麗《こうくり》の総称。

《天童山》 この慶元府にある。

《鉢盂》 前巻、三五八頁注参照。

《釈迦牟尼仏は……》 前巻、三五八頁注参照。

〔一四〕 山水経（さんすいきょう）

《解説》 この章は、山水に託して、悟りの世界、仏の道を表わしたものである。山水は、われわれ人間にとって、美しいもの、清いもの、心の落ち着くものであり、しばし世俗の業務を離れて山水に入れば、生命が蘇《よみがえ》ったような心地になる。しかし、ここにいう山水は、そのような自然の感覚から、さらに奥へ進む。

凡眼では、山は厳然として動かず、水はさらさらと流れて止まない。ここではまだ、山水と自己とは向かい合っている。その向かい合いを越えて、自己が山水の霊気に打たれ、進んで霊気と一つとなり、さらに山水そのものと一体になるとき、凡眼にうつる山水とはおよそかけ離れた、山水の量り知れないすがたが実現してくる。山は流る、水は流れず、というのもその一つの光景である。このような境地に至るのは、けっして思索だけで到達できるものではない。全人格的な行《ぎょう》によって達し得るのである。しかし、もとよりそれは、凡人も感じ得る山水があってのことである。現代の日本には、このような山水が消滅しつつある。道元の山水に対する感覚も、忘れ去ろうとしている遠い昔のことであろうか。

山水経

而今《にこん》の山水は、古仏の道現成《どうげんじょう》なり。ともに法位に住して、究尽《ぐうじん》の功徳を成ぜり。空劫已前《くうごういぜん》の消息なるがゆゑに、而今の活計なり。朕兆未萌《ちんちょうみぼう》の自己なるがゆゑに、現成の透脱なり。山の諸功徳高広《こうこう》なるをもて、乗雲の道徳、かならず山より通達す。順風の妙功、さだめて山より透脱するなり。

大陽山楷和尚、示衆云、青山常運歩、石女夜生レ児

〔大陽山楷和尚、示衆《じしゅ》して云く、青山《せいざん》、常に運歩《うんぽ》し、石女《せきにょ》、夜、児《こ》を生む。〕

山は、そなはるべき功徳の虧闕《きけつ》することなし。このゆゑに常安住なり、常運歩なり。その運歩の功徳、まさに審細に参学すべし。山の運歩は、人の運歩のごとくなるべきがゆゑに、人間の行歩《ぎょうほ》におなじくみえざればとて、山の運歩をうたがふことなかれ。

〔訳〕いま目のあたりに見る山水には、古仏の道が実現している。その山水はともに本来の在り方において、山は山、水は水として表わすべきものを表わしつくしている。それは世界形成*以前の状況であるから、まさに目のあたりに見る活《い》きた現実である。いわば自己としてまだ萌《きざ》さない厳然たる自己であるから、透徹した解脱がここに実現している。このように本来の自己と一体なる山の功徳（性能）は、高くかつ広い。高い方からいえば、雲に乗って天高く昇っていく仏道の功徳、広い方からいえば、風にしたがって自由に飛びまわる霊妙な功徳、いずれも、かならず山から通達し、かならず山から透徹するのである。

大陽山の道楷《どうかい》和尚*が衆に示していうに、
「青山《せいざん》はつねに歩いており、石女（うまずめ）は、夜、児を生む」と。
山には、そなわるべき功徳はすべてそなわって、一点の欠けることもない。それゆえに、山はつねに安らっており、しかもつねに歩いている。山が歩いている功徳を、まさしくつまびらかに参学すべきである。山の歩きは人の歩きのようでなくてはならない。したがって、人の歩きと同じようには見えないからといって、山の歩きを疑ってはならない。

《世界形成以前》 原文は「空劫已前」。すなわち成・住・壊・空の世界形成から壊滅よりもなお已前。
《大陽山の道楷和尚》 大陽山は、湖北省・京山県・北九十里、道楷は、芙蓉《ふよう》道楷（一〇四三―一一一八）。

いま仏祖の説道、すでに運歩を指示す、これその得本なり。常運歩の示衆《じしゅ》を究弁《ぐうべん》すべし。運歩のゆゑに常《じょう》なり。青山の運歩は、其疾如風《ごしつにょふう》〔其の疾《はや》きこと風の如し〕よりもすみやかなれども、山中人《さんちゅうにん》は不覚不知なり。山中とは、世界裏の華開《けかい》なり。山外人《さんげにん》は不覚不知なり。山をみる眼目あらざる人は、不覚不知、不見不聞、這箇《しゃこ》道理なり。もし山の運歩を疑著《ぎじゃく》するは、自己の運歩をもいまだしらざるなり。自己の運歩なきにはあらず、自己の運歩いまだしらざるなり、あきらめざるなり。自己の運歩をしらんがごとき、まさに青山の運歩をもしるべきなり。

青山すでに有情にあらず、非情にあらず。自己すでに有情にあらず、非情にあらず。いま青山の運歩を疑著せんこと、うべからず。いく法界《ほっかい》を量局《りょうきょく》として、青山を照鑑《しょうかん》すべしとしらず。青山の運歩、および自己の運歩、あきらかに検点《けんてん》すべきなり。退歩歩退、ともに検点あるべし。未朕兆《みちんちょう》の正当時《しょうとうじ》、および空王那《くうおうな》畔《はん》より、進歩退歩に、運歩しばらくもやまざること検点すべし。

運歩もし休することあらば、仏祖不出現なり。運歩もし窮極《ぐうごく》あらば、仏法不到今日〔仏法、今日に到らず〕ならん。進歩いまだやまず、退歩いまだやまず。進歩のとき退歩に乖向《けこう》せず、退歩のとき進歩を乖向せず。この功徳を山流とし、流山とす。青山も運歩を参究し、東山も水上行《すいじょうこう》を参学するがゆゑに、この参学は山の参学なり。山の身心をあらためず、やまの面目《めんもく》ながら廻途《かいと》参学しきたれり。

青山は運歩不得なり、東山水上行不得なると誹謗《ひぼう》することなかれ。低下《ていげ》の見処《けんじょ》のいやしきゆゑに、青山運歩の句をあやしむなり。小聞《しょうもん》のつたなきによりて、流山の語をおどろくなり。いま流水の言も、七通八達せずといへども、小見小聞に沈溺《ちんでき》せるのみなり。

〔訳〕いま仏祖たる道楷和尚の説法は、すでに運歩《うんぽ》（歩くこと）を示している。これは、山の根本義を得たものである。そこで「青山常に運歩す」という説示を、よく弁《わきま》えて究むべきである。青山は刹那々々に歩いているからこそ、永遠の今であり、常住である。その青山の歩きは、実は風よりもはやいけれども、山中にいる人は、自からが青山の運歩であるから、そのことに気づかない。山中とは、世界のなかで花が開いていること、地獄も仏も、それぞれとして花の開いていないものはない。つまり山中以外のものは一つもないのである。山外人（山中人に対する言葉なれど山外人はもともと存在しない）もまた、そのことに気づかない。また、山を見る眼をそなえていないものもまた、それを知覚しないし、見聞しない。これまた道理である。

もし山の歩きを疑うものは、自己の歩きをも知らないものである。それは、自己の歩きがないのではなく、まだそれを知らないのであり、明らかにしていないのである。自己の運歩を知り得るような力こそ、青山の運歩を知ることができるのである。

青山は、すでに有情《うじょう》（心を持てるもの）でもなく、非情（心を持たないもの）でもない。自己も、すでに有情でもなく、非情でもない。自己も青山も、有情・非情の分別を越えて、当体・当面の活き活きした生命である。いま、青山の運歩を疑うことはできない。どれだけの世界を限りとして、青山をかんがみようとしても、青山は限りがなくて、知悉《ちしつ》することはできない。青山の運歩、および自己の運歩を明らかに調査・点検すべきである。その間には、両者とも退くことがあることも、よく点検すべきである。一念のまだ兆《きざ》さない当体において、あるいは無限の過去より〈空劫以来*〉、進んだり退いたり、一刹那も運歩して止まないことを、よく点検すべきである。

運歩がもし止むことがあれば、仏祖は出現しないであろう。運歩がもし窮まることがあれば、仏法は今日に伝わっていないであろう。念々に青山運歩し、念々に自己が運歩すればこそ、仏祖が出現する。

進歩も止まず、退歩も止まず、進歩のときは退歩に背《そむ》くことも向かうこともせず、ただ進歩のみであり、退歩のときは進歩に背くことも向かうこともなく、ただ退歩のみである。このような働きを、山は流れる、流れるは山、とするのである。青山自身が運歩を参究しており、東山自身が水上行*を参学しているから、この参学は、山自身の参学である。山も自己も一つらなりになっているから、山自身の参学はそのまま自己自身の参学である。山の身心を変えずに、山の面目そのままに、青山はつねに運歩し、東山は水上を渡るのを参学してきたのである。
それにもかかわらず、凡情の立場から、青山は運歩できないし、東山もまた水上行できないなどと、山を誹謗《ひぼう》してはならない。物を見透す力が低いために、「青山は運歩する」という句を怪しみ疑うのである。また、聞く耳がつたないために、「流れる山」という語におどろくのである。いま「流れる水」という言葉は、凡情による語であって、けっして融通無碍《ゆうづうむげ》に通達するものではなく、低劣な見聞に沈み溺《おぼ》れているだけである。

《空劫以来》 成・住・壊・空の四劫のなかの空劫以来。

《水上行》 『雲門録』上巻に「問う、如何なるか是れ諸仏出身の処。師云わく、東山水上行」とあり、青山常運歩と意味は同じ。

しかあれば所積《しょしゃく》の功徳を挙《こ》せるを、形名《ぎょうみょう》とし、命脈とせり。運歩あり流行《りゅうこう》あり、山の山児《さんじ》を生ずる時節あり。山の仏祖となる道理によりて、仏祖かくのごとく出現せるなり。

たとひ草木・土石・牆壁《しょうへき》の現成《げんじょう》する眼睛《がんぜい》あらんときも、疑著《ぎじゃく》にあらず、動著にあらず、全現成にあらず。たとひ七宝荘厳《しっぽうしょうごん》なりと見取せらるる時節現成すとも、実帰にあらず。たとひ諸仏行道の境界と見現成あるも、あながちの愛処にあらず。たとひ諸仏不思議の功徳と見現成の頂𩕳《ちょうねい》をうとも、如実これのみにあらず。各各《かくかく》の見成《げんじょう》は、各各の依正《えしょう》なり。これらを仏祖の道業《どうごう》とするにあらず、一隅の管見なり。

転境転心は大聖《だいしょう》の所呵《しょか》なり、説心説性は仏祖の所不肯《しょふこう》〔肯《うけが》わざる所〕なり。見心見性は外道の活計なり、滞言《たいごん》滞句は解脱の道著にあらず。かくのごとくの境界を透脱せるあり、いはゆる青山常運歩なり、東山水上行なり、審細に参究すべし。

石女夜生児《せきにょやしょうに》は、石女の生児するときを夜といふ。おほよそ、男石女石《なんせきにょせき》あり、非《ひ》男女石《なんにょせき》〔男女に非ざる石〕あり、これよく天を補《ほ》し、地を補す。天石あり地石あり、俗のいふところなりといへども、人のしるところまれなるなり。生児の道理しるべし、生児のときは、親子《しんし》並化《へいけ》するか。児《こ》の親となるを、生児現成と参学するのみならんや、親の児となるときを、生児現成の修証なりと参学すべし、究徹すべし。

〔訳〕そういう次第であるから、積み重ねている功徳の全体を挙げて、青山や東山の形とし、名としており、さらにその命脈としている。この積み重ねている功徳というのは、青山はつねに運歩することであり、東山は水上行することである。また、山は山の児を生む時節もある。自己と一体なる山は、つねに運歩し、刹那々に変貌する。このように山が仏祖となる道理によって、仏祖が出現するのである。

たとい青山を、草木・土石・牆壁《しょうへき》として実現していると見る眼の玉のときも、それは疑っているのではなく、また、ありのままのすがたを動かしているのでもないが、しかしそれは、現成《げんじょう》（本来のすがたとしての実現）の全体ではない。つぎに、たとい青山を、七宝《しっぽう》によって荘厳《しょうごん》（かざる）されていると見る時節が実現しても、それもまだ真実の帰一とはいえない。またつぎに、たとい青山を、諸仏が行道《ぎょうどう》する境界《きょうがい》と見ることが実現しても、それもまたあながち愛着すべき処ではない。最後に、たとい青山を、諸仏の不可思議の功徳と見る最高の境地が実現しても、ありのままの真実〈如実〉の世界は、けっしてこれだけにとどまらないのである。*

このような、それぞれの実現の境地は、それぞれの環境とその主体者にもとづくのであって、仏祖の道の働きとするにはたらない。一方の見解にすぎないのである。

また、環境を転換して心に帰し、心を転換して環境に帰するように、環境と心の二つを立てることは、釈迦牟尼仏の否認されるところである。また、心を説き本性を説くことは、仏祖の承認されないところである。さらに、心を見、性《しょう》を見る（すなわち禅のいう見性）ことは、仏道以外の外道の行なうことである。あるいは、言句《ごんく》文句《もんく》の解釈に拘泥することは、もとより解脱において発言することではない。以上のような境界を、すべて脱落し透徹するところに真実の仏道がある。それはいうまでもなく、青山は常に運歩し、東山水上行《とうざんすいじょうこう》することである。青山も東山も、念々に脱落し、念々に運歩している。このことをつまびらかに参究すべきである。

「石女、夜、児を生む（認識・分別の絶え果てた真っくら闇《やみ》に、石女は念々に児を生みつづける）」というのは、石女が児を生むときは夜であるという。およそ、男の石もあれば、女の石もある。また、男女《なんにょ》でない石もある。これらがよく、天を助け地を助けている。あるいは、天の石もあり、地の石もある。これは世俗でいうところであるが、その意味を弁《わきま》えている人は少ない。そこで、児を生むという道理を知るべきである。児を生むときは親子が並び存在するのか。ただ、その際、児が親となることを、児を生むことの現成であると参学することだけでよかろうか、それだけでは不十分である。かえって親が児となるときを、児を生むことの現成を修行し実証することであると参学すべきである。しかも徹底して究明すべきである。児が親となるだけではなく、親が児となることこそ、念々に新しく展開していく当体の実相ではあるまいか。

《たとい青山を、草木・土石……》 以上挙げた四つの現成、すなわち、草木土石牆壁・七宝荘厳・諸仏行道の境界・諸仏不可思議の功徳を、天台の教判である蔵・通・別・円の四教のそれぞれに当ててもよい。重要なことは、その四教が仏祖の立場からすべて批判されていること。

雲門匡真《きょうしん》大師いはく、東山水上行《とうざんすいじょうこう》。

この道現成の宗旨は、諸山は東山なり、一切の東山は水上行なり。このゆゑに、九《く》山《せん》迷盧《めいろ》等の現成せり、修証せり、これを東山といふ。しかあれども、雲門いかでか東山の皮肉骨髄、修証活計に透脱ならん。

いま現在大宋国に杜撰《ずざん》のやから一類あり、いまは群をなせり、小実《しょうじつ》の撃不能《ぎゃくふのう》なるところなり。かれらいはく、いまの東山水上行話《わ》、および南泉の鎌子話《けんすわ》ごときは、無理会話《むりえわ》なり。その意旨は、もろもろの念慮にかかはれる語話は、仏祖の禅話にあらず、無理会話、これ仏祖の語話なり。かるがゆゑに、黄檗《おうばく》の行棒《ぎょうぼう》、および臨済の挙喝《こかつ》、これら理会《りえ》およびがたく、念慮にかかはれず、これを朕兆未萠《ちんちょうみぼう》已前の大悟とするなり。先徳の方便、おほく葛藤断句《かっとうだんく》をもちゐるといふは、無理会なり。

かくのごとくいふやから、かつていまだ正師をみず、参学眼《げん》なし、いふにたらざる小獃子《しょうがいす》なり。宋土ちかく二三百年よりこのかた、かくのごとくの魔子《まし》・六群禿子《ろくぐんとくす》おほし。あはれむべし、仏祖の大道の廃するなり。これらが所解《しょげ》、なほ小乗声聞におよばず、外道よりもおろかなり。俗にあらず、僧にあらず、人《にん》にあらず、天にあらず、学仏道の畜生よりもおろかなり。禿子《とくす》がいふ無理会話《むりえわ》、なんぢのみ無理会なり、仏祖はしかあらず。なんぢに理会せられざればとて、仏祖の理会路《りえろ》を参学せざるべからず。たとひ畢竟《ひっきょう》無理会なるべくば、なんぢがいまいふ理会もあたるべからず。しかのごときのたぐひ、宋朝の諸方におほし、まのあたり見聞せしところなり。あはれむべし、かれら念慮の語句なることをしらず、語句の念慮を透脱することをしらず。在宋のとき、かれらをわらふに、かれら所陳《しょちん》なし、無語なりしのみなり。かれらがいまの無理会の邪計《じゃけい》なるのみなり。たれかなんぢにをしふる、天真の師範なしといへども、自然《じねん》の外道見なり。

〔訳〕雲門匡真《きょうしん》大師*がいうに、

「東山水上行」と。

この言葉の現成している本旨は、もろもろの山が、実は東山である。一切の東山が水上を渡っているのである。山という山は、念々に活動してやまない。このゆえに、須弥山《しゅみせん》を中心とする九つの山の全世界が、現成しており、修行し実証している。これを東山という。しかしながら、雲門は、どうして東山の皮肉骨髄《ひにくこつずい》に徹底し、修行・実証の活計に透徹・脱体していようか、そこまでは到っていない。

現在、大宋国には見識の粗雑な禅僧たちがいて、群をなしている。小人数でいくら真実を主張し

ても、なかなか撃破することはできない。かれらがいうのに、

「いまの東山水上行や、南泉《なんせん》の鎌子《れんす》の禅談*のごときは、道理では理解できない話〈無理会話《むりえわ》〉である。その趣旨は、われわれのさまざまな思慮にかかわる話は、仏祖の禅話ではない。無理会話こそ仏祖の禅話である。したがって、黄檗《おうばく》が棒をふるうことや、臨済が喝《かつ》といって叱りつけることは、とうてい道理では理解できないことであり、われわれの思慮にはかかわらないことである。これを、一念もまだ兆さない以前の大悟というのである。先輩の禅僧が修行者を導く方便として、つるのからまっているような思慮を断ち切るところの禅句を用いるのは、道理では理解できないことである」と。

このような連中は、まだ正しい師匠にまみえず、参学の眼のないものであり、言うに足りない愚かものである。宋国には、この二、三百年来、こうした、人をたぶらかすやからが多い。仏祖の大道がすたれるとは、悲しむべきことである。

こうした見解は、なお小乗の徒にも及ばず、外道よりも愚かである。俗人でもなく、僧侶でもなく、人間でもなく、天上でもなく、また、仏道を学ぶ畜生よりも愚かである。おまえたちのいう「理解できない話」とは、おまえたちにだけ理解できないのであって、仏祖はそうではない。おまえたちに理解されないからといって、そのままにしておくべきではなく、進んで仏祖の道理を学ぶべきである。もしも、結局、理解できないのであるならば、おまえたちのいう悟りも、あり得ないのである。

こうした見解のやからが、宋国のあちこちに多い。このことは、目のあたりに見聞したところで

ある。悲しむべきことは、かれらは、思念がそのまま言葉となっていることは知らず、逆に、言葉は思念を脱却していることも知らない。わたしが宋国にいたとき、かれらを嘲笑したのであるが、かれらは一語も答えず、沈黙しているだけであった。かれらのいう無理会は、誤った見解にほかならないのである。いったい、だれがおまえたちに教えたのか。すぐれた師がなかったのではあろうが、要するに、おのずからなる外道の見解である。

《匡真大師》 八六四―九四九。雲門文偃《うんもんぶんえん》。雲門宗の祖で、雪峰義存（八二二―九〇八）の法嗣。四一〇頁注参照。

《鎌子の禅談》 南泉の南泉普願《ふがん》禅師が草刈りをしていると、修行僧が、それを南泉とは知らずに、南泉への路を尋ねる。南泉は、この鎌は三十文銭で買ったと答える。僧は、鎌のことではない、路のことだというと、南泉は、この鎌はよく切れるよという。南泉はよくよく道を教えているのだが、僧には分からない。

しるべし、この東山水上行は、仏祖の骨髄なり。諸水は東山の脚下に現成せり、このゆゑに、諸山くもにのり天をあゆむ。諸水の頂𩕳《ちょうねい》は諸山なり、向上直下《じきげ》の行歩《ぎょうほ》ともに水上なり。諸山の脚尖《きゃくせん》、よく諸水を行歩し、諸水を趯出《てきしゅつ》せしむるゆゑに、運歩七縦《じゅう》八横《おう》なり、修証即不無〔修証は即ち無きにあらず〕なり。

水は強弱《こうにゃく》にあらず、湿乾《しっかん》にあらず、動静《どうじょう》にあらず、冷暖《れいだん》にあらず、有無にあらず、迷悟にあらざるなり。こりては金剛よりもかたし、たれかこれをやぶらん。融《ゆう》じては乳水よりもやはらかなり、たれかこれをやぶらん。

しかあればすなはち、現成所有《しょう》の功徳をあやしむことあたはず。しばらく十方の水を十方にして著《ちゃく》眼看《がんかん》すべき時節を参学すべし。人天の水をみるときのみの参学にあらず、水の水をみる参学あり。水の水を修証するがゆゑに、水の水を道著する参究あり。自己の自己に相逢《そうぼう》する通路を現成せしむべし、他己の他己を参徹する活路を進退すべし、跳出すべし。

〔訳〕この東山水上行は、仏祖の神髄であることを、よくよく知るべきである。諸水（世界ならびに自己の基盤）は、東山（基盤の上に立つさまざまな形態）の脚下に現成している（いかにも安泰である）。このゆえに、諸山は雲に乗り、天空を歩む（自由自在である）。諸水の頂点は諸山である。諸山は向上しながら、水上を踏み歩いている。諸山の脚尖は、よく諸水を歩き廻っており、諸水を躍り出さしめるから、諸山の運歩は縦横無尽である。したがって修行・実証は歴然と明らかである。

水（自己＝世界＝主体そのもの、まさに水である）は、強いのでもなく弱いのでもない。湿っているのでもなく乾いているのでもない。動いているのでもなく静かなものでもない。冷ややかなものでもなく暖かなものでもない。有るものでもなく無いものでもない。迷っているのでもなく、悟っているのでもない。凝結すれば、金剛石よりも堅くなり、だれもこれを破ることはできない。融《と》けると乳や水よりも柔らかになり、これまただれも破ることはできない。

こういうわけであるから、現に実現している水の性能を、怪しみ疑うことはできない。しばらく、十方に充ちわたる水を、十方に充ちわたるままとして眼をつける べき時節（絶対生命）を参学すべきである。人は水を流動するものと見、天は水を瓔珞《ようらく》と見るが、それにとどまるのではない。水が水を見るという参学がある（全世界ただ水である）。水が水を修行し実証するのであるから、水が水を体得表現する参究がある。

そこでは、自己が自己に出会う通路を現成せしむべきである。また、他己が他己を参学徹底する活路を往来すべきである。さらにそこから跳び出すべきである。

おほよそ山水をみること、種類にしたがひて不同あり。いはゆる水をみるに、瓔珞《ようらく》とみるものあり、しかあれども瓔珞を水とみるにはあらず。われらがなにとみるかたちを、かれが水とすらん。かれが瓔珞はわれ水とみる。水を妙華《みょうけ》とみるあり。しかあれども華を水ともちゐるにあらず。鬼《き》は水をもて猛火《みょうか》とみる、濃血《のうけつ》とみる。竜魚は宮殿《ぐうでん》とみる、楼台とみる、あるひは七宝摩尼珠《しっぽうまにじゅ》とみる、あるひは樹林牆壁《しょうへき》とみる、あるひは清浄解脱の法性《ほっしょう》とみる、あるひは真実人体とみる、あるひは身相心性とみる。人間これを水とみる、殺活《せっかつ》の因縁なり。

すでに随類の所見不同なり、しばらくこれを疑著《ぎじゃく》すべし。一境をみるに諸見しなじなりとやせん、諸象《しょしょう》を一境なりと誤錯《ごしゃく》せりとやせん、功夫《くふう》の頂𩕄《ちょうねい》にさらに功夫すべし。しかあればすなはち、修証弁道も一般両般なるべからず、究竟《くきょう》の境界も千種万般なるべきなり。

さらにこの宗旨を憶想するに、諸類の水たとひおほしといへども、本水なきがごとし、諸類の水なきがごとし。しかあれども随類の諸水、それ心によらず、身によらず、業《ごう》より生ぜず。依自《えじ》にあらず、依他にあらず、依水の透脱あり。しかあれば水は地水火風空識等にあらず、水は青黄赤白黒《しょうおうしゃくびゃくこく》等にあらず、色声香味触《そく》法等にあらざれども、地水火風空等の水おのづから現成せり。かくのごとくなれば、而今《にこん》の国土・宮殿、なにものの能成《のうじよう》・所成《しよじよう》とあきらめいはんことかたかるべし。空輪・風輪にかかれると道著する、わがまことにあらず、他のまことにあらず、小見の測度《しきたく》を擬《ぎ》議《ぎ》するなり。かかれるところなくば、住すべからずとおもふによりて、この道著するなり。

〔訳〕およそ山や水を見る場合は、境界の種類にしたがって見方が違っている。天上では、水を瓔珞《ようらく》と見るものがある。しかし瓔珞を水と見るのではない。天上で水と見るのは、われわれにとってはなんの場合であろうか。天上で瓔珞と見るのは、われわれは水と見ている。また、天上では、水を花と見るものがある。しかし花を水として用いるのではない。また、餓鬼は水を猛火と見る。水と思って飲もうとすると猛火になる。あるいは、膿血と見る。さらに、竜魚は水を宮殿と見る、楼台と見る。あるいは、七宝で飾られた珠《たま》と見る場合もあり、あるいは、樹林や牆壁《しようへき》と見る場合もあり、あるいは、清浄な解脱の法そのものと見る場合もあり、あるいは、真実なる人の本体と見る場合もあり、あるいは、身体のすがた・心の本性と見る場合もある。

これに対して、人間はこれを水と見るのである。水と見るのも、そう見ないのも、それぞれの境界の因縁によるものである。

このように、同じ水でも、境界の種類によって見るところが違っている。なぜ違うのか、この点をしばらく尋ねてみるべきである。一つの事物を見るのに、見方がさまざまなのであろうか。あるいは、実はさまざまな現象を一つの事物として思い誤っているのであろうか。これをぎりぎりまで究明したうえにも、さらに究明すべきである。

こういうわけであるから、修証や弁道も、けっして一通りや二通りではない。究極の世界も、一色ではなくて、千差万別である。

さらに、この旨をおしはかってみると、もろもろの境界による水は、たとい多くあっても、本来の水はあってなきがごとくである。したがって、それぞれの境界の水もなきがごとくである。しかし、境界のそれぞれの水は、心によるのでもなく、身によるのでもない。また、宿業《しゅくごう》によって生ずるのでもない。あるいは、自己によるのでもなく、他によるのでもない。まさにそれは、水そのものによって、それ自体、透徹・脱体している。

こういう次第で、水は、地・水・火・風・空・識などの水ではない。また水は、青・黄・赤・白・黒などの色を有するものでもない。あるいは、色・声・香・味・皮膚感覚や、心の対象でもない。しかしながら、地・水・火・風・空などの水が、おのずからここに実現している。

こういうわけだから、まのあたりに見る国土や宮殿は、何物によって成り立っているかということを明らかに判断することは困難であろう。この世界は、空輪《くうりん》や風輪《ふうりん》*にもとづいていると判断することは、自分にとっても他人にとっても真実ではない。ただ狭い見解から、そう思い測っているにすぎない。なにかにもとづいていなければ安定できないと考えることによって、このように判断するのである。

《風輪》　最下に虚空があり、その上に、順次に風輪・水輪・金輪の三輪があり、さらにその上に九山がある、という古代インドの一つの世界観。『倶舎論』世間品に説かれる。

仏言、一切諸法、畢竟解脱、無レ有ニ所住一。

〔仏言く、一切の諸法は畢竟《ひっきょう》解脱にして、所住有ること無しと。〕

しるべし、解脱にして繋縛《けばく》なしといへども、諸法住位せり。しかあるに人間の水をみるに、流注《るちゅう》してとどまらざるとみる一途《いちず》あり。その流に多般あり、これ人見《にんけん》の一端なり。いはゆる地を流通《るづう》し、空《くう》を流通し、上方に流通し、下方に流通す。一曲にもながれ、九淵《きゅうえん》にもながる。のぼりて雲をなし、くだりてふちをなす。

文子曰、水之道、上レ天為ニ雨露一、下レ地為ニ江河一。

〔文子《もんし》曰く、水の道、天に上りて雨露と為《な》り、地に下りて江河と為ると。〕

いま俗のいふところ、なほかくのごとし。仏祖の児孫と称せんともがら、俗よりもくらからんは、もともはづべし。いはく、水の道は水の所知覚にあらざれども、水よく現行《げんぎょう》す。水の不知覚にあらざれども、水よく現行するなり。

上天為雨露といふ。しるべし、水はいくそばくの上天上方へものぼりて雨露をなすなり。雨露は世界にしたがふて、しなじななり。水のいたらざるところあるといふは、小乗声聞教なり、あるひは外道の邪教なり。水は火焔裏にもいたるなり、心念・思量・分別裏にもいたるなり、覚智・仏性裏にもいたるなり。

下地《げち》為江河。しるべし、水の下地するとき、江河をなすなり。江河の精、よく賢人となる。いま凡愚・庸流《ようる》のおもはくは、水はかならず江河・海川にあるとおもへり。しかにはあらず、水のなかに江海をなせり。しかあれば、江海ならぬところにも水はあり、水の下地するとき、江海の功をなすのみなり。また水の江海をなしつるところなれば、世界あるべからず、仏土あるべからずと学すべからず。一滴のなかにも無量の仏国土現成なり。

しかあれば、仏土のなかに水あるにあらず、水裏《すいり》に仏土あるにあらず。水の所在すでに三際にかかはれず、法界にかかはれず、しかもかくのごとくなりといへども、水現成《すいげんじょう》の公案なり。

〔訳〕仏のいわれるに、

「ありとあらゆるものは、畢竟《ひっきょう》するに、いかなるものからも解放されていて、一所にとどまることがない」と。

つぎのことをよくよく知るべきである。すなわち、ありとあらゆるものは、いかなるものからも解放されていて、束縛はないけれども、しかもそれぞれの境位に安住している。そうであるのに、人間が水を見る場合に、水は流れ流れてとどまらない、と見る一方的な見方がある。その水にはさまざまな流れ方がある。これは人間の見方の一端である。すなわち、水は、大地を流れ、空を流れ、上に向かって流れ、下に向かって流れる。一曲りしても流れ、深い淵にも流れる。のぼっては雲となり、くだっては淵となるのである。

『文子《もんし》』*にいうに、

「水の道は、天に上っては雨露となり、地に下っては江河となる」と。

世間でいわれている場合でも、かくのごとくである。まして仏道を行じようとする人びとが、世間の智慧よりも劣っているようでは、もっとも恥ずべきことである。

水の道は、水自身が知覚しているのでもなく、また知覚していないのでもないけれども、水は水の道に従って作用しているのである。

文子も、「天に上っては雨露となる」と、いっているように、水はどのような上空へも上って雨露となる、と知るべきである。雨露は、世界の在り方に従ってさまざまなすがたをとるのである。したがって水のいたらない所があるというのは、小乗の声聞《しょうもん》*の教えにすぎない。あるいは外道の邪教である。水のいたらない所はないのである。水は、燃えさかる焔《ほのお》のなかにもいたり、心・思慮・分別のうちにもいたり、仏性を覚知しているただなかにもいたるのである。

また、文子は「地に下っては江河となる」といっている。水が地に下ったときは江河をなす、と知るべきである。すなわち、江河の精（霊気）がよく賢人となるのである。

しかるに、凡人・愚人は、水はかならず江河や海川にある、と思っている。実際はそうではない。水のなかにも江河や海川はある。また、江河や海川でない所にも水はある。水が地に下るときは、ただ江河や海川の働きをなすのみである。また、「水が江河や海川となっているのであるから、そこには世界があるはずはなく、仏土もあるはずはない」と考えてはならない。一滴の水のなかにも、無量の仏国土が実現しているのである。

こういう次第であるから、仏国土と水とが対立している状態で、仏国土のなかに水があるのでもなく、水のなかに仏国土があるのでもない。水の所在は、過去・現在・未来の時間に関係するのでもなく、法界《ほっかい》に関係するのでもない。そうではなくて、水は水として、その真実を実現しているのである。

《『文子』》二巻。周の辛鈃撰というが、偽書である。唐代に『通玄真経』として尊称された。

《声聞》小乗には声聞と縁覚とあり、声聞は四諦の教に従い、縁覚は十二因縁によって悟るという。

仏祖のいたるところには、水かならずいたる。水のいたるところには、仏祖かならず現成するなり。これによりて仏祖かならず水を拈《ねん》じて身心とし、思量とせり。しかあればすなはち、水はかみにのぼらずといふは、内外《ないげ》の典籍《てんじゃく》にあらず。水之道は、上下縦横に通達するなり。しかあるに、仏経のなかに、火風は上《かみ》にのぼり、地水は下《しも》にくだる。この上下は参学するところあり、いはゆる仏道の上下を参学するなり。いはゆる地水のゆくところを下《しも》とするなり、下を地水のゆくところとするにあらず。火風のゆくところは上《かみ》なり。法界かならずしも上下四維《じょうげしゆい》の量にかかはるべからざれども、四大・五大・六大等の行処によりて、しばらく方隅法界《ほうぐうほっかい》を建立《こんりゅう》するのみなり。無想天はかみ、阿鼻地獄はしも、とせるにあらず。阿鼻も尽法界なり、無想も尽法界なり。

しかあるに、竜魚の水を宮殿とみるとき、人の宮殿をみるがごとくなるべし、さらにながれゆくと知見すべからず。もし傍観ありて、なんぢが宮殿は流水なりと為説せんときは、われらがいま山流の道著を聞著するがごとく、竜魚たちまちに驚疑すべきなり。さらに宮殿楼閣の欄階《らんかい》・露柱《ろちゅう》は、かくのごとくの説著あると保任することもあらん。この料理、しづかにおもひきたり、おもひもてゆくべし。

この辺表《へんぴょう》に透脱を学せざれば、凡夫の身心を解脱せるにあらず、仏祖の国土を究尽《ぐうじん》せるにあらず、凡夫の国土を究尽せるにあらず、凡夫の宮殿を究尽せるにあらず。

いま人間には海のこころ、江のこころを、ふかく水と知見せりといへども、竜魚等は、いかなるものをもて、水と知見し、水と使用すといまだしらず。おろかにわが水と知見するを、いづれのたぐひも水にもちゐるらんと認ずることなかれ。

いま学仏のともがら、水をならはんとき、ひとすぢに人間のみにはとどこほるべからず、すすみて仏道のみづを参学すべし。仏祖のもちゐるところの水は、われらこれをなにとか所見すると参学すべきなり。仏祖の屋裏、また水ありや水なしやと参学すべきなり。

〔訳〕仏祖のいたっている所は、水もかならずいたっている。水のいたっている所には、仏祖もかならず実現している。そこで仏祖は、かならず水を自分の身心とし、思慮分別として学んできたのである。こういうわけであるから、「水は上にのぼらない」ということは、仏教の内外の典籍には記されていない。水の道は、上下・縦横、どこにも通達しない所はないのである。

しかるに、ある経典に、「火風は上にのぼり、地水は下にくだる*」という。

ここにいう上下については、よく学ばなければならない。すなわち仏道の上下を学ぶのである。地や水のある所をかりに下とするのであって、下という一定した所があって、そこに地水があるのではない。また、火風の働く所をかりに上と名づけるのである。

法界はかならずしも、上下・四方の分別にかかわってはならないけれども、四大・五大・六大*などのそれぞれの在り方によって、しばらく上下・四方などのおのおの世界を設定するのである。無想天*は上にあり、阿鼻地獄*は下にあるというのではない。阿鼻地獄もそのまま法界全体であり、無想天もそのまま法界全体である。

しかるに、竜魚は水を住居としているから、水を宮殿と見るとき、あたかも人間が宮殿を見るのと同じであろう。竜魚は水を流れゆくものとは思うはずがない。もし傍観者がいて、「汝の宮殿は実は流れる水である」と説得するならば、竜魚はたちまちに驚き怪しむにちがいない。ちょうど、われわれが「山は流る」という発言を聞いて驚くようなものである。さらに、宮殿・楼閣の欄干や階段または柱が、このように流れる水であるとうなずくこともあるであろう。こうした道理、すなわち、とどまっていると見えるものも、実は流れて止まない、仏祖は働いて止まない、という道理を、静かに思い来たり、思いめぐらすべきである。

このように、竜魚と水、人間と宮殿との関係をよく弁えて、そこを透脱しなければ、凡夫の身心を解脱したとはいえない。仏祖の世界を究めつくしたともいえない。また、凡夫の世界、凡夫の宮殿を究めつくしたともいえない。

人間は、海の心、江の心は水として深く理解しているけれども、いったい竜魚などは、いかなるものをもって水と理解し、水として用いているのであるか、それは知られていない。おろかにも、自分が水と理解したものを、どのような境涯のものでも、水として用いている、と認定してはならない。

仏道に志すものは、水を学ぶとき、ただ一方的に人間の理解にとどまってはならない。進んで仏道の水を学ぶべきである。仏祖の用いるところの水は、いったいなんと見るか、と学ぶべきである。仏祖のふところのなかに、水はあるのか、ないのか、と学ぶべきである。水のいたらぬ所はない。仏祖は法界くまなく水と認め、水と用いているのである。

《ある経典に……》『金光明経』「空品」（大正一六・三四〇中）に、「四大の蚖蛇、その性各異なる。……地水の二蛇は、その性沈下し、風火の二蛇は、性軽く上弁す」とある。

《四大・五大・六大》四大は地・水・火・風の四要素、五大はさらに空を、六大はさらに識を加える。

《無想天》広果天の一部もしくはその上にある。色界のなかの第四静慮。

《阿鼻地獄》阿鼻（avīci）地獄は八大地獄の最下部にあり、無間地獄ともいい、苦を受けることのひまのない最低の地獄。

山は、超古超今より大聖《だいしょう》の所居《しょこ》なり。賢人聖人、ともに山を堂奥《どうおう》とせり、山を身心とせり。賢人聖人によりて、山は現成せるなり。おほよそ山は、いくそばくの大聖大賢いりあつまれるらんとおぼゆれども、山はいりぬるよりこのかたは、一人《いちにん》にあふ一人もなきなり。ただ山の活計の現成するのみなり。さらにいりきたりつる蹤跡《しょうせき》、なほのこらず。世間にて山をのぞむ時節と、山中にて山にあふ時節と、頂𩕳眼睛《ちょうねいがんぜい》はるかにことなり。不流の憶想、および不流の知見も、竜魚の知見と一斉《いっせい》なるべからず。人天の自界にところをうる、他類これを疑著し、あるひは疑著におよばず。

しかあれば山流の句を仏祖に学すべし、驚疑にまかすべからず。拈一《ねんいち》はこれ流《りゅう》なり、拈一はこれ不流なり。一回は流なり、一回は不流なり。この参究なきがごときは、如来正法輪にあらず。

古仏いはく、欲レ得レ不レ招二無間業一、莫レ謗二如来正法輪一〔無間業《むけんごう》を招かざることを得んと欲せば、如来の正法輪を謗すること莫れ〕。

この道《どう》を皮肉骨髄に銘《めい》すべし、身心依正《しんじんえしょう》に銘すべし、空に銘すべし、色に銘すべし。若樹若石《にゃくじゅにゃくせき》に銘せり、若田若里《にゃくでんにゃくり》に銘せり。

〔訳〕山は、古今の時間を超えて大聖の住所である。聖人も賢人も、ともに山を自からの堂としている。また山を自からの身心としている。聖人・賢人によって、山が山として実現している。いったい山には、どれだけ多くの大聖や大賢が集まっているのであろうかと思われるが、大聖・大賢が山に入ってよりこの方、実はひとりも会ったことがない、ひとりもいないのである。全山ただ而今《にこん》のみである。ただ山が山としてその働きを実現しているだけである。聖賢が入ってきた足跡は一つも残っていない。

世間で山を見ているときと、山の中に入って山に出あう（全山ただ而今）ときと、その真相はまったく異なっている。「山は流れず」と思い、そう理解することも、竜魚が「水は流れず」と理解することと同一であってはならない。人間や天人は、それぞれ自分の世界に安住しているのであるが、他の世界のものは、その安住していることを疑う。あるいは疑うことさえもしない。このように、それぞれの世界によって在り方が異なるのである。

それゆえに、「山流る」といえば、そんな不条理なことがあるかと思われようが、その句を仏祖に学ぶべきである。ただ、その句を驚き怪しむだけにとどまってはならない。一方からいえば、すべては流れている（無常である）。また他方からいえば、すべては流れていない（常住である）。このような参究のないところでは、如来の正法《しょうぼう》とはいえない。

古仏がいうに、

「無間地獄に落ちるまいと思うならば、如来の正法を非難してはならない*」と。

このことばを、われわれの皮肉骨髄に銘記すべきである。また、身心や、環境と自身に銘記すべきである。さらに、空にも色にも、あるいは樹、あるいは石、あるいは田、あるいは里、万事万般に銘記すべきである。

《古仏がいうに……》 永嘉玄覚（六六五―七一三）の『証道歌』（大正四八・三九六中）。

おほよそ山は国界に属せりといへども、山を愛する人に属するなり。山かならず主を愛するとき、聖賢高徳やまにいるなり。聖賢やまにすむとき、やまこれに属するがゆゑに、樹石鬱茂《じゅせきうつも》なり、禽獣《きんじゅう》霊《れい》秀《しゅう》なり。これ聖賢の徳をかうぶらしむるゆゑなり。

しるべし、山は賢をこのむ実《じつ》あり、聖をこのむ実あり。帝者おほく山に幸《みゆき》して賢人を拝し、大聖を拝問するは、古今の勝躅《しょうちょく》なり。このとき師礼をもてうやまふ、民間の法に準ずることなし。聖化《しょうけ》のおよぶところ、またく山賢を強為《こうい》することなし。山の人間をはなれたること、しりぬべし。崆峒華封《こうどうかほう》のそのかみ、黄帝これを拝請《はいしょう》するに、膝行《しっこう》して叩頭《こうとう》して、広成《こうせい》にとふしなり。釈迦牟尼仏、かつて父王の宮をいでて山へいれり。しかあれども、父王やまをうらみず。父王、やまにありて太子ををしふるともがらをあやしまず。十二年の修道おほく山にあり。法王の運啓《うんけい》も在山なり。まことに輪王なほ山を強為《こうい》せず。

しるべし、山は人間のさかひにあらず、上天のさかひにあらず、人慮《にんりょ》の測度《しきたく》をもて山を知見すべからず。もし人間の流《りゅう》に比準せずば、たれか山流、山不流等を疑著せん。

〔訳〕すべて山は国に帰属してはいるものの、実は山を愛する人に属している。すなわち、山が主《あるじ》を愛するとき、聖賢や高徳の人が山に入るのである。聖賢が山に住むとき、山は聖賢に属しているから、樹石は繁茂し、鳥獣もすぐれたものとなる。これは、かれらが聖賢の徳を蒙るからである。

山は聖人・賢人をこのむことを知るべきである。帝王たちが山に行幸して、聖人・賢人を拝して教えを請うのは、古今にわたるすぐれた実例である。このとき帝王は、聖賢に対して師礼をもって敬い、けっして世間の習慣に従うことはない。帝王の徳化といえども、山の聖賢にまで及ぶことはないのである。帝王たちは、山がまったく世間から離れていることを知っていたにちがいない。

黄帝がむかし、崆峒山《こうとうざん》に広成《こうせい》を訪ねて教えを請うたとき*、帝は広成を敬って、膝で進み、頭をたれて問うたのである。

また釈尊は、父の王宮を出て山に入られた。しかし父王は山をうらむことなく、また山中にあって太子釈尊を教えた仙人たちをあやしまなかった。釈尊が十二年の修行をされたのも多く山中であり、大悟して法王となられたのも山の中であった。転輪王といえども山を強制することはない。

山は人間界のものでもなく、天界のものでもないことを知るべきである。人間の思慮・分別によって山を理解してはならない。もし人間の考え方になぞらえなければ、だれが、「山は流る。山は流れず」という真意を疑うものがあろうか。

《黄帝がむかし……》 『荘子』巻四「在宥」第一〇。

あるひはむかしよりの賢人聖人、ままに水にすむもあり、水にすむとき、魚をつるあり、人をつるあり、道《どう》をつるあり。これともに古来水中の風流なり。さらにすすみて自己をつるあるべし、釣《つり》をつるあるべし、釣につらるるあるべし、道につらるるあるべし。

むかし徳誠《とくじょう》和尚、たちまちに薬山をはなれて江心にすみし、すなはち華亭江《かていこう》の賢聖《けんしょう》をえたるなり。魚をつらざらんや、人をつらざらんや、水をつらざらんや、みづからをつらざらんや。人の徳誠をみることをうるは、徳誠なり。徳誠の人を接するは、人にあふなり。

世界に水ありといふのみにあらず、水界に世界あり。水中のかくのごとくあるのみにあらず、雲中にも有情世界あり、風中にも有情世界あり、火中にも有情世界あり、地中にも有情世界あり、法界中にも有情世界あり、一茎草《いっきょうそう》中にも有情世界あり、一拄杖《いちしゅじょう》中にも有情世界あり。有情世界あるがごときは、そのところ、かならず仏祖世界あり。かくのごとくの道理、よくよく参学すべし。

しかあれば水はこれ真竜の宮なり、流落《りゅうらく》にあらず。流《りゅう》のみなりと認ずるは、流のことば水を謗《ぼう》するなり。たとへば非流と強為《ごうい》するがゆゑに。水は水の如是実相のみなり、水是《すいぜ》水功《すいく》徳《どく》なり、流にあらず。

一水の流を参究し、不流を参究するに、万法の究尽《ぐうじん》、たちまちに現成するなり。山も宝にかくるる山あり、沢にかくるる山あり、空にかくるる山あり、山にかくるる山あり、蔵《ぞう》に蔵山《ぞうざん》する参学あり。

古伝いはく、山是山、水是水〔山是れ山、水是れ水〕。

この道取は、山是山といふにあらず、山是山といふなり。しかあれば山を参究すべし。山を参究すれば山に功夫なり。かくのごとくの山水、おのづから賢をなし、聖をなすなり。

正法眼蔵山水経

爾時仁治元年庚子十月十八日、在二観音導利興聖宝林寺一示衆。

〔訳〕また、昔から聖人・賢人たちは水に住むこともあった。水に住むときは、魚を釣ることもあり、人を釣ることもあり、道を釣ることもある。* いずれもともに古来より水中の風流である。さらに進んで、自己を釣ることもあるし、釣りを釣ることもあるし、釣りに釣られることもあるし、道に釣られることもあろう。

むかし徳誠《とくじょう》和尚が、* 会昌五年（八四五）の破仏に会い、薬山禅師のもとを離れて華亭江《かていこう》に舟を浮かべて住んでいたとき、後に華亭江の賢聖といわれた夾山《かっさん》を弟子にしたのである。これこそ、魚を釣ることではなかろうか。また、人を釣り、水を釣り、みずからを釣ることではなかろうか。夾山が徳誠に会うことができたのは、実は夾山が徳誠その人、徳誠と同じ力量を持っていたからである。また徳誠が夾山を教化できたのは、夾山というまことの人に会ったからである。

世界に水があるというだけではない。水のなかにも世界がある。また、水中がそうであるばかりでなく、雲のなかにも衆生の世界がある。さらに、風のなかにも、火のなかにも、地のなかにも、法界のなかにも、一本の草のなかにも、一本の杖のなかにも、衆生の世界がある。衆生の世界があるところには、かならず仏祖の世界がある。このような道理をよくよく学ぶべきである。

こういう次第であるから、水は、真実の竜の住む宮殿（悟ったものの世界）である。けっして流れ去るばかりではない。水を流れるものとばかり考えるのは、流れるという言葉が、水をそしってとになる。なぜなら、もし見方を変えれば、水は流れないと強弁することにもなるのであるから。水は、ただありのままの真実のすがただけである。水のすがたが、そのまま水の功徳である。けっして流れ去るだけではない。このように水にとっての流・不流を学び行《ぎょう》ずるときに、万象を究めつくすことが、たちまちに実現するのである。

山にも、宝のなかにかくれている山があり、沢のなかにかくれている山があり、空のなかにかくれている山があり、山のなかにかくれている山がある。さらに、かくれることのなかにかくれている山を学ぶこともある。

古仏がいうに、

「山は是れ山、水は是れ水なり」*と。

この発言は、山は、凡眼の見たとおりの山というのではない。慧眼の見たとおりの山というのである。そういうわけであるから、山を学び究むべきである。山を学び究むれば、山そのものがおのずから修行となっている。このような山水が、おのずから賢人となり、聖人となるのである。

正法眼蔵山水経

ときに仁治元年（一二四〇）十月十八日、観音導利興聖宝林寺で僧衆に示す。

《道を釣ることもある》 玄沙は魚釣りを業としていたが、発心して真実の魚を釣った（「一顆明珠」本書一〇七頁参照）。徳誠は、渡し守りに身をやつしていたが、自分の法嗣夾山を釣った。

《徳誠和尚》 『景徳伝灯録』巻一四、大正五一・三一五中。

《古仏がいうに……》 『雲門広録』、大正四七・五四七下。

〔一五〕 仏祖（ぶっそ）

《解説》 四十一歳の十月に、「袈《け》裟《さ》功《く》徳《どく》」「伝衣」の両巻が出て、それから二月あまりの後に、この「仏祖」巻が示された。前の両巻で袈裟の重要性が説かれ、その材料、作り方、保持の仕方、作法の順序など克明に綴られている。つまり道元は、袈裟という実物そのものに集中して目を注いだ。その袈裟が最高のリアリティーであり、いのちそのものが籠《こ》められて伝承してきたという、ひたすらいのちの継承に注目したのが、この「仏祖」巻に外ならない。先の両巻とこの巻とは、緊密に絡まり合いながら、それぞれの特徴を表わしている。

この巻は、ただ五十七人の大和尚の名が並記されているだけである。そしてそのあいだに一人の断絶することもなく、如浄大和尚に至り、如浄から道元に伝わっていることを示している。その始まりは、過去七仏の第一毘《び》婆《ば》尸《し》仏《ぶつ》である。そして七仏の名が記されている。しかも、きわめて特徴的なことは、過去七仏も、また釈迦牟尼仏の仏弟子も、さらにそれに続く、如浄に至るまでの代々の祖師たちも、ことごとく大和尚という呼称で示されていることである。いいかえれば、諸仏もまた単に和尚であるにすぎない。もはやここには、仏と仏弟子、師と弟子との関係は消えて、ただひたすら嗣《し》法《ほう》の伝承であることが知られる。

嗣法とは、仏道の原点において見れば、ブッダのいわゆる「ダンマが顕《あら》わになる」ことである。ダンマとは、形なきいのちそのものである。そして「ダンマが顕わになる」とは、顕わになり、滲透し、通徹して息《や》まないことであり、すなわち顕わになり続けることである。過去・現在・未来の三世を貫き、十方世界にわたって、顕わになり、通徹しつづけることである。この普遍的永遠なるダンマの振動を、袈裟をまとう諸仏祖の継続的伝承として、もっともリアルな実物に固着せしめたのが、先の両巻を包むこの巻の本旨であろう。

このことを道元は、この巻の前言に見事に表明している。いったい、諸仏祖の継続的伝承をこの身に引き受けるとはどういうことか。それは、

「仏祖をとらえてきて礼拝・供養し奉ることである。このことは、過去・現在・未来の諸仏に礼拝・供養するだけではない。いかなる仏をも超えて、なお超えつづけていくことである」

という。

そして道元は、『眼蔵』全体に展開しているように、このことを精妙に実践し抜いたのであった。たとえば、四十五歳、二月十五日の「三昧王三昧《ざんまいおうざんまい》」巻の冒頭に、

「結跏趺坐《けっかふざ》とは、どういうことか。それは、まっしぐらに全宇宙を超越して、仏祖の真っ只中に、大尊貴なるものとして生れ替ることである。別言すれば、それは、外道や魔の類のものの頂《いただ》きを踏みこえて、仏祖の堂奥の中で一個の独立者となることである。仏祖の極みの中の極みをも、さらに超えゆくものは、ただこの一法たる結跏趺坐より外にはあり得ない」

という。

このように道元は、結跏趺坐、只管打坐《しかんたざ》において、仏祖を供養・礼拝することは、とりもなおさず、仏祖の極みの中の極みをも、さらに超えていくことを体証しつづけたということができる。これこそ、ブッダの「ダンマが顕わになり、通徹しつづける」という解脱の原点に、道元はあたかも鏡の表裏透《とお》るがごとくに応答したものであるといい得よう。かれは、この巻の終りに、五十七名の大和尚を書き記した後、如浄大和尚に参じ得て、この仏祖を礼拝し頂戴することを究尽《ぐうじん》した、それはまさに唯仏与仏《ゆいぶつよぶつ》の世界である、と結んでいる。

かくして道元は、毘婆尸仏《びばしぶつ》大和尚をはじめ、五十七名の大和尚を、声高らかに、僧衆とともに唱えつづけるだけである。それによって、三世十方に通徹するいのちそのものに参じようとしている。まさに唯仏与仏の働きであるといい得よう。

仏祖

それ仏祖の現成《げんじょう》は、仏祖を挙拈《こねん》して奉覲《ぶごん》するなり。過現当来のみにあらず、仏向上よりも向上なるべし。まさに仏祖の面目《めんもく》を保任せるを拈じて、礼拝し相見《しょうけん》す。仏祖の功徳を現挙《げんこ》せしめて、住持しきたり、礼証《らいしょう》しきたれり。

毘婆尸仏大和尚《びばしぶつだいおしょう》　此ニ云ウ二広説ト一。

尸棄仏《しきぶつ》大和尚　此ニ云ウ二火ト一。

毘舎浮仏《びしやふぶつ》大和尚　此《ニ》云《ウ》二一切慈《ト》一。
拘留孫仏《くるそんぶつ》大和尚　此《ニ》云《ウ》二金仙人《ト》一。
拘那含牟尼仏《くなごんむにぶつ》大和尚　此《ニ》云《ウ》二金色仙《ト》一。
迦葉仏《かしようぶつ》大和尚　此《ニ》云《ウ》二飲光《ト》一。
釈迦牟尼仏《しやかむにぶつ》大和尚　此《ニ》云《ウ》二能忍寂黙《ト》一。
摩訶迦葉《まかかしよう》大和尚
阿難陀《あなんだ》大和尚
商那和修《しようなわしゆ》大和尚
優婆毱多《うばきくた》大和尚
提多迦《だいたか》大和尚
弥遮迦《みしやか》大和尚
婆須蜜多《ばしゆみつた》大和尚
仏陀難提《ぶつだなんだい》大和尚
伏駄蜜多《ふだみつた》大和尚
婆栗湿縛《ばりしば》大和尚
富那夜奢《ふなやしや》大和尚
馬鳴《めみよう》大和尚
迦毘摩羅《かびもら》大和尚

那《な》伽閼刺《ぎやあら》樹那《じゆな》大和尚　又竜樹、又竜勝、又竜猛。

迦《か》那《な》提婆《だいば》大和尚

羅《ら》睺《ご》羅《ら》多《た》大和尚

僧伽難提《そうぎやなんだい》大和尚

伽《か》耶《や》舎多《しやた》大和尚

鳩《く》摩《も》羅《ら》多《た》大和尚

闍夜《しやや》多《た》大和尚

婆《ば》修盤頭《しゆばんず》大和尚

摩《ま》奴《ぬ》羅《ら》大和尚

鶴勒那《かくろくな》大和尚

獅子《しし》大和尚

婆《ば》舎斯《しやし》多《た》大和尚

不《ふ》如蜜多《によみった》大和尚

般若多《はんにやた》羅《ら》大和尚

菩《ぼ》提達磨《だいだるま》大和尚

慧可《えか》大和尚

僧璨《そうさん》大和尚

道信《どうしん》大和尚

弘忍《こうにん》大和尚
慧《え》能《のう》大和尚
行思《ぎょうし》大和尚
希《き》遷《せん》大和尚
惟《い》儼《げん》大和尚
曇晟《どんじょう》大和尚
良价《りょうかい》大和尚
道膺《どうよう》大和尚
道丕《どうひ》大和尚
観志《かんし》大和尚
縁観《えんかん》大和尚
警玄《きょうげん》大和尚
義《ぎ》青《せい》大和尚
道楷《どうかい》大和尚
子淳《しじゅん》大和尚
清了《せいりょう》大和尚
宗珏《そうかく》大和尚
智《ち》鑑《かん》大和尚

如浄《にょじょう》大和尚

道元大宋国宝慶元年乙酉《きのととり》夏《げ》安居《あんこ》時《じ》、先師天童古仏大和尚に参侍《さんじ》して、この仏祖を礼拝頂戴することを究尽《ぐうじん》せり、唯仏与仏なり。

正法眼蔵仏祖

爾時仁治二年辛丑《かのとうし》正月三日、書㆓于日本国雍州宇治県観音導利興聖宝林寺㆒而示衆。

〔訳〕そもそも仏祖が成就するということは、仏祖をとらえてきて、礼拝・供養し奉ることである。このことは、過去・現在・未来の諸仏に礼拝・供養するだけではない。いかなる仏をも超えて、なお超えつづけていくことである。まさしく仏祖の面目《めんもく》をがっちりと保持して、これに礼拝し、これに相見《あいまみ》えることである。ただ仏祖の功徳を顕示せしめ、その功徳に安らって功徳を保持し、かつ礼拝し証得するのである。

毘婆尸《びばし》仏大和尚《ぶつだいおしょう》(1)　ここには広説《こうせつ》という
尸棄《しき》仏大和尚(2)　ここには火という
毘舎浮《びしゃふ》仏大和尚(3)　ここには一切慈という
拘留孫《くるそん》仏大和尚(4)　ここには金仙人《こんせんにん》という
拘那含牟尼《くなごんむに》仏大和尚(5)　ここには金色仙《こんじきせん》という
迦葉《かしょう》仏大和尚(6)　ここには飲光《おんこう》という

釈迦牟尼《しゃかむに》仏大和尚(7)ここには能仁寂黙《のうにんじゃくもく》という

摩訶迦葉《まかかしょう》大和尚

阿難陀《あなんだ》大和尚(8)

商那和修《しょうなわしゅ》大和尚(9)

優婆毱多《うばきくた》大和尚(10)

提多迦《だいたか》大和尚(11)

弥遮迦《みしゃか》大和尚

婆須蜜多《ばしゅみった》大和尚(12)

仏陀難提《ぶつだなんだい》大和尚

伏駄蜜多《ふだみった》大和尚(13)

婆栗湿縛《ばりしば》大和尚(14)

富那夜奢《ふなやしゃ》大和尚(15)

馬鳴《めみょう》大和尚(16)

迦毘摩羅《かびもら》大和尚(17)

那伽閼刺樹那《なぎゃあらじゅな》大和尚(18)　また竜樹、また竜勝、また竜猛

伽那提婆《かなだいば》大和尚(19)

羅睺羅多《らごらた》大和尚(20)

僧伽難提《そうぎゃなんだい》大和尚

伽耶《かや》舎多《しやた》大和尚
鳩摩羅多《くもらた》大和尚(21)
闍夜多《しややた》大和尚
婆修盤頭《ばしゆばんず》大和尚(22)
摩奴羅《まぬら》大和尚
鶴勒那《かくろくな》大和尚
獅子《しし》大和尚(23)
婆舎斯多《ばしやした》大和尚
不如蜜多《ふによみった》大和尚
般若多羅《はんにやたら》大和尚
菩提達摩《ぼだいだるま》大和尚(24)
慧可《えか》大和尚(25)
僧璨《そうさん》大和尚(26)
道信《どうしん》大和尚(27)
弘忍《こうにん》大和尚(28)
慧能《えのう》大和尚(29)
行思《ぎようし》大和尚(30)
希遷《きせん》大和尚(31)

惟儼《いげん》大和尚(32)
曇晟《どんじょう》大和尚(33)
良价《りょうかい》大和尚(34)
道膺《どうよう》大和尚(35)
道丕《どうひ》大和尚(36)
観志《かんし》大和尚(37)
縁観《えんかん》大和尚(38)
警玄《きょうげん》大和尚(39)
義青《ぎせい》大和尚(40)
道楷《どうかい》大和尚(41)
子淳《しじゅん》大和尚(42)
清了《せいりょう》大和尚(43)
宗珏《そうかく》大和尚(44)
智鑑《ちかん》大和尚(45)
如浄《にょじょう》大和尚(46)

道元（わたし）は、大宋国、宝慶元年（一二二五）の夏安居《げあんご》のとき、先師である天童古仏大和尚に参じて侍し、この仏祖を礼拝して頂戴することを究め尽した。まさにただ仏と仏との出会いである。

正法眼蔵仏祖

そのとき、仁治二年（一二四一）、正月三日、日本国雍州、宇治県、観音導利興聖宋林寺において、書いてこれを衆に示した。

（1）毘婆尸は、サンスクリット語 Vipaśyin《ヴイパシュイン》、パーリ語 Vipassin《ヴイパッシン》の音訳、観慧者の意味。勝観、妙観察、種種見などと訳す。過去七仏の第一仏。

（2）尸棄は、同じく Śikhin《シキン》, Sikhin《シキン》の音訳、頂毛ある、孔雀、あるいは、光焰ある、火焰の意味。孔雀、持髻、火頂などと訳す。過去七仏の第二仏。

（3）毘舎浮は、同じく Vaiśyabhū《ヴァイシュヤブー》, Vessabhū《ヴェッサブー》の音訳、庶民の状態の意味。毘舎婆ともいう。過去七仏の第三仏。

（4）拘留孫は、同じく Krakucchanda《クラクッチャンダ》, Kakusandha《カクサンダ》の音訳、その外、拘楼孫、拘屢孫とある。漢訳では、応断、所応断已断、作用荘厳などという。過去七仏の第四仏。

（5）拘那含は、同じく Kanakamuṇi《カナカムニ》, Koṇāgamana《コーナーガマナ》の音訳、その外、迦那伽、迦那迦、倶那含。(kanaka《カナカ》は金、muni《ムニ》は、霊感を得た人、賢人の意、仙人、神仙、寂黙、仏、世尊、如来などと漢訳される)。金仙人、金色仙などと漢訳される。過去七仏の第五仏。

（6）迦葉は、同じく Kāśyapa, Kassapa の音訳、その外、迦葉波、迦摂波。飲光、護光、大飲光などと漢訳される。過去七仏の第六仏。

（7）釈迦牟尼は、同じく Śakyamuni《シャキャムニ》, Sakiyamuni《サキヤムニ》の音訳、śakya は、可能なの意、釈迦族の名。過去七仏（実際は過去六仏）の最後の仏、実際は現在仏。

(8) 阿難陀は、いずれも Ānanda の音訳、その外、阿難。仏の従弟で、仏に二十五年間随う。十大弟子の一人、多聞《たもん》第一といわれる。

(9) 商那和修については、「袈裟功徳」巻の三一三頁注参照。

(10) 優婆毱多は、同じく Upagupta《ウパグプタ》, Upagutta《ウパグッタ》 の音訳、その外、優波笈多、優波掘多、優波崛多。仏滅百年、阿育王の師となる。

(11) 提多迦は、サンスクリット語 Dhītika《ディーティカ》 の音訳、その外、提知迦、提地迦、地底迦など。

(12) 婆須蜜多は、同じく Vasumitra《ヴァスミトラ》 の音訳、その外、婆須蜜多羅、和須蜜多、婆須蜜など。世友、天友などと漢訳す。一世紀末から二世紀にわたるインドのガンダーラ国の人。カニシカ王のとき、カシュミーラで『大毘婆沙論』を編集した。

(13) 伏駄蜜多は、或は仏陀蜜多。

(14) 婆栗湿縛は、Pārśva《パールシュヴァ》, Passa《パッサ》 の音訳、肋骨、脇の意、したがって脇《きょう》尊者と漢訳される。二世紀の前半、説一切有部の学者として西北インドで活躍した。一説には、仏陀蜜多について出家し、阿羅漢果を得たが、日夜坐禅に励み、脇をつけて寝ることがなかったので脇尊者といわれる、という。

(15) 富那夜奢は、あるいは富那耶舎、富那奢、富那、夜奢など。

(16) 馬鳴は、Aśvaghoṣa《アシュヴァゴーシャ》 の音訳。二世紀頃、大衆部系の多聞部に属し、叙事詩『仏所行讃』の著者。一説には『起信論』の著者ともいう。

(17) 迦毘摩羅は、Kapimala《カピマラ》 の音訳。

(18) 那伽閼刺樹那は、Nāgārjuna《ナーガールジュナ》 の音訳、通常、龍樹と漢訳す。一五〇—二五〇頃の人、名の知れた人のなかで、大乗仏教の最初の先覚者。中観派並に八宗の祖といわれる。

(19) 伽那提婆は、Kāṇadeva《カーナデーヴァ》の音訳。kāṇa は、隻眼の意、翳、瞎、眼瞎、眇目などと漢訳、したがって「片目の提婆」の意味。通常は、聖提婆《しょうだいば》（Ārya-deva《アーリアデーヴァ》）といわれ、竜樹の弟子、『百論』『広百論』などの著者。外教の徒から怨まれ、殺害される。

(20) 羅睺羅多は、Rāhulabhadra《ラーフラバドラ》の音訳、カシュミーラの人。

(21) 鳩摩羅多は、Kumāralabdha《クマーララブダ》の音訳、月氏国の婆羅門に生れ、のち伽耶舎多によって出家し、法を受く。

(22) 婆修盤頭は、Vasubandhu《ヴァスバンドゥ》の音訳、通常、世親あるいは天親といわれる。五世紀頃のガンダーラの人、無著《むじゃく》Asaṅga《アサンガ》の弟、はじめ説一切有部で出家し、『倶舎論』などを著わし、のち無著によって大乗に転じ、さまざまな唯識の書に注釈し、『唯識二十論』『唯識三十頌』などを著わす。ただし、ここにいう婆修盤頭は、それよりは古い別人といわれる。

(23) 獅子は、Siṃha《シンハ》の漢訳。

(24) 菩提達摩は、Bodhi-dharma《ボーディダルマ》の音訳。古くは達摩、伝統的には達磨と書く。中国禅宗の初祖。

(25) 慧可（四八七—五九三）は第二祖。

(26) 僧璨（—六〇六）は第三祖。

(27) 道信（五八〇—六五一）は第四祖。この頃から歴史的に明らかになる。『文殊般若』によって一行三昧を修しているが、それによって目覚める自己が仏であるという禅宗の特徴がはじまる。

(28) 弘忍（六〇二—六七五）は第五祖。

(29) 慧能（六三八—七一三）は、弘忍から法を嗣いで第六祖。南宗禅の祖となる。

(30) 行思は、青原行思（—七四〇）、南岳懐譲（六七七—七四四）とともに、慧能の二大弟子。行思の法孫に、雲門・曹洞・法眼の三宗生ずる。
(31) 希遷は、石頭希遷（七〇〇―七九〇）、慧能について得度、行思に法を嗣ぐ。無際大師と謚される。
(32) 惟儼は、薬山惟儼（七五一―八三四）、希遷に嗣法し、謚は弘道大師。
(33) 曇晟は、雲巌曇晟（七八二―八四一）、惟儼に嗣法し、謚は無住大師。
(34) 良价は、洞山良价（八〇七―八六九）、南泉、潙山などに参じ、曇晟に嗣法、謚は悟本大師。良价に嗣法した曹山本寂（八四〇―九〇一）の曹山と洞山とにより、曹洞宗の名が生れたといわれる。
(35) 道膺は、雲居道膺（―九〇二）、はじめ小乗戒を修し、のち無学に参じ、良价に嗣法す。謚は弘覚禅師。
(36) 道丕は、同安道丕（不詳）、鳳棲山の同安院に住したので、そう呼ばれる。道膺の法を嗣ぐ。
(37) 観志は、同安観志（不詳）、同じく同安院に住した。道丕に嗣法す。
(38) 縁観は、梁山縁観（不詳）、観志に嗣法し、湖南省の梁山に住す。
(39) 警玄は、大陽警玄（九四二―一〇二七）、縁観の法を嗣いだ後、大陽山の慧堅に投じ、大陽山に住す。謚は明安大師。
(40) 義青は、投子義青（一〇三二―一〇八三）、はじめ『華厳経』を学び、警玄に嗣法し、投子山に住す。
(41) 道楷は、芙蓉道楷（一〇四三―一一一八）、義青に嗣法した後、山中で虎と共に生活したといわれる。芙蓉湖田に住す。
(42) 子淳は、丹霞子淳（一〇六四―一一一七）、道楷に嗣法、南陽の丹霞山に住す。
(43) 清了は、真歇清了（一〇八九―一一五一）、真歇と号す。『円覚経』『金剛経』を学び、峨嵋山で普賢を礼し、子淳に嗣法した後、五台山で文殊を礼し、さらに補怛洛迦山で観音を礼す。謚は悟空禅師。
(44) 宗珏は、天童宗珏（一〇九一―一一六二）、清了に嗣法した後、雪竇山に住し、さらに天童山に住す。

みずから大休と号し、大休禅師と称される。

(45) 智鑑は、雪竇智鑑（一一〇五—一一九二）、宗珏に法を嗣ぎ、雪竇山に住す。

(46) 如浄は、天童如浄（一一六三—一二二八）、智鑑に参じ、庭前柏樹子の話で悟り、清涼寺、瑞岩寺、浄慈寺に歴住し、のち天童景徳禅寺に勅住す。その間に道元来参す。

◆著者紹介◆
玉城康四郎（たまき　こうしろう）

大正４年，熊本市に生れる。旧制第五高等学校卒業。

昭和15年，東京大学文学部印度哲学梵文学科卒業。

昭和29年，東洋大学講師，のち助教授，教授。

昭和34年，東京大学助教授，同39年，教授。

昭和51年，東北大学教授，同54年，日本大学教授。

東京大学名誉教授，平成11年1月14日，没。

〔著書〕『心把捉の展開－天台実相論－』（山喜房），『日本仏教思想論』（平楽寺書店），『近代印度思想の形成』（東大出版会），『永遠の世界観－華厳経』『初期の仏教』『中国仏教思想の形成』(以上，筑摩書房)，『宗教と人生』『冥想と思索』『冥想と経験』『白象の普賢』『華厳入門』（以上，春秋社），『道元』（日本の名著7，中央公論社），『仏教の根底にあるもの』『東西思想の根底にあるもの』『比較思想論究』『盤珪』（以上，講談社），『無量寿経－永遠のいのち－』『新しい仏教の探求－ダンマに生きる－』『ダンマの顕現―仏道に学ぶ―』（以上，大蔵出版），『仏教の思想』（著作集全５巻 別巻 1，法蔵館）ほか。

現代語訳　正法眼蔵（1）　　（オンデマンド版）

1993年11月10日　初版第1刷発行
1998年 1 月30日　初版第3刷発行
2017年11月20日　オンデマンド版発行

著　者　　玉城康四郎
発行者　　石原　大道
発行所　　大蔵出版株式会社
〒150-0011　東京都渋谷区東2-5-36　大泉ビル
TEL 03-6419-7073　FAX03-5466-1408
URL http://www.daizoshuppan.jp/

印刷・製本　株式会社　デジタルパブリッシングサービス
URL http://www.d-pub.co.jp

ISBN978-4-8043-9731-3　C3315　　Printed in Japan